导读的艺术不必外求
语文教师如果是一位热忱的阅读者
离导读的艺术仅一步之遥

——钱梦龙

· 教育家成长丛书 ·

钱梦龙
与导读艺术

QIANMENGLONG YU DAODU YISHU

中国教育报刊社 · 人民教育家研究院 组编
钱梦龙 著

北京师范大学出版集团
BEIJING NORMAL UNIVERSITY PUBLISHING GROUP
北京师范大学出版社

图书在版编目（CIP）数据

钱梦龙与导读艺术/钱梦龙著；中国教育报刊社人民教育家研究院
组编. —北京：北京师范大学出版社，2016.7（2021.1重印）
（教育家成长丛书）
ISBN 978-7-303-20272-0

Ⅰ.①钱…　Ⅱ.①钱…②中…　Ⅲ.①中学语文课—教学研究
Ⅳ.①G633.302

中国版本图书馆 CIP 数据核字（2016）第 080277 号

营　销　中　心　电　话　　010-58802135　010-58802786
北师大出版社教师教育分社微信公众号　　京师教师教育

出版发行：北京师范大学出版社　www.bnup.com
　　　　　北京市西城区新街口外大街 12-3 号
　　　　　邮政编码：100088
印　　刷：北京溢漾印刷有限公司
经　　销：全国新华书店
开　　本：787 mm×1092 mm　1/16
印　　张：24.5
字　　数：435 千字
版　　次：2016 年 7 月第 1 版
印　　次：2021 年 1 月第 3 次印刷
定　　价：80.00 元

策划编辑：倪　花　　　责任编辑：齐　琳　陈　倩
美术编辑：焦　丽　　　装帧设计：焦　丽
责任校对：陈　民　　　责任印制：马　洁

教育家成长丛书

编委会名单

总　顾　问：柳　斌　顾明远

顾　　　问：叶　澜　田慧生　林崇德　陈玉琨

编委会主任：杨春茂

编　　　委：（按姓氏笔画为序）

于　漪　王瑜琨　方展画　田慧生

成尚荣　任　勇　刘可钦　齐林泉

孙双金　李吉林　杨九俊　杨春茂

吴正宪　汪瑞林　张志勇　张新洲

陈雨亭　郑国民　施久铭　徐启建

唐江澎　陶继新　龚春燕　程红兵

赖配根　鲍东明　窦桂梅　魏书生

主　　　编：张新洲

副　主　编：赖配根　王瑜琨　汪瑞林

总　序

　　教育是国家发展的基石，教师是基石的奠基者。古人云："国将兴，必贵师而重傅。"兴国必先强教，强教必先重师。党中央、国务院高度重视教师队伍建设。2013 年教师节，习近平总书记在给全国广大教师的慰问信中指出："百年大计，教育为本。教师是立教之本、兴教之源，承担着让每个孩子健康成长、办好人民满意教育的重任。"2014 年，在第 30 个教师节前夕，习总书记到北京师范大学视察并发表重要讲话，指出："一个人遇到好老师是人生的幸运，一个学校拥有好老师是学校的光荣，一个民族源源不断涌现出一批又一批好老师则是民族的希望。"《国家中长期教育改革和发展规划纲要（2010—2020 年）》也明确提出，"有好的教师，才有好的教育"，要"努力造就一支师德高尚、业务精湛、结构合理、充满活力的高素质专业化教师队伍"。"倡导教育家办学"，要创造有利条件，鼓励教师和校长在实践中大胆探索，创新教育思想、教育模式和教育方法，形成教学特色和办学风格，造就一批教育家。"两个一百年"奋斗目标的实现、中华民族伟大复兴中国梦的实现，归根结底要靠人才、靠教育，而支撑起教育光荣梦想的，是千百万的教师。

　　时代呼唤好老师。有一流的教师，才有一流的教育；有一流的教育，才有一流的国家。出名师、育英才、成伟业，是时代赋予我们教育战线的神圣使命。"所谓大学者，非谓有大楼之谓也，有大师之谓也。"好学校、好教育的最重要标准，就是要有好老师。一所学校、一个地区，乃至一个国家，如果教师有理想、有爱心、有学识、有高超的教育艺术，那么即使硬件设施有些简陋，家长、学生也会心向往之。教师是中国梦的奠基者。教师的重要使命，就是为每个孩子播种梦想、点燃梦想，并帮助他们实现梦想。每一间平凡的教室，每一节朴实的课，都不仅是知识的传递，而且是人类文明精神的接续、人生梦想的起航。正是有亿万个孩子梦想的放飞、绽放，中国梦才更加光彩夺目。如果说中国梦最坚实的土壤是学校，那么教师就是最伟大的"筑梦师"，他们用默默无闻、孜孜不倦的智慧劳动，让每一颗年轻的心灵都与中国梦激情相拥。

倡导教育家办学，造就一批好老师，首先要尊重、珍惜我们的本土智慧、本土创造。教育家不是凭空产生的，而是扎根于自己的民族文化土壤，同时吸收人类文明成果，从而创造出独特而生动的教育实践、教育智慧和教育文明。五千年源远流长的中华文明，不但形成了有我们民族特色的教育理论体系，而且涌现出了千千万万优秀的教育家，有被推崇为"大成至圣先师""万世师表"的孔子，有"匹夫而为百世师，一言而为天下法"的韩愈，有"捧着一颗心来，不带半根草去"的人民教育家陶行知，等等。改革开放40年来，随着教育改革的不断深入，教育战线涌现出了一大批杰出教师。他们痴情于教育事业，坚守理想信念和教育良知，在三尺讲台上默默耕耘、刻苦钻研，同时以敢为天下先的精神大胆创新，不断进取、不断超越，形成了各具特色的教育思想和教学风格。正是他们的成功探索和实践，创造了具有中国风格的教育经验，丰富了具有中国特色的教育理论宝库。原由教育部师范教育司组织编写，现由中国教育报刊社人民教育家研究院组织编写的"教育家成长丛书"，就是要向这些宝贵的本土创造性的教育经验致敬。

当前，教育领域综合改革正在深入推进，考试招生制度改革的大幕已经拉开，立德树人、培育和践行社会主义核心价值观成为大中小学教育的头等任务。可以预见，中国教育将发生深刻的变革，将从"中国制造"向"中国创造"转变。"没有革命的理论，就没有革命的运动。"没有适合中国土壤、具有中国智慧的教育理论，就不可能为未来的中国教育改革提供有效的指导。我们的教育要向"中国创造"飞跃，必然要首先创造属于我们自己的教育理论，而不是"言必称希腊"或者老是贩卖欧美的教育理论。170 多年前，美国思想家、诗人爱默生发表了著名演说《美国学者》，号召美国知识界："我们依赖旁人的日子，我们师从他国的长期学徒期时代即将结束。在我们周围，有成百上千万的青年正在走向生活，他们不能老是依赖外国学识的残余来获得营养。"由此，美国迈入精神立国阶段。

如今，我们也面临与爱默生同样的情形。随着我国 GDP 已从世界第二向第一迈进，我们的经济崛起已成为事实，但在道德文明、文化精神等方面，我们还需奋起直追。没有文明的崛起，经济崛起就难以持续。当务之急，是我们需要化解内心深处的文化自卑情结，摆脱对他国文明的精神依附，自觉养成强烈的"中国意识"，独立的中国文化品格，并由此去俯视世界，去改造本土实践，去创造属于我们自己的精神养料——这在教育界显得尤为紧迫。"教育家成长丛书"，旨在把我们本土教育实践中蕴含的中国智慧提炼出来，从而形成具有时代意义的中国特色的教育话语体系，再以此去观照、引领、改造中国的教育实践，为伟大的教育改革提供经验、理论支持，也为未来的教育家提供丰富、可资借鉴的精神养料。

让我们为中国教育的伟大未来一起努力吧！

2018 年 3 月 9 日

前　言

　　见证着中国基础教育半个世纪的春华秋实，代表着中国基础教育教学成果的最高成就——"首届基础教育国家级教学成果奖"，闪耀着李吉林、窦桂梅、吴正宪、张思明、洪宗礼、唐江澎、邱学华、于永正、孙双金、薄俊生、龚春燕等一大批优秀教师的名字。而上述这些教师杰出代表恰恰都是《人民教育》"名师人生"栏目中最受读者喜爱的名师，都是"教育家成长丛书"的作者。

　　"教育家成长丛书"（以下简称"丛书"），是在第 20 个教师节前夕，为了研究、总结、宣传和推广我国众多优秀中小学教师的先进教育思想和鲜活的宝贵的教育教学经验，培养造就一大批德才兼备的优秀教师和杰出的教育家，促进教师队伍整体素质的提高，根据教育部党组安排，由师范教育司组织编写的一套凝聚着一大批教育家成长智慧的大型教育丛书。

　　"丛书"自 2006 年问世以来，不但得到国务院和教育部领导同志的高度重视，而且先后印刷多次尚不能满足广大读者的需求。这其中的奥秘何在？

　　当你翻开"丛书"，每一部著作都讲述着一位教育家成长的故事。这些著作主要从"成长历程""思想概述""课堂实录"和"社会反响"等方面全景式反映其教育思想、教育智慧、专业精神和专业人格的形成过程与教学实践过程。这是教育家成长的基本素质所在。

　　当你沿着教育家成长的足迹走近他们的时候，你会融入这些带有"草根色彩"，扎根中华教育实践大地，充满田野芳香的真实感人的教育故事中。

当你从"丛书"中，从这些当年和自己一样的普通教师，成长为今天受人尊敬的教育家的成长过程中受到启迪，当你触摸着自己的心，把学生的成长和祖国的未来紧紧连在一起的时候，你会真切地感受到教育家离我们并不遥远。

当你用整个身心蘸着自己的生活积累去品味"丛书"中的每一部著作的"成长历程"时，在一位位名师不断学习、不断超越自我、不断超越学科教学的求索足迹中，你会读懂"教育是事业，其意义在于奉献"的丰富内涵。

当你研读"丛书"中的每一部著作的"思想概述"，和每一位名师展开心灵对话的时候，都会深深地感受到，一名教师对教育独立的理解与执着的追求有多么重要。从一名普通的教师成长为受人尊敬的教育家的过程中，你会读懂"教育是科学，其价值在于求真"的深刻含义。透过"丛书"，你会看到一代代教师用爱与智慧塑造民族未来的教育理想。

随着我们从"知识核心时代"走向"核心素养时代"，教师教育教学活动的视野已拓展到人的生存与发展的方方面面。教师要结合自己的教学实践去感悟"教育理念是指导教育行为的思想观念和精神追求"，应该把爱化为自己的教育行为，让爱充盈课堂，触摸到一个个灵动的生命，让爱产生智慧，让爱与智慧在学生心中留下岁月抹不去的美好回忆，让教育者和受教育者都感受到教育的幸福。这是"丛书"给我们的启示，也是每位教师应有的胸怀和视野。

时代呼唤教育家。为了进一步把我们本土教育实践中蕴含的中国智慧提炼出来，从而形成具有时代意义的中国特色的教育话语体系，以此去观照、引领、创新中国的教育实践并在更大范围加以推广，"丛书"将由中国教育报刊社人民教育家研究院继续组织编写，希望能够在更广大教师的心田中播种教育家成长的智慧，从而出更多的名师，育更多的英才，成就中华民族复兴的伟业。这是时代赋予广大教育工作者的神圣使命。如果广大教师能在每位教育家成长、探索教育智慧的过程中受到启迪，形成自己的教育智慧，则实现了我们编辑这套"丛书"的初衷。

"教育家成长丛书"
编委会
2018 年 3 月

目 录
CONTENTS

钱梦龙与导读艺术

［人 生 篇］

［导 读 篇］

[求　索　篇]

[教　学　篇]

[学 思 篇]

[诗 缘 篇]

人生篇

跌宕人生　语文情结

我是一个精神上的

长途跋涉者

我的脚下只有

起点

　　有人问我：你关于语文"导读"的观念是怎样形成的？你为什么在语文教学中特别重视培养学生的自主意识和自学能力？你上语文课为什么选择现在这种比较随意的"交谈"风格？

　　教学观念、教学风格都不是短时期内能够形成的，尤其是教学风格，关系到教师的个性、素养、气质，还有个人的阅历，它的形成有诸多复杂的因素。我是一名自学者，比有正规师范学历者情况又要复杂些，为了回答上面的问题，必然要沿波讨源，甚至一直追溯到我的少年时代。

　　"却顾所来径，苍苍横翠微"，蓦然回首，我吃惊地发现，尽管我的人生曲曲折折、跌宕起伏，但在这条漫长的求索之路上竟已走过了半个多世纪。

一、溯源：没有文凭的"学历"

　　我于1931年2月出生在上海郊区的一个乡村小镇——纪王镇。这个小镇当时隶属江苏省，现在已划归上海市闵行区。父亲经商，读过几年小学，靠自学达到了可以大体读懂《三国演义》的水平。母亲不识字。家里唯一可以与"文化"沾上一点边的，就是我父亲所收藏的大量武侠小说、言情小说。我因为不爱看，所以也说不上受到什么熏陶。总之，在"家学"方面，我绝对没有任何可以炫耀的资本。我之所以会成为一名教师，一名像现在这样还算称职的中学语文教师，看来既不是受家庭的影响，也不是师范学校的培养，而是另有原因。现在回想，也许跟两件事很有关系。

　　第一件事：我有幸遇到了一位令我终生铭记的好老师。

　　老师姓武，但留在我记忆中的形象是文质彬彬的书生模样，没有一点"武气"；大名"钟英"，颇似女郎芳名，但他是一位"帅哥"。那时大约30来岁，在我小学

五、六年级时，他教我班国文（语文）兼做级任老师（班主任）。我现在虽然已经想不起他上课时许多生动的细节，但我敢肯定地说，他绝对是一位优秀的语文教师。因为，第一，全班学生——无论男生、女生，都喜欢上他的课；第二，几乎所有他教过的学生都崇拜他，处处学他的样，连他跳高时优美地"飘"过横竿的姿势（他常跟我们在一起玩），都使我们赞叹不已，竞相仿效。我那时是个名副其实的"差生"，在武老师教我之前，已先后创下了三次留级的"辉煌纪录"。凡教过我的老师都说我是"聪明面孔笨肚肠"，对我已经不抱什么希望；同学们对我这样的"留级大王"自然都另眼相看；我对自己也完全丧失了信心，开始厌学、逃学，上什么课都不感兴趣，对什么老师都本能地叛逆。可唯独在武老师的国文课上，我却与日俱增地体验到了一种从未体验过的上课的快乐。

　　不过，武老师之所以让我铭记终生，除了因为他上课生动，更因为他教我做的一件事，这件事整个儿地改变了一名"差生"的人生轨迹。

　　有一天放晚学以后，武老师把我叫到办公室去，说是要教我"四角号码查字法"。他说："老师们都说你笨，如果你能学会，就能证明你不笨。"于是他拿起一本《王云五小字典》，先让我背出四角号码的口诀，然后指导我试查了几个字。从来没有翻过字典的我，居然很快就把这几个字查到了。尤其让我觉得奇妙的是，用这种查字法，只要一看到某个字，就能说出它在哪一页，这真有点"神"了，而我现在就是身怀这种了不起的"神技"的人。真好像忽然之间发现了一个全新的"我"！武老师很高兴，不

断拍着我的肩膀，我知道那意思是说：瞧，你一点不笨。接着他就交给我一项在我当时看来比什么都重要的任务：自备一本《王云五小字典》，以后他每教新课之前，先由我把课文中生字的音、义从字典里查出来，抄在黑板上供同学们学习。这真使我在受宠若惊之余感到无上光荣。于是，每一次查字典我都用最大的努力，尽量把这项光荣任务完成得无可挑剔。一个学期下来，我不但学会了查字典、用字典，而且养成了课前自习的习惯。这过程中当然少不了武老师的鼓励和帮助，尤其是一些具体的指导。比如，字或词查出以后怎样根据全句的意思选择一个义项，多音字怎样确定读音，等等。这都增添了我对学习的兴趣。

我的国文成绩慢慢上去了。上武老师的课我觉得特别有劲，后来又爱上了作文。现在回忆，那完全是屡受表扬的结果，因为武老师常常把我作文里的"精彩片段"读出来。到我六年级时，他还把我的一篇作文推荐给县里的一份小报，居然登了出来。看到"钱梦龙"三个字变成了铅字明明白白地印在报纸上，当时的感觉真比登台领奖还要风光百倍。但这"光荣"里却又夹带着深深的愧疚，总觉得对不起武老师，因为这篇作文的不少句子都是我从一本课外书里抄的。当时我却没有勇气去向武老师"坦白"，这件事使我一直负疚到现在。但这次不光彩的抄袭却触发了我阅读课外书籍的动机。正好父亲的朋友送了一本《作文辞典》给我，它就成了我最喜欢的课外读物之一。我对知识，尤其是对课外知识的兴趣逐渐浓厚起来，尤爱写文章，遇到了一些有趣的事，或有了一个自己觉得很满意的念头，就想把它写出来；看到《作文辞典》里那些漂亮的描写，真是羡慕得不得了，总希望自己有一天也能写出和它们一样漂亮的句子。

到我小学毕业的时候，又有一件值得一提的事。那是我告别小学生活的最后一天，我从武老师手里接过了我在小学阶段的最后一份成绩报告单，先看各科的成绩，接着就看武老师给我写的评语，不由大感意外，只见劈头第一句竟是："该生天资聪颖！"这个"颖"字我虽不认识，但它跟"聪"字连在一起，我猜测肯定不是坏话。一回到家里，急忙查《王云五小字典》，果然证实了我的猜测："聪颖"者，"聪明"也！武老师说我天资聪明！他当时也许没有想到，这一句评语对一个长期被人认为"聪明面孔笨肚肠"的孩子来说，是多么重要！它使我彻底摆脱了自卑的困扰，从此走出了"厌学"的阴影。进入中学以后，我成了一名酷爱课外阅读的"少年读书郎"。

但在当时，我除了对武老师怀着深深的敬爱之情外，还没有想得更多。只是在自己当了老师以后，回想起武老师从教我查《王云五小字典》开始，两年中对我一步步的鼓励、诱导，直至报告单上针对我的自卑感有意写的那句评语，才真正体会到了武老师的一片苦心和他高超的育人艺术，因此，我在敬爱中更带上了一份作为同行和后辈的衷心钦佩。武老师不仅是一位优秀的语文老师，也不仅是一位对学生倾注着爱心的好老师，而且是一位塑造人心灵的真正的艺术家！"当教师就要当武老师这样的"——这是我踏上讲台的第一天就暗暗立下的一个誓愿。虽然我并没有完全实现自己的誓愿，但它至少为我树立了一杆标尺，一杆时时量出我的差距的高高的标尺。

第二件事：一位评弹艺人引起了我对古代诗文的兴趣。

这件事说起来有点可笑，但它确实影响了我一辈子。如果要说它的间接影响，甚至可以这样说，我的语文教学之所以会选择指导学生自学的思路，都可以从这件事上找到部分根源。

我从能记事起，就爱跟父母到书场听评弹，几乎每晚必去（这可能也是多次留级的原因之一）。起初只是跟着去吃零食，听久了，竟也听上了瘾，成了书场里年纪最小的"老听客"。结果是学习成绩下去了，听评弹的水平倒上去了：评弹艺人书艺的高低、唱词的雅俗，我都能够分辨出来，还能边听边猜唱词的韵脚，命中率百分之百。同时对评弹故事中那些风流才子们吟诗作赋的才华和韵事，又不免心向往之，暗暗追慕（我在小学五年级以后爱写文章，进了中学以后又爱写古典诗词，大概与这种向往也多少有点关系）。有一次，一位技艺极佳的评弹艺人在献艺中吟唱了一首杜牧的《清明》，明白如画的诗句所展现的"牧童遥指杏花村"的优美意境，加上艺人吟唱时悠远回荡的韵律，使我听得如痴如醉，心中忽然升起了一种朦朦胧胧的对美的渴望。而诗，在我当时的心目中就是最美的东西，从此我就对读诗、作诗入了迷。那时我刚从小学升入初中，我的文学启蒙教育竟是在书场这种畸形的"学习"环境中完成的。由此也足见我的浅陋。

我最早接触的诗选本是《唐诗三百首》。也许因为听书听得多了，居然无师自通地学会了拿腔拿调地"吟"。吟诗，那真是一种最能使人陶醉而又难以言表的精神享受；吟又有助于记忆，一个多学期下来，我竟把一本《唐诗三百首》全部背了出来，连《长恨歌》《琵琶行》这样的长诗，我都能一背到底，不打"格楞"。

读唐诗，遇到的生字、典故多了，小学时买的那本《王云五小字典》已经不够用了，就请父亲替我买了大部头的《辞源》。就靠了这位渊博而沉默的"老师"，我读懂了三百首中的绝大多数篇什，就连韩愈的几首佶屈聱牙的古风，居然也"啃"了下来。这部《辞源》现在还在我的书架上，只是已经"老态龙钟"，原来的封面早就掉了，我为它用牛皮纸糊的第二个封面，也已经残破；书脊的半腰已断裂，原先的厚厚一册变成了两个"分册"；书页全已发黄，书角、书边由于手指常年的触摸、翻动，已呈灰黑色。它早就"退休"，它的职责已由别的辞书代替，但书架上仍给它留出一个应有的位置，我像供奉一位长辈似的供奉着它。因为，它从我读初中一年级的时候就开始恪尽职守地为我服务，形影相随几十年，它给予我的知识和教益，超过了任何一位中学国文教师所能给予的；在我初中毕业后（1948 年）失学的日子里，又是它鼓励我选择了自学——在这所没有围墙的大学里，它辅助我获得了一份不以文凭为标志的"学历"。半个多世纪的相伴相守，它看着我从一个 14 岁的少年变成了年逾古稀的老人，它自己也从一本散发着油墨清香的新书变成了现在这样老态龙钟的形象。它是我的老师，也是我自学的见证人，书边上那些灰黑色的指痕，就是它为我开具的"学历证明"。

　　我的自学从读《唐诗三百首》起步，后来又扩展到读《古文观止》。当时，县城里仅有一家小书坊，书很少，但只要看到有关古诗古文的，我就买来读。记得当时买到了一部《定盦文集》，还有一套二十来本的《随园全集》，就一知半解地读了起来。第一次读"诗话"（《随园诗话》），还真读出了一点味儿，认定袁枚的"性灵说"就是评诗的最高标准。

　　到初中二年级，我因严重偏科而第四次留级，于是转学到上海市区一所中学，开始过"寄宿生"的集体生活。现代大都市的广阔背景拓展了我的文化视野。我开始读当代作家的创作和翻译作品，林琴南用文言翻译的《巴黎茶花女遗事》《黑奴吁天录》等，更使我爱不释卷。同时对旧体诗仍保持着长盛不衰的兴趣。从初中二年级起，我凭着一本《诗韵合璧》，无师自通地弄懂了平仄和押韵，于是对写旧体诗痴迷到了不顾一切的程度。虽然曾为此付出了留级的代价，却得到了国文成绩扶摇直上的回报。由于爱读爱写，我又"发明"了一种很有效的学习方法，即在老师开讲新课之前，先立足于自己消化课文，到听课时就边听边把自己的理解和老师的讲解互相印证、比较，细细揣摩老师讲文章的思路和方法。当时的国文老师上课都是一讲到底的，一般同学都忙于听和记，我则把单调的听和记变成了饶有兴趣的思考，既学活了知识，又能锻炼思考力。记得那时我在每次国文考

试前一般都不复习，但成绩总能名列前茅；至于我的自学能力、阅读范围和实际的读写能力，更要比当时一般的初中学生高出许多。

回顾我的学生时代，从武老师引发我的求知欲开始，又经评弹艺人的"文学启蒙"，直至在文科学习上形成自己的个性，可以看到一种明显的自学倾向。我可以肯定地说，如果没有这一段自学的经历，我绝不可能成为语文教师；即使成了语文教师，也绝不会采取现在这样的教法，形成现在这样的教风。那段早年的"学历"对我一生的影响，就如一首乐章的第一个音符，决定了整个乐章的基调。

二、"超前"：无知无畏的选择

1952 年，一个偶然的机会，或者说是一个误会，竟使我这个才初中毕业的"大孩子"阴差阳错地成了一名中学语文教师。那时的我，对语文教学自然一窍不通，语文知识的准备也远远不够，要胜任教学工作实际上是勉为其难的。但我却不甘心当个混饭吃的教书匠。当时的心态，正好用得上一句熟语：初生牛犊不怕虎。仗着自以为还有点国文"底子"，居然不自量力地企图设计出一种既符合自己的兴趣，又有点个性的教法。这当然是给自己出了个难题。

我很想从教过我的几位中学国文老师那里找到教好语文的榜样。但考虑再三，觉得自己实在没法仿效。他们大多是饱学之士，教的都是文言文，因此教学上可以充分发挥"讲书"的优势，旁征博引，说古论今，一篇短短的课文能连讲好几节课，以他们的博学使学生受益。相比之下，自己肚子里那一点点得之于胡乱读书的"库存"，显得多么寒碜！再说，教的又都是语体文，毕竟可以讲的地方不多——我教语文，一开始就不走"讲书"的老路，其实倒不是因为认定了"注入式教学"有什么不好，只是自感"腹笥"太俭，聊以"藏拙"而已。

　　最后，我根据自己学习国文的经验，选定了一种唯一可供选择的教学策略：鼓励学生自己学。当时我想得很简单：从武老师教会我查字典开始，到我偏爱文科的学习，我就是依靠自学而取得国文成绩在全班"领先"的佳绩的；自学既然能使我学好国文，肯定也能帮助我的学生学好语文。于是，"怎样教会学生读书"成了我语文教学的一个"努力方向"。现在回想，当时认定这样的方向，实在是一次无可奈何的"创新"，一次因为无知所以无畏的选择，绝不是因为有"超前意识"，更没有任何理论根据，只是凭我独特的"学历"，觉得语文这样教也许才不会误人子弟。那时自然不会想到，教学起步时认定的这个方向，会成为我语文教学上毕生的追求。

　　为了指导学生自己读课文，我备课首先考虑的不是怎样"讲"文章，而是自己怎样"读"文章。为此，每教一篇课文之前，我总要反反复复地读，或朗诵，或默想，或圈点，直到"品"出了味儿，才决定教什么和怎样教。所谓"教"，也不是把自己已经认识了的东西全盘端给学生，而是着重介绍自己读文章的思路、方法和心得，然后鼓励学生自己到阅读中去理解、品味。我发现，任何一篇文章，只有自己读出了感觉，才能找到引导学生的办法，才能把学生读文章的热情也"鼓"起来。有时候自己在阅读中遇到了难点，估计学生也会在这些地方发生困难，就设计几个问题，让学生多想想；有时候讲一点自己读文章的"诀窍"，如怎样揣摩作者的思路，怎样把握一篇的关键段、一段的关键句、一句的关键词等，供学生借鉴；自己爱朗读，有些文章读起来声情并茂，就指导学生在朗读中体会声情之美；自己读文章习惯于圈圈点点，读过的书页上朱墨纷呈，就要求学生凡读过的文章也必须留下阅读的痕迹；自己课外好"舞文弄墨"，写点文章诗词，还杂七杂八地看些书，学生在我的"言传身教"下，也喜欢写写东西，翻翻课外读物。总之，用传统的教学观念看，我的课上得有些随便，既没有环环相扣的严谨结构，也不追求"鸦雀无声"的课堂纪律。这样的课，用"课型"的概念衡量，实在说不出是什么"型"的，但学生学得倒也不觉得乏味，教学效果居然差强人意。

1953 年，全国开展了关于《红领巾》教学的讨论，那年正是我从事语文教学的第二年。我不想全面评论这次讨论的得失，就我个人而言，确实从这次讨论中找到了很多引起共鸣的东西。尤其是当时一位叫普希金的苏联专家批评我国的语文教学"老师积极，学生不积极"的意见，可谓深得我心；《红领巾》教学中"谈话法"的运用，改变了传统的"讲书"格局，也令人耳目一新。所有这一切，都跟我的某些想法和做法暗暗吻合，或者说，这位苏联专家的意见把我本来已经朦胧感觉到了的东西，明确地说了出来。这就更壮了我的胆：原来我的"四不像"型的教学，还真有一点道理呢。

那时，我的语文教学已经得到了一些好评，我还担任了语文教研组长，于是我主动请缨，在语文组内开了一次观摩课。我教的课文是《雨来没有死》，基本上模仿《红领巾》的教法，加上一点指导学生自学的"个人风格"，居然取得了成功。整堂课学生学得主动积极，师生之间的交流，又默契又融洽，轻松取得了预期的教学效果。之后我又多次尝试，有时还向校外老师开课，都得到较好的评价。我的语文教学终于渐渐入门，尤其在教材的处理上似乎更多了一些个人的心得。记得 1955 年县里办教师暑期进修班，我这名仅有三年语文教龄的初中毕业生，竟被指定为主讲教师，向五十多位比我年长的同行大谈处理教材的方法，虽然卑之无甚高论，但谈的大多是自己读书和教书的切身体会，倒也颇获好评。这又给了我一点启示：教学只要真正得之于心，而不是仅仅求之于书，就能教出自己的个性和风格，走出自己的路来。

1956 年，学校增设高中部，我开始担任高中语文课。这一年正值汉语、文学分科教学，知识根底不厚的我居然也啃下了汉语和文学这两块硬骨头。文学教材中从《诗经》发轫的我国古典文学，本是我的兴趣之所在，自然教得比较得心应手；即使是汉语，当时不少教师都觉得枯燥难教，我却也能使学生学得很有兴趣。因为当时我正试图把哲学认识论的原理应用于汉语教学，教学中遵循"感性—理性—感性"的认识过程，一般先从罗列语言现象入手，进而引导学生从中概括出一般规律，最后又以学生自己的语言经验加以印证。这就使学生在步步推进的认识过程中，领略到思考、推理的乐趣，学生倒也并不觉得枯燥乏味。

就在这一年，我写出了生平第一篇教学论文：《语文教学必须打破常规》。适值

新中国成立以后第一次评选优秀教师，我有幸被评为优秀教师，获得了晋升两级工资的殊荣，还被指定在嘉定县（今撤县建区）首届优秀教师大会上宣讲我的论文。这篇所谓的"论文"，其实只是一篇如何在语文教学中着眼于教会学生读书的简单总结，再加上一点粗浅的心得体会，如此而已。但从我当时务求"打破常规""教会学生读书自学"的意图看，我追求独特的教学个性的倾向是明显的。这一段时期的教学，可以说是"导读"的滥觞期。

教学的初见成效，鼓励我去进一步探索语文教学的"基本规律"。1956 年前后，尽管我摸到了一点教学的门径，但由于还不能从中概括出带有规律性的认识，教学的成败似乎都有些偶然性，因此总感到某种欠缺。

于是我到哲学中去寻求理论支持。凭我当时有限的"理论"视野以及书籍的匮乏，唯一能找到的是认识论。我开始把"教会学生读书自学"的过程看作一个认识过程。我发现，学生在语文教学过程中的认识与哲学的认识相比，有着明显的不同，其特殊性主要表现为认识内容的"浓缩性"和认识过程的"变通性"，即人类经过漫长的认识过程而获得的真理，学生往往只需一节课甚至更短的时间便可获得；而学生的认识过程也不一定完全遵循从感性到理性的顺序，常常是反序的。然而，学生的认识无论怎样浓缩、怎样变通，总离不开"实践"这个基点。我开始懂得，在数理化学科中，学生的实践主要是演算和实验，那是很明白的；可是语文学科（这里主要指阅读教学）的情况有些不同，教学的内容是一篇篇文章，因此学生的认识对象主要不是文章所反映的客观事物，而是这些被选作教材的文章自身。这样的认识对象，决定了学生在语文课上的实践就是"读"这些文章。我终于明白，"讲书式"语文教学的根本缺陷，倒不在于教师讲得多些或少些，而在于忽视了学生"读"的实践，因此学生无法形成自己的认识过程，其认识能力也就无从发展。而我的以指导学生自学为主的教法，正是一种立足于学生"读"的实践的教学方法。这是我在20 世纪 60 年代前期所能达到的"理论"水平。

遗憾的是，我的这些片断的认识还来不及梳理，1957 年的"反右"和 1966 年后的"史无前例"的十年"文化大革命"开始了。这两场使全国人民和知识分子陷入深重灾难的劫难，可以写成厚厚的一部历史教科书，但在我的语文教学记事本上却无事可记。

三、无奈：破帽多情却恋头

1957 年的春天是一个"不平常的春天"。正是在这个春天，嘉定教育界传达了一个重要的内部文件《关于正确处理人民内部矛盾的问题》，大家听了都深受鼓舞，尤其是"正确处理人民内部矛盾"和"百花齐放、百家争鸣"方针的提出，使知识界真诚地相信一个文化、教育、学术的春天已经近在眼前。

接着，嘉定县教育局召开全县教师大会，由教育局主要领导做了关于"帮助党整风"的动员报告，号召全县教师积极行动起来，投入到"大鸣大放"中去，运用大字报和民主讲坛等形式向党、向各级党组织和党员提批评、提意见，以改进党的工作。为了消除大家的顾虑，报告中一再强调"知无不言，言无不尽""言者无罪，闻者足戒"的方针政策，鼓励大家尽量放胆说话，"哪怕 95% 是错误的也不要紧""骂人也欢迎"（这都是报告中的原话）。这个报告又一次让全县教师深深感动于党的伟大。

校园里顿时热烈起来，随着"鸣放"的升温，大字报越贴越多，学校还特地腾出好几间教室，拉了一道道铅丝，专供张挂大字报之用，整个校园顿时成了大字报的海洋。教育局领导还多次组织各校教师互相"观摩学习"，统计哪个学校的大字报贴得多。除了鼓励写大字报外，教育局还提供一切机会动员教师上民主讲坛演讲。我是当时学校青年团的干部，又是教研组长、优秀教师，在前几次运动中都是"主要骨干"，这次当然也不甘落后，再说校园里那股热浪，也确实让人"热血沸腾"。于是，我一头扎进了"帮助党整风"的热流，没日没夜地泡在学校里写大字报，上民主讲坛。我的不少大字报有诗有画，形式活泼多样，常常吸引不少教师、学生驻足"欣赏"。我当然也越来越自鸣得意，差不多每天都有"诗画配"的"佳作"推出。妻多次批评我"昏了头""弄得把家都忘了"，我对她说："你这个人就是政治觉悟不高！你看全世界有哪个政党能有中国共产党这样伟大的魄力，诚心诚意地发动全国人民帮助她整风！"当时确实觉得妻在政治上已经"落后"，思想赶不上时代了。

1957 年暑假，教育局召集全县教师到嘉定城区集中。在去县城的路上我还天真地以为经过将近一个学期的"大鸣大放"，大家提了不少意见，这次集中学习肯定要

转入整风阶段了，对群众大字报中揭出的"问题"至少会有个交代。当时学校里有位党员干部（教导主任），由于"男女关系问题"，被铺天盖地的大字报贴得都抬不起头来，整天灰溜溜地缩在办公室里，我想，这次集中很可能对他做出处理……

谁知集中后的第一天宣布"分组"的预备会就让人感觉到了一股异样的气氛：鸣放时的一些"积极分子"大多灰溜溜地低头不语，而那位被大字报贴得抬不起头的教导主任，正趾高气扬、指手画脚地在大组会会场上指挥大家入座。接着他宣布："为了便于开展斗争，嘉定全县教师划分为'南片'和'北片'两个大组，本人是南片大组的组长。"骤然的"风云突变"，真的把我给弄蒙了！当晚有位教师悄悄告诉我：鸣放已经结束，接下来要"反右"了。而那位教导主任在鸣放阶段受到了"右派"最猖狂的进攻，根据"被敌人反对是好事而不是坏事"的英明指示，他已被大量攻击他的大字报证明是最坚定的"革命左派"，当然最有资格领导全组开展"反右"斗争，至于他个人的生活作风问题，在政治的大是大非面前，不过是生活小节而已。

原来如此！

接下来就是一个接一个地举行"辩论会"，所谓"辩论会"其实就是"批斗会"，被"辩论"的对象根本没有发言权、申辩权，只能默默恭聆"左派"们和"脑筋急转弯"后的"准左派"们的严厉声讨和训斥（当然比"文化大革命"中对"牛鬼蛇神"拳打脚踢的"武斗会"要文明一些）。点名辩论的对象都是前阶段的鸣放积极分子。一般的辩论程序是：先以群众的名义贴出要求与某某人辩论的大字报，被点中者大多灰头土脸、闷声不响地做好"认罪"的心理准备。只有一位教高中历史的先生，古书读多了，平时就有一股"死不认输"的书呆气，那天看到点他名的大字报后，忽然呆气大发，居然在大字报下方大书四字："同意一辩！"后来"同意一辩"就成了这位老兄的"代号"。这个小小插曲在当时沉闷压抑的"反右"氛围中成了唯一可以让人破颜一笑的黑色幽默。我很侥幸，才参加了一个"辩论会"，当天夜间忽然剧烈腹痛，急送医院，被诊断为急性阑尾炎穿孔，必须立即手术。后来医生告诉我，那天从我腹腔抽出的脓血有300cc，如再耽误一些时间，便小命难保了。现在回想，那次手术不仅捡回了一条命，而且由于手术住院，我逃避了多少次声势汹汹的"辩论会"，可谓不幸中之大幸也。

手术后我在医院病房里整整躺了两个星期。卧病期间，妻每隔两三天来探望一次，顺便带来各种"反右"的信息。我渐渐知道，土地改革、镇反肃反、三反五反、统购统销、对私改造等历次重大政治运动是绝对触碰不得的；对已被确认为革命左派的党员，即使有问题，也是说不得的，因为"攻击党员就是攻击党"（当时这种荒谬的逻辑曾盛行一时）。用这些"标准"衡量，我自感问题严重。记得领导在整风动员时一再强调对党提意见要谈"大问题"，不要纠缠于鸡毛蒜皮的小事，因此我写大字报就想方设法"从大处着眼"，谈的都是这些触碰不得的"大问题"，想不到恰恰就在这些问题上触犯了"天条"！尤其让我忧心忡忡的是，对那位"革命左派"的教导主任我写过多张大字报，其中最"恶毒"的是一张"画配诗"的大字报，画的是一个色眯眯的猪八戒，还配了一首打油诗："虽已招亲高老庄，家花哪及野花香？只要老猪有意思，仁义道德管他娘！"这张"严重丑化革命左派"的大字报曾吸引不少师生欣赏，我也自以为击中了这位"正人君子"的要害，而现在自己的小命就攥在他的手里，他岂肯轻易放过这个"反击"的机会！总之，这次"反右"，我是死定了，即使不死也脱三层皮。

我出院的第一天，南北两片大组特意为我"补办"了一场扩大的"辩论会"，这当然早在预料之中，我也做好了洗耳恭听的心理准备。果不其然，就在这次"辩论会"上，大组组长宣布我被戴上一顶"极右分子"的高级帽子，暂时回校等候处理。大组长在宣布我的定性结论后，不无得意地补上了一句："一顶顶'右派'的帽子从我的手里飞出，今天是最后一顶了！"被大字报压抑了将近一个学期的这位坚定的革命左派，终于到了扬眉吐气之时，理所当然应该意气风发了。

在这次"反右"斗争中，我任职的嘉定二中不少教师都被"辩论"了，最后总共"揪出"三名"右派"，除了我之外，还有一位"右派"值得一提。他是学校第一校长兼南翔镇教育局党总支书记潘世和，他原是位诗人、地下党员，解放前一直在上海市区编辑文艺刊物并从事地下斗争，曾以"史伍"的笔名出版过诗集《蚕茧》，并用德文翻译过海涅的长诗《阿塔·特洛尔》（他毕业于同济大学医学院，通德文）。他个人历史上有两件最值得引以为豪的事，一件是他18岁时曾高擎一面写有"民族魂"三字的大旗参加吊唁鲁迅的送殡游行，这面大旗后来就被覆盖在鲁迅先生的灵柩上；另一件是他在上海解放前夕受党组织派遣回到嘉定（他父亲是嘉定有名的民主人士），为即将进攻嘉定的解放军秘密收集有关情报并开展"统战"工作，曾为嘉定的解放做出过重要贡献。他本是一位老党员，又是解放嘉定的功臣，但由于他的

"老革命"资格，加上他天生的诗人气质，对上级领导常常说三道四，直言无忌，结果自然犯了忌，在鸣放阶段尽管他仅仅写过一张无足轻重的大字报，最后却被作为"不鸣放的右派分子"的典型，居然也戴上了"右派"的帽子，成了领导在总结"反右"的辉煌战果时用来证明"右派分子不是鸣放出来而是客观存在的"一个"实例"！

连这样的革命功臣都会被打成"右派"，让天真幼稚的我生平第一次感受到了政治斗争的无情。那么，已经被定性为"极右分子"的我，将面临怎样的惩罚？我的未来是什么？——既已沦为"人民的敌人"，而且又是"右派"中的"极"字号，我还能有未来吗？一个巨大的"？"，像一块无比沉重的铅，压在我的胸口，使我窒息。

好在我们亲爱的党秉承"批判从严，处理从宽"的一贯方针，按"敌我矛盾作人民内部矛盾处理"的政策，对我的处理仅是降了三级工资（上一年刚加过两级工资，3－2＝1，实降1级），发配农村"监督劳动"；并没有出现我想象中戴上手铐、押赴监狱的可怕场面。

我在农村劳动了仅一年，就染上了肺结核和黄疸肝炎。为减轻我的劳动强度，教育局照顾我，把我调到嘉定县机关干部试验场去管理一个桃园，于是我从一名比喻意义上的"园丁（教师）"成了一名名副其实的"园丁"。到1960年年底，在嘉定县的"右派摘帽"大会上，我被宣布摘掉"极右"的帽子，从此可以"回到人民队伍"了。

1961年暑假以后，我以"摘帽右派"的"政治身份"恢复教职，仍回原校任高中语文教师。那时学校已换了一位新校长（老校长因被划为"右派"调离学校），这位新校长姓惠，是位"渡江干部"，山东人，细细高高的个子，白白净净的脸，一副斯文的模样，要不是说一口略带"山东腔"的普通话，还真很难把他与"山东汉子"这个带有特殊色彩的称号联系起来。听说他在老解放区就是一位管教育的干部，到嘉定后任县委宣传部长，后因与县委书记意见不合，便自请到我任教的中学担任校长兼书记。据说他是一位原则性很强又很懂教育的"老干部"，全校教师都对他敬畏三分，并且仍然习惯按他过去的职务叫他"惠部长"。

惠部长办学很有魄力，在他的领导下学校渐渐发展为一所有相当规模的完全中学，由于教学质量好，被晋级为嘉定县重点中学。他对我似乎特别宽容，有两件事可以佐证。

　　第一，当时高中语文课本中选入好几篇有关"反右"的文章，如《为什么资产阶级右派是反动派》等，碰到这类文章，我一律跳过不教。这事后来被惠部长知道，他就把我叫到了校长室。

　　"听说你不教《为什么资产阶级右派是反动派》？"

　　"是的。"

　　"为什么不教？"

　　"我不会教。"

　　"你可以现身说法嘛！"

　　他就这样提了个"建议"，从此不再过问了，更没有把它作为一个"政治事件"严加追究，因此，以后凡遇此类"反右"宏文，我仍然坚持我的"不教"主义。

　　第二，有好几次（至少三次以上）我上课过半，忽然发现惠部长"隐身"在学生中听课，课前不打照呼，课后也只是笑笑便扬长而去。这件事我也没太在意。但是有一天，有位青年教师来告诉我："刚才惠部长在全校青年教师大会上号召青年教师来听你的课，好好向你学习。"当时我真的很感意外，也有些感动。不过这件事却让惠部长在"文化大革命"中吃了苦头。他在青年教师大会上的报告成了他"包庇、重用坏人"的"铁证"之一，终于和全校一大批"牛鬼蛇神"一起被关进了"牛棚"（专关"牛鬼蛇神"的屋子）。当时他的"头衔"是"死不改悔的走资派"，我的头衔是"没有改造好的右派分子"，共同的称呼是"老牛"（"牛鬼蛇神"的简称）。两个"老牛"，共处一"棚"，不再有地位的差别，身份的贵贱，朝夕相对，其乐融融。

　　本来总以为"右派"这顶"帽子"摘了，就不再是右派了，想不到只是换了一顶新帽子——摘帽右派。教语文的都知道，"摘帽右派"是偏正短语，就是"摘了帽的右派"，中心词仍是"右派"，因此只要一有风浪，又马上回到了"右派分子"！问题是："右派"还有摘帽期，而"摘帽右派"不会有摘帽期，看来这顶"不是帽子的帽子"要在头上戴一辈子了。忽然想起苏东坡一句词："破帽多情却恋头"，不禁在无奈中哑然失笑。

四、机遇：一堂课改写人生

时间要跨越到 1979 年。

在 1979 年之前的 28 年中，我一直是个名不见经传的普通教师，除了 1957 年因被错定为"极右"而在校园内外"显姓扬名"了一阵子外，长期默默无闻；尤其经历了十年"文化大革命"的炼狱，早已不求闻达，能够平安无事干到退休便已心满意足。事实也只能如此，一个年近半百的乡村教师，又戴着"摘帽右派"的"桂冠"被编入了"另册"，对后半生还能有什么奢望？

但是，那一堂语文课，却使我的人生之路发生了戏剧性的大转折。

1979 年上半年，上海市教育局在我任职的嘉定二中召开上海市郊区重点中学校长现场会，会议的主要课题是探讨"文化大革命"后的课堂教学如何拨乱反正，提高质量。嘉定二中作为东道主，自然承担了提供课例供校长们探讨研究的义务。为此，学校规定各科所有教师都要向校长们开课，我当然也做好了开课的准备。

说是"准备"，其实我并没有专为这次教学而刻意备课。记得开课的日子是星期一，而我当时担负着全校好几块黑板报的编辑、出版、美化工作，为了迎接现场会的召开，星期日整整一天我把精力全扑在了黑板报上，仅在晚上有一点时间考虑第二天上课的思路。按照教学进度，星期一我教的是《愚公移山》。这是一篇老课文，又是文言文，传统的教法是"串讲"，即由教师逐字逐句地讲解，学生只是被动地"听"和"记"。对这种扼杀学生主动性的刻板教法，我素怀"叛逆"之心。根据个人的自学经历，我始终认为"教学"的宗旨在于"教会学生学习"，因此教师必须致力于培养学生的自主意识和自学能力，使学生学到一辈子有用的东西。而文言文的串讲法，把文章一字一句"嚼烂了喂"，与"教学"的宗旨是完全背道而驰的。为此，我的文言文教学早就废止了串讲法，这次教《愚公移山》，当然也没有必要因为有人听课而改变我惯常的教法。要说"准备"，我倒是做好了请校长们吃一顿"家常便饭"的思想准备。

上课这天，校长们好像互相约好了似的，都集中到我的教室里听课，其中还有好几位市区重点中学的校长，上海市和嘉定县教育局的几位领导也都来了，把一个原本很宽敞的教室挤得满满当当。

一上课，我先通过朗读检查了一下学生的自读情况，然后就进入教学过程。整个过程由五大块构成：①学生提出并讨论自读中的疑问；②列出人物表，初步了解本文中的人物；③比较不同的人物对待"移山"的不同态度；④从课文中找出根据，说明愚公到底笨不笨；⑤当堂完成一道文言文断句的练习题。

我教文言文，和教现代文一样，重视对文章的整体理解。我始终认为文言文是"文"，是作者的思想情感、道德评价、文化素养、审美趣味等的"集成块"，是一个有生命的活的整体，而不是古汉语材料的"堆积物"。因此，我的文言文教学，一般都是在学生"自读感知"的基础上，通过"教"和"学"的互动，帮助学生在整体把握文章情意的同时领会文言字词在具体语境中的含义和用法，而不是离开了具体的语境去孤立地解释字词或讲解古汉语知识。比如，下面这个教学片段：

师：大家说说看，这个老愚公有多大年纪了？

（学生纷纷答，有人说"九十岁"，有人说"九十不到"）

师：到底是九十，还是九十不到？

生：（齐声）不到。

师：不到？从哪里知道？

生："年且九十"，有个"且"字，将近九十岁。

师：且，对！那么，那个智叟是年轻人吗？

生：（齐声）老头。

师：怎么知道？

生：（齐声）"叟"字呀！

师：啊，很好。愚公和智叟都是老头子。那么，那个遗男有几岁了？

生：七八岁。

师：你又是怎么知道的？

生：从"龀"字知道。

师：噢，龀。这个字很难写，你上黑板写写看。（生板书）写得很好。"龀"是什么意思？

生：换牙。

师：对，换牙。你看这是什么偏旁？（生答："齿"旁）孩子七八岁时开始换牙。同学们不但看得很仔细，而且都记住了。那么，这个年纪小小的孩子跟老愚公一起去移山，他爸爸肯让他去吗？

（生一时不能回答，稍一思索，七嘴八舌地："他没有爸爸！"）

师：你们怎么知道？

生：他是寡妇的儿子。孀妻就是寡妇。

师：对！遗男就是——

生：（齐声）孤儿。

我在教学中喜欢用这种迂回的手法提出问题，学生的思维也要"拐一个弯"才能找到答案，我把这种方法叫作"曲问"。比如，问愚公多大年纪，检测学生对"且"字的理解；问智叟是不是年轻人，落实"叟"字，等等。又如，我问："邻人京城氏那个七八岁的孩子也去移山，他爸爸肯让他去吗？"学生一时回答不出，继而一想，恍然大悟地叫起来："那孩子没有爸爸！"这就可以检测学生是否已经理解了"邻人京城氏之孀妻有遗男"一句中的"孀妻"和"遗男"的词义，比直问"孀妻是什么意思""遗男是什么意思"，更能激发学生思考的兴趣。

再看下面一段对话：

师：请你们计算一下，参加移山的一共有多少人？

生：五个人。

师：你们怎么知道的？

生：一个愚公，一个遗男，还有他的三个子孙。

师：三个什么样的子孙？

生：三个会挑担的，"荷担者三夫"。

师：你们怎么知道愚公自己也参加了呢？

生："遂率子孙荷担者三夫"，是愚公率领了子孙去的。

师：啊，讲得真好！那请你再说说看，"遂率"前面省略了一个什么句子成分？

生：主语。

师：主语应该是什么？

生：愚公。"愚公遂率子孙荷担者三夫"。

师：好！主语补出来，人数很清楚，一共五个人。……

这个教学片段，似乎只是为了计算人数，其实有"一石三鸟"的效果：既能引导学生更好地理解文章的内容——人少而移山，更见任务之艰巨；同时又落实了古汉语"主语省略"的知识；还激发了学生思考的兴趣。

这种"曲问"以及饶有趣味的师生对话，在整个教学过程中随处可见，教师教得轻松，学生学得愉快，又把文章的解读和文言知识的学习灵活地融合在一起，跟一般文言文教学的串讲法大异其趣。

最后，布置学生当堂完成一道断句的练习题。这道练习题是我自己设计编写的，设计的意图是：把课文中学到的部分词句连缀成文，使学生在一个新的语言环境中辨认它们，以收知识迁移之效。我始终认为，给文言文断句是检测文言文阅读能力的重要标志，因此，我教文言文经常编写一些文段给学生断句。下面这段文字在发给学生时没有标点，为了增加难度，标点处也不留空白，但学生顺利完成了"断句"（加标点）的练习。

> 甲、乙二生共读《愚公移山》，生甲掩卷而长息曰："甚矣，愚公之愚！年且九十，而欲移山，山未移而身先死，焉能自享其利乎？"生乙曰："愚公之移山也，盖为子孙造福，非自谋其私也，故以利己之心观之，必谓愚公为不惠，若以利人之心观之，则必谓愚公为大智大勇之人也。"生甲亡以应。生乙复曰："今欲变吾贫穷之中国为富强之中国，其事之难甚于移山，若我十亿中国人人人皆为愚公，则山何苦而不平？国何苦而不富？"生甲动容曰："善哉，君之所言！愚公不愚，我知之矣。"

至此，《愚公移山》的教学画上了句号。整个教学过程中学生思维活跃，发言不时闪出智慧的火花，最后的断句练习也完成得相当出色。不过，就我个人的感觉而言，并没有特别兴奋，因为这堂课不过保持了我平时上课的常态而已。

　　但是，校长们对这堂课的评价之高，却完全出乎我的意料，一些市区重点中学的校长认为，这样的优质课即使在市区也听不到（在一般人心目中市区学校的教学质量总要比郊区高出一截）。确实，文言文教学一贯由教师逐句串讲，我这样教文言文，确实给人耳目一新之感。课后不久，主持此次会议的市教育局普教处孙寿荣处长还特意找我交谈，把校长们的评价反馈给我，并听我畅谈了如何提高课堂教学质量的意见。其后不久，学校又承办了一次上海市郊区重点中学教导主任现场会，又是全校教师开课，我教了文言文《观巴黎油画记》，又像《愚公移山》的教学一样大获好评。本以为这两件事就这样过去了，我也没有放在心上。可是1979年的下半年正好上海市要评选特级教师，向下传达评选的条件、比例等内容。我记得评选比例是三万分之一，即三万名教师中产生一名特级教师，条件十分严苛。虽然校长传达时要求教师自由申报，但实际上谁也不敢去攀这个可望而不可即的高峰。我有自知之明，当然更是听过就忘，脑子里一点痕迹都没有留下。

　　但大大出乎意料的是，有一天校长把我请到校长室，郑重其事地通知我说："钱老师，县教育局已经替你申报了特级教师，要我告知你一声。"

　　"校长，你开什么玩笑！"当时真的以为校长在跟我开玩笑，因为无论我的想象力多么丰富，都不可能把"摘帽右派"钱梦龙的名字和"特级教师"这个在当时人们心目中至高无上的荣誉称号连在一起。

　　然而，又一次出人意料的是，1980年2月，上海《解放日报》《文汇报》都以第一版整版的篇幅隆重推出全市36位特级教师的简介和照片，我居然跻身其中！

　　"世事茫茫难自料"，人生的际遇、穷通，实在无法预知，有时候似乎已走到了路的尽头，却很可能就在一夜之间出现令人做梦都想不到的戏剧性变化，眼前展现出一片全新的天地！回顾一生，从"差生"到中学教师，再从"优秀教师"到"极右分子"，又从"摘帽右派"到"牛鬼蛇神"，最后到"特级教师"……真有点像过山车似的起起落落，其起落幅度之大，超乎想象，在每一次起落之间，谁能预料到下一次又会怎样？但有一点是可以肯定的：无论我坠落到怎样的谷底，我都没有放弃，即使在处境最艰难的那些日子里，只要容许我走上讲台，我仍然一如既往践行着我的教学理念。因此，一旦机遇来敲门，我就能紧紧抓住。如果我在屡遭挫折以后，心灰意冷，看破红尘，从此一蹶不振，放弃我所有的教育追求，那么即使给我一百次教《愚公移山》的机会，我也不可能破茧而出。

在申报、评选过程中，有两件小事很有趣，值得回味。

第一件事：在县教育局替我申报以后，局里一位领导找我谈话，他说："你的名字和事迹是报上去了，但你不要抱太大希望，因为这是上海市首次评特级教师，各区县都希望自己的区县多评上几位，大都超额申报，我们嘉定就申报了三位，有的区县申报更多，而整个上海市二十个区县不过评出三十多位，因此要从严筛选，大量淘汰，而你的主观条件实在太差，学历是初中毕业，政治面貌是'摘帽右派'，在上海又没有一点知名度，所以被淘汰的可能性极大，你要做好思想准备。"然而严格筛选的结果却跟这位领导的预测正好相反，我不仅不在淘汰之列，而且通过得相当顺利。有一位评委后来跟我比较熟悉，向我透露了一点评选过程中的"内部消息"：我没有知名度反而成了我的有利条件，不像有些候选人在市里已有相当的知名度，评委比较熟悉他们的情况，评选时就会多些挑剔。有一位知名度很高的教师，评委对她十分熟悉，发现的"问题"就更多，因此讨论到第五轮才获通过。相反，评委们对我却一无所知，评选时只能看县教育局写的申报材料，听市教育局领导介绍在嘉定二中听我教《愚公移山》《观巴黎油画记》的情况，当然都是正面的评价，评委们无从挑剔。更有趣的是，我的初中毕业的学历，评选时成了我"自学成才"的证据，"摘帽右派"的政治身份却得到了"敢讲真话"的评价。总之，越是不利的因素，越成了我的有利条件。因此，讨论到我，第一轮就全票通过了，这种少有的顺利连这位评委都觉得不可思议。

第二件事：评委们为了更多地了解我，曾在评选前向一些教师打听我的情况，正好问到上海语文教育界的老前辈沈蘅仲老师。真是无巧不成书，沈老在1976年曾到我任职的嘉定二中听一位教师的语文课，在学校的"毛泽东思想宣传栏"上读到了我写的悼念毛主席的三首七律，他很欣赏，就把它们全部抄了下来。于是他找出当时的笔记本，果然找到了这几首诗，注明作者是"嘉定二中钱梦龙"；更加巧中又巧的是，沈老的夫人王淑均老师是上海教育学院中文系教授，20世纪60年代曾开过一个"形式逻辑与语文教学"高级研修班，我也参加了这个研修班的学习，因为学习成绩较好，王老师曾指定我在结业典礼上作为学员代表上台发言，因此时间虽已过了十多年，但对我仍有较深的印象。这两位老师的旁证，无疑加重了我评上特级教师的筹码，而这样的巧事更是可遇而不可求的机缘。有位朋友用两句话概括我的一生：厄运来时躲不过，好运来时推不开。不过我倒更乐意引用巴斯德的那句名言：机遇只偏爱有准备的头脑。

五、导读：闭门造车的"成果"

20世纪70年代末到80年代初，是语文教学的"复甦期"。语文教学经过了一段时间的拨乱反正，人们开始重新思考语文学科的性质、任务，探索"把语文课上得像语文课"的途径。我则仍然沿着"文化大革命"前的思路，琢磨着怎样把认识论的原理运用到语文教学过程中去。当时县里经常举行语文观摩教学，我多次被指定向青年教师开课。为了便于青年教师更好地掌握我这种教法的"操作要领"，我觉得有必要提出一些基本概念或课式，以确保"教会学生读书自学"这一主导思想在教学过程中得到充分的体现，其结果就是"基本式教学法"的提出。所谓"基本式"，指的是"自读式、教读式、复读式"①。所谓"基本式"，意即"基本有式"，但又不是固定不变的程式。其中"自读"和"教读"在我构想的语文教学法框架（这个框架在当时还只是初现端倪）中是两个支柱性概念。"自读"是从"自学"衍生的词，"教读"则是对应"自读"而提出的。当时我的想法挺简单：学生在语文课上的主要实践方式是"读"文章，那么着眼于学生"自己读文章"的这种实践方式理应叫作"自读"。教师的职责自然就是"教会"学生"自读"，故谓之"教读"。"复读式"则是在学生对课文的认识过程基本完成以后的一次消化、运用知识的过程，从认识的环节看，是一次"再实践"，以达到进一步消化知识、巩固知识和实现知识迁移的目的。"自读—教读—复读"正好符合"实践—认识—再实践"的认识过程。

当时这些粗浅的"理论"，无依无傍，完全是闭门造车的"成果"；但也许正因为无依无傍，闭门造车，反倒造出了一点与众不同的新意。不少同行对"自读""教读"的提法表示赞赏。叶苍岑先生主编的《中学语文教学通论》，把"基本式教学法"作为"创造性教学法"之一予以肯定。

然而，我总觉得自己对教学过程中认识规律的把握，还没有触及教学的深层，

---

① 最初提出四式：自读式、教读式、复读式、作业式，后把作业式并入复读式，成为三式。

因此似乎还朦朦胧胧地期待着什么。

我反复琢磨着两个问题：基本式教学法有利于提高语文教学效率的根本原理是什么？"自读—教读"的教学模式优于教师"讲书"的深层原因在哪里？

为了寻找答案，我在当时任教的两个条件大体相当的班级进行过多次对比教学实验。我采用两种完全不同的教法，一种以教师"注入"为主，一种用基本式教学法，由两个班级轮流担任实验班和对照班，以观察不同的教学效果，进而寻求对实验结果起支配作用的深层原因。在这些实验中，比较有代表性的一次是对鲁迅小说《一件小事》的教学。实验过程如下。

对照班：完全由教师讲授。我从文章时代背景讲起，详细分析了文章的思想内容和写作特点，讲解力求深透（当时有个流行的口号叫"讲深讲透"），语言力求生动，让学生听得"津津有味"。所有的新词解释、文章层次的划分、各层次的大意以及文章的中心思想等，全由教师在滔滔讲授中完成，学生在听讲的过程中都做了记录。讲完以后布置学生完成课后的习题，在做习题前教师还做了详细的指导，因此答案的正确率很高。整个教学过程（包括课内作业）共用了四个课时。

实验班：采用由学生自读、思考、讨论，教师只作重点指导的教法。先布置自读，要求学生按课文后"思考和练习"所提示的几个方面理解课文，并提出疑难问题。然后由教师把学生提的问题综合起来，最后集中到一个问题上："文章里的'我'是不是一个自私的剥削者？"（"阶级论"在那时还支配着人们的思想，学生提出这个问题符合当时的认识水平）这个问题不仅是理解课文的难点所在，而且是一个"牵一发而动全身"的关键问题。由于问题本身包含着两个对立的答案："是"或"不是"，所以学生立即在讨论中形成了对立的两"派"，有的认为"是"，有的认为"不是"，争论不休。教师不忙于下结论，而是布置学生进一步细读课文，尽可能从文章里找出能够支持自己观点的根据，然后以"《一件小事》中的'我'是一个怎样的人？"为中心写一篇发言稿，准备在课堂上针对不同意见进行辩论。经过一场激烈的争辩，"不是派"终于从课文中找出了充分的根据，证明了"我"是一个有爱国心和正义感，又能时时"熬了苦痛"解剖自己并向劳动者学习的进步知识分子。最后我要求学生根据讨论中形成的对"我"的认识，修改、充实自己的发言稿，以"谈《一件小事》中的'我'"为题写成文章。在整个讨论过程中，教师不做"权威性"的发言，只是在学生争论不休的关键时刻，提出一些启发性的问题供学生思考。

例如，对"我"抓出"一大把铜元"的评价，有的学生说这是"我"对穷人的"施舍"，有的同学则认为这是"我"被车夫精神感动的结果。我不置可否，只是提出了一个问题请争论的双方注意：不要孤立地评价"我"的某一行为，而要把课文前后联系起来思考，每发表一个意见都要以课文为依据。最后，学生从进一步阅读课文中知道：从上文看，"我因为生计关系，不得不一早在路上走"，说明"我"并非有钱人，况且"我"抓出的也不过是一大把"铜元"而已；而抓的时候，"我"是"没有思索"的，说明这是"我"受了车夫的感动以后情不自禁地做出的一种反应。从下文看，"我"又为这一大把铜元而深深自责："这一大把铜元又是什么意思？奖他么？我还能裁判车夫么？"这又说明了"我"自感没有权利"裁判"一个在精神上比自己高大得多的人，因而深深谴责自己，可见"我"是一个严于解剖自己的人。整个教学过程也用了四个课时，没有做课后的练习，但完成了一篇作文。

实验的结果：经过一个学期的"搁置""冷却"以后，用"突然袭击"的方式对两班学生同时进行测验，测验的主要内容就是《一件小事》后面的练习题（我还补充了少量题目）。测验的结果是发人深思的：没有做过这些练习题的实验班学生的成绩竟然超出了做过这些练习题的对照班学生。实验班的优秀答卷占全班学生数的70%，而对照班仅占38%。尤其在对课文内容记忆的准确程度以及对有些问题理解的深度上，实验班都超过对照班。

实验的结果为什么会是这样？综合其他几次对比教学的结果来看，实验班的学习效果都或多或少优于对照班，可见不同的教法和不同的教学效果之间肯定存在着必然的因果联系。为了找到这种因果联系，我在《一件小事》测试后分别找了两个班的部分学生开了"调查会"。对照班的学生说："这篇课文是一个学期前听老师讲的，时间隔得这么长，测验前也不让我们复习一下，怎么记得住？"实验班的学生说："当时为了弄明白课文里的'我'是怎样一个人，大家拼命到文章里去找根据，双方争得面红耳赤，现在还清楚记得那时争论的内容。"学生的话说得很平常、很实在，却引起了我的深思。

从认识的角度看，两班学生在教学的当时的确都完成了各自的认识过程，两者的区别仅仅在于完成认识过程的途径不同。对照班完全听教师讲授，学生完全处于被动者的地位，讲授的内容当时虽也印入了大脑，但由于他们自己并没有主动积极地参与认识活动，因此所得的认识难免浮光掠影，印入不深，时间长了，遗忘是正常的；实验班则是由学生经过自读、思考、质疑、讨论、争论、作文等一系列活动而完成认识任务的，学生是主动者，他们获得的认识是自己在反复的阅读实践中深思熟虑的结果，印象深刻，历久不忘。可见，学生印象是否深刻、持久，跟他们主动参与的程度成正比；而学生能否主动参与，又受教师不同的指导方式所制约。从这些想法可以看出，我当时已经朦胧地意识到了教学过程中学生的地位、教师的作用、师生之间的活动方式都与教学效果之间有着直接的因果关系，但由于还没有想得很清楚，自然不可能把这些想法转化为明确的理论概括。

为此，我有选择地读了一些教学理论和有关教育史的书，梳理着纷乱的思绪，我要为自己的思想找到一个最合适的"语言外壳"。我预感到需要寻找的东西就要出现，只等待着某个触媒的催化。

1981年，我应邀到浙江金华市讲学，按事先约定，除做报告外，还要借班执教鲁迅的小说《故乡》。到达金华的当天上午，我就和学生见面，并指导学生自读。指导的重点是怎样通过对文字表层的理解，深入思考，提出疑问。学生经过自读，每人都用小纸片书面提出了问题，少则五六题，多则十来题，全班总共提了六百多个问题。问题大多提得不错，有的挺有趣，透着天真的孩子气。比如，"闰土因为多子而受穷，那为什么不实行计划生育少生几个呢？""本文中的'我'和《一件小事》《风筝》《从百草园到三味书屋》《社戏》里的'我'是不是鲁迅自己？如果是，为什么各有不同的形象？如果不是，为什么本文中'我'叫迅哥儿？""杨二嫂说'你现在有三房姨太太……'鲁迅先生不是只有一位许广平夫人吗？"……

当晚，我在金华招待所朦胧的灯光下就学生提出的这些问题备课。我翻动着一页页小纸片，边看边忍着笑，越看越喜欢这个班的孩子。最后，我从中筛选出三十多道题，把它们分为七个大的"话题"，准备第二天教读时发还给提问的同学，请他们当堂提出，由全班一起讨论解决。我教读的思路是：这三十多道题几乎涉及课文的各个方面，因此，组织学生讨论问题的过程，也是引导学生全面、深入地理解课文的过程；教师只在讨论"卡壳"的时候，适当地做些点拨，而不是越俎代庖。我虽然没有写教案，但对每个问题在讨论中可能出现的情况都做了估计，对有些难度较大的问题考虑了几种启发的方案，尽量鼓励学生经过自己的努力克服困难，找到答案。我相信，问题是学生自己提的，他们肯定也会主动地参与讨论，而学生的主动参与，是教读成功的关键。这是被我的经验反复证明过的。

备课既毕，我合拢课本，闭上眼，把第二天要上的两堂课像"过电影"似的在脑海里预映了一遍，同时也想再琢磨一下，近年提出的基本式教学法的理论依据是什么，这样的教学过程会呈现出怎样的特点……这时，多少年教学探索中逐渐形成的许多看似各不相关的想法、观念，忽然全部在脑海中活跃起来，互相碰撞，重新组合，终于，三句话一下子"蹦"了出来："学生为主体，教师为主导，训练为主线。"真像电流突然接通，我的"三主"教学观竟在一转念的瞬间找到了它的"语言外壳"！

第二天，《故乡》的教学获得了出乎意料的成功，整整两堂课，学生始终处于兴奋状态。问题全是他们提出的，又是他们在讨论中自己解决的，几乎每个学生都真真切切体验了一回"做学习的主人"的快乐。我也在回味着这两堂课成功的契机，印证着"三主"的合理性。在金华回上海的车上，忽然想起陶渊明的《桃花源记》，觉得自己30年探索所经历的三个境界，很有点像那位武陵渔人发现桃花源的经过：起步之初做出无奈的选择时，只是被两岸的桃林美景所吸引，"缘溪行，忘路之远近"，并无明确的目的；20世纪70年代后期的理性思考，到"基本式"的提出，似乎看到了一些什么，却又不甚分明，不正是"山有小口，仿佛若有光"吗？最后，"复行数十步，豁然开朗"——"三主"教学观形成，朦胧、纷乱的思绪一下子变得明朗而有序了。半生求索，一朝顿悟。当时真有说不出的兴奋！

同年，我在上海市曹杨中学再度执教鲁迅的《故乡》，课后与钱南山、谭彦廷两位老师就我的教学设计进行了交谈，这次交谈的记录连同《故乡》的教学实录一并发表于上海的《语文学习》杂志。那篇交谈记录的标题是：《学生为主体，教师为主导，训练为主线——〈故乡〉教学三人谈》。这是我正式提出"三主"教学观的最早记录。可惜那本杂志已经丢失，它的出版日期也记不得了，只记得个年份：1981 年。

这时，再回过头来总结一下两年多来进行的几次对比教学实验，很快就理出了以下三点认识。

第一，提高语文教学质量的决定性因素，不是教师的讲深讲透，也不是教师对学生的练习做过细的指导。长期以来，人们（尤其是那些不了解教学规律的学生家长）总认为教师的讲课越深透，对学生的指导越具体，学生就会学得越好。可是实验的结果跟这种见解正好相反。这是为什么呢？原来学生的学习过程虽然是个特殊的认识过程，但无论这个过程如何特殊，学生总是认识的主体，他的认识活动只能通过他自己的实践和感知，在他自己的头脑里进行，旁人是谁也替不了的。对照班学习《一件小事》主要听教师面面俱到的讲解，实质上是以教师认识的结果取代了学生自己的认识过程。学生听了一遍，当时就学得印象不深；时隔一个多学期，遗忘自然不可避免。试验班的学习效率之所以高过对照班，根本原因就在于学生真正做了认识的主体，整个教学过程都是在学生独立思考、相互争论中完成的，这样，学生不仅学得印象深刻（争论是记忆的"强化剂"），而且在获得知识的同时又锻炼了思维能力。这个事实证明了：组织教学过程必须以学生为主体，也就是确认学生在教学过程中是认识的主体。这是教学的基本立足点，也是提高教学质量的决定性因素。

第二，学生既是主体，还要不要教师的主导作用呢？试验告诉我们：问题不在于要不要教师主导，而在于教师如何发挥主导作用。两个班级由于教师主导的方式不同而学习效果悬殊。试验班之所以学得较好，因为教师真正着眼于"导"，使学生求知的主动性得到了充分的调动。"导"，就是"因势利导"。"势"就是学生思维的"走势"，即学生的思维动向所呈现的端倪。例如，该班学生自读了《一件小事》以后，提出了不少问题，这些问题分别从不同的角度呈现了学生思维的走"势"。"'我'是不是一个自私自利的剥削者？"这个问题虽然只有少数同学提出，但是我立即认识到这是一个牵一发而动全身的关键问题，是可以带起全文的一个"抓手"，于是我决定把这个问题作为学生讨论的中心话题。由于"势"识得比较准，所以教师的主动性调动了学生的主动性，在教学过程中又尽量让学生想透说够，"导"就取得了较好的效果。而另一班则由教师包办一切，不管学生的思维走势如何，非得按教师讲解的思路走不可，这样，教师的主动性扼制了学生的主动性，也就失去了"因势利导"的作用。两次教《故乡》，则完全是在学生提问的基础上组织教学过程，学生的思维走"势"更加明显，教师只是顺势而导，因此学生的主动性、积极性得到了充分的调动。由此可见，我们在确认"学生为主体"的同时，还必须确认"教师为主导"，教师"导之有方"，学生才会"学之得法"，从而成为真正的"主体"；可见教师正确发挥"主导"作用，是学生真正成为"主体"的重要条件。

第三，学生作为"主体"，教师作为"主导"，两者在教学中必然构成一个以课文为中介的互动过程，这个过程就是"训练"。何谓"训"？"训"就是教师的指导。何谓"练"？"练"就是学生的实践。语文教学中的训练，就是学生在教师指导下的读、写、听、说实践。一个有效的教学过程，应该始终是一个师生互动的过程，因此，作为师生互动形态的"训练"应该成为贯穿于语文教学全过程的"主线"。强调"训练为主线"，就是在整个教学过程中都要把读、写、听、说的主动权交给学生，使学生的语文实践贯穿于语文教学全过程；同时又要加强教师的指导，以保证学生的读、写、听、说的实践更加目标明确而有效。

"三主"教学观的形成，标志着我的语文教学探索进入一个更加理性、更加自觉的新阶段，在我个人"上下求索"的过程中，是一次观念的飞跃。

六、得法：水到渠成的圆满

一个完整的语文阅读教学构想终于渐次显现出清晰的轮廓。这种教学法以"三主"（学生为主体，教师为主导，训练为主线）为理论基础，以"三式"（自读式、教读式、复读式）为课堂教学模式。理论是灵魂，模式是躯体；理论指导模式，模式体现理论；两者统一于一个完整的教学过程之中。因为这种教学法强调学生的"读"的实践和教师的"导"的作用，所以，我把它命名为"语文导读法"，全称为"'三主''三式'语文导读法"。回想30年的求索，肇始于无知无畏的选择，初获成果于"基本式"的提出，奠基于"三主"教学观的形成，直到最后"语文导读法"

的成形，一步步走来，可谓顺理成章，水到渠成，就如画了一个圆，终于封口。
1982年，我在一篇文章中第一次正式使用了"语文导读法"的名称。1983年，全国
中学语文教学研究会第三次年会在北京召开，我提交了题为《"三主""四式"语文
导读法的理论设计和教学模式》的年会论文，这篇文章比较系统地总结了自己多年
来的实践、思考和探索，对自己付出的心血也算有了一个交代。

　　语文阅读教学的传统方法是"讲读"。"讲读"
是一个内涵模糊的概念，所谓"讲"，究竟是谁
讲？讲什么？怎样讲？为什么讲？所谓"读"，又
是谁读？读什么？怎样读？为什么读？这些都没
有确切的界说。这样一个对语文阅读教学有着导
向作用的重要概念，内涵如此不明不白，实践中
自然难免出现偏差。很多语文课上的"讲读"，事
实上成了老师"读读讲讲"的"满堂灌""注入
式"的代名词。而"导读"，作为一个概念，它的
内涵是清楚而确定的："导"，指语文教学过程中
教师的指导、引导、辅导、因势利导；"读"，指
学生在教师指导下的阅读实践。"导"和"读"的
结合，勾画出语文教学过程中一幅师生互动的

"图景"，这就从根本上改变了"教师滔滔讲授，学生默默聆受"的单向"授—受"
的格局。从"讲读"到"导读"，既是教学模式的变革，又是教育理念的更新。在讲
读模式下，教师是教学的中心，是学生命运的"主宰"，学生则完全处于"被支配"
"被灌输"的地位。导读模式不同于讲读模式的最根本之点，是师生角色的变化，即
学生由"被支配""被灌输"的对象，一变而为"主动的求知者""学习和发展的主
体"，教师的角色则相应地由高高在上的主宰者变为平等的指导者、帮助者、鼓励
者、合作者。这是教学由"教师中心"向"学生中心"的一次"阵地转移"，也是传
统教学观转向现代教学观的一次"观念革命"。

　　"语文导读法"在问世后的二十多年中，也受到了来自各方面的批评、质疑。我
欢迎这种批评和质疑，因为，第一，批评和质疑至少表明"语文导读法"引起了关
注；第二，不同的意见可以帮助我在反思中获得教益。

在所有的批评意见中，最有影响的是三种观点：第一，"三主"中的"主体""主导""主线"三个概念，不处在同一层面，把三者平列是逻辑上的错位，也表现出语文教育在哲学上的缺失；第二，教学过程中教师是"教的主体"，学生是"学的主体"，师生间是"双主体"关系，"三主"只提"学生为主体"是片面的；第三，"训练"是应试教育的产物，"训练为主线"不利于素质教育的实施。

这些批评的观点，从观点自身看，确实都持之有故，言之成理，无懈可击。但用之于对"三主"的批评，则至少表明了批评者对"三主"的隔膜。我陆续写过一些文章回答这些批评意见，有人说是"反批评"，其实我只是重申"三主"的含义，希望消除一点隔膜，增进一点理解而已。

批评者不知道，"主体—主导—主线"本来不是同一层面的三个并列概念的静态排列，而是对语文教学过程中师生"互动过程"的一种动态的描述。"主体—主导—主线"三者的关系，可以这样表述："学生为主体"是教学的基本立足点，着眼于学生的"会学"；"教师为主导"是保证学生真正实现其主体地位的重要条件，表现为教师的"善导"；而学生的"会学"和教师的"善导"又必然汇合于一个综合的、立体的、生动活泼的训练过程。"训"，指教师的指导、辅导；"练"，指学生的实践、操作。因此"训练"是学生的主体地位和教师的主导地位交互作用的必然归宿。这才是"三主"比较完整的表述。

"三主"不是纯思辨的产物，它主要来自于我对自己的教学实践的概括。我这种概括究竟对不对？究竟是不是符合现代教育理念？究竟是不是和素质教育背道而驰？这些都是可以讨论、可以质疑、可以批评的。我期待着真正客观的、有针对性的批评。

七、蝶恋花：终生无悔教语文

我曾写过一首《蝶恋花》，最后两句是："镜里朱颜无计驻，为伊心上留春住。"
句中的"伊"是人称代词，但我的本意并不指人，而是指向我精神上的一种追求，一个寄托，那就是我所钟爱的语文教学、意识深处的导读情结。在 1957 年到 1976 年那些困顿屈辱的日子里，为什么只要给我上讲台的机会，我便始终痴心不改地在求索之路上寻寻觅觅？为什么哪怕衣带渐宽，哪怕消得人憔悴，我始终无怨无悔？就因为心上有了"伊"——我钟爱的语文教学，永远的精神支柱！我唱着"心头自有春无限，扑面何妨料峭风"，我唱着"镜中白发三千丈，眼底红英十万枝"，一路跌宕起伏却又一步一个脚印地走到了今天。

语文：在诗与思之间
钱梦龙书

1993 年，我办了退休手续，但我一如既往地关心着语文教育的今天和明天。1998 年由语文教学的圈外人发动的对语文教学的猛烈批判，使我受到了强烈的震动。我从那些过激的言辞中，确实看到了在应试体制下语文教学的种种弊病——大量刻板的字、词、句操练和答题演练，完全扼杀了学生的个性和创造力，把我们的青少年培养成了只会按照标准答案做题的"考试机器"！遗憾的是，这场由语文教育圈外人发难的大讨论，并没有在语文教育圈内造成真正的震撼。为什么？主要原因恐怕并不是有的人所说的"语文教师患了集体失语症"，而是由于：第一，这场讨论错误地把一线语文教师当成了批判的对象，批判者完全不理解语文教师在"应试"重压下不得不违心而教的苦衷；批判者居高临下的优越感，言过其实的措辞，也引起了语文教师的反感。第二，由于考试和教育评价体制改革的滞后，应试教育的格局迄今尚无根本改变，语文教师们心知其非，但回天无力，只能在惯性的支配下沿着培养"考试机器"的旧路艰难跋涉。

语文新课程标准（以下简称"新课标"）的制定，无疑是语文教育发展史上一件具有里程碑意义的大事。我曾参加过"语文教学大纲"的审订，深感"新课标"与"大纲"相比，立足点更高，视野更开阔，更符合时代和社会发展的要求，也可以视为对 1998 年那场批判的一个积极的回应。"新课标"提出了不少新理念、新概念，如"语文素养""工具性和人文性统一""平等对话""自主、合作、探究的学习方式"等，它们对新课程的实施，对第一线的语文教学，有着无疑的导向作用。为此，我一直在认真地寻求着它们的确切含义，想尽快弄清楚它们究竟对语文教育实践提出了哪些新的要求。

我是一名一线教师，退休后虽然已经离开了教学第一线，但仍习惯于从第一线的立场看待一切教育新理念；而几十年语文教学潮起潮落的"历史经验"，使我不能不用冷静的头脑思考改革中的一切"热点"。有人说我对新课程缺乏热情，是的，我确实缺少那种一看到"新课标"就振臂高呼的狂热，因为半个多世纪以来我们吃够了"矫枉必须过正""一哄而上，一嗡而下"等头脑发热的苦头。再说，"新课标"毕竟还是一个"新事物"，它本身还要接受实践的检验，并在实践中不断被修订和完善；从语文课程建设的整个过程看，它也只是一个新的"起点"，而不是发展的"终点"。因此，我的态度是：应试模式的语文教学必须改革，改得越快越彻底越好；但我又真诚地希望在"新课标"的实施中多一点理性的思考，多一点对母语教育规律和历史经验的尊重，尽可能减少一点矫枉过正的偏差。

有朋友规劝我：吹皱一池春水，干卿底事？

对语文教学痴心不改的我当然不会接受朋友的这一份好心。因为从我跨出语文教学改革的第一步起，就已下定决心做一名精神上的长途跋涉者。我告诫过自己：你的脚下没有终点，正如语文课程建设和语文教学改革永远不会有终点一样。

"镜里朱颜无计驻，为伊心上留春住。"早已步入老年的我，心中的春天却不会消失，那是我生命的春天——它折射着中国语文教育的春天。

［附］一份关于"教师成才"问题的调查答卷

你的基本情况和主要成果。

我于 1931 年 2 月出生，上海市人，曾读过半年高中，后因故辍学。1949 年参加工作后，从未接受过任何形式的资格培训，所以至今仍是一名"学历不合格的教师"。先后当过一个学期的小学教师、半年文化馆馆员，1952 年开始担任中学语文教师，1980 年被评为上海市特级教师。1985 年由嘉定县教育局授权创办嘉定实验中学，并任校长。1989 年以后参编上海市中学语文教材，后又担任教育部全国中小学教材审查委员。现任上海桃李园实验学校名誉校长。

我从自己读书学习的经历中体会到，培养学生的自主意识和自学能力对他们的后续发展具有无可替代的价值，因此应在语文教学中占有特别重要的位置。1978年后，致力于语文教学自学模式的探索，于1979年提出由"自读式""教读式""复读式"构成的语文课堂教学"基本式"。1981年，又在总结"基本式"教学实践的基础上进行理论概括，提炼出"学生为主体，教师为主导，训练为主线"的"三主"教学观，进而形成了以"三主"为理论导向、以"基本式"为教学模式的"语文导读法"整体构想。作为"三主"教学观核心理念的"主体—主导论"，提出后曾引起教育界的争鸣，至今余波未息。1988年获中国教育学会和《教师报》联合颁发的"全国中小学教学改革金钥匙奖"，1989年获全国教育系统劳动模范称号。出版过几本书，主要有《语文导读法探索》《导读的艺术》《和青年教师谈语文教学》等。

在你成才的道路上，谁对你的影响最大？表现在什么地方？

对我影响最大的是两位老师。

第一位老师是我的小学国文老师武钟英先生。

我从小智力很差，学习又不用心，在读小学五年级之前已累计创下了三次留级的"辉煌纪录"，获得了"留级大王"的雅号。老师们对我已不抱任何希望，我也甘心以"差生"自居，完全丧失了上进心。但我在小学五年级留级以后，有幸转到了武老师的班上。武老师凭着他的爱心和耐心，从教我查"四角号码"小字典、当他国文课的小助手开始，一步一步地唤醒我的求知欲和自信心，使我不断品尝到学习的趣味和成功的快乐。在他的循循善诱下，我终于摆脱了"差生"的自卑心理，到我小学毕业进入初中的时候，"留级大王"钱梦龙已经是一个对知识充满着渴望的"少年读书郎"了。如果说我这一生在某些方面还算比较成功的话，那么鼓励我在成功之路上跨出决定性第一步的人，就是武钟英老师，是他彻底改变了我的人生轨迹。

进入中学以后，幸运的我又遇到了一位极好的国文老师，他就是庄乘黄先生。庄先生知识渊博，国学功底深厚，曾在上海担任《申报》编辑，退休后被校长请来教我们国文。他是一位温和慈祥的老人，用他渊博的知识和娓娓动听的讲授征服每一个学生。他教国文特别讲究吟诵，尤其教到精彩的古诗文，常常拉长了声调，领我们在密咏恬吟中体会诗文的情感和韵味。他讲文章，除了一般的通释文义外，还喜欢用传统的评点法，教我们在书上圈点批注；吟诵时，每当读到加了密圈的佳句，总要情不自禁地提高了声调，甚至拍案叫好，那种忘情的神态极富感染力。我爱上

文科，并在语文教学中重视"教会学生读文章"的训练（文科是最便于自学的），主要是受了庄先生的熏陶和影响。

你遇到的最大挫折或困难是什么？你是怎样战胜它的？

最大的挫折来自1957年的那场政治劫难。不善于隐瞒自己观点的我，在劫难逃是理所当然的。1958年年初，我戴着一顶"右派"的帽子被发配农村监督劳动，不得不暂时告别我为之呕心沥血的语文教学，三年半以后才得以再上讲台。那次挫折给我的最大教益，是使我懂得了一个道理：挫折固然不是好事，尤其是1957年那样的挫折，绝不仅仅是个人的不幸；但就我个人而言，那次挫折的确磨砺了我的意志，坚定了我对教育事业"虽九死其犹未悔"的执着和在逆境中格外渴求奋飞的愿望。可以肯定地说，我正是从那次挫折以后才变得稍稍成熟一点的。当然，这样的挫折希望以后不要再降临到中国知识分子的头上。

我遇到的最大困难：由于没有接受过师范教育，担任语文教师之初，根本不知教育学、教学法为何物，于是只能根据自己读书自学的体验，"设计"我的语文教学。出乎意料的是，恰恰是这种无依无傍，无法无天的"设计"，反倒使我教出了一点个人的特色。现在回想，连自己都不禁啧啧称奇。

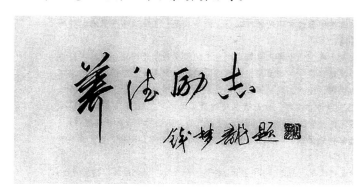

你取得优秀成果的主要经验和体会。

对自己挚爱的事业，要以恋人般的痴情，宗教信徒般的虔诚，革命志士般百折不挠的意志，一以贯之、无怨无悔地紧追不舍。我这个人，要学历没学历，要资格没资格，要智慧没智慧，我靠的是什么？靠的就是这份对事业的执着，这份如痴如醉全身心地投入！

你的性格特点。

宽容、平和、善良、坦率、乐观。做事力争上游，不甘于平庸；对人胸无城府，宁可失之天真。人际间无聊的是非恩怨，从不萦怀，只想集中心思做一点自以为重要的事。对既往的喜怒哀乐，近乎健忘；但恰恰反倒有利于看清前面的目标。这种性格，也许正是我历经磨难而能始终保持积极向上心态的根源所在吧。

你的业余爱好。

从小爱读旧体诗词、诗话词话，偶尔手痒也写它几首，大多是遣怀寄兴之作，无关宏旨。爱读历代名帖，有时也悟出一点帖意，以此为乐；绝少临池，或应友人之嘱不得不写些条幅、对联之类，居然也能赚得外行的几声喝彩。此外就爱翻翻书，看看电视，散散步，逛逛街，上上网；不搓麻将，不嗜烟酒，人称"绿色男人"；但也不刻意锻炼，一切任其自然而已。

你的人生格言。

自尊，不自大；

自主，不自是；

自信，不自负；

自谦，不自卑。

你要对教师说的话。

教师者，不失其赤子之心者也。

导读篇

语文导读法：滥觞到发展

还须凌绝顶

莫待夕阳西

——《登杭州南高峰北高峰》

　　1995 年，人民教育出版社出版了我的一本小书——《导读的艺术》，为怕书名引起误会，我在"后记"中郑重声明："书名'导读的艺术'，绝非因为我自感已经掌握了什么'艺术'，仅仅是为了表明我对这个问题的关心，并为此做过一些成败参半的探索。"我说的完全是大实话。从我当教师那天起，确实一直梦想着能够成为一名"善教者"，一名真正的教学艺术家。从教五十多年来，这个梦想始终是我执着追求的一个目标。我不想否认自己为此付出的努力，即使 1993 年退休以后，也没有停止过对"导读的艺术"的思考，但终因生性愚钝，根底又差，当年的梦，至今仍然仅仅是一个"梦"而已。五十多年来，如果还有些长进的话，那就是当时"后记"里说的"做过一些成败参半的探索"；正因为"成败参半"，所以才多少悟出了一些"应该这样教"和"不应该那样教"的道理，就是人们通常说的"规律"，它至少使我在后期的教学中少了一点失误，多了一分把握。

　　再说，语文导读法既以学生为主体，那么学生"读"得如何，就要看教师是否善"导"了。教师导之有方，学生才能以"主体"的姿态参与到教学中来，才会学得主动积极，使认知的潜能得到充分的释放。因此，"导读法"本身也要求我认真地学一点"导的艺术"。

　　下面几点，就是我在探索中逐渐悟出的零星的认识，虽然肤浅，却完全是实践的产物，是一种得之于心而见之于行的切身体会，不同于完全从纸上得来的理论。这是我唯一差堪自慰的。

　　"语文导读法"是我在 20 世纪 80 年代初提出的教学理念，并为它下过一个"幽默式"的定义："语文导读法是一种有预谋地摆脱学生的策略。"所谓"有预谋地摆脱"，不是消极地撒手不管，而是经过积极、有序的引导，培养学生自主阅读的意识、能力和习惯。这一过程，对学生而言，是一个从依赖教师逐步走向少依赖最终完全不依赖的"自主"过程；对教师而言，就是一个有计划、有步骤地由扶到放，直至完全"摆脱"学生的过程。

　　"教，是为了达到不需要教"是叶圣陶教育思想的精髓，素为语文教师所津津乐道，但究竟怎样的"教"才能达到"不需要教"，很多语文教师在引用叶老这句名言的时候，未必真正想过，当然也就很难找到通向"不需要教"的具体路径。语文导读法"有预谋地摆脱学生"，其最终指向的目标正是"不需要教"。可以这样说：语文导读法是从"教"通向"不需要教"的桥梁。

一、"语文导读法"的滥觞期

"语文导读法"的酝酿与成形，与我个人的自学经历有密切关系。

我在初中读书时期，国文成绩一直是班里的佼佼者，我能读会写，而且每次国文考试即使考前不复习，我也稳拿全班第一。1952 年，我这个仅有初中学历的小青年，由于一个偶然的机会竟当了一名中学语文教师，任教四年以后即被评为嘉定县优秀教师，并获得了晋升两级工资的殊荣。一个学历严重不合格、从未接触过师范教育、仅有四年教龄的新手教师，竟取得了跟我的"资历"完全不相称的成绩，靠的是什么？

第一，我从小学六年级起就爱读课外书，最初是爱看小说，中国的"四大名著"和"聊斋""儒林"等，我都读得爱不释手，尤其是《红楼梦》，在初一、初二两年间至少看了三遍。大观园里那些才女们吟诗作赋的才华，更让我心驰神往，很希望自己有一天也能像她们一样锦心绣口，吟风咏月。于是就开始读诗，到初二时我已把《唐诗三百首》差不多全背了出来，连《长恨歌》《琵琶行》这样的长诗，我都能一背到底，不打一个"格楞"。诗读得多了，居然无师自通地弄懂了平仄和诗韵，并学会了"吟"，即按照平仄规律拉长了声调唱读，这更增添了我读诗的兴趣。后来我又由读唐诗扩展到读《古文观止》，再由读古代诗文扩展到读当代作品，如鲁迅的杂文、小说、散文，我都爱读，几乎买齐了鲁迅所有的杂文集、小说集的单行本。在当时就读的学校里，我是初中生中唯一有较多个人藏书的人，后来由"读"迷上了"写"。看到当时高中部的学生都办有壁报，于是自作主张也办了一份壁报，取名《爝火》，自己掏钱买稿笺，自己编辑，自己美化，自己"出版"，以"盲聋诗人"的笔名发表"作品"；每一期都有诗有文，还配上插图，居然编得像模像样。由于爱写，我又养成了揣摩文章的习惯，只要读到好文章，总要反复揣摩文章在选材、立意、运思、语言表达等方面的特点，作为自己写作的参考。后来我又把这个揣摩文章的习惯从课外阅读迁移到了课内的国文学习上：每当老师开讲新课（以前国文老师都以"讲功"见长）之前，总要自己先把课文认真揣摩一番，到听课时就把自己的理解和老师的讲解互相比较、参照、印证，重在领悟老师解读文章的思路和方法。一般同学听课，专注于聆听和记录，我则把"听"和"记"的过程变成了一个"思"的过程，这样边听边思，不但知识学得活、印得深、记得牢，而且锻炼了思考力。至于我的知识广度、阅读和表达能力，更是高出我的同窗不少。当时我发表在《爝火》上的诗文甚至吸引了不少高中部的学生来看，我写的格律诗还得到了国文老师的赞扬。这大概就是我仅凭初中毕业的"资历"居然敢于走上中学讲台的一点"底气"吧。

第二，学历不合格的我，当了教师以后首先要面对的一个严峻的问题是：怎样教语文才不致误人子弟？我从未接受过师范教育，完全不知教学法为何物，在我的知识储备中根本找不到这个问题的答案，但我终于从自己学习国文的切身经历中得到了启迪：我在学生时代不是国文学得很好吗？我靠的是什么？自学。因此我想，如果我能够鼓励学生像我当年自学国文一样自学语文，学生不也就能学好语文了吗？《诗》云："执柯伐柯，其则不远"，我从自己学好国文的历程中依稀看到了教好语文的美好前景。

为此，我备课首先考虑的不是怎样"讲"文章，而是自己怎样"读"文章。每教一篇课文之前，我总要反反复复地读，或朗读，或默诵，或圈点，或批注，直到真正"品"出了味儿，才决定教什么和怎样教。所谓"教"，也不是把自己已经认识了的东西全盘端给学生，而是着重介绍自己读文章的思路和方法，然后鼓励学生自己到课文中去摸爬滚打，尽可能自求理解，进而领悟读书之法。我发现，任何一篇文章，只要自己读出了味道，就能把学生读文章的热情也"鼓"起来。有时候自己在阅读中遇到了难点，估计学生也会在这些地方发生困难，就设计几个问题，启发学生思考、讨论；有时候讲一点自己读文章的"诀窍"，如怎样把握一篇的关键段，一段的关键句，一句的关键词等；自己爱朗读，有些文章读起来声情并茂，就指导学生在朗读中体会声情之美；自己读文章习惯于圈圈点点，在书页的空白处写些心得体会，就要求学生凡读过的文章也必须留下阅读的痕迹；自己课外好舞文弄墨，还杂七杂八地看些书，学生在我的"言传身教"下，也喜欢写写东西，翻翻课外读物。总之，用传统的教学观念看，我的课与当时语文课普遍采用的"串讲法"很不一样，但学生学得兴趣浓厚，教学效果居然出乎意料得好。记得 1956 年我评上优秀教师后被指定在全县教师大会上发言，发言的题目就是"语文教学必须打破常规"。

现在回顾，我的"打破常规"的教学，已经包含了"语文导读法"的基本要素——着眼于鼓励、教会学生自己读书。因此，我把这一时期称作"语文导读法"的"滥觞期"。

二、"语文导读法"的基本理念

"语文导读法"的基本理念可以概括为三句前后相承（不是三者并列）的话："学生为主体，教师为主导，训练为主线"，简称"三主"。

"学生为主体"就是在教学过程中确认学生是学习的主体、认知的主体、发展的主体。我把"学生为主体"列为"三主"之首，因为它是教师进行教学的根本出发点和立足点，也就是说，教师在进入教学过程之前，首先要确认学生的主体地位，确认学生是具有独立人格、主观能动性和自我发展潜能的活生生的人。只有首先确认了这个前提，教师才能在教学中定位自己的角色。

"教师为主导"则是对教师在教学过程中的地位、作用的描述和限制。"主导"的着重点在于"导"。"导"者，因势利导也，就是要求教师必须顺着学生个性发展、思维流动之"势"，指导之、引导之、辅助之、启发之，而不是越俎代庖、填鸭牵牛；教师"导"之有方，学生才能学得有章有法，真正成为知识的主人、名副其实的主体。古人云："导而弗牵。""导"是引导，"牵"是牵就，就是要引导而不是把学生硬"牵"到教师预定的结论上来，剥夺学生认知的自主权。

教师的主导作用主要表现在：①组织——组织教学过程，使学生的认知活动始终围绕主要目标进行并收到最理想的效果；②引导——启发、引导、帮助学生不断向知识的广度和深度进行探索；③激励——随时给学生以鼓励、督促，为学生构筑步步上升的台阶，激发学生的求知欲和自主学习兴趣；④授业——根据学生认知的需要讲授必须讲授的知识。

是组织者，就不能"放羊"；是引导者，就不能"填鸭"；是激励者，就不能"牵牛"；是授业者，就不能当讲不讲。

"训练为主线"则是教学过程中师生互动的基本形态。有人认为"训练"就是习题演练或过去语文教学中常见的那种刻板、烦琐的技术操练，这是对"训练"的极大误解！"训练"是由"训"和"练"两个语素构成的复合词，"训"指教师的指导、辅导，"练"指学生的实践、操作。比如，学生要学会读书，首先要靠学生自己"读"的实践和操作，但同时也离不开教师必要的指导，师生在阅读教学过程中形成的教师"导"、学生"读"这一互动过程，就是"阅读训练"。叶圣陶先生生前与语文教师谈语文教学，始终强调训练的重要性。例如，他在1961年给语文教师的一封信中说："学生须能读书，须能作文，故特设语文课以训练之。其最终目的为自能读书，不待老师讲；自能作文，不待老师改。训练必做到此两点，乃为教育之成功。"根据叶老的意见，学校之所以设置语文课程，就是为了训练学生使之达到"自能读书""自能作文"的最终目的。也就是说，学生要学会阅读，学会写作，就要靠实实在在的阅读训练、实实在在的作文训练，舍此别无他途。训练，是教学过程中师生互动的必然形态。

"学生为主体，教师为主导，训练为主线"，是对教学过程中师生地位、作用和行为的一种概括的描述，是一个动态的"过程"，而不是三个并列概念（或命题）的静态排列。"学生为主体"是教学的根本出发点，着眼于学生的"会学"；"教师为主导"是保证学生真正实现其主体地位的必要条件，着眼于教师的"善导"；而学生的"会学"和教师的"善导"又必然归宿于一个综合的、立体的、生动活泼的训练过程。指出这一点很有必要，因为不少论者对"三主"的批评的主要论点是："主体""主导""主线"不是同一范畴的概念，因此三者不能构成并列关系。不少教师在谈到"三主"，尤其是"学生为主体，教师为主导"时，也往往认为这是三个并列的命题而任意颠倒其次序（例如，把"教师为主导"放在第一位），而不知道三个命题必须按"主体—主导—主线"顺序表述的理由。以此误解来批评"三主"，势必与我所倡导的"三主"南辕北辙。

三、"三主"的操作层面

"三主"作为导读法的基本理念，其价值的体现，还有赖于在操作层面得到落实和保证。自读式、教读式、复读式（简称"三式"）就是从操作层面进行的一串基本动作，与"三主"共同构成语文导读法的整体框架。

（一）自读式

自读式，即立足于学生自主阅读的训练模式，就是在语文课上让学生坐下来静心地读文章。自读不是学生随心所欲、信马由缰地"自由阅读"，而是一个在教师指导下以"学会阅读"为目标的阅读训练过程。

学生要"学会阅读"，离不开"严而有格"的训练。一个高效的阅读流程，往往由若干符合认知规律的步骤构成，每一步骤都有一定的操作要求和规格，于是就有了阅读的"格"；"严而有格"的阅读训练，就是使学生一打开文本，就知道应该按照怎样的"规格"去读。比如，阅读从何入手，如何深入文本，如何把握要点，如何质疑问难，如何读出自己的独特体会，等等。总之，做到"思有其序，读有其格"。但"格"又不应成为束缚学生阅读个性的缰绳，它只是在阅读训练起步阶段的一个"抓手"；一旦学生"领悟之源广开，纯熟之功弥深"（叶圣陶先生语），就必须由"入格"而"破格"，即摆脱"格"的束缚而进入阅读的"自由王国"。这有些像教孩子习字时的临帖，先要求"入帖"，一点一画，都要严格按照"法书"的规范，不能马虎；一旦纯熟，又须"出帖"，即摆脱"帖"的束缚，要"胸中有帖而笔下无帖"，这时书法就进入了"化境"。

现在不少教师强调阅读中的"感悟"，强调"个性化阅读"，这是十分必要的；但如果学生读了一篇文章，连作者思路都没有理清，文章主旨都说不明白，或随心所欲曲解文意，"感悟""个性化"云云又从何谈起？自读训练从"入格"到"出格"，正是一条从"正确解读"逐步走向"感悟"和"个性化阅读"的必由之路。没有"入格"之"死"，焉有"出格"之"活"？这叫作"置之死地而后生"。

　　怎样为学生的自读定"格"？我们不妨先反视一下自己读一篇文章的思维流程。通常，一个相对完整的阅读过程（尤其在读一些比较重要的文章时）总要经历一个由表及里，又由里反表，表里多次反复，理解逐渐深化的过程。所谓表里反复，即阅读者先通过对读物的词语、句子、篇章的感知，进而理解读物的内容、主旨；然后，还要在正确理解读物内容、主旨的基础上，回过头来对读物的词语、句子、篇章再下一番回味咀嚼、细心揣摩的功夫，体会作者为什么要这样运思和表达。这也就是人们常说的"在文章里走几个来回"。所谓定"格"，就是把阅读时这一"内隐"的思维流程"外化"为一定的操作规范。在美英等国曾颇为流行的 SQ3R 阅读法〔SQ3R 指阅读过程中纵览（Survey）、设问（Question）、精读（Read）、复述（Recite）、复习（Review）五个步骤〕，就是把阅读过程规格化的一种成功的尝试。以下是我根据中学阅读教学的特点设计的"自读五格"。

1. 认读感知

　　认读感知是阅读的起点。学生通过认读（朗读或默读），对课文获得一种初步的印象，同时积累生字、新词，并借助词典理解它们在课文语境中的含义。"感知"是阅读者对读物的一种近乎直觉的认知体验，往往经由某种捷径而不是按照惯常的逻辑法则快速地进行。认读感知的能力是在不断的阅读实践中逐步形成的，阅读训练有素的人这种能力就比较强，对语言文字的直觉（语感）也会随着阅读经验的积累而渐趋敏锐。从教学的角度说，期望学生获得对语言文字的这种敏锐感觉，只能依靠学生自己的阅读实践而无法由教师代劳，因此阅读教学从起步开始就必须立足于"学生为主体"。

2. 辨体解题

　　辨体，就是对文章从内容到形式特点的正确辨别。不同体裁的文章，必有不同的表达方式和语言风格。例如，同为叙事，记叙文中的叙事和议论文中的叙事其叙事方式和语言风格就有明显的区别。解题，就是解析文章的标题。标题是文章的重要组成部分，有时候是文章内容主旨高度凝练的概括，解题的过程，实质上就是在认读感知的基础上进一步审视文章内容主旨的过程。例如，"变色龙"这个标题，学生解题时若能把爬行动物的变色龙和小说中的警官奥楚蔑洛夫的形象联系起来，找到两者都善于随着周围环境的变化而变化的相似点，那就基本理解了小说的主旨；如能进一步抓住题眼"变"字，既看到奥楚蔑洛夫的善"变"，又能透过"变"的表象进而剖视他始终"不变"的奴才本相，那就对小说有了更深层次的理解。

3. 定向问答

定向问答是一种思维活动有明确指向的自问自答，要求学生就课文从三个方面依次发问并自答：①文章写了什么？②怎样写的？③为什么这样写？（什么、怎样、为什么）"什么"是对文章内容的审视；"怎样"是对文章表达方式、结构、语言的探究；"为什么"是对作者构思意图和思路的揣摩。三个依次排列的问题，是三级步步上升的台阶，学生"拾阶而上"，对三个问题依次做出圆满的回答，对文章从内容到形式大体上已获得了比较全面的认识。

4. 深思质疑

学生经过以上几步问答，虽然对文章已经有了比较全面的认识，但仍然只是一般水平上的解读，还不一定能读出自己独特的感受和体会。深思质疑就是把认识引向深层的必要步骤，同时也可以提出与作者不同的意见。

"深思"和"质疑"互为因果关系：唯"深思"才能提出疑问，唯善于"质疑"才能把思维引向深层。朱熹认为"读书无疑者，须教有疑，有疑者，却要无疑，到这里方是长进"。深思质疑就是让学生经历这样一个"无疑—有疑—无疑"的读书"长进"的过程。

5. 复述整理

复述，就是回忆、概述文章的内容、主旨、形式等，从已知中筛取最主要的信息。整理，就是把阅读过程中零星的体会再从头梳理一遍，或分类归纳，使之条理化、清晰化。复述整理标志着一个相对完整的阅读过程的结束。

以上五格，"认读感知—辨体解题—定向问答—深思质疑—复述整理"，构成了阅读"由表及里、由里反表、表里反复"的一串基本动作，每个动作都有明确的操作要求，这就保证了阅读教学起步阶段训练的有效性，并为阅读训练后期的"破格"打下坚实的基础。

（二）教读式

"教读"，顾名思义，就是"教学生读"。"教读"常与"自读"结合进行。既然学生的自读要经历一个从"入格"到"破格"的过程，那么，与之相应的教师的教读，必然有一个从"扶"到"放"的过程。

1. 教读的原则：能级相应与适度超前

为了准确把握"扶"和"放"的度，我把学生的自主意识和自读能力划分为四个阶段，即四个"能级"。

第一能级（依赖阶段）：学生不具备独立阅读的能力和心理准备。

第二能级（半依赖阶段）：学生开始有摆脱依赖的倾向，并能独立完成一部分比较容易入手的自学课题。

第三能级（准自主阶段）：学生已具有较强的自主意识，基本上能独立阅读，但在遇到阅读难度较大的文本时还离不开教师的帮助。

第四能级（自主阶段）：学生完全摆脱对教师的依赖，进入了"自能读书，不待老师讲"（叶圣陶语）的境界，也就是达到了导读的终极目标——不需要教。

所谓"能级相应"，就是教师的"教"必须与学生"读"的能级相适应，不宜错位。例如，对尚处于依赖阶段的学生，教师的指导要具体，要多示范、多扶翼、多鼓励、多提启发性的问题，帮助他们尽快入门。当学生的发展水平有了提高，教师也要调整教学策略，如增加自读的难度和"放手"的程度。余可类推。能级相应，才能获得预期的效果。

所谓"适度超前"，就是在"能级相应"的前提下，教读的要求可以略高于学生实际所处的能级，即适度超前于学生当前的发展水平。用维果茨基的理论来说，就是既要关注学生独立解决问题时的"实际发展水平"，又要看到学生在教师帮助下解决问题的"潜在发展水平"（邻近发展区），也就是我们常说的鼓励学生"跳一跳，摘果子"。我的经验证明，有适当难度的学习任务更容易激发学生学习的热情和克服困难的意志力，因而更有利于学生的发展。

2. 教读的基本方法：随机指点

先看叶圣陶先生的一段话：

> 语文老师不是只给学生讲书的。语文老师是引导学生看书读书的。一篇文章，学生也能粗略地看懂，可是深奥些的地方，隐藏在字面背后的意义，他们就未必能够领会。老师必须在这些场合给学生指点一下，只要三言两语，不要噜里噜嗦，能使他们开窍就行。老师经常这样做，学生看书读书的能力自然会提高。（引文中的着重号，为叶老自己所加）

这段朴实无华的话，可以作为叶老的名言"教是为了达到不需要教"的注脚。在这段话中，既有对学生主体地位的尊重，又具体指出了教师应该如何发挥主导作用——在"学生自己读懂"的基础上，就文章"深奥些的地方""隐藏在文字背后的意义"给学生"指点一下"；这种"指点"，必须要言不烦、富于启发性，目的在于使学生"开窍"——开窍者，学生自悟自得也。可见即使在教师"指点"之时，仍要把"学生为主体"放在心里，而不是以自己的认知代替学生思考。叶老的这段话，道出了教读方法的要领：在学生自读的基础上随机指点。

3. 教读的策略：为学生铺设上升的台阶

失败引发的焦虑和成功引发的成就感，都有驱动学生学习的作用。不少教师喜欢利用学生的焦虑（如分数排队、打不及格分数、严厉批评、惩罚等）来迫使学生努力学习，的确也能收一时之效，但这种驱动带有明显的强迫倾向，用得多了，必然导致学习热情的衰退。成就感则不同，它给予学生的学习动力是一种具有自觉倾向的认知内驱力，而且始终伴随着高涨的学习热情。焦虑和成就感的优劣显而易见，但不少教师宁可利用焦虑，因为造成学生的焦虑心理比较容易，而要使学生获得成就感，则要靠教师高度的责任感和细致的引导。

既然教读是为了帮助学生学会阅读，那么，根据学生不同阶段的能级水平，为学生设置具体而又容易检测的阶段目标，对引发学生的成就感，其作用是不言而喻的。比如，对朗读能力较差的学生，在一个阶段内可以把"学会朗读"作为他的重点目标，同时适当降低其他方面的阅读要求。当这位学生被教师确认已经学会了朗读，并受到了奖励，其成就感必定油然而生，从而为达成下一个目标充满信心。当前后连续的阶段目标成为逐步上升的一级级台阶的时候，自然会形成"设标—达

成—引发成就感—再设标—再达成—再引发成就感……"这样一条螺旋上升的"进步链"，学生就会有永不衰竭的学习动力了。

（三）复读式

把若干篇已经读过的文章，按某种联系组成一个"复读单元"，教师指导学生复习、比较、思考，既"温故"（温习旧课）又"知新"（获得单篇阅读时不可能获得的新认识）。"复读单元"通常与"教学单元"重合，也可以根据训练的需要另组单元。简言之，复读就是单元的复习性阅读。复读的要求，大体可以归结为三个方面：①知识归类。这类复读在于帮助学生形成一定的知识结构，重点在"温故"。方法是把各篇课文中的主要知识点按若干类别加以归纳、整理、系统化。归类的结果，通常以纲要、图表的形式来概括，提纲挈领，便于记忆。②比较异同。比较，是认识事物特点的重要思维方法。一个复读单元，由数篇课文组成，师生可以进行比较的训练，也可以从课外读物中寻找可与课文进行比较阅读的文章。学生在比较中不仅"温故"，而且"知新"，往往能发现单篇阅读时不能发现的东西。③发现规律。学生从一组文章所提供的事实或材料中，经过推演、思考，寻求出支配这些事实的规律，这是在归纳、比较的基础上又进了一步的抽象思维训练。例如，教师给学生一组文体相同的文章，要求学生从中提炼出有关这一文体的某些规律性的知识；或从一组课文所提供的事实中提炼出统率这些事实的观点。（参见后面的"附"）

四、摆脱学生：一个并不遥远的目标

事实证明，我的学生从初中一年级开始接受"严而有格"的阅读训练（我教高中时就从高中一年级开始），经过从"入格"到"破格"的三年训练历程，他们初中毕业时，基本上已具备了"不待老师讲"而"自能读书"的能力。这时让他们打开任何一篇适合他们认知水平的陌生文章，无论是课文还是课外读物，他们都能按照必要的顺序，在文章里"走几个来回"，读出个人的独特体会。

下面是我在 20 世纪 80 年代前期执教的班级中两位学生的"自读笔记"，从中可以看出学生的阅读从"入格"到"破格"的大致过程。

（一）《一件小事》自读笔记

作者是初二年级的学生，她经过了一年多的自读训练，已进入从"入格"到"破格"的过渡阶段（可归于"准自主能级"），因此笔记中虽然仍保留着明显的"自读规格"的痕迹，但"定向问答""深思质疑"已变成了"自问自答"——完全由她自己设计问题，自求解答，这就有了较大的思维空间和阅读自由度。从她设计的四个问题看，她能抓住文本的关键，也能紧扣文本词句对解答做出合理的推断。由于每个学生设计的问题各不相同，"认读"部分的字、词也是学生自己从课文中找的，因此全班学生的自读笔记虽然形式差不多，却都有着不同的内容。

《一件小事》自读笔记

一、认读

1. 注音、辨形

睹（dǔ）　　伊（yī）　　　　　踌躇（chú）

诧（chà）　　刹（chà）　　　　兜（dōu）

雇（gù）　　凝滞（níng zhì）　憎恶（zēng wù）

$$\begin{cases} 裁（cái）裁判 \\ 载（zài）载重 \end{cases}$$

2. 多音多义字

$$刹\begin{cases} （chà）古刹 \\ （shā）刹车 \end{cases}$$

3. 词语

［耳闻目睹］亲耳听到，亲眼看到。

［生计］生活；这里是谋生的意思。

［凝滞］原指液体凝结不流，这里是停滞、不动的意思。

［自新］自求上进的意思。

［装腔作势］故意做作。

［姑且］暂时，不妨。

二、审题

"一件小事"是一个偏正词组。"小"是题眼，与文章中"国家大事"的"大"

形成鲜明对比，更突出这件"小"事意义之"大"，使"我"至今难忘。它是"我"对人生、对世界看法的一个转折点。以"一件小事"为题，发人深思。

三、自问自答

1. 本文的社会背景如何？它对我们理解文章的中心有什么作用？

答：辛亥革命以后，社会上出现了一些"所谓"国家大事，如袁世凯称帝、张勋复辟等政治事件。1916 年、1917 年发生的这两件大事，对于"我"，一个"六年前从乡下跑到京城"里的人，便只是"增长了我的坏脾气"，教我"一天比一天看不起人"。这里强调了这些"国家大事"在"我"心里"都不留什么痕迹"；而这件小事却"将我从坏脾气里拖开"，"增长我的勇气和希望"。这样，用大事与小事对比，充分说明了这件"小"事，深深触动了"我"，对"我"教育之深。

2. 本文的开头和结尾是如何照应的？首尾和中间部分有什么紧密联系？

答：本文首尾呼应，结构严谨。本文的首尾两部分是议论，中间部分是叙述。首尾的议论把这件小事的意义提高了——赞扬了车夫的高尚品质，同时，表现了"我"这个有着小资产阶级思想的知识分子，对黑暗社会不满，积极追求上进的思想感情，也使中间叙述的这件小事的主题更加鲜明地凸显出来。（见下表）

开　　头	结　　尾
所谓国家大事，在我心里不留什么痕迹	几年来的文治武力，在我早如幼小时候所读过的"子曰诗云"一般，背不上半句了
但有一件小事，使我至今忘记不得	这事到了现在，还是时时记起，总是浮在我眼前
一件小事却于我有意义，将我从坏脾气里拖开	独有这一件小事，教我惭愧，催我自新，并增长我的勇气和希望

3. 作者是怎样刻画车夫的高尚品质的？

答：作者先向我们叙述了老女人倒地的情况，以这个作为引线，引出下文：在北风飕飕的冬天，车夫拉着车，"伊从马路边上突然向车前横截过来"，老女人的破棉背心"兜"着车把，幸而"车夫早有点停步""已经让开道"，"伊"才没栽个"大筋斗"，只是"慢慢地倒了"——说明老女人倒地责任不在于车夫。

老女人倒地后，车夫却毫不考虑谁的责任，而是"立住脚"，不顾"我"的催促，"放下车子，扶那老女人慢慢起来"，"搀着臂膊立定"，还问伊说："你怎么啦？"——充分表现了他对衣服破烂的老女人的无限关切。

　　不仅如此，当老女人说"我摔坏了"时，车夫"毫不踌躇"，"搀着伊的臂膊"，"便一步一步向巡警分驻所走去"——表现了车夫敢于承担责任的品质。

　　另外，作者还以"我"对老女人的不同态度，用"我"的"小"和车夫对比，"觉得他满身灰尘的后影，刹时高大了，而且愈走愈大，须仰视才见"，从而塑造了旧社会一个劳动者的高大形象。

　　4."我"的思想是怎样变化的？以此为例，谈谈这篇文章的写作特点。

　　答：首先，"我"看见老女人"伏"在地上，料定她没有伤，"又没有别人看见"，怕"误了我的路"，就催促车夫"走你的罢！"还"怪他多事"，"自讨苦吃"，从冷漠埋怨的态度之中，暴露了"我"自私自利，不理解劳动人民的思想感情。

　　然而，当车夫"毫不踌躇"地扶着老女人向巡警分驻所走去时，"我"却"诧异"了，这正是"我"思想认识改变的转折，是车夫关心他人、勇于承担责任的行动震动了"我"，教育了"我"。"突然感到一种异样的感觉"，车夫的"满身灰尘"的后影，刹时"高大"了。"愈走愈大"，对"我"成了"威压"，甚至要"榨出皮袍下面藏着的'小'来"。车夫的品质，使"我"从车夫身上发现自己的渺小，能够无情解剖自己，深刻批判自己的自私自利。"我"的思想在逐步变化。

　　"我"的活力这时大约有些"凝滞"，反映了"我"思想斗争的激烈。"我"在羞愧之下"坐着没有动，也没有想"。"我"下意识地抓出一大把铜元，让巡警转交给车夫，这显然是对车夫的奖励，流露出"我"高车夫一等的思想。但"我"立刻自责："这一大把铜元又是什么意思？奖他么？我还能裁判车夫么？""我"不能裁判车夫，反映了"我"不断鞭挞自己，追求进步的思想。就这样，完全把"我"从"坏脾气里拖开"。

　　"我"对车夫的行动，由不理解而埋怨到由敬佩而自责，采用了对比手法。这篇文章有三个方面采用了对比，这是文章写作上的一大特点，这种手法，相互衬托，更能表现主题。

上海市嘉定二中初二　金小铭

　　这位初二的学生经过一年多的自读训练就能在教师教读之前写出这样的自读笔记（当时班里多数学生都能达到这样的水平），再经过一年多的训练，达到"不需要教"是完全可能的。

（二）《孔乙己》自读笔记

这是一篇结合作文课写的自读笔记。在自读训练后期，学生的自读笔记多采用读后感或评论的形式，我有时候就让他们用自读笔记代替作文。本文题目《一个充满笑声的悲剧》是学生初读课文后一起讨论拟定的。我给了学生三个课时：一课时自读《孔乙己》文本，两课时写作。记得当时正好外省市有一批语文教师来校与我交流，在随意翻看我的学生作文簿时，发现了同学们写的《一个充满笑声的悲剧》，他们对初中学生能写这样的"文学评论"颇为吃惊。我告诉他们，这是学生写的自读笔记，不是文学评论，并向他们介绍了这班学生从初一开始的自读训练，引起了他们对"入格—破格"训练过程的浓厚兴趣，当场就借了好几本作文簿去复印。这篇读书笔记是当时学生中写得最好的一篇，在 20 世纪 80 年代曾被人民教育出版社出版的（以下简称"人教版"）语文课本选作《孔乙己》课文的附录。

一个充满笑声的悲剧
——读《孔乙己》

《孔乙己》是鲁迅先生在"五四"前夕写的一篇具有鲜明反封建倾向的小说。主人公孔乙己是一个深受封建教育、科举制度毒害，可笑而又可悲的下层知识分子的形象。

孔乙己在小说中一出场，便是一片笑声，就连他的可悲的退场，也是在人们的阵阵笑声之中。总之，小小的咸亨酒店只要有孔乙己在，店内外便"充满了快活的空气"。

孔乙己究竟有何可笑呢？

你看，他的绰号——孔乙己，便是可笑的。因为他尊孔读经，又姓孔，人们便根据小孩子的"描红簿"中那句半懂不懂的话"上大人孔乙己"，替他取下了这个可笑的绰号。

孔乙己的性格更是令人发笑。

他自命清高，迂腐不堪。出现在咸亨酒店里的孔乙己，是"站着喝酒而穿长衫的唯一的人"。"站着喝酒"说明他的经济地位等同于那些"短衣帮"，但他深受轻视劳动人民的封建思想的毒害，不愿脱下那件"又脏又破，似乎十多年没有补，也没有洗"的长衫，摆出挺有学问的样子，以示比"短衣帮"高贵。当"短衣帮"问他

"当真认识字么"的时候，他就"显出不屑置辩的神气"，这更明显地显示出他自以为读书高人一等的可笑心理。孔乙己熟读"四书""五经"，平日说话"满口之乎者也，叫人半懂不懂的"。小说中还有一段孔乙己教小伙计"茴"字四种写法的细节，说明他把这种一无用处的"知识"视若至宝，实在是"迂"得可笑。他处处想表现自己有高深的学问，甚至在给孩子们分豆时，也来几句《论语》里的话"多乎哉？不多也"。但这只能引来人们的一阵嘲笑罢了。为了显示自己的所谓"清高"，孔乙己还常以什么"君子固穷"，什么"者乎"之言来自我解嘲。例如，他偷了别人的书被人家揭穿了，他便"涨红了脸，额上青筋条条绽出"，没理找理地强辩："窃书不能算偷……窃书！……读书人的事，能算偷么？"在"窃"字和"偷"字上咬文嚼字，这不是挺可笑的吗？

孔乙己深受封建思想的毒害，即使功名无望，也不愿以劳动来谋生。为了吃饱肚子，他"免不了偶然做些偷窃的事"，但又常常被人捉住，痛打一顿，以致"皱纹间时常夹些伤痕"。他懒得实在出奇，连自己的"又脏又破，似乎十多年没有补，也没有洗"的长衫，也从不补一下，洗一回。他尽管如此穷，如此懒，可却好喝成性，甚至在被丁举人打折了腿之后，还用手"走"到酒店，喝他一生中最后一碗酒。这更是叫人哭笑不得！

总之，孔乙己是这样的自命清高，迂腐穷酸，好喝懒做，以致引起人们的阵阵笑声。但孔乙己却并不是一个喜剧人物，他在人们的笑声中演出的是一个社会的悲剧！

那么，孔乙己究竟有何可悲呢？

是的，孔乙己偷了丁举人的东西，被打折了腿，最后在贫病交加中悲惨死去，这当然是可悲的。然而孔乙己的可悲绝不仅止于此。这篇小说的深刻含义，也绝不仅止于揭露丁举人之流的冷酷残暴。

你看，"孔乙己是这样的使人快活，可是没有他，别人也便这么过"；平时谁也想不到孔乙己，只有酒店掌柜在逢时过节结账的时候，才会念叨一句："孔乙己长久没有来了。还欠十九个钱呢！"但掌柜想到的不是孔乙己这位穿长衫的顾客，而是孔乙己的十九文欠账！孔乙己就是这样一个既不能养活自己，对人又一无用处的废物！如果他还有一点"用处"的话，那只是作为人们饮酒时的笑料而已。而这，正是封建思想、封建科举制度对孔乙己毒害的结果。造成孔乙己悲剧的社会根源就在这里。鲁迅先生要昭示于读者的，就是这种封建教育、科举制度所造成的罪恶！

　　咸亨酒店里人们之间的冷漠也是令人吃惊的。你看，当孔乙己被打折腿出现在酒店柜台前的时候，他得不到一句表示同情的话，得到的只是掌柜的取笑，人们的嘲讽！孔乙己完全被社会所遗弃，连他最后的死活都无人过问，因此，小说巧妙地以"大约孔乙己的确是死了"这句话作为这个悲剧的结局。"大约"与"的确"看似矛盾，实不矛盾。因为，从他当时的境遇（被打折了腿，而且时间又过了二十年），无疑可断定他是死了；但对他的死，谁也不关心，谁也不知道，因此，又用"大约"做了不肯定的假设。孔乙己就是这样一个死活无人过问的可悲人物！从某种意义上说，这种社会的冷漠甚至比丁举人的残酷更可怕。作者向我们展示的，不仅是孔乙己一个人的悲剧，而且是整个社会的悲剧！

　　鲁迅先生的《孔乙己》的确是一篇杰作，大概很少有一篇作品能够像《孔乙己》那样，把"笑"和"悲"如此完美地统一起来，成为一个充满笑声的悲剧。

上海市嘉定二中初三　瞿喻虹

　　这是一篇"破格"的读书笔记，用它作为对学生阅读能力的测量应该是可信的。学生写这篇文章时是 20 世纪 80 年代前期，还没有网络可以收集资料，文章又是在作文课上当堂完成的，学生写作时除了教科书上的简要提示外，没有任何依傍和参考，完全依靠学生自己对文本的阅读感悟。由此不难断言，当阅读训练到了"破格"之时，学生已进入"自主能级"，"不需要教"的目标就基本达到了。

五、为了学生终身受益①

"语文导读法"自 1982 年问世以后，虽然得到了不少同行的首肯，但三十多年来对它的批评之声也一直不绝于耳。我一向把批评者视为益友，因为他们不仅使我感受到了被重视的快乐，而且确实促使我反复验证过语文导读法的科学性、合理性、可行性。如果说我现在对"三主"的表述已不像刚提出时那样粗疏，确实完全得益于这些批评意见的促成。但我始终坚持"三主"的观点，至今不悔，却不是由于我的顽固守旧，而是某种信念的支持。这个信念使我确信，以"三主"为基本理念的语文导读法即使在"新课程"语境下仍有其存在的理由。支持我的这个信念就是：语文导读法是一种可以使学生终身受益的教学法体系，正如我早年的自学使我自己终身受益一样。

联合国教科文组织在 20 世纪 70 年代发表的著名教育文献《学会生存——教育世界的今天和明天》中指出：

"未来的学校必须把教育的对象变成自我教育的主体"；

"受教育者将依靠自己征服知识而获得教育"；

"自学，尤其是在帮助下的自学，在任何教育体系中，都具有无可替代的价值"。②

这些论述，增添了我坚守信念的勇气。因为语文导读法无论其理论层面的"三主"，还是其操作层面的"三式"，都指向一个明确的目标，即培养学生的自学能力，使学生最终摆脱对教师的依赖，从而成为不但在学习上能够自主，而且在人格上、意志上能够真正"自立"的人！

有人说："'三主'早已是明日黄花。"

---

① 叶圣陶：《语文教学书简》，载《叶圣陶语文教育论集》，北京，教育科学出版社，1980 年。转引自《谈教学的着重点》，《人民教育》，1981 年第一期。

② 联合国教科文组织国际教育发展委员会：《学会生存——教育世界的今天和明天》，第 200 页，北京，教育科学出版社，1997 年。

想想也是，"三主"自 1982 年提出至今已有三十多年，这三朵"黄花"是该到凋谢的时候了；但 2013 年国务院审查通过的《国家中长期教育改革和发展规划纲要》中却采用了这样的表述："要以学生为主体，以教师为主导，充分发挥学生的主动性，把促进学生健康成长作为学校一切工作的出发点和落脚点。"可见至少"三主"中的"二主"这两朵"黄花"今天还开着；至于"训练"是不是会"过时"，会不会从语文教学中"淡出"，谁说了都不算，要等待时间——这位最权威、最公正的"法官"做出最后的"判决"。

著名心理学家朱智贤先生主编的《心理学大词典》，把"语文导读法"作为条目收入。这对我来说确实是一种少有的学术待遇，至少说明了学术界对语文导读法的认可。词典释文如下：

语文导读法 中国中学语文特级教师钱梦龙探索、总结的一种颇有成效的语文教学法，一种引导学生真正学得主动、在学习过程中积极思考、从而锻炼自读能力的新型教学法。它既不同于以注入知识为主的教学法，又与以谈话提问为主的教学法异其旨趣。……①

有意思的是，收录"语文导读法"的页码，正好是该词典的 888 页，"8、8、8"这个在国人心目中"大吉大利"的数字，不知是不是暗寓着对我的提醒和鞭策：不要停下探索的脚步，语文导读法应该发展、发展、再发展……

六、草根式研究：基层教师的成才之道

——以我的语文教学研究为例

基层教师长年累月默默耕耘于基层学校。他们在用考试、分数不断给学生加压的同时，也让自己背上了越来越沉重的考试、分数的压力。他们起早睡晚，孜孜矻矻，工作不可谓不努力，不勤苦，但基层教师中真能破茧而出，成为影响一个地区乃至全国的名师者，毕竟只是少数。近年来，各地都在启动"名师工程"，对教师的

---

① 朱智贤：《心理学大词典》，第 888 页，北京，北京师范大学出版社，1989 年。

成长、成才起了积极的推动作用，但一名教师能否成为真正的"名师"，仅靠"工程"是打造不出来的。我观察过不少名师的成才之路，发现他们尽管个人条件千差万别，有一点却惊人地一致：他们在起步之初也不过是一名普通的基层教师，但他们大多不满足于按部就班地完成教学工作，而对教学研究怀有浓厚的兴趣。正是坚持不懈的教学研究，使他们超越了基层教师有限的理论视野，逐渐悟得教育教学的真谛，进而形成自己富于个性的教育理念、教学风格，终于在他们影响所及的范围内享有知名度，成为名师。可以这样说，凡从基层教师起步的名师，几乎毫不例外地钟情于教学研究。

基层学校的教师由于受到日常工作繁忙、资料有限等各种条件的限制，最便于采取的研究方式，大多是草根式的，即所谓"草根式研究"。这里用"草根"这个词，绝无贬低之意。

什么是"草根"？

上网搜索，得到以下答案："草根，始于19世纪美国，彼时美国正浸于淘金狂潮。当时盛传，山脉土壤表层草根生长茂盛的地方，下面就蕴藏着黄金。后来'草根'一说引入社会学领域，就被赋予了'基层民众'的内涵。"

如果这条释文所言不谬，那么肯定是蕴藏于地层深处的黄金所释放的某种元素滋养了地表的草根，才使它们长得格外茁壮而茂盛。这条释文不能不引起我关于草根式研究的诸多联想。

草根式研究是一种立足于本土和基层、扎根于实践的丰厚土壤，具有鲜明的实践品格和平民化、大众化特点的研究方式。草根式研究永不衰竭的生命活力，正源于它跟教学实践的血脉相连，而基层教师拥有最丰富的实践资源（它像黄金一样宝贵啊！），因此草根式研究是基层教师最便于采用，其研究成果也最便于转化为教学成果的一种研究方式。与草根式研究相对应的是"精英式研究"。这是一种在学院或书斋里凭思辨或引进西方理论进行演绎、推理的贵族化、小众化的研究方式。我很难对两种研究方式做出简单的价值判断。两者也许都是必需的，而且应该可以互补，但我倒更乐意引用波兰教育家奥根的一句话："教学论不是凭思辨，而是凭先进教师经验的理论概括以及观察和实验，来揭示一系列规律的。"奥根说的是教学论，也可以用来作为对草根式研究的评价。

过去有个提法叫"岗位成才"，草根式研究正是基层教师走向岗位成才的必经之路。

　　我是一名普通语文教师，从1952年走上讲台，一辈子都没有脱离过基层学校的语文教学。回顾此生，尽管对语文教学没有什么建树，也谈不上"成才"，但我确实为语文教学焦虑过、思考过、探索过，也进行过较长时期的研究——当然是草根式的。正是这种草根式的研究帮助我走出了个人经验的封闭和局限，使我能够站到一个比较高的立足点上观察、思考语文教学，终于弄明白了一个本来并不复杂，但现在却越变越复杂的问题：中小学究竟为什么要教语文？——这使我在面对各种各样进口的、国产的高深理论的时候，始终没有在理论的迷雾中丢失自己。

　　本文将结合我研究语文教学的过程，谈谈草根式研究的一般思路和方法。

第一步：体悟。

　　1952年，一个偶然的机会，使我这个仅有初中学历的21岁"小青年"阴差阳错地成了一名中学语文教师。那时的我，没有教学根基，更不知教学法为何物，要我教初中语文，无异于赶鸭子上架。但我却信心满满地站上了讲台（正好印证了一句话："无知者无畏"），一个学期教下来，竟出乎意料地受到了学生的欢迎，也得到了学校领导的好评。1954年，我开始担任学校语文教研组组长。1956年，学校扩大规模，增设高中部，首招两个高一班，我被提升为全校唯一的高中语文教师；同年又被评为嘉定县优秀教师，写出了生平第一篇"教学论文"——《语文教学须打破常规》，并被指定在全县优秀教师大会上宣讲，会后还获得了晋升两级工资的殊荣。这一年，县教育局举办教师暑期进修班，我受聘为语文学科主讲教师，给许多比我年长的教师讲课……总之，仅仅四年时间，我用教学实绩改变了自己作为一名学历不合格的新手教师的地位。

　　我"快速成长"的奥秘是什么？从中又能体悟到什么呢？

　　原来，我虽然仅有初中学历，但我的"国文程度"（犹如现在说的"语文素养"）事实上已远远超过了一个初中学生。这表现在三个方面：第一，我酷爱读书。买书、藏书、读书，成了我课余生活的主要内容。每个星期日我唯一的事情是"泡"在书店里读书、淘书，乐此不疲。不间断地读书，充实了我的头脑，丰富了我的精神生活，也拓宽了我的文化视野。第二，喜爱写作，并有很强的发表欲。我从初中一年级开始就学会按平仄写旧体诗词，后来又兼及其他文体；初中二年级时"自费"创办了一份名为《爝火》的壁报，定期出刊，发表自己的"作品"。写作、办壁报耗费了我大部分课余时间，那一年虽因严重偏科留了级，但写作能力却明显提高了。第三，大量的读写使我养成了爱揣摩文章的习惯，并把它移植到课内的国文学习上——在教师开讲新课之前，我总要提前一天把文章好好吃透，到听课时就把自己的理解和教师的讲解对照、比较，细细揣摩教师解读文章的思路和方法。这种自学的习惯使我受益良多：既激发了读书的兴趣，又提高了独立思考和自主阅读的能力，对知识的记忆也格外牢固。因此，每次国文考试，我即使不怎么复习，成绩也稳居全班第一；至于我的阅读广度和实际读写能力，更是遥遥领先于我的同班同学。

这一段读书自学的经历，就是我能够信心满满地走上中学讲台的一点"底气"。当时我的推理很简单：读书、自学既然能使我学好国文，那么，如果我能够鼓励我的学生像我当年自学国文那样自学语文，不就得了吗？正是对自己国文学习过程的体悟，给了我跨进语文教学门槛的信心。

我教语文一开始就没有像当时一般语文教师那样走"串讲"课文的老路，而是重在向学生介绍自己读文章的思路和方法。比如，我自己读一篇文章，总要经历一个"由表及里，又由里返表，表里多次反复，理解逐步深化"的过程；在准确解读文章以后，还要进一步追问自己：作者为什么要写这篇文章？我从这篇文章中获得了哪些教益？我同意作者的思想吗？作者的思想能在我的经验中得到印证吗？我欣赏作者的情感吗？等等。我上语文课，就着重引导学生按一定的思维"流程"阅读课文，鼓励学生自己"钻进"文章里去"摸爬滚打"，然后通过师生"交谈"，帮助学生逐步领悟阅读的步骤、方法，尤其注意激发学生自学的兴趣和信心。此外，我还鼓励学生尽可能向课外阅读延伸（时常刻印一些课外阅读资料给学生），但那时根本没有教学研究的意识。那篇《语文教学须打破常规》的所谓"教学论文"，不过是这个时期教学实践的一个简单总结。想不到的是，不为常规所囿地教语文，竟成了我一辈子的追求。

我开始"像模像样"地研究语文教学，是在"文化大革命"后的 1978—1979 年。在确定研究课题的时候，自然而然从个人的成长历程和 20 世纪 50 年代的教学实践中进一步寻求体悟，于是水到渠成地提出了我的研究课题——"语文教学必须着眼于激发学生读书的兴趣，培养学生自主阅读的能力和习惯"。我这里说的"自主阅读"，是一种真正意义上的"读书"——坐下来，静下心，拿起笔，摊开书，慢慢品读，细细咀嚼，勾玄提要，圈点评注……这是一种完全个人化、"原生态"的阅读，跟现今语文教学中常见的那种热热闹闹，学生的思维完全被教师的提问牵着鼻子走的所谓"阅读"，是大异其趣的。

第二步：假设。

假设就是以已有的事实或原理为依据而对未知的事实或规律提出的一种假说。假设是一切科学研究的起点，草根式研究也不例外。

根据研究课题，根据我对自己成长历程的回顾，我提出了这样的假设：激发学生的求知欲与自信心，使学生学会阅读，从阅读中发展语言能力和思维能力，从而提高学习力，不仅有利于学生的现时发展，也必将有利于学生的后续发展和终身发展。

我希望通过研究，证实"自主阅读"与"学生发展"之间的因果联系。

第三步：验证。

胡适说过一句曾经广受批判的话，叫作"大胆假设，小心求证"。其实胡适说的正是科学研究的一种常态。科学研究大多起步于"假设"，归结于"求证"。所谓"求证"，就是对假设进行验证的过程。假设时提出的假想性命题，只有经过了客观事实或实践的验证，才能成为真实的命题，才能证明原先的假设的真实性和科学性。草根式研究的课题和假设都来之于实践，当然也必须回到实践中去接受检验。这正体现了草根式研究的一个最重要的特点：从实践中来，到实践中去。它不像某些象牙塔里的教育研究，只要有够多的引文或在学理、逻辑上站住脚就行，至于实际教学中是不是行得通，研究者是不管的。这种理论与实践完全"不搭界"的状况，在草根式研究中是绝对不可能发生的。

我是怎样验证上述假设的？

20 世纪 70 年代末，我执教两个初中班级的语文。这是两个平行班，基本条件相当，正好便于让这两个班级轮流担任实验班和对照班，进行两种不同教法的对照实验：实验班以学生自学、交流、讨论为主，适当辅以教师指导；对照班则完全由教师讲授，学生的工作只是听取和记住。每次对比实验以后，我参照艾宾浩斯关于遗忘曲线的实验，都要搁置一段较长的时间，搁置期间不再让两班学生接触共同学过的课文（最长的一次搁置一个多学期），然后以"突然袭击"的方式对两班学生就学过的同一篇课文，用同一套试题进行测试。发人深思的是，每次测试的结果往往都是实验班的成绩优于对照班。1984 年，我总结这个实验，写成《主体·主导·主线——一次教学实验的启示》一文发表于《光明日报》，后被《新华文摘》（1984 年第 4 期）全文转载。

经过三年反复实验的验证，以及我对自己成长过程的反思与总结，我原先假设的"自主阅读"与"学生发展"之间的因果联系初步得到了证实：学生自主阅读能力的提高，良好阅读习惯的养成，必然会对学生的发展（现时的、长远的，乃至终身的）产生积极的影响。我个人体会，这种积极影响远比人们想象的要大得多——对这一点我尤有切身的体会。

其后，我的假设又不断从其他旁证材料中获得支持。例如，联合国教科文组织在 20 世纪 70 年代发表的重要教育文献《学会生存——教育世界的今天和明天》有如下的论述："未来的学校必须把教育的对象变成自我教育的主体""受教育者将依靠自己征服知识而获得教育""自学，尤其是在帮助下的自学，在任何教育体系中，都具有无可替代的价值"。叶圣陶先生一辈子研究语文教学，也一再强调教会学生读书自学的重要性。他的有些名言早已广为传播，成为语文教育界的共识，如"教是为了最终达到不需要教""语文教师能引导学生俾善于读书，则其功至伟"，等等。令人备受鼓舞的是，我的体悟和假设正好与这些经典的言论不谋而合，这使我对自己的草根式研究满怀信心。

第四步：提炼。

提炼是对已经得到验证的假设进行分析、概括，使之上升为规律性的认识。提炼的结果往往被凝缩为一个或若干个理论术语。草根式研究只有经过提炼，才能突破经验的局限，上升为理论，并具有指导实践的普遍意义。

我的提炼先后从两个层面上进行：实践层面和理论层面。

实践层面——研究课题来自于我的语文教学实践，所以提炼时首先从语文教学实践的角度着眼，可以说是一个必然的选择。1979 年前后，我提出了语文课的"基本式"——自读式、教读式、复读式（最早提出四式，后归并为三式），把教师指导下学生自主阅读的过程用基本的"式"固定下来。所谓"自读式"，就是语文课上让学生静下心来读书。"自读"不是课前"预习"，而是一种以培养学生自主意识、自读能力和习惯为目的的阅读训练方式。"教读式"的"教读"，顾名思义，就是"教学生读"，即教会学生按一定的思维流程阅读课文，从而逐步摆脱对教师的依赖，最后达到"自能读书"之目的。"复读式"则是指导学生回顾、总结整个阅读过程的一种教学方式。三个"基本式"中，自读式是核心，教读式和复读式都是为学生的自读服务的外部条件。

理论层面——实践层面向理论层面的提升，可以使实践层面的"三式"在操作时具有更清醒的理论自觉。1981—1982年，我在"三式"的基础上提出了"学生为主体，教师为主导，训练为主线"的"三主"理念，这是我的教学实践上升到理论层面的一次飞跃。

"学生为主体"就是确认学生在教学过程中是学习的主体、认识的主体、发展的主体。就是说，教师在进入教学过程之前，首先要确认学生的主体地位，即确认学生是具有独立人格、主观能动性和自我发展潜能的活生生的人。确认这一点非常重要，因为它是教学的根本出发点，也是基本立足点。

"教师为主导"则是对教师在教学过程中的地位、作用的描述和限制。"主导"的要义在于"导"。"导"者，因势利导也，就是要求教师只能根据学生的发展水平、顺着学生个性发展之"势"，指导之、引导之、辅助之、启发之，使学生能"自奋其力，自致其知"（叶圣陶语），而不是填鸭灌输、越俎代庖，也不是把讲台作为教师展示个人才艺的舞台。教师的魅力全在于灵活而有效地"导"，导之有方，学生才能学得有章有法，真正成为名副其实的主体。

"训练为主线"是教学过程中师生互动的基本形态。"训练"不是习题演练，也不是语文教学中常见的那种刻板、烦琐的字、词、句操练。什么是"训练"？从构词的角度看，"训"指教师的指导，"练"指学生的实践。只要我们在教学过程中确认学生的"主体"地位和教师的"主导"作用，则必然呈现为"训练"这一师生互动的基本形态。学生要学会阅读，要发展语言能力和思维能力，要通过阅读提高语文素养，就离不开实实在在的阅读训练，离不开实实在在的语言和思维训练。

"三主"是对教学中师生互动过程的一种动态显示，不是三个并列命题的静态排列。"三主"的内在逻辑可以这样表述："学生为主体"是教学的根本出发点，着眼于学生的"会学"；"教师为主导"是保证学生真正实现其主体地位的必要条件，着眼于教师的"善导"；学生的"会学"和教师的"善导"又必然呈现为一个综合的、立体的、生动活泼的训练过程。"三主"的表述顺序是不能任意颠倒的，就因为"三主"是一个动态的"过程"，而不是一种静态的"排列"。

实践层面与理论层面的统一——经过实践与理论两个层面的提炼，最后形成以

"三主"为理论导向、"三式"为教学模式的"语文导读法"的整体构思。"语文导读法"的成形，意味着我的草根式研究初步画上了一个句号。1989 年，朱智贤先生主编、北京师范大学出版社出版的《心理学大词典》把语文导读法列为词条，并做了以下介绍：语文导读法是中国中学语文特级教师钱梦龙探索、总结的一种颇有成效的语文教学法，一种引导学生真正学得主动、在学习过程中积极思考、从而锻炼自学能力的新型教学法。它既不同于以注入知识为主的教学法，又与以谈话提问为主的教学法异其旨趣。培养学生自读能力和习惯是一个长期训练、逐步提高的过程。钱梦龙吸取国外 SQ3R 阅读法的精神，结合中国语文教学的经验，设计出一套切合学生实际的自读步骤，把学生感知、理解教材的过程用一定的规格大体固定下来，对学生进行严而有"格"的训练，使学生在阅读过程中"思有其序，读有其法"，充分掌握学习的主动权……一门具体学科的教学法进入《心理学大词典》，国内大概仅此一例，这意味着心理学界对"语文导读法"所设计的阅读训练过程的认可。

第五步：应用。

草根式教学研究的价值，必须体现于对教学实践的积极影响，这就需要把研究成果放到实际教学中去应用、操作。应用、操作的过程，同时也是对研究课题做进一步验证、修正、充实的过程，使之具有更普遍的理论、实践价值和更强的可操作性。

"语文导读法"提出以后，尤其是作为其理论基础的"三主"理念，不断受到来自教育界不同理念的质疑、批评。这些质疑、批评促使我更冷静地审察"语文导读法"的是非得失。这种审察同样离不开实践（应用），因为只有实践才是检验真理的唯一标准。

下面就应用过程中的几个主要问题谈一点粗浅的体会。

第一，语文导读法有利于为语文课程"减负"。语文课程自 20 世纪 50 年代初设置以来，由于众所周知的原因，一直背负着沉重的"思想教育"包袱，似乎学生以后能不能成为"革命事业的接班人"，全要靠语文课程来承担。给语文课程的思想性无限加码的结果，必然导致语文课程自身目标的迷失。曾在网上看到高中语文课程标准研制组编写的《关于高中语文课程标准的说明》，其中关于提高学生语文素养的"基本要求"，林林总总罗列了 17 条，这里引用其中的 10～17 条：

爱国主义精神、乐于合作和为人民服务的精神。

社会主义思想道德和民主法制意识。

强烈的社会责任感和较强的参与社会实践的能力。

科学精神、科学思想和科学方法。

基本的信息技术和信息处理能力。

开放的视野、创新意识和初步的创新能力。

自信进取的人生态度和健康的生活方式。

初步的独立思考和自主选择能力。

这哪里是在提高学生的语文素养，简直是在造就"完人"！语文教师若按照这些"基本要求"去教语文，恐怕累死了仍然吃力不讨好。

所谓"减负"，就是把所有强加给语文教学的种种"不合理负担"减下来，让语文课真正回归到语文课自身；而"语文导读法"就有助实现语文教学的"回归"。

运用语文导读法，主要着眼于对学生进行阅读训练，即帮助学生"学会阅读"。这样定位语文课的目标，语文教学就会变得任务很单纯，就能轻装前进。什么叫"学会阅读"？"学会阅读"就是学生能够自己读文章，能够自己从阅读中获取知识、积累语料、习得语感、发展语言和思维能力，同时受到文章所蕴含的思想情感的熏陶感染。这样的阅读训练，其效益必然是综合的、立体的。所谓"工具性和人文性的统一"，所谓语文教学目标的"三个维度"，也只有在这样的训练过程中才得以完美实现。

下面是我执教鲁迅《论雷峰塔的倒掉》教学实录中的一个片段。它展示了一个"综合、立体"的阅读训练过程。

生 1：（提出疑问）白蛇娘娘是蛇妖，法海除妖，我认为没有什么不好。

师：好！你敢于和大文豪鲁迅唱对台戏（笑），我钦佩你的勇气。请大家一起发表意见。

生：我不同意他的意见。白蛇娘娘是个好的妖怪。（笑）

师：你怎么知道的？

生：文章里说的，白蛇的故事出于《义妖传》，"义妖"当然是好的。

师：有说服力！文章第二段里就有这个句子，你注意到了，说明你读得很细心。

既然说到了第二段，我们就先来看看这一段。你们能不能从这一段里找出根据，证明白蛇娘娘是个好妖怪，是义妖？

（学生默读第二段）

生：白蛇嫁给许仙是为了报恩。

师：你说的是对的，但最好不要这样笼统地说。这一段一共写了几件事，要一件一件地说，最后证明白蛇娘娘到底是好是坏，是值得同情的还是应该被镇压的。如果你能用一些四字句把主要的情节概括地表达出来，简洁明了，那就更好了。你试试看。

生：许仙救蛇……白蛇报恩……法海藏夫（笑）……白蛇寻夫……水漫金山……白蛇中计……造塔镇压。

师：嗯，概括得很好。刚才大家为什么笑？

生：他说法海藏"夫"，人家会误以为是法海的丈夫。（笑）最好改成法海藏"人"。

师："人"又好像太笼统。（学生七嘴八舌：藏"许"）好，就用法海藏"许"。现在大家看看，这样的故事情节说明了什么？不要用一句话回答，最好能做一点分析。

生：白蛇嫁给许仙是为了报答他的救命之恩，结婚以后过着幸福的生活……

师：你怎么知道的？

生：电视里看到的。（笑）可是法海总想破坏，最后终于把白蛇娘娘收到一个钵盂里，压在雷峰塔底下。白蛇娘娘一心要报恩，当然是"义妖"。她有情有义……（笑）

师：你们同情白蛇娘娘，还是法海？

生：（齐）白蛇娘娘！

师：同情法海的请举手。（无人举手，对生1）怎么你也不举手？你是赞成法海除妖的。（笑）

生：我只是提个问题请大家讨论，其实我心里也同情白蛇娘娘。（笑）

师：噢，原来如此！你对活跃我们的思维做出了贡献！（笑）的确，凡知道这个故事的人，几乎没有不同情白蛇娘娘的。从课文里看，只有一种人是不同情白蛇娘娘的，不知道你们看懂了这句话没有。是谁啊？

生：脑髓里有点贵恙的人。（师插：能解释一下吗？）就是头脑里有毛病的人。

师：是精神病吗？（笑）

生：是指有封建思想的人。作者这样说，是为了嘲笑这种人。

师：我很高兴，刚才大家都表示同情白蛇娘娘，证明全班同学的脑髓都是正常的。（笑）大家别笑，这种爱憎分明的态度对体会文章的思想感情是很重要的。

在这个过程中，问题是学生提出的，解决问题也靠学生自己对文本的正确解读，教师只是在关键处做一点必要的指点，没有刻意"渗透"什么思想人文因素，但随着学生对文本理解的深入和对文本语言的感悟，文章字里行间隐含的爱憎感情，自然潜移默化地融进了学生的心灵。可见，语文导读课的思想人文因素，不是教师刻意"渗透进去"，而是学生自己从文本的字里行间"读出来"的。总之，语文课对学生进行怎样的思想教育、人文教育，是由语文课本所选的文章决定的。教师只要帮助学生"读好"这些课文，让课文作者直接与学生对话，恐怕比教师的刻意渗透更有感染力，也能够更好地体现语文课程潜移默化的功能（我很反感"德育渗透"这类提法，原因就在于它完全违反了语文教育的基本规律）。

第二，教师"主导"问题。在后现代主义思潮汹涌而来的当下，教育界一些受过后现代主义思潮洗礼的论者声言"后现代的到来敲响了教授时代的丧钟"，他们自然对我"三主"理念中的"教师为主导"持否定的意见。有些论者生吞活剥地移植罗杰斯"非指导性教学"的思想，对教师主导作用的否定更加彻底。我在一份语文教学刊物上读过一篇题为《教学模式的是与非》的文章，里面就有这样一段宏论：

> 教学是一个动态的过程。在这个过程中师生始终是平等的，不存在谁指导谁的问题，教师并不一定比学生高明。……教师不过是学生读的一本书，学生也是教师要读的一本书。

这段似是而非的言论的要害是取消教师作为学生学习指导者的地位，其核心理念是"师生无差别论"。师生当然是平等的，"弟子不必不如师，师不必贤于弟子"，一千多年前的韩愈早就这样说过，但这并不等于师与弟子的无差别。因为教师和学生毕竟是两种不同的角色，两者在教学过程中的地位理所当然是"平等而不相等"的，即师生在人格上平等，但专业地位上并不相等。即便是后现代主义的威廉姆·多尔也认为"教师是平等中的首席"。既然教师是"首席"，就跟"非首席"的学生有了差别（不相等）。我们这位论者的见解比后现代走得更远。事实上，无论时代怎样变迁，教育理念怎样翻新，只要有学校存在，有教育存在，"闻道在先、术业有专攻"的教师作为学生学习的组织者、指导者的地位就具有"天生的合理性"。没有教师组织、指导的学校教育是不可想象的。

学生为主体，作为一个理念，已被普遍接受，但不少教师往往忽略了一点，即学生的主体地位随时可因教师不适当的举措而被剥夺，也可因教师恰当的引导而得到强化。因此，关键不在于理念上是否承认"学生为主体，教师为主导"，而在于如何在实践中处理好两者的互动、互补关系。根据我的实践，为了保证和凸显学生的主体地位，教师的主导作用非但不能取消，而且必须加强。所谓"恰当地导"，主要应体现在以下几方面：①唤醒激励：唤醒学生沉睡的求知欲，激发学生的自主意识和自学兴趣；②组织教学：为学生创造静心读书的环境，使学生在教师指导下学会真正的阅读；③授以方法：教给学生读书自学的方法，使学生入门有途径，深造有目标；④启发引导：因势利导，循循善诱，鼓励学生不断向知识的广度和深度进行探索；⑤铺设阶梯：使每一个学生在步步向上的过程中不断受到成就感的鼓舞。

任何一种教育理念，无论贴上什么"主义"的标签，无论它是进口还是国产，无论多么先锋、多么前卫，都必须到实践中去检验其合理性和可行性。语文导读法正是在应用、实践的过程中增强其理论的自信的。

第三，"训练"问题。"三主"理念中，受到质疑最多的是"训练为主线"的命题。两年前，我曾在一篇题为《请给训练留个位置》的文章中说过：

> 翻遍《普通高级中学语文课程标准》，希望在众多新名词、新概念的缝隙中找到"训练"二字，结果是杳无踪影；再翻看《全日制义务教育语文课程标准》（后简称为《语文课标》），总算在"教学建议"第四条中看到了这样一句话："语文教学要注重语言的积累、感悟和运用，注重基本技能的训练，给学生打下扎实的语文基础。"通篇仅此一处提到"训练"，而且还是捎带提及的。看来不是新课标研制组的专家们刻意回避"训练"，便是"训练"根本没有进入他们的视野。而新课标作为规范和指导全国中小学语文教学的国家文件，具有不言而喻的权威性，在它的导向下，训练自然失去了"法定"的地位。不少谈论语文教学的文章，大多以谈"创新"、谈"感悟"、谈"熏陶"、谈"人文"为时尚，而讳言训练，似乎一谈训练，便是"保守"，便是"恋旧"，甚至被指责"又在

搞应试教育那一套"。……对"训练"的这种轻视态度表现在实际语文教学中，便是凌空蹈虚式的语文课越来越多，所谓"双基"（基础知识和基本技能）早已置之不顾，在一些展示课上这种倾向尤其明显。这种轻视训练的偏向如不纠正，对提高语文教学的质量和提高学生的语文素养是十分不利的。

现在《语文课标》已修订完毕，遗憾的是，"训练"在"修订稿"中仍然处在一种"妾身未分明"的尴尬境地。《语文课标》修订组对此有明确的表态："要'倡导启发式、探究式、讨论式、参与式教学，帮助学生学会学习。激发学生的好奇心，培养学生的兴趣爱好，营造独立思考、自由探索的良好环境'。因此'训练'不应该像过去那样作为唯一的教学实施方式或者作为教学实施的'主线'。"（见《全日制义务教育语文课程标准》修订工作说明）这最后一句话，显然是针对"训练为主线"而说的。

对我个人的一个观点是否认同，并不重要；我为之呼吁的"训练"，也不是我的私产。问题是，语文课程作为一门对学生进行母语教育的基础课程，忽视训练必将导致严重的后果（这种后果事实上已经十分明显）。《语文课标》研制组和修订组的专家们为什么如此排斥训练，可能还是源于他们对训练的误解。比如，"修订说明"中说的"要'倡导启发式、探究式、讨论式、参与式教学，帮助学生学会学习'"。试问：怎样才能帮助学生"学会学习"？除了把学生引导到自主学习的过程中去反复实践，别无他途。这叫作"在学习中学会学习"，正如人们常说的"在游泳中学会游泳"，其实就是一个训练过程。所谓"启发式、探究式、讨论式、参与式"，等等，都不过是不同的引导方式而已。前面说过，"训练"不是刻板的"操练"，更不是习题的演练，而是师生互动的基本形态。叶圣陶先生对语文教学中的训练有精当的论述。他说："学生须能读书，须能作文，故特设语文课以训练之。最终目的为：自能读书，不待老师讲；自能作文，不待老师改。训练必作到此两点，乃为教学之成功。"（《叶圣陶语文教育书简》，1961）叶老认为学生"自能读书""自能作文"（也就是"学会学习"）的能力正是训练的结果，也是语文教学成功的标志。叶圣陶语文教育思想是我国语文教学的重要遗产。专家们在热衷于引进各种西方理念的同时，为什么对我们自己的语文教育传统如此漠视？难道我们连自己的母语教育都提不出自己的主张，也非得请西方人来指导吗？事实上，《语文课标》修订组组长温儒敏先生在他的多次发言中也一再强调训练的重要性。"读写能力实践性强，要反复训练""我们不害怕提训练""要理直气壮地抓基本训练，抓工具性，不然会有问题的"。这是温儒敏先生在"全国高中语文课标、教材、教学研讨会"上所做的题为《对高中语文课程改革的几点思考》专题报告中关于训练的一些基本论点。他尖锐地指出，语文教学如果不抓基本训练，就"会有问题"。这是很有见地的。可令人费解的是，为什么"修订稿"中仍然不敢理直气壮地谈训练呢？这只有一个解释："修订稿"是各种不同观点互相妥协的产物！

《语文课标》研制组和修订组的专家们无疑掌控着语文教育的话语权，《语文课标》也拥有绝对的权威性。我之所以敢于在它的权威性面前说三道四，正是因为我三十年的草根式研究以及对研究成果的反复验证，使我对母语教育的规律和语文教育改革的动向始终保持着冷静的头脑，同时对《语文课标》怀有一腔希望它更加完善的热望。

草根式研究需要付出毅力，但收获的是快乐。

我的"语文导读法"成形于 20 世纪 80 年代初，但它的"滥觞期"可以一直追溯到 1952 年我初为人师的时候。起步时"语文教学必须打破常规"的这一定向，后来竟成了我毕生研究的"课题"，直到 20 世纪 80 年代初形成"语文导读法"的整体构想，这一段路程总共走了 28 年。这 28 年中，我经历了人生最严重的挫折：1957 年（那年我 26 岁）因言获罪，被贬到农村劳动改造三年零六个月，其后虽能重上讲台，但名登"另册"，仍然享受着特殊的"待遇"；1980 年年初，出乎意料地被评为上海市首批特级教师的时候，头上还戴着一顶"摘帽右派"的"帽子"。在这漫长的 28 年中，尽管我身处逆境，"文化大革命"十年，更是沦为"牛鬼蛇神"，处境之狼狈可想而知，但只要能让我走上讲台，我就没有停止过"打破常规"的教学尝试。在逆境中仍然坚持自己的追求，这是很需要一点毅力的。

我坚持的毅力来自哪里？就来自坚持自身！一个人为自己的理想、信念而坚持，其实是一件虽苦犹乐的事。在连年不断的阶级斗争的风雨中，语文教学事实上成了我的一块小小的"精神自留地"。在这块小小的园地里，我可以按照自己的意志，耕耘、播种、灌溉，直至收获……我苦在其中，也乐在其中。

今天，教师们不会再像我当年那样在令人窒息的高压气候下寻找"精神自留地"了，却又不得不无奈地面对另一种高压——分数和考试的沉重压力。怎样冲破这种压力，坚持素质教育的理念，就是一个值得研究的大课题。大课题又可以分解出各种各样的小课题。每一个或大或小的课题都将是一块值得精心耕耘的或大或小的"园地"。我希望我们每一位教师都能够找到自己感兴趣的课题，成为一位研究型教师，并在研究中成长、成才、成为名师。这不仅需要投入智慧，而且需要付出毅力，但收获的必定是——快乐。

（一）在"精神自留地"里快乐耕耘

在我被评为上海市特级教师之前的漫长岁月中，我的人生之路好像从来没有平坦过，从少年丧母、失学开始，可以说，我是一路磕磕绊绊、跌跌撞撞走过来的。差堪自慰的是，无论我的处境多么艰难，无论脚下的路多么坎坷，无论有多少条"自暴自弃"的理由，我却始终没有放弃过；只要能走进教室，只要能回到语文教学的世界，我就会像鱼儿回归大海，充满了活泼欢快的生命活力。

在我的心目中，语文教学不仅是一份工作、一份责任，而且是一份乐趣和追求。语文教学的世界里有我的梦。

我是一名自学者。从我的学历（初中毕业）看，我绝对不是一名合格教师。但我从少年时代就偏爱文科，尤其酷爱读书，初中二年级虽曾因严重偏科而留级，可是我的读写能力和国文（语文）成绩在班级中却始终是遥遥领先的。20世纪50年代初，一个偶然的机会使我阴差阳错地成了一名中学语文教师。对语文教学法一无所知的我，只能从自己读书、成长的经历中寻找教好语文的"法门"。我想：既然大量的读书和写作使我学好了国文，那么，如果我也能唤起学生读书和写作的兴趣，使他们像我当年那样爱读书、会读书、多读书，并勤于写作，不也就能学好语文了吗？"执柯伐柯，其则不远"，活的"语文教学法"原来就隐藏在自己学习国文的历程中！

我学习国文最明显的特点是自主性。我当时不仅在课外读了很多显然超过一般初中学生（甚至高中学生）认知水平的书；而且由于爱写，又逐渐养成了揣摩文章的习惯，并把这种习惯移用到课内的

国文学习上来。在国文老师开讲新课（当时的老师都以"串讲"文章见长）之前，先自己细细揣摩文章，到听课时就把老师的讲解和自己的理解互相比较、对照、印证。一般同学忙于"听"和"记"，我则专注于比较、思考。这样听课，既提高了兴趣，锻炼了思考力，又把知识学活了，记忆也格外牢固。很多同学都觉得奇怪：每次国文考试之前看我根本不复习，可是考试成绩怎么都稳拿第一？他们不知道我有此"独门秘籍"。

这就是我当了语文教师以后，敢于大胆走上讲台的一点"底气"。我相信，只要我能够鼓励学生也像我当年自学国文那样自学语文，他们就一定能取得语文学习的优秀成绩。

20世纪50年代初，语文教师手上除了一本教科书以外，没有任何教学指导书，也没有集体备课制度。一篇课文应该教什么、怎样教，全凭语文教师个人做主。这对于我这样一个新手教师而言，固然增加了教学的难度，但也给了我教学中可以自由驰骋的广大空间。因为要着眼于鼓励、指导学生自己读书，因此，每教一篇新的课文之前，我总要自己先反反复复地阅读，直至真正读出了味儿，才决定教什么和怎样教。所谓"教"，也不是把自己对课文的解读结果直接告诉学生，而是鼓励学生自己"钻"进课文里去，像我一样地咀嚼品味，直至读出自己的感受。为了鼓励学生自读的积极性，我在教学中常常提出一些问题激发学生思考的兴趣，教学自然而然形成了一种师生问答、交谈的方式。这种教法在"串讲法"一统天下的当时显得很另类。

出乎意料的是，这种另类的教学法居然受到了学生的欢迎，也渐渐得到了学校领导的好评。1954年，学校始建教研组，我这个学历最低、资历最浅的新教师却被推举为语文教研组组长。1956年评选优秀教师，我有幸被评为嘉定县优秀教师，并被指定在全县优秀教师大会上宣读我写的生平第一篇教学论文《语文教学必须打破常规》（其实只是一篇教学总结）。会后适逢教师普加工资，我获得了工资晋升两级的殊荣，并开始担任高中语文课的教学工作。这一年暑假，县教育局举办教师暑期进修班，我被指定为语文学科主讲教师……总之，命运之神对我似乎格外眷顾，当时我才25岁，教龄还不到五年，但生活已向我展开了一片光明灿烂的前景。

然而，就在我评上优秀教师的第二年，即1957年，伟大领袖号召全国人民"大鸣大放"帮助党整风，并一再强调"言者无罪"。我为党的伟大气魄而感动，又觉得不能辜负了"优秀教师"的光荣称号，于是一头扎进鸣放，成了"积极分子"。谁知风云突变，鸣放很快就转入了"反右"，结果我这个鸣放"积极分子"被戴上了一顶"极右分子"的高级帽子，降了三级工资，还被发配农村"监督劳动"。劳动三年半后，总算摘掉了"极右"帽子，并获准回校重新担任高中语文教师。当时我的政治身份叫作"摘帽右派"，所谓"摘帽右派"就是"摘了帽的右派"，其中心词仍是"右派"。它其实是一顶"不是帽子的帽子"，而且是没有"摘帽期"的。每想起苏东坡的一句词："破帽多情却恋头"，总不禁失笑。

但我毕竟可以走上讲台，继续我中断了三年半的"打破常规"的语文教学了。

关于我当时教学的情况，有位后来也当了语文教师的学生曾这样回忆："那时先生上课已不是自己'通讲'文章，主要是指导学生自己读文章。他可以根据不同文章的特点，制定出不同的指导方法，开展课堂讨论，使师生融为一体，常常即席生意、新意迭出。先生上课很活，不拘程式，细想起来，这就是无式之'式'，是无法之'法'。……自己读书喜欢圈点批注，也教我们在课本上圈圈点点，写点批注。照先生的话说，这叫留下'痕迹'，对深刻理解课文十分有益。先生教我们的读书方法，使我们一生受用。"（金百昌：《吾师风范》）

这位金百昌是 1967 届的高中生。在他高中一、二年级时，我是他的语文教师。可惜没等他升入高三，"文化大革命"爆发，我又被赶下讲台，沦为"牛鬼蛇神"，并被关进"牛棚"，失去了人身自由和人的尊严。

"文化大革命"以后，我开始改教初中语文。1978 年，我尝试对自己的教学实践做出理论概括，于是提出了"自读式""教读式""复读式"三种基本课式。"自读""教读"这两个概念现在已很普及，当时却是我从自己的教学实践中提炼的结果。其后，我又对"三式"做出进一步的理论概括，形成了"学生为主体，教师为主导，训练为主线"的"三主"理念。"学生为主体"是教学的根本出发点，着眼于学生的"会学"；"教师为主导"是保证学生真正实现其主体地位的必要条件，着眼于教师的"善导"；而学生的"会学"和教师的"善导"又必然交融于一个师生互动、生动活泼的训练过程中。于是，我把我的以"三主"为理论导向、"三式"为基本课式的教学法命名为"语文导读法"。1989 年，朱智贤先生主编的《心理学大词典》把"语文导读法"作为词条收录，意味着心理学界对"语文导读法"所揭示的阅读心理过程的认可。

1979 年，对我来说是极其重要的一年。这一年，上海市教育局在我任职的嘉定二中召开郊区重点中学校长现场会，会议要求嘉定二中的各科教师向校长们普遍开课。我教了文言文《愚公移山》。文言文历来流行的教法是"串讲"，即由教师边读边讲解。我教文言文早就摒弃了这种把文章"嚼烂了喂"的教法，因为这种教法完全背离了我的"学生为主体"的教学理念。《愚公移山》的教学采取了一种在学生自读的基础上师生"交谈"的教学方式，想不到得到了校长们一致的热情肯定和极高的评价。不多久，市教育局又在嘉定二中召开郊区重点中学教导主任现场会，又要普遍开课，我又执教了一篇文言文《观巴黎油画记》，又获好评。正好这一年下半年上海市评选特级教师，我有幸被评上了特级教师。这一年对我来说可谓"双喜临门"：一是知道自己已被评为特级教师（虽然尚未在报上正式公布）；另一喜是1957年错划为"右派"的结论已获彻底改正。从此，我走上了一条人生的坦途，可以更加专注于我心爱的语文教学了。

回顾我的一生，1979年是人生大转折的一年。在此前的几十年间，历经坎坷，尤其在成为"极右"以后，等于政治上被判死刑，但我没有一蹶不振，而是一以贯之地坚守自己的人生信念和教育理念。是什么给了我精神上的支持？是我为之痴迷的语文教学！在那些"左"风凛冽的日子里，语文教学成了我的一块小小的"精神自留地"。在这片属于我"管理"的小小领地上，我可以按照自己的意愿，耕耘、播种、灌溉、施肥，并品尝着收获的快乐。每当看到学生读写能力的逐步提高，看到学生以出色的学习成绩给予我回报时，苦涩的心中总是充盈着甘甜。

1961年，我怀着这种心情写成的一首小诗，是最好的佐证：

> 满眼新苗浥雨浓，
> 闲吟喜过小桥东。
> 心头自有春无限，
> 扑面何妨料峭风！

正是对语文教学的痴迷和执着，使我的心头始终洋溢着无限春意，抵挡了当时扑面的寒风，并不断激发着我教学的兴趣和灵感。

（二）"导读"呼唤"导师"

教师所从事的是一种以"人"为对象、致力于塑造人的美好心灵的工作，跟所有以"物"为对象的千行百业有着根本的区别。

教师，这是一种怎样的人呢？他们是"过去历史上所有高尚而伟大的人物跟新一代人之间的中介人"，是"过去和未来之间的一个活的环节"（乌申斯基语）。人类的文明正是由于有了教师这样的"中介人"和"活的环节"，才得以一代又一代的延续而不致中断。在世俗的价值观念日益向金钱倾斜的今天，教师的职业即使够不上市民公众心目中的"辉煌"，至少也是一项值得我辈为之付出辛勤劳动的崇高事业。

语文教师在传播文化、塑造学生心灵的工作中又有着独有的优势。因为语文不仅是最重要的交际工具，也是最重要的文化载体。语文教学以一篇篇文质兼美的文章作为教学内容，学生在获得知识、形成能力的同时，必然也会受到人类优秀文化的滋养和熏陶。可以说，在中学的各门学科中，没有一门学科能够像语文学科这样，给学生的心灵（思想、情感、意志、性格）以如此深刻的影响。我教了四十多年语文，每当我走上讲台、面对学生的时候，总要告诫自己：千万不要忘了对人的关怀，对人的心灵的关心！假如不是常常这样提醒自己，语文教师很可能变成喋喋不休、咬文嚼字的教书匠，这跟在咸亨酒店里教小伙计"茴"字有四样写法的孔乙己又有什么不同？

当了四十多年语文教师，我越来越悟出一个道理：语文教师当然要教语文，但又不仅仅是教语文的。一个好的语文教师，他首先应当是一个好的教师。教师都当不好的人，肯定不可能成为好的语文教师。

前不久读三毛传记，意外地发现一个事实：三毛多次萌生自杀的念头，固然有她个人生活不幸、事业受挫等客观原因，但其深层的心理诱因却是她少女时期因一次严重的精神伤害所诱发的"自闭症"。而给三毛制造这次精神伤害的，不是什么坏人，竟是我们的同行——三毛的一位老师！

这本是一件不应该发生的事：进入中学以后的三毛在一次数学考试中得了满分，但数学老师因为三毛平时数学成绩不好而认定她作了弊，便用墨汁在她的脸上画了两个大"鸭蛋"，不但让她在全班同学面前出丑，而且还硬逼她到走廊上走了一圈，

引起了同学们的阵阵哄笑。这种无聊的恶作剧所造成的人格侮辱，对一个女孩子脆弱的心灵是多么无情的摧残！从此，三毛对学校从心底里感到恐惧，看到老师就害怕得发抖，于是天天逃学。父母用尽一切办法都无济于事，只能让她休学，但休学并没有使三毛的恐惧心理稍稍缓解。她整天躲在自己房里，连饭都要母亲端进房吃。她极端自卑和敏感，表现出明显的自闭症状，终于在一个台风之夜割腕自杀，幸被及时发现而获救，可左臂缝了 28 针，留下了一串抚不平的疤痕。那年她才 13 岁。在家里整整封闭了三年以后，虽然情绪渐渐恢复正常了，但在她的潜意识里却深深种下了再度自杀的病根。从这次伤害所造成的严重后果看，那位数学教师摧残学生心灵的恶劣手段，简直无异于杀人！

　　三毛的不幸，不能不让我想起我的那位令我感激终生的恩师——武钟英老师。是他长达两年的循循善诱，终于把我从"差生"的路上拉了回来，以至于改变了我的一生。（见本书"人生篇"）

　　两位老师，两种教育，两样结果，反差竟是如此之大，但两者有一点是相同的：他们给予学生的影响都是终生的。我读了三毛传记以后，突发奇想：如果把我的老师和三毛的老师对调一下，结果将会怎样呢？当然，人生际遇只是无数偶然性的连续，事前既无从预料，事后也很难假设另一种结果。然而有一点是确定无疑的：如果我遇到的是三毛的老师，那么等待我这名"差生"的，只会是惩罚和侮辱，不断膨胀的自卑感必将迫使我更加厌学而远离知识，后来就不可能走上中学讲台，也就不会成为现在的我；而三毛的数学老师如果能像我的老师那样充满爱心，循循善诱，在三毛数学考了满分以后，不是妄加怀疑，而是给予热情的肯定和鼓励，那么三毛就会充满自信地对待人生，绝不会患上自闭症，不会过早地体验结束生命的痛苦，潜意识中也就不会伏下自杀的诱因……一连串"奇想式"的推断，使我深感三毛的不幸和自己的幸运，同时对教师的责任也有了更加清醒的理解。回想自己四十多年的教师生涯，究竟给了学生怎样的影响，是否曾经因为一时的疏忽而伤害过学生？想想还真有点"后怕"呢。

　　一般的科任教师通常总是把自己的责任局限在所教学科的范围内：语文教师的责任就是指导学生学好语文，数学教师的责任就是指导学生学好数学，如此等等。这种对教师责任的狭隘理解，使很多教师忽视了对学生心灵的咫尺关怀。当前素质教育为什么步履艰难？固然有教育体制上的客观原因，但跟教师——实施素质教育的"直接责任人"没有全面地、真正地理解自己的责任也有很大的关系。很多教师在理论上并不拒绝素质教育，但往往把实施素质教育的希望寄托在教育行政部门"出台"什么新的举措上。其实，即使在当前的教育体制下，作为"直接责任人"的教师对素质教育的实施也不是完全无能为力的。很多优秀教师成功的教学实践就是证明，他们早在"素质教育"的概念提出之前，就已经在学科教学中倾注着对学生个性发展的关怀，着眼于塑造学生完美的人格。他们进行的教育，实质上就是今天所说的素质教育。他们是素质教育的先行者。孟子曰："人皆可以为尧舜。"又曰："舜，何人也？予，何人也？有为者亦若是。"我们何尝不可以说：优秀教师是人，我们也是人，优秀教师能够做到的，我们为什么做不到。

　　老教育家徐特立把教师分为两种，一种是"经师"，一种是"人师"。经师是专教学生学知识的，人师是教学生做人的。这位老教育家认为，真正优秀的教师应该是经师和人师的结合。法国启蒙思想家卢梭在他的名著《爱弥儿》中说，他更愿意把既教学问更教做人的教师称作"导师"。导师，这不仅是一个崇高的称号，而且还包含着对一种神圣责任的确认。"经师—人师—导师"，每个教师都可以在这三个不同的等级上找到自己的位置。三毛的那位数学老师，即使作为"经师"，也是蹩脚的，因为一个如此伤害学生的教师，真要指导学生学好他所任教的学科，也是不大可能的；而我的武老师，理所当然是一位"导师"，这个崇高的称号他确实是受之无愧的。现在我在写到武老师的时候，我的情感成分中，除了对恩师的感激，更多的是作为他的同行和后辈对一位真正堪称"导师"的教育家的怀念和景仰。

"导读"，从本质上说，是一种以人为本的教育理念。它所关心的，是学生在学习阅读的过程中怎样从优秀读物中汲取精神养料，完成健全人格的塑造。因此，语文导读法拒绝教书匠，它所需要的，是"导师型"的语文教师。

（三）"会读"才能"善教"

教读的根本问题在于教会学生读文章，而要真正教会学生读文章，首先必须有一位会读文章的语文教师。语文教师自身的阅读能力，是教读取得成效的先决条件。中学语文教师一般都接受过高等师范文科专业的训练，从教后又几乎天天都要教学生读文章，然而你能说语文教师都是读文章的"行家里手"吗？实际情况并非如此。我备课时常会有一种"力不从心"的困惑，现在回想，多半是因为自己没有真正读好课文所致。如果确实读好了课文，得之于心而不是仅仅求之于书（教学参考书），到处理教材和选择教学方案时，自然就能游刃有余，"骁然中音"，不会再感到困惑了。"会读"才能"善教"。

有位青年教师要上公开课，教材是朱自清的散文《春》，希望能教出一些新意来，但备课时苦于"深"不下去，而且怎么也跳不出"教参"（教学参考书）划定的圈子，于是来向我求援。她说："我也知道备课不能照搬'教参'，可我看了'教参'，觉得自己想说的都已被它说尽，而且说得比我好。我真不知道教什么，怎样教才能教出一点新意。"看来，她所遇到的正是我曾经有过的那种困惑：很想选择一个有点新意的教学方案，可又感到力不从心。

其实，不要照搬"教参"，并不等于必须故意避开"教参"，去另讲一套。对教参中正确的意见，"参考"一下，何尝不可？就以这篇《春》来说，"教参"的提示就不无可取之处。它把课文分为"盼春""画春""赞春"三个部分，其中"画春"部分又概括为"春草图""春花图""春雨图""迎春图"等几幅画面，确实反映了课文的结构特点；对课文中重点词句的解说，也抓得很准，说得很清楚。这些都是教学中可以参考的，没有必要故意避开或刻意求"异"。所谓"照搬"，指的是结论的简单传递。要避免照搬，要想教出一些新意，结论当然很重要，但更重要的是学生获得结论的过程：是教师"奉送"的，还是学生在教师的启发下从阅读中自悟自得的？教师教得得法，学生思维活跃，学习效率高，教学自然就有新意。而教师要教得得法，关键在于自己先要读得得法。

于是我建议这位青年女教师改变一下备课的习惯，先不必管"教参"怎么说，也暂时不忙着考虑教什么和怎样教。总之，先把这一切统统放开，而完全以一名读者、一名欣赏者的身份，全身心地沉浸到文章里去。心里想的只有一点：像《春》这样的美文，怎样读才有味儿，才能真切地感受到文章丰富的内蕴？至于教什么和怎样教的问题，我们约定过一天再讨论。

过了两天，她又来找我，很兴奋地对我说，她不仅把课文读出了味儿，而且悟出了这样的美文怎样读才会有味儿的门径，对教什么和怎样教的问题，心里也就有了底。她说她暂时还不想把这个"底"告诉我，要等我听了她的课再说。

上课那天，来听课的老师比预料的多得多，也许因为人多，这位缺乏临场经验的女教师显得有些紧张。在她宣布上第一节课的时候，我发现她的嘴唇在微微颤抖。但出人意料的是，随着教学的进展，不久她就进入了"角色"，而且越来越投入，后来简直达到了一种"忘我"的境界；尤其第二堂课（《春》总共上两课时），发挥得淋漓尽致，师生间的合作默契而愉快，课堂上的抒情气氛和《春》的抒情基调十分合拍（她充分利用了女教师感情细腻的优势）。两堂课下来，学生不仅理解和欣赏了《春》的语言美、意境美，而且能用富于感情的朗读，把文章所蕴含的青春活力表达出来。教学结束时，学生几乎已能全文背诵了。

她的成功在于别具一格的朗读和背诵训练。整整两堂课，朗读和背诵训练几乎是贯穿始终的。所有的教学内容——词句的理解、思路的揣摩、意境的领悟、情感的体会，无不包含在一个组织得很好的读背过程之中，教学呈现出很强的"立体感"。

比如，教读课文第一节："盼望着，盼望着，东风来了，春天的脚步近了。"学生经过试读体会到，句中两个"盼望着"不应读得同样轻重，第一个要读得平些，第二个要加强些，表现出人们经历了一个严冬以后，对春天的盼望越来越迫切的心情。下句中的"春天的脚步近了"，读时也要加重语气，尤其是"脚步"两字，用拟人的手法显示了春天活泼的生命力，要读得格外强调些。又如，第三节这一句："小草偷偷地从土里钻出来，嫩嫩的，绿绿的。"学生认为"钻"显示了小草顽强生长的力量；"偷偷地"则说明小草生长之快——在人们尚未察觉时就已钻出了地面。"嫩嫩""绿绿"分别写小草的质地和颜色，两者次序不能颠倒，因为刚出土的小草首先给人的感觉是质地的柔嫩，然后经过光合作用，颜色才渐渐由嫩黄变成绿色。这些描写性的词语，读的时候都应该加以强调。怎样强调？同学们经过反复朗读、比较，体会到所谓强调，不一定非要重读。这句中的"偷偷""嫩嫩""绿绿"，就应该读得缓慢些、轻柔些，要表现出人们对小草生长的毫不察觉以及小草的柔嫩可爱，读得太强、太硬，就表达不出这种感觉了。可以看出，这样的朗读，实际上是一种在教师精心安排下以体会语感、加深理解为目的的全方位的阅读训练，虽然用去了整整一节课，但学生的收益不仅仅在于学会了朗读。

　　第二课时是指导背诵。先分段背。背诵的过程，同时也是一个进一步揣摩思路、领略意境的过程。比如，写小草的那一段，为什么要从草写到人？写人在草地上的一系列活动时，作者的思路是怎样的？学生从朗读中体会到，写人的活动正是为了显示小草的可爱。"园子里……一大片一大片满是的"，成片成片的小草像一幅幅柔软的绿茵，吸引着人们去亲近它：先在草地上"坐"；坐还不够亲近，于是"躺"；躺还不够，于是"打滚"；打滚还不够，于是"踢球""赛跑""捉迷藏"，尽情享受软绵绵的草地给予人们的快乐。这时候，"风轻悄悄的，草软绵绵的"，人们格外感觉到草地的温柔可爱。学生把这一段话的思路理清楚了，不用硬记就能够背诵了。这同时也是一个培养想象力的过程。学生为了用自己的语言描述这一切，必须通过想象把课文中抽象的文字符号转换成有声、有色、有味的画面，又反过来帮助学生强化了记忆（具象的事物总是比抽象的事物容易记住）。这样的训练，可以概括为两句话：在背诵的过程中展开想象，在想象的过程中强化背诵。学生不但背出了课文，而且掌握了正确的背诵方法，这样教读，确实给人耳目一新的感觉。

　　这位女教师在指导学生分析全文结构时，虽然采用了"教参"的思路，但并不"照搬"。例如，给那五幅图定名，教师不仅要学生说出是什么图（"春花图""春草图"等），而且还要说出是怎样的图，即要求在"春花"等名词之后加上一个描述性的词语。从学生的讨论中可以看出，这个教学环节的设计很有创意。比如，"春花图"，学生同时摆出了好几个名称：春花齐放图、春花争艳图、春花烂漫图、春花满树图，等等。这些名称似乎都可以用，但教师并不以此为满足，还要求学生从众多的名称中选出一个最恰当的，并说明理由。学生最后选定了"春花争艳图"，理由是：课文中"……你不让我，我不让你，都开满了花赶趟儿……"集中写出了一个

"争"字，而"红的像火、粉的像霞、白的像雪"则写出了花之"艳"；后面写蜜蜂"闹"、蝴蝶"飞"，又从侧面写花之"争艳"。因此，用"春花争艳图"最能概括这一段的内容。可以看出，"定名"的过程实际上是进一步把握每一段重点的过程。又如，最后一幅"迎春图"，学生认为用"迎春"概括这一段内容并不恰当，因为这时春天早就来了，不必再"迎"；再说，"迎春"着眼于人的活动，而文章则通篇着眼于对春的描写，两者的角度不一样。为此，学生提出这样一些名称：春意逗人图、春意诱人图、春意催人图、春意撩人图，等等，最后选定"春意催人图"。理由是："逗""诱"等字仅能显示春天的美，"催"则有催人上进、催人奋发的意思，与课文中"一年之计在于春"等语句的感情是一致的，而且又能显示春天的"力"。学生对课文的领悟多么准确！如果没有前面的朗读训练做铺垫，学生的这种领悟是不可能凭空产生的。另外三幅图，学生拟定的名称是"春草如茵图""春风送暖图""春雨

朦胧图"，都很贴切。这里，教师并没有刻意求新，但教学的新意不时从学生的互动中显现出来，使听课者常有"出乎意料"但又是"水到渠成"的感觉。

不用说，这两节公开课获得了听课者很高的评价。

课后，听课者请她说说教学成功的体会，她说得很简单，但很发人深思。她说："我主要得益于自己对课文的反复朗读和体味。这两堂课不过是把自己读文章的感受和心得移植到教学中来，想方设法让学生获得和我一样的感受和心得，如此而已。"她的体会，正好跟我的意见——"会读才能善教"不谋而合。因此，我除了祝贺她成功外，觉得没有必要再对她说什么了。她的教学和教后的体会已经足以说明一切了。

教读的根本问题在于学生是否真正学会了阅读。这位女教师第一次备课时，考虑的只是教学的内容如何出"新"。后来她以一名读者的身份反复阅读了课文，从而悟出了一个道理：像《春》这样的文章只有通过富于感情的朗读才能学得有滋有味、有得，于是她顺着这条思路，确定了以指导朗读和背诵为基本框架的总体构思。由于这一切都得自她自身的阅读和感受，因此教学中就能准确而轻松自如地驾驭教材，而且感情十分投入。这样，就自然而然地营造了一种跟课文的情感基调相一致的抒情氛围；学生不仅受到了感染，而且懂得了这类抒情散文的读法。

这里要指出的是，不同的文章有不同的读法，因而必然会有不同的教法。《春》是这一种读法和教法，别的课文必定又会有别的读法和教法，但"会读才能善教"的基本原理是普遍适用的，关键是语文教师要学会用不同的读法读不同的文章。

（四）教亦多术矣，运用在乎"心"

导读法与其说是一种教学方法，毋宁说是一种教学观念。它固然有其便于操作的一面，但最根本的是观念的更新。至于教学方法，则是在教学观念的支配下，通过教学实践反复琢磨出来的。有什么样的教学观念，必然会琢磨出什么样的教学方法。在这个意义上，可以说"观念出方法"。

从下面的教例可以看出，我并没有刻意追求什么"巧妙的方法"，但由于我始终把"鼓励学生主动参与教学过程"放在教法选择的首位，所以我采用的方法，在别人看来似乎是一种刻意的追求。

说明文《人民英雄永垂不朽》的教学现场如下。

课前我请几位高个儿学生帮忙把10幅教学挂图张挂在黑板上方。我故意让他们把次序搞乱，每幅图下方本有标题，如《鸦片战争》《五四运动》等，我用小纸片遮住了。学生们在小声议论："看，人民英雄纪念碑，今天准是要学习那篇《人民英雄永垂不朽》了。"几个机灵的学生已经拿出语文书，准备自读。我赶紧制止："请大家不要看书。"

这是课前两分钟教室情况一瞥。今天我计划用一节课的时间基本教完《人民英雄永垂不朽》。有很多外省市教师来听课，教室的后排坐满了人。

一上课，我宣布了这堂课的要求：今天要测验一下大家的观察力和口头表达能力。我说："首都人民英雄纪念碑的碑座上有10幅浮雕，展现了鸦片战争以来中国

人民革命斗争的历史画面。这就是那 10 幅浮雕的挂图，图下的标题已经遮去，刚才张挂时又把次序搞乱了。现在要请你们观察画面，看谁能准确说出每个画面各反映了什么历史事件，并说明自己判断的根据是什么；然后给每幅画加上标题，并按每个历史事件的年代把先后次序重新排列一下。你们都学过近代历史，应该能够做好这件事。"

"哇！"几个女生先叫起来，"这太难了！"

"老师，可以看语文书吗？"

"不，不能看书。"

"这么难，让我们看一下书吧！"

"不行。"

"我们只看一会儿，就合拢，怎样？"女生们"讨价还价"起来。

"老师，行行好嘛……"几个调皮的学生开始"哀求"。

"是时候了！"我心里暗暗高兴，但不露声色，故作考虑状，最后以无可奈何的表情宣布了"让步"："唉，真拿你们没办法！那好吧，但最多只能让你们看 10 分钟，时间一到要自觉把课本合拢，能办到吗？"

"能！"同学们的"苦苦哀求"终于为自己"争"到了看书的"权利"，一下子都像占到了什么"便宜"似的，个个心满意足地打开了课本。

他们一边看图，一边快速看书，还不时在书上做些记号，神情专注。当他们把课本合拢的时候，似乎都已经十拿九稳了。

果真，每一幅挂图的辨认和说明都进行得十分顺利。学生观察得很仔细，连武昌起义时冲向总督府的军人脚旁一面不引人注意的小龙旗，他们也都观察到了，并且说出了这个细节的象征意义。学生的记忆力好，在解说画面时，还用到了不少课文里的词句。最后由一名学生给 10 幅图都加上了标题，并按时间先后排出了顺序。这时，我请学生们再次打开课本，顺理成章地把教学导入了下一个环节：理清全文的结构，进一步消化关键段落和词句……整个教学过程，我讲得不多，学生的学习效率却很高。虽然只有一节课的时间，但从学生发言时都能援引课文中的语句看，他们对课文消化得很好。《礼记·学记》中说："善学者，师逸而功倍。"这堂课多少有点接近于这种效果。

课后，许多教师都认为整个教学过程的设计很有些"出奇制胜"，尤其是教学挂图这样使用，完全出乎意料，既激发了学生读课文的兴趣，也充分发挥了挂图的作用。有位老师对我说："你的点子就是比我们多，我怎么就想不到挂图可以这样用呢？"其实，并不是我"点子多"，老师们也不见得点子少。根本的不同在于教学观念。通常，老师们拿到了教学挂图，首先考虑的是怎样借助挂图把课文讲清楚，因为在他们看来教学过程主要是教师向学生传授知识的过程。我则认为教学过程是学生在教师的指导下自己理解教材的过程，因此我拿到挂图，首先就琢磨着怎样用它引发学生学习的动机。一琢磨，"点子"就出来了。老师们之所以觉得我的点子挺新鲜，是因为他们从来没有朝这个方向想过。

教学观就是这样，看不见，摸不着，似乎很"空"。很多教师往往并不关心甚至很不了解自己的教学观。其实，教学观的"空"如同空气的"空"，它无色无形，却无所不在，而且潜在地支配着教师的一切教学行为。教师采用什么样的教学方法，乃至形成怎样的教学风格，大多可以从教学观上找到根源。因此，当我们在跨出探索"教学艺术"第一步的时候，最好先审视一下自己的教学观。

叶老有两句诗："教亦多术矣，运用在乎人。"我把句中的"人"改为"心"，"心"者，就是存乎意识深处的教学观念也。

（五）教师成熟的标志

看一名教师是否成熟，主要标志有两条：一条是在教育思想上是不是有明确、一贯的追求，另一条是有没有独立处理教材的能力。

这里谈第二条。

所谓"处理教材"，就是教师在教学过程中根据教学目标和学生实际，对教材内容进行选择、加工和重新组合，从而使教材的教育教学功能得以充分实现的过程。处理教材的前提是钻研教材，教材钻研得越深透，处理时就越能得心应手。可如今的问题是：不少语文教师，尤其是初涉教坛的青年语文教师，缺少的恰恰是这种钻研教材的锻炼。他们在这方面的条件太优越了，备课时除了有人民教育出版社组织编写的"教参"外，还有别的出版社出版的形形色色的资料，从教案集到练习册到试题集，"一条龙"服务，应有尽有，什么都现成地摆在那儿，只要"拿来"就行。但是，正如过于养尊处优的孩子生活自理能力不强一样，如今不少青年教师不善于独立钻研教材，有的一离开"教参"，备课、教课就寸步难行。我敢武断地说，这种靠"教参"吃饭的教师，是绝不可能成熟的，无论他的教龄有多长。

　　记得 20 世纪 50 年代初我刚担任语文教师的时候，教导主任给我的就仅仅是一本语文书。他不是不肯给"教参"，而是当时这类书还没有编出来。一篇课文应该教什么，重点在哪里，怎样教，设计什么练习，全凭教师个人对教材的理解和把握。这就逼得我非练出一点独立钻研教材的基本功不可。记得每次备课，我总要把课文一遍遍地读，反反复复地琢磨。有的课文语言优美，文情并茂，适合涵泳品味；有的课文说理严密，逻辑性强，适合细读深思。针对不同的课文，我采用不同的读法，直到确实读出自己的心得，品出了独特的味儿，才进一步考虑"教什么"和"怎样教"。由于心得都来自自己的阅读体会，课文也早已烂熟于心，因此教学中常有得心应手、左右逢源的快乐，也就能教得有些激情。学生受到感染，学得都很投入，教和学双方的合作愉快而默契。这样教了两三年，后来即使有了"教参"，我也始终没有改变这样的备课习惯，即基本不看"教参"。我认为，"教参"是一种仅供参考的资料，看看固无不可，但如果每教一课都按"教参"的思路来处理教材、设计教学，那么，本为帮助教学而编写的"教参"，反而会成为教学的累赘。有人曾问我："为什么你的教学设计常常有些新意？"我的回答很简单："因为我很少看'教参'。"有时候也看"教参"，但常常不是为了参考，而是为了避开"教参"所提供的一般化的教学思路。下面举个例子。

　　《论雷峰塔的倒掉》是学生进入中学以后学到的第一篇鲁迅的杂文。老师们普遍认为比较难教；学生由于初次接触鲁迅式"嬉笑怒骂"的杂文语言，加以时代的隔阂，学习也有一定的困难。因此，教这篇课文通常都采用讲授法：老师从时代背景讲起，然后把文章划分几个部分，依次进行分析讲解，最后归纳中心思想和写作特点。这符合教学的常规，"教参"也正是按这样的思路编写的。这样教，当然也能把学生教"懂"，但教读的目的，主要不在于使学生"懂"，而在于培养学生自己读文章的能力。因此，教读必须立足于学生自己的阅读实践，"懂"只是学生阅读能力提高的结果而不是目的。我决定不按"教参"提供的常规思路来教，倒不是要刻意求新，而是在"教读"观念支配下的一种必然的选择。

　　我在备课时反复揣摩课文，又设身处地为学生着想，发现学生读这篇课文，既有难点，也有有利条件，即学生（尤其是苏浙沪一带的学生）都知道《白蛇传》的故事，对故事中有关雷峰塔倒掉的情节也不是一无所知，有的学生甚至还知道法海躲进蟹壳避难的民间传说。我相信，教学中如能利用学生已有的知识，就能化难为易，使学生经过自己的努力读好课文。这比单纯由教师讲授必能使学生获益更多。

我是这样处理教材、组织教学过程的。第一步要求学生回忆白蛇娘娘和许仙的故事，接着由学生自读课文第二自然段，从中筛选出能够概括故事情节的关键词语：许仙救蛇—白蛇报恩—法海藏许—白蛇寻夫—白蛇中计—造塔镇压。学生通过概括故事情节，自然得出结论：白蛇娘娘是个一心报恩的"义妖"，雷峰塔则是一座"镇压之塔"，造塔者法海当然就是"镇压者"了。第二步就在此基础上引导学生了解鲁迅写作本文的意图，稍加点拨，便有水到渠成之效。

看下面的师生对话。

师：……一座古塔倒掉，当然有些可惜，但从对整个社会生活的影响看，不是什么了不起的大事，鲁迅却为此写了两篇文章，《论雷峰塔的倒掉》和《再论雷峰塔的倒掉》。这究竟是为什么呢？原来当时有些满脑袋封建思想的文人，也就是文章里说的那些"脑髓里有点贵恙"的人，借雷峰塔的倒掉，大唱哀歌，散布很多维护封建旧礼教、旧文化的言论，他们希望恢复人压迫人的封建旧秩序。这种借一件事做题目，加以发挥，来表示自己真正意思的手法，叫什么？有个成语，知道吗？

生：借题发挥。

师：对。这就使鲁迅不能沉默了。于是，他针锋相对，也来一个借题发挥，写下了这篇文章。请大家联系课文想一想：鲁迅借的什么题？发挥了什么意思？（说明：学生在课前已初步自读过课文，并提出了不少问题）

生：他也是借雷峰塔倒掉这个题，抨击了那些希望恢复封建社会的文人。

师：不错，鲁迅的这篇文章抨击了那些妄图恢复人压迫人的封建统治的人。鲁迅针锋相对地指出，人压迫人的封建统治是不可能恢复的，封建势力的垮台是历史发展的必然，是谁也阻挡不了的。课文里有一个句子非常深刻地表达了这个思想，看谁能把它找出来。（学生看书）

生："莫非他造塔的时候，竟没有想到塔是终究要倒的么？"

师：好极了！完全正确。你能不能再说一说为什么找这一句。

生："塔是终究要倒的"说明封建势力是终究要垮台的。

师：这句话里有一个最关键的词，如果你也能找出来，我佩服你。

生："终究"。

师：为什么是关键？

生：说明塔的倒掉是必然的。

师：啊，佩服！他找出的这个句子是文章的中心句，我们叫它"文眼"。读这样含意深刻的文章，只要能找到文眼，就是抓到了中心思想，也就基本上读懂了文章……

从这一段课堂教学实录可以明显感到合理处理教材的作用：把引导学生回忆《白蛇传》故事和阅读课文第二自然段作为教学的切入口，不仅激发了学生的学习兴趣，而且有助于化难为易。因此，我只稍稍点拨了一下，学生就准确地找到了"文眼"——这是一把能帮助学生解读全文的"钥匙"。

接下来是讨论学生在课前自读时提出的问题。两堂课总共讨论了12个问题。这些问题，涉及课文的方方面面。讨论的过程，就是学生进一步阅读、理解、赏析课文的过程。问题是学生提出的，解决问题也主要依靠学生，教师绝不越俎代庖，提供答案。从表面看，教师的作用似乎只在于组织讨论，其实并不尽然。教师要控制整个讨论的进程和方向，保证讨论的广度和深度，并随机给学生以指点，这就要求教师除了熟悉教材外，还必须对教材有自己独到的理解和处理方式，才能在组织学生讨论时做到胸有成竹，指挥若定；否则难免在学生提的一大堆问题面前手足无措，乱了阵脚。

不妨再举课堂实录中的一个片段为例。

有学生提出了这样一个问题："从标题看，本文是议论文，但跟过去学过的议论文不同，写得有些杂乱，究竟是什么文体？"下面是讨论过程。

师：他说鲁迅的文章有些乱，你们说呢？

（学生议论纷纷，有的说"乱"，有的说"不乱"）

生：是写得有些乱。先说雷峰塔倒掉，后来却东拉西扯，还写到吃螃蟹，让人理不出线索来。

师：（对另一名学生）我刚才好像听到你说"不乱"，能站起来讲讲吗？

生：我……我想鲁迅写文章是不会乱来的。（笑）

师：当然，鲁迅如果乱写的话，那就不是鲁迅，而是一名中学生了。（笑）不能把这个作理由，要用文章本身来说明。

生：文章写的都是雷峰塔倒掉的事。（师插：能说得具体些吗？）写《白蛇传》的故事，写吃螃蟹这些事，都和雷峰塔倒掉的问题有关。

师：两位同学的意见都正确。这篇文章看起来是有些"杂乱"，但是"杂"而不"乱"。这种文体就叫"杂文"。杂文里常常要发表议论，但跟议论文不同。关于这种文体的特点，到我们读完了文章以后，再一起讨论。刚才他（指第二位学生）虽然话说得不太漂亮，但道理是对的。文章看起来似乎东拉西扯，可是都跟雷峰塔倒掉有关。本文的标题是"论雷峰塔的倒掉"，这就提示我们，塔的"倒掉"是贯穿全文的一条线索。现在我们就来理一理这条线索。例如，第一段主要写了什么？

生：听说杭州西湖上的雷峰塔倒掉了。（师插：能不能简化到最少的字数？）听说……倒掉。

师：好，就用"听说倒掉"。请大家以此为例，一路找下去，最后就可以把线索理出来。

（学生边看边找线索，教师边听边写，最后完成板书：听说倒掉—希望倒掉—仍然希望倒掉—居然倒掉—终究要倒掉）

师：你们看，作者就按这条线索，有时叙述，有时议论，一路写下去。如果说这像在画"龙"的话，那么在哪里点"睛"？

生：最后点睛。（师插：为什么说"睛"在最后？）因为"终究要倒掉"是文章的中心所在。

师：你们看，把文章的线索理一下，就可以看出作者的思路一步不乱。这可以说是杂文的一个特点——杂而不乱……

从这一段课堂实录看，我没有采用"教参"把本文划分为四个部分的意见，倒不是有意标新立异，而是因为觉得教学生读杂文（包括散文）这样"形散神聚"的作品，帮助学生理清作者的思路（还有识别"文眼"）比一般的划分段落和归纳中心思想，更能教出文体的特点。

怎样处理教材是一个涉及面很广的话题。"导读法"着眼于教会学生阅读，因此，教师钻研教材、处理教材的水平如何，决定着他在导读过程中能给学生多少实际的帮助和指导。

（六）读懂这本"活的心理学"

"导读"最重视学生的参与，而真要使学生愿意参与，乐于参与，逐渐到善于参与，的确不是一件容易的事。这里，教师如果懂一点"活的心理学"，对于实现自己的愿望，顺利地实施导读，必然大有裨益。我这里所说的"心理学"，不是写在书里的心理学，而是写在生活里、写在课堂上、写在师生交往中的无处不在的"活的心理学"。也就是说，教师在跟学生接触的时候，在以自己的"导"影响学生的"读"的时候，要了解熟悉学生的心理特征，善于体察洞悉学生的心灵奥秘，敏于发现和把握学生内心深处细微而又隐蔽的情感波澜。一句话，要用"心"去读懂这本"活的心理学"。

说一件我在江苏南通借班上课的趣事。

上课那天正好是星期天，上课又是临时决定的，召集学生比较困难，所以约定的时候已经过了十几分钟了，大教室的四周早已坐满了听课的老师，但是来上课的学生总共才到了四名！负责召集学生的老师急得团团转，望着空荡荡的课桌椅，主持人也一筹莫展。这时，不知谁出了个"好"主意：请附近几所学校的老师回去"抓"学生，能"抓"多少算多少。也不等主持人点头、执教者同意，老师们就纷纷出动了。

　　学生果然被一批批地"抓"来了。他们个个神情茫然，在老师的众目睽睽之下拘谨地坐到了位子上。总共"抓"了四十几名，够一个教学班了，可一看学生的身材，我心里不免有些纳闷，高的高，矮的矮，大的大，小的小，差距怎么这样大？一问之后，不禁啼笑皆非。原来，这四十几名学生，从小学五年级到初中三年级都有，竟是一支横跨四所学校、五个年级的"杂牌军"！而我要教的是初二的课文《中国石拱桥》，这样上课，岂不是乱弹琴！但是，这么多老师大老远特地赶来听我的课，我怎能让他们失望？我身不由己，只能答应试试看。

　　我临时决定把学生按年级编为四组：小学组、初一组、初二组、初三组。分组的过程中，我已经顺便对四个组的学生做了一番观察，看到学生们除了紧张和惶惑这样一些共同的神情外，还发现他们之间一些微小的差别。当小学和初一两个组的同学知道这次要学习的是初二的课文时，已不再像原先那么紧张了。我琢磨，他们多半会认为这两堂课与己无关，自己不过是被硬拉来凑凑数的。初三学生的表情则由惶惑转为无精打采，漠然的神情透露出他们内心的语言：课文早学过了，莫名其妙地被"请"来"陪坐"两个小时，真没劲！只有初二的学生依然紧绷着脸，没有一点松弛的迹象。

　　就在一些老师担心我怎样开场的时候，我已经想好了一个对策——针对不同的学生做一次简短的"心理谈话"。

　　我对小学组、初一组说："今天要学习的是初二的课文，你们是超前学习，尤其是小学的同学，超前了好几年，要你们学好是有些困难。但是，我敢肯定，你们当中智商高的同学一定能学得很好，因为根据我多年的教学经验，高智商的学生完全可能提前学习他们两三年以后才能学到的知识。大家是不是愿意趁学习这篇课文的机会，测试一下自己的智商：是高智商呢，还是低智商？"我发现，小龄组的学生中开始有人表现出跃跃欲试的样子。

　　我又对初三组的同学说："我知道你们已经学过这篇课文，在今天的课堂上，你们是知识最多、能力最强的老大哥。我现在交给你们一个任务——协助老师指导其他几个年级的同学学习。他们如果讲错了，由你们纠正；他们遗漏的地方，由你们补充；他们讲对的，由你们认可。你们愿意当老师的助手吗？"他们的表情告诉我，他们对自己即将担任的新角色很满意。

　　随后，我对初二组的同学说："今天要学的这篇课文，就是你们这个年级的，你

们应该成为这堂课的主力军，你们可不要被小弟弟小妹妹们抢了风头，也不要老是让初三的大哥大姐们帮助你们！"

经过有效的心灵沟通，原先各怀不同心态而来的学生，很快带着共同的目标和自信进入了角色。我也进入了自己的角色——当上了这支靠临时匆忙拼凑起来的"杂牌军"的"司令"。

出乎意料的是，这支"杂牌军"的"战斗力"一点也不比那些"正规军"逊色，尤其是小年龄组的同学差不多个个表现积极，思想活跃，不时有较高质量的发言，抢去了大哥大姐们的不少风头。老师适时的鼓励以及同学间相互竞争所形成的特殊氛围，又反过来刺激了孩子们投入的兴趣。当两堂课顺利结束的时候，人们几乎忘记了学生之间的年龄差别。而我，则更多地看到了小学组学生们脸上的自信——他们有理由自信，因为他们的高智商已经得到了充分证明。

借这个例子，我想说明的一点是：教学，不能违背教学规律，否则，必将导致失败。这是每个教师都熟知的常识。把一群年龄悬殊、程度参差不齐的学生集中到一个教室，以同一个要求学习同一份教材，这绝对是违背教学规律的荒唐事。要不是情况特殊万不得已，我绝对不会去干这样的傻事。可耐人寻味的是，为什么一堂显然违背教学规律的课，居然也顺利达到了预期的教学目的？这一有趣的现象是否也证实了另一条重要的教学规律：教学效率与学生参与的热情和投入的程度成正比？学生一旦全身心地进入角色，成为学习的主人，蕴藏在他们身上的学习潜力有可能以出人意料的巨大能量释放出来，使他们能够完成平常看来难以完成的学习任务。

语文导读法强调学生学习的自主性，因此，必然要面对并回答下面这些问题：学生的学习究竟是一种怎样的行为？是什么驱动着学生主动、积极、持久地进行学习？这些问题都与一个重要心理学问题有关，即学习内驱力问题。"内驱力"是学生学习的"动力机制"。缺乏这种动力机制的学生，是不可能成为学习的主体的。

"内驱力"是一个心理学概念，指由内部或外部刺激所唤起，并使有机体指向于实现一定目标的某种内在倾向。心理学家认为，内驱力是一种能减退也能强化的普遍存在的心理能量或动力。对我们一线教师来说，最有现实意义的一个课题是：内驱力一般是在什么条件下被唤起和强化的？南通这次违背常规的教学告诉我们：当学生的学习为某种精神需要所驱使，这种精神需要就可能转化为学习的内驱力。例如，小学组的孩子都想证明自己的"高智商"，正是这一精神需要促使他们的潜在能量得到了充分的释放；而当这种释放的潜在能量使他们获得新的经验、新的知识并不断产生良好的自我感觉（成就感）时，又转而强化了他们的内驱力。我的经验告诉我，只要教师善于发现并唤起学生的某种精神需求，并不断帮助学生获得成就感，他们就会有长盛不衰的学习内驱力。这样，"导读"也就进入了"师逸而功倍"的境界。

从某种意义上来说，所谓"导读"的艺术，就是导"心"的艺术。这种艺术都写在那本"活的心理学"书上，就看我们会不会读。

（七）教学艺术"灵感"何处来

那是好多年前的事了。

那时我刚刚接手一个初二"双差班"（我不赞成用"差班""差生"这种带有鄙视色彩的词语，这里这样说只是为了叙述的方便）。这是"文化大革命"结束以后刚恢复正常教学秩序时编成的一个班。当时为了便于"因材施教"，教导处把一部分有学习欲望、基础较好的学生编为一个班，名曰"快班"；把一部分实在不想学习、知识基础近乎"半文盲"的学生编为一个班，名曰"慢班"。这是"非常时期"的一种权宜措施。当时我就任教一个"快班"和一个"慢班"。这个慢班当时是初二年级，初一时语文课由另一位教师担任。她考虑到学生识字量实在太少，毅然决定采用小学一年级的语文课本，以便帮助学生"从头学起"。出乎她意料的是，这个看似很合理的办法，竟引起了学生严重的心理抵触，实施效果只能用"一塌糊涂"来形容。于是，本来的"慢班"变成了令所有教师都感到头疼的"超级乱班"。

这是我在这个班上的一堂作文评讲课。

课前两分钟的预备铃早已响过，可大部分学生仍在课桌间穿来走去，有打闹的，有怪叫的，整个教室乱哄哄的。我胸有成竹地走上讲台。这一堂课的内容是"评讲"新学期的第一篇作文。说是"评讲"，其实我心里明白，对那些"文章"，我除了给每篇打了个分数以外，大部分都没有仔细看，倒不是我偷懒，而是看不懂。那些所谓的"文章"，句子不通还在其次，单是那些缺胳膊少腿的"蟹爬式"文字以及文字间莫名其妙的组合，简直让人猜不透作者究竟想说什么。

上课铃响以后，等教室里稍稍安静一些，我请各组组长把作文本发下去。我等待着一种戏剧性的"轰动效应"。

　　果然，随着一阵翻动作文本的声音，教室里立即产生了强烈骚动：有高声嚷的，有拍手笑的，还有人把作文本抛上了天花板……

　　"哈哈，85分，我得了85分！"

　　"老师，你寻什么开心，凭我这篇作文，90分像吗？"

　　……

　　总之，说什么的都有。想想也难怪，这些平时"吃"惯了20分、30分的学生，一下子得到了"优秀成绩"，对眼前的事实当然无法接受。他们的结论只能是：老师在跟他们开玩笑。

　　可是，我的表情严肃，脸上没有一丝笑意。看到我一脸严肃的样子，学生的脸也渐渐收敛了起来，教室里顿时安静了不少。我抓住机会，郑重其事地说："在学习上，我从来不跟学生开玩笑。我打的每一个分数，都是经过慎重考虑的。我相信我打得正确，你们也完全有资格得到高分，因为大家的作文完全符合我在作文课上向你们提出的要求。"

　　原来，两天前的作文课上，我出的题目是"我的一家"，当时向他们提出两点"写作要求"：①标题必须写在作文纸第一行的正中，不能写偏；②文章要分段，每段起始要空两格。

　　有学生提出："我不会分段。"

　　我问他家里有几个人，他说："有爷爷、奶奶、爸爸、妈妈，还有一个小弟弟，连我一共六个人。"

　　我趁势反问："那你看怎样分段好？"

　　他想了想说："每个人写一段，行不行？"

　　我立即表示赞赏："行啊，你真聪明！大家就照他说的办法分段。不过每一段开头要空两格，这是分段的标志，你们不要忘了。"我还特地对学生说："现在我担心的是，你们没有能力做到这两点。"

　　我的话音还没落，一些学生就忍不住"抗议"起来："老师，别太小瞧我们了！这么简单的事还做不到吗！"但看得出，他们对我还是将信将疑。

　　作文收上来以后，我真的只根据两项要求来打分，凡是符合这两项要求的，至少打80分；字迹还算清楚，大体能看懂的，给90分以上的高分。就这样，我只用一个小时，就把这个班的作文"高效率"地全部处理完毕了。正如我所预料的，学生们对我的"评分"方法感到吃惊，对我这位语文老师也开始产生兴趣。我趁热打铁，和他们做了一番推心置腹的交谈。我说，我知道你们不太喜欢学习，尤其是不喜欢学语文，但这不能全怪你们，学校、老师都有责任。你们被人家叫作"差生"，这是很不公平的。事实上，在座同学的智力一点也不比别人差。据我了解，××的航模就做得不错，××会小修理，××足球踢得有水平。这次作文也证明，只要你们想做的事，就完全能做好，至少比我小时候强。我在小学读书的时候就留过三次级，大家别笑，千真万确，我当时是个名副其实的"差生"。可我进入中学以后，经过努力，各科成绩都上去了。语文——当时叫国文，成绩还常常名列全班第一。我有过和你们一样的经历，因此完全理解同学们的苦恼。我也知道，大家都希望报告单上有个体面的成绩，从现在起，我愿意尽我的努力给大家提供诚心诚意的帮助，也希望同学们做出努力。我相信你们也会理解老师的心情，乐意跟我好好合作的。

我发现，学生的神情开始专注起来，有的慢慢转过斜坐的身子，课堂里出现了从未有过的安静。这一切都说明，学生已经被我的诚意所打动。我继续说：这次作文就是我们的第一次合作。我很高兴大家都做到了我提的两点要求。你们千万别以为做到这些没什么了不起，今天你们懂了作文标题怎样写，怎样分段，这就叫"知识"。（有学生插嘴："这么一点点也算知识？"）别看只是这么一点点，人的知识就是这样点点滴滴积累起来的。今天懂一点点，明天懂一点点，一点一滴地积累，懂的事情越来越多，知识不就丰富起来了？也不要把你们应得的成绩看成老师的慷慨，更不要把我们之间的第一次合作当成开玩笑。今后，让我们订一个"协议"：每一次作文或每教一篇课文，我都对大家提出一两点要求，只要你们肯像这次一样努力去完成，我保证你们的成绩单上肯定会有个体面的80分，甚至90分！

教室里显得更安静了，但我透过同学们"心灵的窗户"，感受到了他们内心的激动，也看到了我工作的转机。

自这次谈话以后，我就遵照"协议"，每次作文都只提出两至三项估计学生都能做到的要求，从书写、款式、标点等形式入手，然后扩展到对内容的要求，逐渐加大难度，使学生每做一次作文都明显感觉到自己提高了一步。这个班级我教了两个学期，在第二学期的最后一次家长会上，我把学生两个学期的作文本发给家长们看，他们惊奇地发现，学生最后的几篇作文，大多誊写认真、字迹端正、款式正确、标点清楚，已经像一篇中规中矩的"文章"了，跟最早的几篇"天书"式的作文相比，简直像出自两人之手。

　　我当时教两个班级语文，有时向县里的语文老师开观摩课，就特意不选"快班"而选这个班级上课，这更增强了学生的自信心和自豪感。很多外校来的老师听课后普遍的评价是："孩子们思维活跃，发言大胆，但'命中率'不大高。"后来这个班级在各科老师步调一致的努力下，渐渐改变了"双差班"的面貌，到毕业时与普通班的差距已不再明显。

　　做过教师的都有体会，帮助"差生"是教师碰到的最棘手的问题。平时我们帮助"差生"，往往只是学习差帮学习，品德差帮品德，纪律差抓纪律，用要求一般学生的标准去要求"差生"，其结果往往是越帮学生越失去信心，越帮成绩越差。

　　打篮球有个"篮球架效应"，里面包含着有趣的心理学原理：如果球架设得太低，很容易投进，玩的人就会失去兴趣；但若设得太高，不容易投中，玩的人就会失去信心，这两种情况都会影响游戏者参与的动力。"篮球架效应"给予我们的启发，有助于我们正确处理目标与动力之间的关系。帮助"差生"之所以难以见效，就是由于他们在学习上"欠债"太多，无论怎么努力都还不清，而我们却是用常规高度的"篮球架"去要求他们，结果只能越帮越使他们丧失信心。我的尝试就是给这个班设计了一个既适合他们眼前的高度又不断升高的篮球架，先以适当的要求树其信心，继以体面的成绩增其兴趣，再以充分的理解动其感情，最后以长期的合作坚其意志……他们终于改变了学习落后的面貌。

　　有人也许会说，这个原理和技巧好多人都知道，或许还不止一次地使用过，但效果却未必理想。问题在哪里呢？不错，表面上看，它确实是个教学技巧问题，但在技巧的背后，却是一个对学生是否尊重、关怀和理解的问题。举个并不一定很恰当的例子。我接手这个班级时，就像拿到一把日久生锈的锁，通过了解分析，知道问题的症结，就如同找到了开锁的钥匙眼；而设身处地的理解、真诚的关怀才是打开"生锈之锁"的"心灵钥匙"。我能够比较容易找到这把"心灵钥匙"的原因，说出来也许"不值识者一笑"：我自己就曾经有过当"差生"的体验，因此我最理解"差生"的心理，知道他们的需要和愿望，也关切他们未来的命运。因此，我当时并没有刻意追求什么教学的"艺术"，只是苦苦琢磨怎样用自己的心去贴近学生的心，用自己的"心灵钥匙"去打开学生的"心灵之锁"。

　　19 世纪的德国教育家第斯多惠说过："教学的艺术不在于传授知识，而在于激励、唤醒、鼓舞。"据我理解，教学的艺术，总而言之应该是促使"人"不断向上的艺术。因此，对"人"的关切，对"人"的心灵的关切，对"人"的未来命运的关切，应该是一切教学艺术的"灵感之源"，这种发自心灵深处的关切，能够激励教师百折不挠地去寻求"人"的成长规律，唤醒教师心中正在被激烈的升学竞争所窒息的创造激情，鼓舞教师去努力当一名塑造"人的心灵"的艺术家。可以这么说，一个教师只要被一个崇高的信念所激励、唤醒、鼓舞，他就一定能找到激励、唤醒、鼓舞他的学生的最有效的手段和技巧。这大概就是所谓的"教学艺术"了。

（八）要像保护自己的眼睛……

一次，我在某地借班教《论雷峰塔的倒掉》，有位学生提出这样的问题："鲁迅那么详细地叙述怎样吃螃蟹，有什么必要？"我多次教这篇课文，学生十有八九都会提出这样的问题，所以早有思想准备。

我先请学生发表意见。

我注意到后排一位男生把手举得高高的，我就请他起来说。

"文章用蟹和尚的丑态讽刺了倒行逆施的法海的可悲下场……"他一开口就出语不凡，简直是出口成章，而且用词老练，完全不像是初二学生的水平。但是，当我

走到这位同学的课桌前的时候，他却慌乱地抬起头，怯怯地看着我一言不发。我发现在他的桌子上正摊开着一本书，拿起来一看，原来是一本专供教师使用的"教学参考书"！显然，所有的学生和听课的老师都注意到了这个细节，教室里一片寂静。大家等待着将要发生什么事情。

我想缓和一下那位同学的窘迫，便拍拍他的肩膀说："我建议同学们都向他学习……"我还没说完，他的脸已经涨得通红。他肯定以为我是有意在嘲笑他。

我接着说："他能主动找一些参考书来看，说明他有很强的求知欲，我倒以为是很值得大家学习的（他紧张的表情稍稍松弛了）。不过，现在我请这位同学暂时不要把参考书上的话说出来，先让大家来说，最后再请他根据参考书提供的结论，评一评大家说得对不对、好不好。你们看怎么样？"同时我对全班同学说："大家尽量放开说，发挥集体智慧，我相信你们肯定不会比参考书上说得差。"

看参考书的同学笑眯眯地坐了下去。一边听同学们的发言，一边等待着行使"裁判"的职责。

"作者详细叙述了吃螃蟹时怎样找到蟹和尚，是为了显示出这个故事的真实性。"

"证明确实有法海逃在蟹壳里这件事。"

"法海本是个'得道的禅师'，现在变成了可笑的'蟹和尚'，这就增加了讽刺的效果。"

"这样写可以引起读者的兴趣。"

……

大家你一言，我一语，从不同的角度谈了各自的理解。然后，我履行诺言，让看过参考书的那位同学起来评判。他最后的"裁决"是这样的：参考书上说的，同学们都说到了，而同学们说的有些内容，参考书上还没有呢！

我赞许地点着头。同学们也因为自己的认识"超过了参考书的水平"而备受鼓舞。我真心为他们的成功而感到满意，也因为那位同学没有受到"参考书事件"的负面影响而高兴。但是，我觉得还不能就此结束，我需要的不仅是"没有负面影响"，最好还应该使它转变为正面的、积极的影响。于是，我请学生们就今天课上的这件事谈谈自己的感想。

"应该像××那样，到课外找些参考书来看看。"

"学习要靠自己，参考书可以看，但不要依赖。"

"不过，在看参考书之前，最好自己先动动脑筋，也许我们想的不一定比参考书上写得差。"这是那位"裁判"的体会。

不妨设想一下另一种处理方式。当我发现那位同学在读参考书以后，立即予以制止，并当面指出，用读参考书代替自己的回答是错误的。同时向大家宣布一条"纪律"：教学参考书是老师的专用书，学生一律不许看！那么，课堂上的风波是暂时平息了，可是，从此也埋下了危及教学的种子。你想，一旦学生都知道他们一向尊敬的老师在课堂上滔滔不绝地讲授的知识，原来都来自教学参考书，老师的"威信"还怎么维持！

这样做，还有一个严重后果：那位受批评的同学立即羞愧万分地坐下去（心里肯定不服，心想老师可以看参考书，我为什么不可以），不仅可能从此低头不语，还会对语文课产生极大的反感乃至排斥的心理。

学生的自尊心是很容易受到伤害的，一些学习基础较差的学生尤其如此。有时候，教师不适当的一句话、一个动作，甚至只是一个眼神，都可能造成对学生的伤害。而学生一旦受过伤害，再要他们主动积极地参与到教学过程中来，教师即使付出十倍的努力也未必能办到。而"导读"的过程如果没有学生的主动参与，等待教师的只有一个结果——失败。

要像保护自己的眼睛一样，小心翼翼地保护学生的主动性和积极性。

（九）"唤醒"的艺术

"唤醒"，是教学艺术的最高境界。

最近几年来，我们已经越来越感到语文教学这个话题竟是如此的沉重。反思我们的具体教学过程：陈陈相因的教学定式，拖拖沓沓的教学节奏，味同嚼蜡的教学语言，支离破碎的课文分析，牧师传道似的说教——不一而足，以致学生对某些语文课进行了如此极端的评说："语文课，橡皮课，几天不学没什么。""语文老师是文章的粉碎机。""我们不要压力，要魅力！"

在许多保守的语文教师看来，学生不喜欢语文可以，但绝对不能不听，硬着头皮也要听！听什么呢？听老师从参考书上搬来的绝对"真理"——这哪是在教书育人，这是在扼杀学生的灵性！是"束缚人，折磨人，摧残人"！事实上，对这种情形感同身受的语文教师，谁不为此而苦恼呢！正像一位教师所认为的：教育如果拨动

不了学生的心弦，就不会奏出辉煌的乐章。说到底，我们的语文教学，不应该是强加于人的"绳索"，而应该是一种"唤醒"的艺术。

所谓"唤醒"，就是在教学中要想"方"设"法"激发学生读书、思考、求知的欲望。我的自学经历告诉我，求知欲对一个人的发展有多么重要。因此，早在1956年，我在一次全县优秀教师大会的专题发言中，就发出了"语文教学必须打破常规"的呼声。所谓的"打破常规"，就是要破除教师讲解课文这种传统的"授一受"方式，把语文教学的着眼点转移到鼓励学生自己读课文上来。当学生有了浓厚的读书、思考的兴趣，当他们求知的欲望被激发出来的时候，语文课堂就不再枯燥无味，学生就不会无精打采，而是思维活跃、生气勃勃，学习效率也将大大提高；而获取知识以后的满足感和成就感，又会进一步激励学生去获取更多的知识，引发更强的求知欲。如此循环不已地自我激励，学生就有了永不衰竭的学习动力。

语文导读法强调学生认知的主体性，而学生能否成为积极的认知主体，取决于教师能否激发学生的认知内驱力。如果做不到这点，就根本谈不上"导读"，更谈不上"艺术"。从这个意义上说，语文导读法不仅是一种教学模式，更是一种教学理念，一种激励、唤醒、鼓舞学生的理念，以及与之相适应的手段。

有一次上课，我没有宣布要学哪一课，而是给了学生一个"谜面"：这是一篇说明文，人们一看它的标题就会引起阅读的兴趣，你们猜是哪一篇，着谁猜得快。

这个"导入"，一下子激发了学生思维的兴趣，于是有了下面的师生对话：

（学生看书后纷纷举手）

师：看来同学们都知道是哪一篇了，你们真聪明！好，你来说。

生1：《死海不死》。

师：完全正确！但你能说明一下为什么你猜这一篇吗？

生1：这个题目叫"死海不死"，既然是"死海"，可又为什么说它"不死"呢？这就在读者心里造成悬念，引起了阅读的兴趣。

师：刚才好多同学都举手了，你们猜的也是这一篇吗？有猜别的课文的吗？

生2：（众）也是这一篇。

师：（指一学生）那你同意刚才那位同学的意见吗？

生2：同意。我认为这个标题本身包含着一对矛盾："死海"和"不死"。这对矛盾使读者产生疑问，急于想去读文章，弄明白究竟是怎么回事，所以这个题目对读者有吸引力。

师：有不同意见的同学请举手（无人举手）。有补充意见的同学请举手（无人举手）。哦，看来英雄所见略同。不过我还有个问题想考考各位"英雄"：标题上有两个"死"字，它们的意思是一样的吗？

生3：前一个"死"指没有生命，第二个指淹死、死掉。

师：完全正确。你课前有没有看过这篇课文？（生摇头）那你怎么能回答得这样正确？

生3：我在地理课上学到过。

师：啊，真好！……现在请同学们暂时不看课文，回忆一下地理课上学的关于死海的知识，比一比谁的记忆力好。

这样导入，一石三鸟：第一，激活了学生的思维；第二，巧妙地进行了解题；第三，建立了新旧知识的联系。

接下来，我又提出了一个"反常"的话题：这篇课文中的哪些知识可以不用老师教？恰恰是这个违反教学常规的"教学设计"引起了学生思考的兴趣。他们从课文中找出了许多"不用教"的知识，并说明了可以不教的理由，如数字说明的方法、"确数"和"约数"的不同作用、标题中两个"死"字和文章结尾一个"死"字的不同含义等。这种以"不用教"为话题的讨论，唤起了学生对旧知识的回忆，引导学生把新知识"纳入"固有的认知结构。学生思维的积极性再一次证实了我的经验：在这样的教学情境下，学生的认知主体性往往得到更好的表现。

最后一个教学环节，是布置学生思考一个"高难度"问题：文章结尾一段说，由于死海的蒸发量大于约旦河水的输入量，造成水面日趋下降。长此下去，南部较浅的地方海水将会消失；较深的北部，数百年后也可能干涸。那时，死海真的要死了。你们完全同意作者的预测吗？你们能不能从作者预测的根据推出不同的结果？

学生一时不能回答。于是我稍稍点拨了一下："死海的蒸发量是永远不变的吗？"一下子，学生思维的"电路"仿佛突然接通了似的，豁然开朗了。他们说，死海的蒸发量和死海的面积成正比，而死海的面积由于海水的蒸发而逐渐缩小，它的蒸发量也必然随之减少。一旦蒸发量减少到与约旦河水的输入量相等，那时的死海，就会维持一种"半死不活"的状态——既不如现在这样浩瀚无边，但也不至于完全干涸。学生坚信自己的预测比作者的预测更接近实际。教学设计中的这一"豹尾"，使学生活跃的思维达到了高潮。

《死海不死》的教学，之所以能使学生的思维始终处于亢奋状态，就是因为整个教学过程都是一个"唤醒"的过程：唤醒了学生对旧知识的回忆，唤醒了学生对新课题的探究，唤醒了学生在长期的升学压力下被压抑的求知欲。

（十）教学机智会敲谁的门

当学生真正成了课堂的主人的时候，教学中常常会出现不可预测的"学情"变化。这就要求教师善于把握教机，因势利导，使自己的教学随时都能适应变化了的"学情"。

于是，"教学机智"也就成为一个必须关注的问题。

一次教《故乡》，学生突然提出了一个"横炮式"的问题："鱼怎么会有青蛙似的两只脚？"这个问题不仅学生无法回答，我也回答不了，再说跟理解课文也毫无关系，但学生有好奇心，由好奇而发问，渴望得到老师的帮助。如果我轻率地否定学生的问题，或简单地说"不知道"，甚至批评学生"不要问这些没有意义的问题！"，势必会打击学生的求知欲，也会损害自己在学生心中的形象。

对学生旁逸斜出的思维是否定，还是因势利导，把它引到正确的轨道上来呢？

我面临着一个要求在瞬间做出的选择。

师：是啊，鱼怎么会有脚？

生：有！

师：什么鱼啊！

生：娃娃鱼！

师：啊，见多识广！我想跳鱼也有两只脚，可我没有看到过，你们见过没有？

生：没有。

师：可是少年闰土就知道这种跳鱼，这说明了什么？

生：这说明闰土见多识广。

生：闰土的心里有无穷无尽的稀奇的事，都是我往常的朋友所不知道的。

……

这样顺势一导，既保护了学生提问的积极性，又把一个本来毫无价值的问题，引到了对少年闰土形象的理解上，也算是化"废"为"宝"吧。

还有一次，我应邀到某地上观摩课，教说明文《中国石拱桥》。一千多座位的大剧场已经坐满听课者。宽敞的舞台上安置了黑板、讲台和课桌椅，倒也像个教室的样子。当学生们鱼贯而入坐好时，强烈的灯光一打，只见学生一个个正襟危坐，目不旁视，过于"一本正经"的神情透露着他们内心的紧张。我知道，这时如果立即进入新课的学习，准会一上课就"闷"。于是我立即调整计划，把原定的"导入语"改为下面的一段师生对话：

师：你们今天上课以后回到家里，如果爸妈问起："给你们上课的那位钱老师长什么模样呀？"假如有个傻学生这样回答："钱老师嘛，脸的中间有个鼻子，鼻子上方一对眼睛，眼睛上面还有两道眉毛，鼻子之下是嘴巴，头部两侧各生一只耳朵。他五官不缺，四肢齐全……"

（教师话未说完，"教室"里早已笑声不断）

师：你们说，这个学生傻不傻？傻在哪里？

生：这是每个正常的人都有的长相，他说的全是废话。

生：他没有抓住特点来说，说了等于没说。

师：说得对啊！要把一个人或一件事物介绍给别人，首先必须抓住特点。这堂课我们就来学习怎样抓住特点说明事物……

顺水推舟，进入新课，学生紧张的神情渐渐缓和下来了。

我多次遇到过这种情况，有时会讲个笑话，有时让学生猜个谜语，转移学生的注意力，但总有些游离于教学之外的感觉。这次正好教说明文，于是根据原定的教学重点，"灵机"一动，临时改变了导入的策略，既达到了缓和学生紧张情绪的目的，又没有游离之感。

教学机智都是瞬间的灵光一闪，恐怕连心理学家也很难说清楚它的形成机制，我自然更说不清楚。但由于教学中长期坚持以学生为主体，经常会面对学情的突然变化，因此有时候也会偶尔地灵光一闪，被"逼"出一丁点"机智"来，也就渐渐地悟出了教学机智形成的一条规律：长期坚持以学生为主体的教学实践，多鼓励学生的独立思考，使课堂里不时有出乎意料的新"话题"生成出来，是教学机智产生的丰厚土壤。反过来说，长期停留于灌输式教学，由于教学中的一切都是预先"设计"好的，不太需要那种灵光一闪的随机应变，教学机智也就很少会去敲他们的门。

（十一）问题与话题

所谓教学艺术，从某种意义上来说，也是提问的艺术。提问方式的巧妙与笨拙，直接关系着课堂教学的成败。

正像在上面的例子中所看到的，"唤醒"学生读书、思考的欲望，许多时候必须借助课堂上的巧妙提问。著名教育家陶行知先生说："发明千千万，起点是一问。禽兽不如人，过在不会问。智者问得巧，愚者问得笨。"这番话不仅道出了提问的重要意义，而且强调了"巧问"。

"巧问"的这个"巧"，主要表现在提问的时机恰到好处，难易程度把握准确，有较强的启发性等方面。遗憾的是，我们的语文教学中"笨问"太多。例如，问得过于简单，引不起学生思考的兴趣；问得过于笼统，学生不知如何回答。更有甚者，有些毫无价值的连环问、满堂问等，常常充斥于教学过程。

有位老师写了一篇文章，探讨"连环提问"，后来又上了一节公开课，教《纪念白求恩》。老师问："白求恩是哪个国家的人啊？"哗——学生齐刷刷举手："加拿大人！"因为文章第一句清清楚楚写着："白求恩同志是加拿大共产党员。"这种问题只有傻瓜才不会回答。又问："多大年纪了？"哗——又齐刷刷举手："五十多岁了。""到中国来干什么？"哗——举手："为了帮助中国的抗日战争。""后来在哪里以身殉职？""这是一种什么精神？""毛主席号召谁要学习这种精神？"问题一个接一个，同学们哗哗——一次次举手如林，课堂气氛热烈。就这样，这位老师把课文的一个个句子依次"改造"成一个个问题。也许因为那天有人听课，孩子们为了"配合"老师，居然也举手不断，一问一答，乐此不疲。我一边听课，一边不禁在脑子里"蹦"出一句对这位老师大不敬的话："这是一位傻乎乎的老师，设计了一串傻乎乎的问题，训练一群傻乎乎的孩子。"这种训练的结果，不把孩子变成小傻瓜，老师自己变成大傻瓜才怪呢！我发现，有的老师教了二十年语文，结果真把自己教傻了。

　　这是不是说，课堂提的问题越深越好呢？当然也不是。教育心理学告诉我们，中学生的生活阅历尚不丰富，认知水平尚处在"初级阶段"，因而课堂提问必须符合中学生的发展水平。若问题的难度过大，学生一时无从回答，势必导致思维"卡壳"和课堂"冷场"，一定程度上抑制了学生的积极性。所以对一些比较艰深的教学内容，我常常进行"深题浅问"处理。

　　例如，教《故乡》最后一段："希望是本无所谓有，无所谓无的。这正如地上的路；其实，地上本没有路，走的人多了，也便成了路。"这些句子蕴含着深刻的哲理，学生较难理解，我就先从浅处提出问题："鲁迅先生所指的'路'，只是指地上的路吗？"学生略做思考，便得出结论："当然不是。这路还包含人生之路，社会之路。"我接着问："那么，课文中的'路'和'希望'之间是什么关系呢？"学生进一步思考后，回答说："路是靠人走出来的，希望也是靠人奋斗得来的。"我进一步追问："那么这句话的深刻含义是什么？"学生水到渠成地得出结论："地上的路要靠大家走出来；希望也要靠大家为之奋斗，才会变成现实。"这种连续提问，意在化难为易，表面上也是"连环问"，其实却是引导学生的思维步步深入的追问。《礼记·学记》上说："善问者如攻坚木，先其易者，后其节目。"这是教师提问时不能不知道的。

　　作为"巧问"的一种表现形式是"曲问"。"曲问"是我在1979年"杜撰"的一个名词，想不到很快就不胫而走，很多老师都接受了这个名词，可见这种问法获得了大家的认同。何谓"曲问"？简单地说，就是"问在此而意在彼"，学生的思维要"拐一个弯"才能找到答案。我发现这种曲问最容易激发学生思考的兴趣。比如，我教《愚公移山》时，要了解学生对"愚公年且九十"的"且"字是否理解，没有直问"且字是什么意思"，而是问"老愚公多大年纪了"。学生稍感疑惑之余，顿悟"且"为"将近"意，愚公还没到九十岁，只是将近九十。又如，要问"邻人京城氏之孀妻有遗男"一句中的"孀妻"与"遗男"的含义，也没有直问其意，而是问："愚公的邻居，那个七八岁的小孩去帮助愚公挖山，他爸爸肯让他去吗？"学生开始被问住了，细细一想不禁恍然大悟："这小孩没有爸爸！"如果说学生掌握知识的最佳动力是兴趣，那么曲问便是巧妙撩拨学生兴趣之弦的手指，看似毫不费力地一拨，却产生了"错综见意，曲折生姿"的功效。

有时设置特定的情境，步步设问，引导学生层层推论，最后由学生自己获得结论，往往也能获得意料不到的效果。有一次，我要让学生理解"词的范围越大，词义就越笼统；反之，词的范围越小，词义就越具体"的用词规律，与学生进行了一场有趣的推理式问答：

师：（手拿一本语文书）这本是什么书？

生：语文书。

师：（拿起另一本书）这本呢？

生：英语书。

师：（把两本书并在一起）现在我们叫它们什么？

生：书。

师：说得范围小一点。

生：教科书。

师：（拿起一本词典）它是不是一本书？

生：是书。

师：什么书？

生：工具书。

师：（把语文书、英语书、词典并在一起）现在怎么叫它们？

生：书。

师：对啦，语文书—教科书—书，三个词的范围一点点扩大了。（拿起几张报纸）这是书吗？

生：不是书，是报纸。

师：它们不也是纸做的吗？为什么不是书？

生：因为它少。

生：我不同意，一大堆报纸也不能叫书。书是有封面的，报纸没有封面。

师：（拿起一本练习本）这本有封面，是书吗？

生：也不是。书是装订成册的著作。

师：哦，书是装订成册的著作。你大概查了字典吧？（生点头）对啦，作为"书"，首先要装订成册，同时还必须具备另一个条件——是著作。"书是装订成册的著作"，这是书的定义。现在请你们给教科书下个定义。

生：教科书是用于教学的装订成册的著作。

师：对！再请你们给语文书下个定义。

生：语文书是用于语文教学的装订成册的著作。

师：对啦！这里限制的成分在逐步增加。你们看，从"书"到"教科书"再到"语文书"，它们的范围怎样？

生：在缩小。

师：那么它们的词义呢？是一步步地具体呢，还是一步步地笼统？

生：具体。

师：现在请总结一下。关于词的范围和词义的关系，你们从刚才的推理中发现了什么有趣的现象？

生：词的范围越大，词义越笼统；词的范围越小，词义越具体……

这其实是一次关于"概念的外延和内涵成反比关系"的逻辑知识的学习。这些知识由教师讲解，当然也可以讲清楚。但我通过层层设问，使学生在步步推理中自己导出结论，不仅印象深刻，而且体验了一次逻辑推理的过程。有时候过程比结果更重要。

巧妙的提问固然有助于激活学生的思维，但问答总是以教师为中心进行的，学生只是被动地回答教师提出的问题，表面看似乎思维很活跃，其实学生学得并不主动。因此，我除了重视问题的设计外，更多的是提出一些"话题"，与学生一起围绕话题进行平等的"交谈"。"话题"不同于问题的主要特点是：思维空间大，学生只是围绕话题发表意见而不是回答老师的问题，所以"答案意识"淡化，交谈获得的认识往往是多元的。在话题的情境下，师生关系是平等的，教学资源是共享的，但共享中又体现着教师"导"的作用。

例如，我教《最后一课》，在学生学完全文以后，我提出了一个"话题"："我和韩麦尔先生一样，也是教本国语文的。你们猜猜看，我读了小说会有怎样的感想？"

同学们纷纷猜测，答案五花八门。最后我肯定了一位同学的猜测跟我的感想完全吻合。他说："我猜您会为自己的工作感到自豪，因为您教的是我们祖国的语文，她也像法国语言一样：最明白，最精确。"我感谢这位同学对我的理解，同时我告诉同学们：我们祖国的语言是世界上最富于表现力的语言之一。我国古代浩如烟海的哲学、军事、科学、文学著作，都是用祖国的语言文字记录下来的。外国无论哪一位伟大作家的作品，无论它表达的思想多么深邃，感情多么微妙，都可以用中文准确地翻译出来。我们祖国的语言又最简洁明了，联合国用五种文字印成的各种文本，其中中文的文本都是最薄的。根据国外学者的研究，学习汉字最有利于儿童智力的发展。汉字又很便于编码输入电脑，因此汉字将是信息时代大有发展前途的一种文字。我所教的就是这样一种伟大的、优美的语言，理所当然是引以为豪的。

我从学生发亮的眼睛中观察到，我的强烈的自豪感，也使他们动了情。

接着，我请同学们也谈谈自己的感想，和老师交流。不少同学都谈得很有感情。最后，我顺势一点："韩麦尔先生说，亡了国当了奴隶的人民只要牢牢记住他们的语言，就好像拿着一把打开监狱大门的钥匙。但今天我们已不存在亡国当奴隶的问题，拿着这把钥匙又有什么用呢？"

"打开知识宝库的大门！"

"这是一把金钥匙！"

孩子们几乎齐声地叫起来。

课，在悠悠余韵中结束，但学生仍然沉浸在这种"平等交谈"所创造的愉快的氛围中。

从上面的交谈过程看，正是在"话题"的情境下，学生摆脱了被"牵"的处境，思维空间拓宽了，主体意识和独立思考受到了鼓励。

《最后一课》是我在 20 世纪 90 年代初教的，当时还没有"平等对话"这个概念，但我从"学生为主体，教师为主导"的理念出发，提出了"平等交谈"这个概念，作为师生平等交流的一种互动形式，也算是与今天"新课标"所倡导的"平等对话"殊途同归吧。

（十二）质疑"串讲"

文言文教学是语文教学改革的一个"死角"。即使在语文教学改革很红火的年代，文言文教学这块"世袭领土"上仍然是一派"春风不度玉门关"的荒凉景象。多少年来，基本的教学模式始终是教师逐字逐句串讲，加上一点古汉语知识的介绍；学生则忙于记词义、记译文。这种教法，有人总结出一个"八字真经"，叫作"字字落实，句句清楚"。由于长期以来文言文考试也主要考词义和翻译，"八字真经"更被语文教师奉为圭臬，以致使人误以为教文言文就该这样教，考文言文就该这样考，舍此别无他途。这就是文言文教学为什么会成为改革死角的症结所在。

所谓"八字真经"，无非就是由教师一字一句"嚼烂了喂"，以应付考试（文言文考试也正在改革，这应该另写文章讨论）。其结果必然是肢解课文，而且其肢解的细碎程度，比之现代文教学中的肢解课文更甚更惨，说它"碎尸万段"也不算夸张。文言文事实上已经不再是饱含思想情感的"文"，即便是千古传诵的名篇佳作。无论"韩海""苏潮"，一到语文课上，都只是一组组按刻板的语法规则组合起来的实词和虚词而已，再也激不起丝毫情感的微澜。文言文教学对师生双方来说，都成了一件最索然无味，但为了应考又不得不忍受的苦事。于是，几位很权威的专家曾主张取消中学的文言文教学，理由是：像现在这样蜻蜓点水式地教一点文言文，教学效果又差，与其如此，倒不如干脆不教，以便集中力量教好现代文。这个主张不能说没有道理，但真要实施的话，恐怕很难得到大家赞同。我认为，我们可以不赞成取消文言文教学的主张，却不能不正视主张取消的专家们所根据的事实。

我主张中学里不但要教文言文，而且要适量多教一些，但不是像现在这样的教法。

为什么语文课上要适量多教一些文言文？理由很简单：经过千百年时间淘洗而流传下来的那些脍炙人口的文言文（包括古代诗歌），是诗文中的极品，是中华民族文化遗产中的精华；表现在这些作品中的先哲们的崇高理想、美好情操，是我们民族引以为豪的精神财富；这些作品千锤百炼的语言，斐然可观的文采，匠心别具的章法，也都足以垂范后世，成为我们取之不尽的宝藏。当代凡卓有成就的作家，尤

其是散文家，大多从这个宝藏中汲取过丰富的养料，这是不争的事实，不管他们本人愿不愿意承认。我们的中学生，作为正在接受中等教育的现代人，适量多读一些古代的诗文佳作，培养一点阅读浅近文言文的能力，对他们提高文化素养、提高理解和运用祖国语言文字的能力，是十分必要的。一个拒绝优秀传统文化熏陶的现代人，不是完全意义上的现代人，正如一件缺乏民族性的艺术品谈不上世界性一样。

　　当然，所谓"适量多教"，主要是针对目前教得太少的状况而说的，并非多多益善。"适量"者，就是说文言文和现代文的教学的量应该保持一个适当的比例。就现在"人教版"初、高中语文课本所收的文言文数量看，初中 6 册共 26 篇，高中 6 册共 40 篇，两套相加总共不过 60 多篇，以 6 年平均计，每年教 11 篇，算下来学生每个月读 1 篇还不到。这样的阅读量确实少些。如果单计初中，那就更少得可怜了。教得太少，加以教学不甚得法，目前中学（尤其是初中）的文言文教学实在不过是"聊备一格"而已。我的意见是，既然规定中学语文课有文言文教学的内容，那就要教得像个样子，适当多教一些。至于文言文课文以增加多少为宜，抑或不增课文而另编文言文（包括古代诗歌）课外读本，都是可以讨论的。当然，这关系到教材编写的大事，不是我们所能左右的；但我们在自己所任教的语文课内适量选择一些篇幅短小、可读性较强的古代诗文作为教材的补充，还是容易办到的。我的经验证明，只要选材精当，学生是爱读的，这对提高学生的语文素养很有帮助。

　　关于文言文的教学方法，"串讲法"并不符合"导读"的理念。

　　我认为，我们在指导学生读文言文之前，先要树立一个观念：文言文中的古代书面语，对本国学生来说，也是一种母语，而不是外国语。这个认识，对文言文教学中选择什么方法，关系甚大。如果教的是外国语，就得从 ABC 教起，学生每走一步都得靠教师扶着搀着。现在文言文教学中那种一字一句"嚼烂了喂"的串讲法，正是把古代汉语当作外国语来教的办法。有的教师就戏称上文言文课是教"第二外语"。但如果把文言文作为母语来教，就完全不必如此。古今汉语虽然变化很大，但同一民族的语言毕竟是有继承性的。现代汉语是古代汉语的继承和发展，现代汉语的词汇、句法和修辞手段都不可能割断和古代书面语言的血缘关系。很多古代汉语常用词的词义、句子的结构方式，不仅与现代汉语没有多少区别，而且还常常出现在现代汉语里，尤其是现代的书面语言里。就是说，学生阅读文言文虽然有一定的语言障碍，但绝不像学习外国语那样毫无根基，一切要从零开始。

可以举短文《陋室铭》为例。全文 81 字，除少数双音词外，大多是单音词。可以说其中绝大部分的词古今完全同义，如山、水、高、深、上、入、苔痕、草色、谈笑、往来，等等；少数词虽然用法有些变化，但仍可以看出变化的脉络，如"有仙则名"的"名"，本是"名声"的意思，属名词，这里用作动词，作"出名"讲。学生只要细心揣摩，是不难意会的。可能成为阅读障碍的，实际上只有少数几个词（如"鸿儒""白丁"）以及结尾处涉及的人名、地名，但看看注解也都不难解决。在句法方面，除了末句"何陋之有"词序有些特别外，其余都和现代汉语的表达习惯没有什么两样。回想自己刚进初中读书的时候，初次自学文言文，就在《古文观止》里读到这篇文章，借助极简单的注解，居然也能大体读懂，而且对篇首两个精警的句子以及整篇文章的音调和谐之美，都能在反复的诵读中体会、欣赏。由此我想，教这样浅近的文言文，也应该可以像教现代文那样，凡教师可以放手的地方，尽量放手让学生自己阅读，自求理解。教师只在关键处做些指导、点拨，着眼于培养学生的独立阅读能力和自学的习惯。当然，同是文言文也有深浅难易之分，但从目前选入中学语文课本的文言文看，过于简古难读的文章基本没有。即便文字略深一些，只要教师指导得当，学生也是能够经过自己的努力读懂、消化的。

文言文教学还必须树立一个观念：文言文，首先是"文"。教文言文，当然要指导学生理解词句，但理解词句的着眼点在于更准确、深入地把握文意；反过来说，把握了文意也可以更好地理解词句。凡会读文章的人，阅读大体都要经历一个由表（文字）及里（内容）、由里及表、表里多次反复、理解逐步深入的过程，读文言文也不例外。目前文言文教学最大的弊病是什么？一言以蔽之曰：有"言"而无"文"。这是"字字落实，句句清楚""嚼烂了喂"的必然结果。文章是作者的思想情感、道德评价、文化素养、审美趣味等的"集成块"，是一个活的整体，而不是各种语言材料的"堆积物"。文章语言之所以值得揣摩咀嚼，因为它是作者思想感情等的载体。如果我们只着眼于词句的学习，而忽视甚至舍弃了它所承载的丰富的内容，那叫"舍本逐末"，结果必然连语言本身也不可能真正学好。把文言文作为文章（它本来就是文章）来教，就要遵循教读文章的一般规律，处理好词句和文章整体的关系。这不仅是学习文章的需要，也是更好地理解文言词句的需要。学生阅读文章的能力，靠教师字字句句嚼烂了"喂"，是无论如何也"喂"不出来的。

我经常琢磨一个问题：现在年龄稍大的一些读书人，比如像我这样年龄的人，在中学读书的时候，国文老师教文言文绝对不像现在这样教得精细，但为什么我们当时阅读文言文的能力反而比现在的中学生要高呢？当时国文课内文言文教得多些（也教白话语文）是一个原因，但与老师比较擅长教文言文，因而教得比较得法，肯定也有很大关系。我有幸遇到过两位很有学问的国文老师：一位是庄老师。他教文言文一般不逐句串讲，但在文章的紧要处或疑难处，则尽情发挥，酣畅淋漓，讲得令人动容；同时又结合讲解指导我们评点，何处加点，何处加圈，都有些讲究；圈点以后，总要拉长了声调领我们诵读，凡读到加密圈的词句，往往眉飞色舞，读得格外声情并茂（令人想起三味书屋里那位忘情地吟诵"铁如意，指挥倜傥……"的寿老先生），感染得我们也都陶醉在文章优美的词句里。另一位是周老师。他特别喜欢教学生吟唱诗词，我至今还记得他教我们唱李后主词"帘外雨潺潺"时那种摇曳生情的声调。就在这样的教师的影响下，不少同学都对古典诗文产生了浓厚的兴趣，于是都在课外自动地找些选本来读，如《古文观止》《唐诗三百首》等。阅读文言文的能力就这样在不知不觉中提高了，不少同学还能用文言写写作文。

上面举我的老师教文言文的例子，并不是认为今天的文言文教学必须以我的老师为范例。我想，即使在当时，国文老师也未必都这样教。但我从自己学习文言文的过程中，的确看到了这种教法中某些合理的成分。至少以下两点是值得重视的：第一，由于教学中不是死抠词句，嚼得过细，这就留下了较多的"空白"，便于学生自己去感知和领悟。有的地方老师又重点畅讲，并指导评点，这就突出了文章最精彩的部分，使学生印象更深。教学中这样疏密相间，略其所当略，详其所当详的教法，是符合学生读文、认知规律的。学生作为阅读的主体，在这样的教学过程中确实可以受到很好的锻炼。第二，教师特别重视诵读的指导，这非常有利于学生形成古汉语的语感；熟读和背诵又使学生逐步积累起比较丰富的感性材料，对古汉语的用词、造句以及某些特殊的表达习惯也逐渐熟悉，这就为提高文言文的阅读能力打下了比较坚实的基础。凡行之有效的教法，其中必定蕴含着某种规律，是值得我们进一步探索的。

我同意不少教师提出的语文教学要归真返璞的主张。作为语文教学一个组成部分的文言文教学，自然也应该归真返璞。但归真返璞不是否定语文教学改革已经取得的成果，不是回过头去走老路。"真"和"璞"者，事物固有的朴素规律也。"归真返璞"就是要在认真总结传统经验的基础上，继承和发扬传统语文教学中一切符合学生认知规律和语文能力发展规律的教法，不搞花架子，不赶浪头，不对考试口径，朴朴素素、实实在在地教。至于文言文究竟怎样教才更符合学生的认知规律，更有利于提高学生阅读文言文的实际能力，是一个有待于进一步探讨的课题。

（十三）文言文教学建议

我一贯主张废止串讲法。其实，不少语文教师也明知串讲法利少弊多，却仍不放弃。原因也许不止一端，说到底，是由于对学生的阅读理解能力估计过低，怕学生离开了教师的逐句串讲不能读懂课文。

我的实践证明，只要从学生接触文言文开始（一般是在初中一年级）就对他们进行由易到难、循序渐进的文言文自读训练，他们是能够具有一定的消化能力的，用不着教师代为咀嚼。即使是没经过系统自读训练的学生，其理解文言文的能力实际上也并不如我们估计的那样低。我曾在苏北的一个小县城——金湖县一所中学的初中一年级教《愚公移山》，在庐山中学的初中二年级教《大铁椎传》。这两个班级学生的水平都是不高的：庐山中学是一所非重点中学，学生家长都是山上居民，学校招生没有挑选的余地；金湖中学虽然是县重点中学，但因为学生是初一第一学期的，没有一点读文言文的基础，而《愚公移山》是初二的教材，学生的水平相对显得低了。但我都没有用串讲法，而是先布置学生自读，在学生初步读懂文章的基础上，启发引导，最后都比较圆满地完成了教学任务。下面是《大铁椎传》的教学中学生解决一个问题的过程。

师：文章第一段重点写了个宋将军，这有什么必要？是不是离题了？

生：因为陈子灿到宋将军家里才遇到了大铁椎。

师：那么可以写得简单点嘛。宋将军的外号啦，门徒啦，工技击啦，雄健啦，都可以不写嘛。

生：写这些为了衬托大铁椎的英雄气概。

师：这样说有根据吗？

生：因为宋将军工技击，而在看大铁椎与响马贼打仗时，吓得两腿发抖，几乎从马上摔下来。

师：嗯，这就反衬出大铁椎的英雄气概！这样理解很好，说明同学们能够把文章前前后后照应起来看了。

从这个例子可以看出，教师虽然没有讲过课文，但通过提问，学生带着问题看课文、注释，并与第一段的文字联系起来思考，对文章后面出现的"股栗欲堕"这样的词语，做出了准确的判断，同时也深入理解了课文。学生的这种阅读理解能力，正是我们在文言文教学中开启学生智慧之门的有利条件。我教文言文废止串讲法，正是基于对学生学习文言文能力的正确判断。

我的文言文教学也和现代文教学一样，一般也按自读、教读、复读三种基本课式进行。

1. 自读设计

文言文的自读，基本要求是读懂文字。除要求学生粗知文章大意外，还点出若干重点词句，要求学生着重理解。加点的词语以实词为主，随着学生自读能力的提高，适当增加虚词的数量。

自读训练中还考虑了使用工具书的训练，要求学生自备《古汉语常用字字典》，着重使学生学会根据文意选用词语的义项和了解字典释义的通例。指导学生读懂课本上的注释，也是对学生进行自读训练的一项重要内容。

2. 教读设计

教读通常是在自读基础上进行的。教读设计总的指导思想是帮助学生把自读中获得的比较零星、朦胧和肤浅的知识加以整理，使之条理化、明确化、深刻化，并教给学生读书之法。教读的目标是：①务必使学生对课文有整体的印象，使分散、孤立的文言词、句的教学，在文章思想内容的统率下，如珠在线，多而不乱，使整个教学过程带有明显的综合性和灵活性。②教学中要求学生"自求得之"也好，教师启发引导或做必要的讲解也好，都力求带有思维训练、能力培养的因素，力戒教师硬灌，学生死记。

为了达到这两个目标，我的教学设计一般都分三步进行。

第一步，在认真钻研教材的基础上，尽力找到一根可以把许多知识的"散珠"串联起来的"线"。例如，《愚公移山》的"线"是：不同的人物在"移山"这个艰巨的任务面前，各自表现出不同的精神面貌；《大铁椎传》的"线"是：文章的每一小段对刻画大铁椎的形象都是必要的。开会议事要有个中心议题，教学中有了"线"就等于会议有了中心议题——有时候尽管议论的是枝节问题，但都是围绕中心议题的。这样教，教学过程显得"形散而神聚"，学生对课文也能获得整体的认识，也就避免了串讲法肢解课文之弊。至于"线"的确定，一般根据课文的思想内容或写作特点，灵活安排。"线"由教学的需要来定，并不就是课文的中心思想。

第二步，围绕"线"，确定主要的训练步骤。例如，《愚公移山》的主要训练步骤：①理清本文人物；②了解智叟、愚公妻、愚公子孙、京城氏孀妻之遗男等人对待移山的不同态度，着重比较智叟和愚公妻的态度；③认识愚公坚持移山是一种"大智若愚"的表现。这是整个教学设计的基本结构。结构要简明，步骤要清楚，思路要顺畅，中心要突出，一个成功的教学设计必须有这样的特点。

第三步，按照主要的训练步骤设计具体的训练细节。这时要考虑的是：每一步落实什么基础知识？培养什么能力？提出哪些问题？怎样启发学生的思维？这一步工作是很细致的。要做到主要的基础知识无遗漏，能力培养有保证，问题设计见匠心，整个教学过程成为一个"牵一发而动全身"的有机整体，很不容易。即使不能完全做到，但要有这个强烈意识，并不断朝着这个方向努力，就会有理想的效果。在这一步教学中，问题的设计至关重要。问题不仅要环环相扣，而且问题本身要富有启发性，要能激起学生思维的浪花，产生"投石冲开水底天"的效果。为达到这个效果，和现代文教学一样，我常用"曲问法"，即"问在此而意在彼"，曲折地达到提问的目的；学生的思维走向也要"拐一个弯"，才能找到问题的答案。例如，教师问："大铁椎是哪里人？"课文没有直接的答案，学生要回答出"大概是湖南湖北一带的人"，首先要读懂"语类楚声"这个短语，然后还要进行一点简单的推理。教师提问的目的，显然不在于要求学生仅仅知道大铁椎的籍贯，这是不言而喻的。

3. 复读设计

复读应该有利于知识的迁移，有利于举一反三，学以致用。这在现代文的复读设计上是不成问题的，因为现代文的"学"就是为了"用"，所以设计的回旋余地是比较大的。文言文的复读设计则局限性很大。一般教师布置的文言文作业通常是释词和翻译，显得单调刻板。我设计的复读作业力求形式活泼多样。例如：

（1）古今相证

有些文言词的某些古义，今天已经不用，学生不易记住；有些文言词的古义和今义差异很大，学生极易误解。但是，在一部分现代汉语的书面语词汇和成语中，仍然保持着这些文言词的古义。古今互证，是一种很好的练习，如下面这些加点的字：

名存实亡——暮而果大亡其财

奔走相告、走马观花——双兔傍地走

痛哭流涕——蒋氏汪然出涕

抱恨终身——未尝不叹息痛恨于桓灵也

休戚相关——休戚降于天、蒋氏大戚

这样古今互证，不仅可以帮助学生记住一些文言词的古义，而且又加深了对现代汉语某些词语的理解，能收"学用结合"的实效，学生做起来又很有兴趣。

（2）断句练习

我常常根据不同年级学生的实际能力，适当选一些浅易的文言短文或语段，给学生做断句之用，同时也可以作为文言文的补充教材，一举两得。对低年级学生降低训练难度，如在句读处留出空位，学生只需根据对句意的理解填上合适的标点符号，不致出现"读不断"的困难。有时，我还把学生已经掌握的文言词语和句式连缀成短文或语段让学生加标点。这样的断句练习，学生一般都很感兴趣，因为这里的词语、句式大多在已学的课文中遇到过，旧词句，新环境，容易触类旁通，温故知新。这类练习的内容密切结合课文，还有助于扩大学生的知识面，加深对课文的理解。比如，我教《愚公移山》布置的断句练习，就属这一类作业。

文言文作业除了上面说的一些形式外，还有两种常规性作业，一种是难句回讲，另一种是背诵。这两项是每教一篇课文都要完成的。其中的背诵作业，对学生积累文言词语，培养文言语感，尤为重要。甚至可以说，学文言文不背诵，等于没学。有些文章较长，为减轻学生负担，就选背其中最精彩的部分；有些脍炙人口的名篇，即使篇幅长些，也仍要求全文背诵。

总之，我的文言文教学力图改变"嚼烂了喂"的落后状况，着重把基础知识的教学和阅读能力、思维能力的培养统一起来。"学生为主体，教师为主导，训练为主线"的思想，同样也是我进行文言文教学的指导思想。

求 索 篇

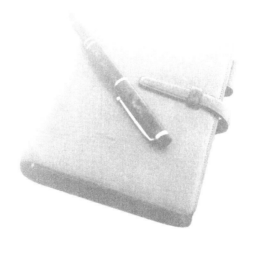

穿林不管枝敲额
觅径何妨露湿衣

—— 《杭郊野步》

一、民族语教育：语文教学之"魂"

长期以来，我国语文教育受两个因素的制约和干扰，一个是政治因素，一个是应试因素。

20 世纪 50 年代中期以后，由于政治对教育政策的干预日益加强，语文教育的基本取向是直接为政治服务，政治上需要什么，语文课就教什么。在一些非常"左"的日子里，语文课完全沦为政治的奴仆。有的地区干脆取消语文课，改设"政文课"。这种情况现在当然已经一去不复返了，尤其是《语文课程标准》颁布以来，教育政策、教育环境都比过去宽松多了，语文教育似乎可以按照课程自身的特点正确定向了。

但是，写在文本上的目标只是"理论目标"，还不等于"现实目标"。尽管"新课标"对语文课程的目标已有"明文规定"，但直到今天为止，语文教育的目标取向在实际操作中仍然不能不受制于另一个强大的因素：应试。

发生于 1998 年的那场语文教育大讨论，实质上就是一次对于语文教育目标取向的拷问：语文教育究竟是为了培养只会背诵"标准答案"的"考试机器"呢，还是培养具有创造活力的现代人？应该说，这是一次真正触及语文教育"灵魂"的拷问。遗憾的是，这场由语文教育圈外人发难的大讨论，并没有在语文教育圈内造成应有的震撼。为什么？主要原因恐怕并不是如有的人所说的"语文教师患了集体失语症"，而是由于：第一，这场讨论错误地把一线语文教师推上了被告席，使其成了批判的对象，批判者完全不理解语文教师在"应试"重压下不得不违心而教的苦衷；批判者居高临下的优越感，言过其实的措辞，也引起了语文教师的反感。第二，由于考试和教育评价体制改革的滞后，应试教育的格局迄今尚无根本改变。语文教师们心知其非，但回天无力，只能在惯性支配下仍然沿着培养"考试机器"的旧路艰难跋涉。

　　不过，在很多展示课上，我们却看到了另一种倾向。执教老师为了张扬"人文性"，增大教学内容的"文化含量"，正好又有"现代化武器"在手，于是语文课完全变成了"PPT展示课"。快餐式的"读图"几乎取代了"读文"的训练，天马行空式的宏大叙事取代了实实在在的读、写、听、说。花花哨哨，热热闹闹，但一篇课文教下来，学生读课文仍然磕磕巴巴，丢三落四，如同没有学过一样；被问及课文语句，更是茫然不知所答。问题是，这种包装亮丽、华而不实的课，目前正在作为某种"范式"在各种公开课、评优课上不断展示着。为什么不少教师平时明明不这样上课，一到上公开课便要如此改头换面呢？也许他们认为，既然是公开课，便应该努力体现"新课标"的精神。在不少教师的心目中，正是这样的课才是"新课标"精神的体现。

　　上面两种倾向，都使语文教学出现了"失魂落魄"的症状。

　　作为对传统语文教学的一种"纠正"和反驳，教育界的不少人士似乎下定决心要用西方的教育理念和模式来"彻底重建"中国的语文教学。于是，不问青红皂白，凡本土的、传统的经验和理论，便都是保守的、落后的、不科学的，乃至像叶圣陶先生这样的一代宗师在某些专家的眼里也成了语文教学前进的"绊脚石"。不少研究者不是从语文教育的自身规律着手，不是认真地梳理传统语文教育的得失和经验，而是过于注重甚至依赖外部探讨，简单地从语文以外的其他学科，如建构主义学习论、后现代主义课程论、接受美学等移植理论；而所有这些理论又全部是从国外引入的，把它们嫁接到汉语文教育上，其结果是末强而本弱，导致了语文教育"本体"的失落。

　　语文教学中盲目追风、为求新而求新的现象似乎也超过了其他学科，这也使本来已十分惶惑的语文教师们更加手足无措。例如，"新课标"倡导师生平等对话，但有些论者却走向了另一极端：淡化乃至取消教师在教学过程中的作用，而且这种极端的思想正在作为一种"最先进"的教育理念为一些语文教师所津津乐道。仿佛我们的学生一下子都变成了"天才"，离开了教师一定会学得更好。又如，"新课标"倡导合作学习方式，于是教学中不管有没有必要，动辄来个四人小组讨论。"新课标"要求"尊重学生在学习过程中的独特体验"，于是从本来的"一切由教师说了算"，一变而为"一切由学生说了算"。凡此种种，不一而足。

　　这种状况不能不令人回忆起1958年在"突出政治""解放思想，破除迷信"的

响亮口号下掀起的那场轰轰烈烈的"教育革命"。那场"革命"最终是以教学质量大幅度下滑的教训而被载入我国教育史册的。

要使语文教学回归它的本体，首先要把语文教学丢失的"魂"招回来。

那么，什么是语文教学的"魂"？

这就不能不回到一个根本性的问题上：中小学究竟为什么要设置语文课？

综观世界各国的教育，无论体制有怎样的差异，都必然把对下一代进行民族语教育放在首要的地位。因为"民族的语言即民族的精神，民族的精神即民族的语言，二者的同一性超过了人们的任何想象。"（洪堡特）民族语不仅是民族精神、民族文化的最重要的载体，而且是民族精神和民族文化的重要组成部分。对下一代进行民族语教育，是传承、延续、发扬民族精神、民族文化的必然选择，而这个任务在中小学的各门课程中毫无例外都由语文课承担。换言之，中小学设置语文课程的目的就是为了对下一代进行民族语教育。

汉民族语教育，正是我国的语文教学之"魂"！

既然是民族语教学，我们就必须充分重视本民族在长期的民族语教学中积累的宝贵经验。拒绝借鉴国外的先进经验和理论是愚蠢的。科学没有国界，对待国外的一切科学的、先进的东西，我们应该以开放的心态，尽量"拿来"，多多益善。但正如俄罗斯谚语所说的"自己的衬衣穿起来最贴身"，借鉴毕竟只是借鉴，它绝不能代替我们自己的思考和研究。这一点，对语文教学尤其重要。因为我们教的是汉语（汉民族语），它是一种完全不同于印欧语系的非形态语言，教学必须从汉民族语的特点出发。首先，我们用于记录语言的汉字是一种表意文字。每个字都有固定的音、形、义，与印欧语系的拼音文字有着明显的差别。其次，它不像英语或法语那样必须依靠严格的形态变化显示句子的语法关系。汉语是一种"人治"语言，不是"法治"语言，遣词造句主要依靠语感和对词语的语境意义的把握。中国人写文章，即使不懂语法，全凭语感一样可以写得文从字顺。汉语的这些特点，决定了我们不能照搬国外的东西，无论它是怎样的科学和先进。

什么是汉民族语教育的特点？

单从语文课程的设置看，我们和印欧语系的一些国家就很不一样。比如，美国的语文教学，一般分设两类课程：一类是语言教育和读写技能训练方面的课程，有点相当于我们说的"双基"（语文基础知识和基本技能）；另一类是文学课程。美国各州的课程设置不同，课程名称也不一样，尤其是语言教育和读写技能方面的课程，分得很细，名称也五花八门。总之，他们的"双基"教学任务和文学教育是分别由不同的课程承担的。这种语文课程分科设置的情况，在印欧语系国家中并非美国一家。而我国除了1956年有过一次短命的"效颦"外，一直都单设语文一科，也就是说，美国等国家分别由两类课程承担的教学任务，我们必须在一门课程内完成。根据汉民族语教育的特点，我国这样的设置有一定的合理性。前面说过，汉语是一种"人治"语言，不是"法治"语言，遣词造句主要依靠语感和对词语的语境意义的把握；而语感的培养和词语的语境意义的把握，只能结合范文的学习进行，不必要也不可能单独设置课程。再者，我国自古是一个文章大国，文章资源之丰富在全世界是绝无仅有的，因此，我们选作教材的范文，除了文学作品外，还包括大量的文章作品。这种种差异，都要求我们的语文教学必须从汉民族语教育的特点出发，走自己的路。

汉民族语教育的特点，体现在学生学习语言的途径上，主要是凭借对范文（它们是运用民族语的典范）的阅读进行的，因此，阅读教学便成了学习民族语的必由之路、主渠道。从语文课程内部的课时分配看，阅读教学占的分量最重，也足见其地位的重要。语文教学中存在的种种问题，多数是阅读教学方面的问题。语文教学理念的更新，也首先反映在阅读教学的改革上。不言而喻，要把语文教学丢失的"魂"招回来，当然首先也要从阅读教学着手。

当前，首先必须改变前面所说的语文教学中的两种倾向：一种多见于日常教学，其特点是死抠文本，肢解课文，进行琐碎刻板的字、词、句操练；另一种多见于展示课、观摩课，其特点是架空文本，架空语言，凭空进行所谓的"人文教育"。而要正确指导范文的阅读，必须处理好语言学习和人文教育的统一关系。同样的文本，同样的"紧扣文本"的教学，但由于教学理念不同、处理方法不同，效果往往大相径庭。

正好有个很有趣的例子。有一次我借班执教梁启超的《少年中国说》，文章结尾处有这样一段热烈赞颂少年中国的碑志式的韵文：

　　红日初升，其道大光；河出伏流，一泻汪洋；潜龙腾渊，鳞爪飞扬；乳虎啸谷，百兽震惶；鹰隼试翼，风尘吸张；奇花初胎，矞矞皇皇；干将发硎，有作其芒；天戴其苍，地履其黄；纵有千古，横有八荒；前途似海，来日方长。美哉，我少年中国，与天不老！壮哉，我中国少年，与国无疆！

我问学生："这一段鼓舞人心的诗化语言，每一句都用了一个比喻。你们平时读到比喻句的时候，首先要做的是什么事？"想不到全班同学一致表示要"先找出本体和喻体"。学生说的确实是一种常规的读法，语文教师通常都是这样教的，但语文课之所以上得烦琐沉闷，正是教师这样"教读"的结果！明明是一个个生动、形象的比喻，在语文课上却变成了一堆空空洞洞的本体和喻体。这样读文章，还有什么趣味？不仅人文精神的熏陶感染将成为一句空话，就是语言本身也学不好。于是我问学生："难道除此以外没有别的读法了吗？"学生终于找到了另一种读法：展开想象，把每一个比喻想象成一幅图画。当学生用自己的语言把一个个画面生动地描绘出来的时候，想象力出来了，审美情趣出来了，人文精神出来了，语感也出来了。最后，学生把一个个画面连贯起来，水到渠成地把这段话背了出来。（参见本书《少年中国说》教学实录）

这个教学过程印证了一个观点：民族语教育从来不是一个纯技术问题。

总之，语文教学认定了民族语教育这个目标，多一点对民族传统、民族文化的尊重，多一点对自身经验的研究，少一点花里胡哨，少一点食洋不化，让学生实实在在地接触文本，实实在在地触摸语言，实实在在地在读、写、听、说中摸爬滚打，这样也就找到了语文教学的"魂"。如果我们的学生有一天能够熟练地运用民族语，能够从"读"和"听"中汲取丰富的信息和精神养料，能够用"写"和"说"来表达思想，与人交流，那么，他们的发展就有了扎实的基础。

（注：现代信息技术进入语文教学课堂，是语文教学现代化的题中应有之义，但多媒体技术的滥用，必然干扰学生对文本语言的学习，其负面作用也不能不引起我们的关注。）

二、"语文素养"就是"语文的素养"

提高学生的语文素养是语文教学的基本目标。我们首先要弄清楚，究竟什么是

"语文素养"。我发现，尽管"语文素养"是"新课标"中一个极为重要的概念，但至今尚无普遍认同的确切界定。我读过一些专谈"语文素养"的文章，大多谈得含含糊糊，或者理论谈了不少，但读后使人仍不得要领。有的文章把思想、品德、价值观等这些本应由整个学校教育承担的任务，也都划到了"语文素养"的名下。比如，有位很权威的专家认为："语文素养指学生在语文方面的修养，包括对祖国语文的思想感情、语言的积累、语感、思维，也包括一些语文能力，如识字写字能力、阅读能力、口语交际能力和习作能力，另外还有品德修养、审美情趣等。"

"只恐双溪舴艋舟，载不动许多愁"，语文素养这只"舴艋舟"也许比人们想象的要大一些，但再大的容量，毕竟还是有限度的，过量的"超载"，它承受得起吗？我这样说，并不是认为语文教学可以不管思想品德教育，但"管"不等于要把思想品德这些"非语文"的元素统统纳入"语文素养"的范畴。

我想，"语文素养"就是"语文的素养"。它是一个偏正词组，中心词是"素养"，"语文的"是限制语。我们给"语文素养"界定时不能无视"语文的"这个限制语的存在。所谓"语文素养"，就是一个人在"语文方面"的素养。这是一个仅凭语法常识就能弄清楚的问题。可奇怪的是，语文教育界那么多语文专家、语法学家，却说不清楚语文素养究竟是个什么东西！正如教师们所调侃的那样："语文素养是个筐，什么都能往里装。""语文素养"概念的泛化和模糊化，势必造成实际操作上的困惑，而且必然会导致把语文课上成思想品德课、人文教育课的后果。从目前不少"展示课"的倾向看，这种忧虑不是多余的。

其实，语文素养并非什么说不清道不明的怪物。我发现，某些本来并不复杂的东西，但若在理论上钻之太深，或意在近而求之远，有时反而会越钻越糊涂。相反，把钻"深"求"远"的思维拉回到浅近的常识性思维上来，也许反倒能看清楚它本来并不复杂的面貌。"语文素养"这个概念，其实凭常识是不难划出一个大致的边界的。比如，我们说"某人语文素养很高"。凭什么我们断定其"语文素养"很高呢？我想，无非是因为他具备了这些素养：①较强的语文能力（阅读、写作、口语交际能力）；②一定的语文知识积累；③对祖国语言的深厚感情和正确态度；④较高的文学审美趣味和能力；⑤较宽的文化视野。

如果我们再从操作的层面思考一下，那么，我认为在构成语文素养的诸要素中，语文能力是决定因素，因为一个人只有具备了相当的语文能力，能读会写，善于吸收和表达，才有可能全面提高自己的语文素养。反之，如果不会读不会写，不能有效地吸收和顺利地表达，其语文素养必定无从谈起。而在读、写、听、说几项语文能力中，阅读能力又是基础，因为只有善于阅读的人，才能从各种读物中广泛汲取精神养料，拓宽文化视野，才能全面提高自己的语文素养。我看过不少作家、学者谈自己成长过程的文章，发现尽管每位作家、学者所走的路并不相同，但有一点却是百分之百的一致，那就是几乎所有的作家、学者都认为他们从少年时代就爱上了读书这一经历，对他们日后走上创作或学术研究之路有着毋庸置疑的影响。从这个意义上说，阅读可以改变人生。朱永新先生有一句说得十分精彩的话："一个人的阅读史，就是他的精神发育史。"

可见，阅读能力虽然不是语文素养的全部，但它是提高学生语文素养的基础。落实到语文教育的操作层面，培养阅读能力就是一个重要的"抓手"。语文课千头万绪，抓什么？抓住了"培养阅读能力"这一条，就能执一御万而不致顾此失彼。当然，这里所说的"阅读能力"，是真正的阅读能力，是指那种善于从读物中获取精神养料和丰富信息的能力，是那种善于和文本作者进行心灵对话的能力，而不是只会依照刻板的套路"分析"文章的所谓"能力"。我相信，当我们的学生在语文课上学会了真正的阅读，从而爱读书、会读书、多读书、读好书，"语文素养"的提高就不再是一个朦胧而遥远的目标了。

我倡导的语文导读法，着眼于激发学生的阅读兴趣，培养学生自主阅读的意识和能力，正是为了全面提高学生的语文素养。在这一点上，"导读"的理念与新课程的基本理念是一致的。因此，从新课程的视角看语文导读法，必能使我们更自觉地"瞄准"提高学生的语文素养这个总方向，获取导读的更大效益。

三、"两性统一"质疑

"两性统一"指的是"工具性和人文性统一"这个命题。

至少有两点应该弄清楚：①"两性统一"的确切含义是什么？②"两性统一"的提出对语文教学实践发生了怎样的影响？

我国语文教育界在很长一段时期内为语文课程的性质问题争论不休。争论的目的，说白了只是为了解决一个问题：语文教学除了教会学生"理解和运用祖国的语言文字"以外，是不是还要进行人文、思想教育？这个问题，实质上仍是过去的"文道之争"在新词语包装下的现代翻版。其实，世界上其他国家的语文教育也都既有语言、技能方面的取向，也有人文、思想方面的取向，但他们都"绕过"了性质之争。他们的语文教学好像并没有因此造成什么人文精神的失落。我最近看到一套国内出版的比较完整的美国语文教材①，读后深为其人文性与工具性的完美统一而赞叹，但美国似乎没有发生过为语文课程"定性"的问题。可见，问题的关键不在于"定性"，而在于如何科学地、实事求是地确定语文课程的取向。

为什么过去的"文道之争"、如今的"两性之争"会成为我国语文教坛一道独特的风景线呢？其起源可能要追溯到 20 世纪五六十年代。在那个"政治是灵魂""政治统率一切"的年代，一场轰轰烈烈的"教育革命"，在语文教学领域的"伟大成果"，就是把语文课上成了政治课。有些省市甚至干脆把语文课改名为"政文课"，语文完全沦为政治的附庸，这导致学生语文能力的普遍下降。于是从 1959 年开始，在全国范围内对语文课的性质、目的、任务等根本问题开展了大讨论。这场大讨论的一个重要收获，就是"工具论"的提出，并以国家文件的形式反映在 1963 年教育部制定的中小学语文教学大纲中。当时的观点是：语文是工具，但又不同于纯物质工具，而是具有思想情感内涵的工具。"工具论"在当时的提出，改变了多年来语文作为政治附庸的地位，开始重视字词句篇的教学和读、写、听、说的训练。这就是"工具论"的由来和它的历史贡献。

我之所以不大赞成这种旷日持久的"两性之争"，甚至不大赞成现在重提"工具性"，因为已经进入了理性时代的今天，我们完全可以科学地、理性地解决语文课程的取向问题，而不必再纠缠在这个被注入了太多的政治元素和情感元素的争论中。不过，既然现在"新课标"做出了"工具性和人文性的统一是语文课程的基本特点"这个权威性总结，我们是不是也应该冷静地审视一下它的科学性和合理性呢？

质疑之一："两性统一"是不是语文课程独有的特性？

回答是否定的。中小学的多门课程其实都具有"工具性和人文性的统一"的特

---

① 马浩岚：《美国语文——美国著名中学课文精选》，北京，同心出版社，2005 年。

点。比如数学，它不仅是一种运算的工具，同时也具有人文性。如果上网搜索关键词"数学教学的人文性"，我们可以找到很多有关的文章，可见数学也是一门"工具性和人文性统一"的学科。其他学科（尤其是英语学科）都莫不具有"两性统一"的特点。既然"两性统一"的特点不是语文学科所独有，那么把它作为语文课程的定性，还有什么意义？

更值得商榷的是，"工具性和人文性的统一"这种"两性"对举或并列的表述方式，虽然强调其"统一"，但很容易给人造成这样的印象："工具性"和"人文性"毕竟是两个各自独立的存在，它们可以"统一"，也可以"不统一"。于是实际教学中就反复出现了两"性"互相抗衡、彼此消长的状态，常常不是工具性压倒人文性，便是人文性压倒工具性。我国几十年语文教学发展史其实就是这两个"性"此消彼长、潮起潮落的历史。近年来由于对人文教育、思想教育的重视，语文课上实实在在的读、写、听、说训练正在逐渐淡化、淡出，语文课愈来愈凌虚蹈空，愈来愈丧失所谓的"语文味"，"语文教学回归本源"的呼声时有所闻。"两性"其实从未真正"统一"过。

质疑之二："工具性"和"人文性"的确切含义究竟是什么？

先说"工具性"。它不仅出现较早，而且似乎比较具体而容易捉摸，可事实却不是这样。语文（准确地说应该是"语言"）到底是一种什么"工具"？答案就很纷繁。在 1963 年的语文教学大纲中，它是"学好各门知识和从事各种工作的基本工具"（后来又说是"基础工具"）；但在稍前发表的《文汇报》社论《试论语文教学的目的任务》中，它的功能被大大地放大了，不仅是交流思想和感情的工具，而且还是阶级斗争的工具、生产斗争的工具、传播知识的工具、学习马克思列宁主义和攀登科学文化高峰的工具、认识世界和改造世界的工具，简直成了一种"万能工具"；到了"文化大革命"中，这个无所不能的"工具"只剩下了一个功能："阶级斗争的工具"；如今"新课标"把它定位为"最重要的交际工具"，但在现实的课堂上它却仍然不断扮演着"应试工具"的角色。请看，似乎一伸手就能抓住的"工具"，就让人闹不清它究竟是干什么的。那么所谓的"工具性"，其内涵也就说不大清楚了。事实上，语文作为一种"工具"，不同于任何物质形态的工具。语文工具本身就蕴含着复杂的思想情感和人文内容，把它作为与人文性"对举"的一个概念，在思想方法上就落入了机械论的窠臼。至于语文课怎样上才算体现了工具性，恐怕更是言人人殊，莫衷一是。

至于"人文性"，恐怕比"工具性"还要玄乎些。"人文"作为一个词，在我国是古已有之。《易》就有"观乎天文，以察时变；观乎人文，以化成天下"之语。句中的"人文"与"天文"相对，指的是人世间的各种现象，看来与语文课程"人文性"的"人文"并没有多大关系。西方倒是有个"人文主义"，是欧洲文艺复兴时期新兴资产阶级反对神学和封建主义的一种社会思潮。这种思潮秉承着西方人本主义的深厚传统，肯定和注重人、人性，主张天赋人权，要求在各个文化领域里把人、人性从神学和一切精神奴役的禁锢中解放出来。此外，西方在学科分类上还有"人文科学"这样一个大类。据《辞海》释文，人文科学指有关人类利益的学问，以区别于曾在中世纪占统治地位的神学。狭义的人文科学指拉丁文、希腊文、古典文学的研究；广义一般指对社会现象和文化艺术的研究，包括哲学、经济学、政治学、史学、法学、文艺学、伦理学、语言学等。现在我们所说的"人文性"的"人文"，既然不是我国古已有之的那个"人文"，那么其含义跟人文主义、人文科学的"人文"也许有点渊源，但西方的"人文精神"，如主张人性、人权等，似乎又不是当今领导教育的人士所喜欢和期待的那种东西；况且其内涵和外延究竟如何，至今还没有比较确切的"说法"。总之，究竟何为"人文性"？它跟过去习用的"思想性"有哪些不同？语文"新课标"规定的目标"三个维度"之一的"情感、态度、价值观"，是不是"人文性"在目标取向上的体现？如果是，那么我们究竟要倡导什么样的情感、态度、价值观，是西方人文主义的情感、态度、价值观吗？这些问题大家都稀里糊涂。"新课标"只是端出"工具性和人文性统一"这样一个抽象的命题，却把该命题的"解释权"下放给了全中国的语文教师！问题是，连"新课标"研制组组长巢宗祺教授在接受《语文学习》编者访谈时都不得不承认"语文的人文性与工具性是个比较复杂的问题，不是三言两语就能概括清楚的"①。"新课标"研制者都不容易说清楚的东西，语文教师们又怎能搞得清楚？既然在理念上不清不楚，又怎能期望在教学实践中处理好两性的"统一"呢？

于是，我只能按照自己的理解妄加猜测：语文课程的"工具性"，在实际教学中主要体现于语文知识的教学和语文能力的培养，就是要重视识字、写字、阅读、写作、思维、口语交际等基础能力的训练。语文课程的"人文性"则主要体现于对学

---

① 温泽远：《解读课程标准——巢宗祺访谈录》，《语文学习》，2002（1）。

生的人格、个性、精神世界的关怀，就是要重视培养学生积极健康的情感态度、正确的价值观、高尚的审美趣味。但两者在语文教育过程中是"统一"的，如同刀和刃的关系，相互依存，不可分离。正是这种"统一"，赋予了语文这种"工具"以特殊的性质。其特殊性就表现在它是一种含有丰富的人文内涵的工具。它不仅是交际的工具、思维的工具，而且是丰富人的精神世界、提升人的文化品位的工具。正是这种统一，使语文课程的人文教育不同于其他课程（如思想品德、历史、地理等）的人文教育：语文课程是在学生掌握语文这种特殊工具的过程中，通过对文本语言的感知和感悟，通过读、写、听、说等具体的语文实践，不着痕迹地体现的。语文课程人文教育的最大特点是熏陶感染，潜移默化。

由此可见，语文教学要真正做到"两性统一"（其实只要"正确"地教语文，两性天生就是统一的），就不能片面地强调一性而淡化另一性；同时，"两性统一"也不是"工具性"和"人文性"的等量相加，不是"1＋1＝2"。两者在共同呈现语文课程的特点时，可以说是难分彼此的。过去语文教学中那种肢解课文、烦琐分析、刻板操练的教法，不仅扼杀了人文性，事实上也扭曲了工具性；同样，如今某些语文课上那种架空文本语言，脱离学生的读、写、听、说实践，凭空追求的所谓"人文性"，也不是语文课程的人文性。

但是，从现在不少谈论语文教学的文章和某些展示课的倾向看，恐怕已不是人文精神失落的问题，而是"人文性"张扬有余，"工具性"却受到了"不公正"的待遇。有些文章一提到人文性，大多理直气壮，热情洋溢；对工具性，则不是不屑一顾，便是三缄其口，生怕落一个"保守派"的恶谥。这种倾向表现在某些展示课上，执教者宁可脱离文本，架空语言，也不愿让人说一句"人文精神失落"。说是"两性统一"，其实是"一性称霸"。

我想象中一堂比较完美地展示"两性统一"（姑且认同这个提法）的语文课，应该是语言学习和人文教育不着痕迹地自然融合。

举一个我教《谈骨气》的案例。

网上有位先生发了个帖子，批评吴晗的《谈骨气》。吴晗的文章有历史局限性，完全可以批评。问题是这位先生批评的理由有些奇怪："吴老先生像个天真的小学生似的写道：'中国人是有骨气的。'请问：难道那么多中国人都是有骨气的吗!？……还说这是'中华民族的传统'，稍明智一些的人都会嗤之以鼻的。"

对于这位先生的观点，我在教学中没有请学生就事论事地进行评论，而是向学生介绍了鲁迅的两段话：

> 我向来是不惮以最坏的恶意，来推测中国人①的，然而我还不料，也不信竟会下劣凶残到这地步。（《纪念刘和珍君》）

> 我们从古以来，就有埋头苦干的人，有拼命硬干的人，有为民请命的人，有舍身求法的人，这就是中国的脊梁。要论中国人②，必须不被搽在表面的脂粉所诳骗，却要看看他的筋骨和脊梁。（《中国人③失掉自信力了吗》）

下面是我和学生的对话：

师：鲁迅的文章中用到了三个"中国人"。请同学们比较一下，三者所指的对象是一样的吗？然后再回到我们刚才讨论的问题上，看能不能取得一点共识。

生：鲁迅的文章中，①指的是杀害刘和珍和制造流言的那一类坏人，而③指的是没有失掉自信力的中国人，②指的是中国人中的"脊梁"。三个"中国人"都不是指中国人的全体。

师：这对我们解决刚才的问题有什么帮助吗？

生1：我们在用"中国人"这个概念的时候，如果前面不加任何表示限制的词语，既可以指全体中国人，也可以指某一部分中国人，主要看它出现在什么语言环境中。网上那篇文章对吴晗的批评是没有道理的。

生2：中国人中当然有优秀的人，也有坏人，吴晗会不懂这个道理吗？还用得着这位网上的作者来教训吗！再说，我们写文章总得给人一点启发或鼓舞，吴晗写这篇《谈骨气》就是要鼓舞人们以"中国人的骨气"去克服国家面临的困难。"我们中国人是有骨气的"，这样的句子铿锵有力，很有鼓舞人心的作用，如果改为"有一些中国人是有骨气的"，还有这种表达效果吗？

生3：我同意他们的意见，再想做点补充。我们在谈到民族传统的时候，应该看主流的方面。世界上任何一个民族，都有优秀分子，也有败类，但优秀分子总是处在主流的地位，否则，这个民族就不可能生存和发展。他们也许人数不多，但却是一个民族的代表人物，也就是鲁迅说的民族的"脊梁"。

师：这几位同学说得真好！我同意你们的分析。"我们中国人是有骨气的"这句话中的"中国人"，指的正是堪称"中国的脊梁"的那一部分优秀的中国人，正是在他们的身上体现着中国人的骨气。再从语文知识的角度说，这里其实有一种修辞现象：整体和部分可以互代。吴晗的文章中是用表示整体概念的"中国人"代替有骨气的中国人。

这个教学片段，分不清究竟是重在语言学习，还是在进行思想人文教育；工具性和人文性的界限消失了，根本无法指认哪里体现了工具性、哪里体现了人文性，只觉得你中有我，我中有你，浑然一体地交融在一个完整的、不能分别指认的教学过程之中。这才是我所追求的语文教学境界。

四、"平等对话"之我见

"新课标"指出，语文教学应在师生平等对话的过程中进行。"对话"本是后现代阐释学的一个重要概念，"新课标"以官方文件的权威第一次把它移植到语文课程中来，对于只习惯于"谈话"的不少教师来说，一时难以消化是可以理解的。

不想涉及理论，这里只从导读的角度解读一下教学过程中的两种对话，一种是师生间的对话，另一种是师生与文本（课文）间的对话。这两种"对话"每天都在课堂里发生着、进行着，因此从实践的角度探讨一下它们的特点和对教学提出了什么要求，很有必要。

（一）师生对话

语文教学中传统的师生互动形式是"谈话"。"谈话"与"对话"虽只一字之差，但两者背后潜在的教育理念是不同的。谈话作为一种教学方法，又称问答法，其特征是教师问、学生答。教师如果问题设计得好，当然也有启发思维的作用。但无论怎样，谈话总是以教师为中心进行的，学生只是被动地回答教师提出的问题，表面看似乎思维很活跃，其实学生学得并不主动。即使像苏格拉底那样经典的谈话，也不能改变谈话对象的被动地位。如果问题的质量不高，又很琐碎，那就出现了古人所说的"导而弗牵"的"牵"的现象：学生的思维在频繁的问问答答中被一个个琐碎的问题牵着走，完全处于被动的状态。在谈话过程中，教师是学生学习的主宰者，师生的地位是不平等的；而且谈话的结论都是教师预定的，答案也往往是唯一的。自20世纪50代年"《红领巾》教学法"在全国推开以来，谈话法一直是课堂里师生活动的主要方式。

我在长期运用导读法的过程中，有感于谈话过程中师生地位的不平等，与我的"学生为主体"的观念发生抵牾，因此逐渐自觉地避免"谈话"，而采用一种新的师生交流方式。我把这种方式叫作"交谈"。我在1991年写的一篇短文中说：

> "交谈"区别于"谈话"的最明显的特点，就是教师的平等态度。"交谈"的"交"，就是指师生间思想情感的"交流"，交流的双方是完全平等的……只有当学生与教师之间建立了这样的精神联系，他们才会全身心地投入到教学过程中来，成为教学的热情支持者与合作者。

（《我喜欢课堂上的平等交谈》，《语文学习》，1991年7月12日）

"交谈"在师生平等这一点上，和今天倡导的"平等对话"颇有一致之处，也体现了我的"学生为主体，教师为主导"的理念。在操作上，为了让学生拥有更大的自主空间，我采取了提供"话题"的办法，注意避免琐碎的问问答答。例如，我执教鲁迅的《故乡》时，提供了下面几个话题：①关于"我"；②关于闰土；③关于杨二嫂；④关于宏儿和水生；⑤关于"我"的"希望"；⑥关于写景。师生双方围绕这些话题进行交谈，在交谈中，学生相互质疑、共同解答，教师只是作为平等的一员参与其中，起穿针引线的作用，有时也给予必要的启发、指点。下面是一小段关于杨二嫂的交谈实录。

生：为什么把杨二嫂叫作豆腐西施？

师：是啊，为什么呢？

生：西施是个有名的美人，杨二嫂长得漂亮。

师：还有个同学说是因为杨二嫂豆腐做得好，做得又白又嫩。（大笑）是豆腐好，还是她有点漂亮？

生：是有点漂亮。

师：你怎么知道？

生：是打扮出来的漂亮。

生：因为杨二嫂的关系，豆腐店的生意特别好。

师：大家去看杨二嫂，豆腐店的生意好起来了，是吗？（笑）这样写有点什么意味啊？

生：讽刺。

生：我还有个问题，99页第二行"我却并未蒙着一毫感化"，"感化"是什么意思？

生：是影响的意思。

师：好，还有什么解释？

生：在意识和情绪上起反应。

师：你这个解释哪儿来的？

生：字典上。

师：对了，两种意思都有。

生：因为"我"当时年纪小，所以豆腐西施虽然漂亮，"我"一点也不感兴趣。（大笑）

师：啊，我很同意你的意见。

"话题"的主要特点是：①思维空间大，有时候整整一堂课只有两三个话题；②学生只是围绕话题提出疑问、发表意见，而不是回答教师的问题，所以"答案意识"淡化，交谈获得的认识往往是多元的。从上面的交谈过程看，正是在"话题"的情境下，学生摆脱了被"牵"的处境，思维空间拓宽了，主体意识和独立思考受到了鼓励。现在看来，当时这种师生间的"平等交谈"，至少在指导思想上和"平等对话"是基本一致的。我的"提供话题"的操作方法，也对现在怎样进行"对话"多少有些参考的作用。当然，"话题"也好，"问题"也好，只是操作方式上的差别，何况两者在很多情况下往往相互杂糅，难以泾渭分明。归根到底，决定是不是"平等对话"的关键，还在于教师是不是在意识和行动上真正尊重学生的主体地位。

在师生平等对话过程中，怎样看待教师的地位和作用，也是一个至今仍然聚讼纷纭的问题。有人认为，后现代主义时期的到来意味着"敲响'教授时代'的丧钟"。我就看到过不少主张消解教师主导作用的议论。事实上，后现代主义的对话理论虽然主张"师生平等"，但也并不完全否定教师的作用。后现代主义课程的代表人物之一威廉姆·多尔把教师的作用界定为"平等中的首席"，是很耐人寻味的。既然教师是"平等中的首席"，那就意味着师生间还有着"平等"中的不"相等"。我相信，只要世界上有教育存在，有教师和学生这两种不同的角色存在，教师和学生之间这种"平等"而不"相等"的地位就不会改变。

如果我们确认教师"平等中的首席"地位，那么，在对话过程中应该怎样体现其"首席"的作用呢？我认为主要体现在四个方面：第一，营造对话氛围——使对话在民主、宽松、愉快的氛围中进行；第二，组织对话过程——使对话在有序的状态下进行；第三，调控对话方向——使对话始终围绕当前的话题进行；第四，保证对话的省时和有效——使对话过程成为有效率的师生互动过程。

可见，在师生平等对话的过程中，教师作为"首席"，对"对话"的有效进行仍然发挥着举足轻重、不可替代的作用。这种作用，叫它"主导作用"也罢，叫它"指导作用"也罢，重要的不是名称，而是这种作用的实质。总之，当前的问题，不是"要不要教师指导"，而是"教师如何指导"的问题。语文"新课标"指出："学生是语文学习的主体""教师是学习活动的组织者和引导者"，这些表述与我的"学生为主体，教师为主导"的差别只是表述的方式不同而已；而"对话"，正是"主体—主导"间平等交往的最佳方式。

（二）师生和文本对话

这是以教师和学生为一方、以文本（包括隐藏在文本背后的作者）为另一方的对话过程。这里有两重含义：第一，教师和学生作为对话的共同一方，虽然都是阅读的主体，但就师生内部关系而言，教师是"平等中的首席"。教师和学生在共同指向文本时，分担着不同的角色。第二，就师生一方与文本（作者）一方的关系而言，则是阅读过程中"阅读主体"和"阅读客体"之间的"对话"关系，对话的双方也是完全平等的。厘清并确认这些关系，对教师在阅读教学过程中规范自己的教学行为有着直接的作用。首先，教师和学生在与文本（作者）对话的过程中，教师既要充分尊重学生的话语权，尊重学生阅读文本中的独特体验，又要尽到"首席"的责任，使学生与文本的对话有效地进行。其次，在师生共同与文本（作者）的对话中，固然要改变传统语文教学中"文本中心""仰视作者"的态度，却又不能走向另一极端，即一切以读者（学生）为中心随心所欲地解读文本，而完全无视文本（作者）的存在。

举个例子：有位学生在阅读朱自清的《背影》后，主要的"发现"是"父亲违反交通规则"。面对学生这样的"独特体验"，教师要不要指导？看到有位大学教师发表文章认为应该尊重学生的"发现"。这是典型的"极端读者中心主义"，它在"尊重读者"的名义下，实际上把文本（作者）完全逐出了对话过程。这位大学教师不知道，中学语文课上的阅读，不仅是学生阐释文本的过程，更是学生"学会与文本对话"的过程。对《背影》这类"一看就懂"的文章，缺乏阅读经验的学生最容易"一看而过"，忽略了文本丰富的隐含信息。那位除了看到父亲"违反交通规则"之外一无所得的学生，就因为"读"得太容易，不动脑筋地一眼扫过，才形成了这种极其肤浅的"阐释"。教师如果对这种肤浅的"阐释"也一味鼓励的话，恐怕就不是尊重学生，而是误人子弟了。

还拿这篇《背影》来说，它看似浅白，其实作者对读者的"暗示或提示"极为丰富。例如，文章首尾都以伤感的笔调写了父亲的凄凉处境：失业、丧母、家景惨淡、谋生艰难、老境颓唐；也以愧悔之情写了"我"的自以为是，自作聪明；又含蓄地交代了因为双方的原因而造成的父子关系一度冷漠（他触目伤怀……家庭琐屑便往往触他之怒。待我渐渐不同往日。……但最近两年的不见，他终于忘却我的不好……）。直至经历了车站送别时那些感人的细节，其后"我"又读到了父亲来信中那句催人泪下的伤心话"……大约大去之期不远矣"，于是情不自禁地想起了父亲的养育之恩、拳拳的爱子之心，以及自己几年来对父亲处境和心情的不理解。因此，在"我"对父爱的回味中，深深交织着愧疚、悔恨、自责等复杂的情感，而所有种种复杂的情感又都凝聚在"我"晶莹的泪光中重现父亲背影时的瞬间感受上。"背影"为什么会成为一个经典的意象？因为它代表的是一个渐渐远去，最终会完全从视野中消失的亲人的身影，这样，被注入了那样复杂感情的"背影"才会在"我"的心中成为永远抹不去的鲜明的记忆。面对《背影》这类看似浅白其实内蕴丰富的文章，教师作为"平等中的首席"就要在学生初步"读懂"的基础上，启发学生注意隐含在文字背后的重要信息。至于学生从这些隐含信息中获得怎样的结论，这并不重要，重要的是学生"正在学会"与文本（作者）对话，重要的是学生在这个对话过程中所积淀的真切体验。当然，教师在宽容地对待学生的独特体验的前提下，作为对话中平等的一个成员，也可以谈谈自己的阅读体验——这时教师的"讲"，不同于填鸭注入，而是一种在学生阅读体验基础上的师生"共享"。总之，只要着眼于"实实在在教会学生阅读"，只要一切以学生"发展"的利益为标准，那么，即使遇到某些似是而非的"理论"的迷惑，也不会失去自己的判断力了。

至于怎样"教会学生阅读"，叶圣陶先生在给一位语文教师的信中的一段话，最为切中肯綮：

> 语文老师不是只给学生讲书的。语文老师是引导学生看书读书的。一篇文章，学生也能粗略地看懂，可是深奥些的地方，隐藏在字面背后的意义，他们就未必能够领会。老师必须在这些场合给学生指点一下，只要三言两语，不要噜里噜嗦，能使他们开窍就行。老师经常这样做，学生看书读书的能力自然会提高。
>
> （转引自《人民教育》1981年第1期：《谈教学的着重点》，引文中的着重号为叶老自己所加）

这段朴实无华的话，可以作为叶老名言"教是为了不需要教"的注脚，说得实实在在，却又蕴含着先进的教学观念。在这段话中，既有对学生主体地位的尊重，又具体指出了教师如何发挥指导作用——在"学生自己读懂"的基础上，就"隐藏在文字背后的意义"给学生"指点一下"。这种"指点"，必须是要言不烦、富于启发性的，目的仅仅在于"使学生开窍"——开窍者，学生自悟自得也。这也正是学生在教师的帮助下学习与文本（作者）对话的过程。我想，如果我们实实在在地按照叶老的这些话去做，那么我们的阅读教学就真正变成了一种以课文为对象、以教会学生阅读为目标的"多重对话"（师生对话、生生对话、师生与文本对话）。当我

们的学生从这种多重对话中真正学会了阅读，达到了"不需要教"的境界，那么，"语文素养"的提高就是一件水到渠成的事了——这也正是"导读"所预期的目标。

五、语文训练不宜淡化

这几年，人们谈论语文教学，大多讳言"训练"，似乎谁今天再要主张训练，谁便是保守、落伍。一些高扬人文大旗的人，理所当然对"训练"不屑一顾。有的教师虽然没有打出什么"主义"，但也普遍认为，在实施素质教育的今天，谈"训练"已经不合时宜。在《人民教育》上看到一篇文章，作者在肯定我的"学生为主体，教师为主导"的同时，也认为"训练为主线"的观点"似与素质教育的要求不尽吻合，因为学生的语文素养主要不是从'训练'而得"。有些朋友也建议我把"训练为主线"改为"实践为主线"。总之，大家普遍对"训练"存有戒心，讳莫如深。我知道，持这种观点者绝非少数。

语文教学究竟还要不要"训练"？"训练"难道果真与人文精神水火不容，与素质教育背道而驰吗？

看来，有必要为"训练"正一正名，名正则言顺。

首先，什么是"训练"？"训练"是一个并列式复合词。从它的语素构成看，"训"，指教师的指导；"练"，指学生在教师指导下的实践。教师的"训"和学生的"练"在教学中结合的过程，其实就是一个师生互动、合作的过程。可见，构成"训练"有三个"要件"，缺一不可：①教师的指导；②学生的实践；③师生的互动、合作。

比如，一篇课文的教学，如果是教师一讲到底，学生除了听讲无所事事，这当然不是训练；如果教师虽然也设计了不少问题，与学生在问问答答中"互动"，但如果问题本身既没有启发性，给学生的思维空间又很狭小，课堂气氛看起来热热闹闹，其实学生的思维完全被教师"牵"着走，处于被动地位，根本没有自己读文章的实践，这也算不得"训练"。至于让学生猛做练习，进行刻板的字、词、句"操练"，更与训练毫无共同之处。

真正用"训练"的要求教读一篇课文，教师必须着眼于指点阅读的门径，学生则致力于自求理解，自致其知。教师当然也要提出一些问题，但它们必须是能够引导学生进一步阅读课文的富于启发性的问题。提问的目的不在于找个答案，而在于把学生的思维引向文本的深处。训练的终极目标是什么？可以借叶圣陶先生的话来回答，"学生须能读书，须能作文，故特设语文课以训练之"，最后达到"学生自能读书，不待老师讲，自能作文，不待老师改"。这才是名副其实的语文训练。

其次，"训练"在"三主"中处在什么地位？"学生为主体，教师为主导，训练为主线"不是三个命题的静态排列，而是对教学中师生"互动过程"的一种概括性表述。简要地说，"学生为主体"是教学的基本立足点，着眼于学生的"会学"；"教师为主导"是保证学生真正实现其主体地位的必要条件，着眼于教师的"善导"；而学生的"会学"和教师的"善导"又必然汇合于一个综合的、立体的、生动活泼的训练过程之中。可见，"训练"是学生的"会学"和教师的"善导"交互作用的必然归宿。从这个意义上说，导读的过程也就是训练的过程；高质量的、生动活泼的训练，是导读成功的必要条件。

长期以来语文教学是一种怎样的状况呢？不是"填鸭"——教师滔滔讲授，便是"牵羊"——琐碎频繁的师生问答，或课外用"题海"来弥补课内训练的不足。总之，学生的学习主体性被长期压抑，教师越俎代庖，师生"互动"变成一种徒具形式的问问答答，真正意义上的语文训练不是太多，而是太少。这正是学生总体语文素养不高的症结所在！如果语文教育再不认真地、实事求是地面对训练、研究训练，如果继续像现在这样鄙弃训练，真不知我们的语文教学将会变成什么模样。

再从"工具性和人文性统一"的角度看，也只有在一个综合的、立体的、生动活泼的训练过程之中，才有可能实现"两性"的完美统一。因为语文课程的"人文性"，不是外加的东西，而是不着痕迹地"内含"于学生的读、写、听、说的语文实践之中。仍以阅读教学为例：学生在教师的指导下进入文本，经过一系列"读"的实践，不仅建构了知识意义，锻炼了阅读能力，获得了审美愉悦，而且必然同时受到范文所蕴含的人文精神的熏陶感染，潜移默化。语文课程人文教育的最大特点是"润物细无声"，这一特点只有在一个综合的、立体的、生动活泼的训练过程中才能真正体现出来。游离于学生读、写、听、说实践的人文教育，不是语文课程的人文教育。

由此可见，正确的"训练"不但与人文性并不对立，相反，恰恰是正确的"训练"，使语文课程的工具性和人文性的完美统一成为可能（假定我们认同"工具性和人文性统一"这个命题）。

看来，语文训练作为语文教学过程中师生互动、合作的基本形式，在实施素质教育的今天，仍有存在的必要，但其质量和效率还有待提高。我坚持认为，灵活、高效的语文教学，只能是灵活、高效的语文训练的结果。

六、关于教学观的对话

（一）答《中学语文教学》杂志社编辑问

问：听说您的语文教学探索起步很早，20 世纪 80 年代初就已经蜚声语文教坛。请问，您在长期的教学探索中体会最深的一点是什么？

答：要善于对自己的实践进行理论概括，并把概括的结果尽可能简明地表述出来，或使之浓缩为一个理论术语。这个术语最好是寻常词语的组合，但表达的是全新的理念。这样的理论概括往往给人以更多的启迪。

问：对了，您在 20 世纪 70 年代末提出的"自读""教读"的概念，80 年代初提出的"学生为主体，教师为主导，训练为主线"的观点，为什么一发表就立即为许多语文教师所认同？我想，就是因为您用"寻常词语的组合"，表达了全新的理念，把大家正在共同思索着而尚未成形的思想用极其明确平实的语言表述了出来，使人们已经朦胧地感觉到了的东西一下子明朗化了。是这样吗？

答：也许是这样吧。记得华东师范大学已故的谭惟翰教授在评论我的教学观的一篇文章里说："翻开《教育学》和《教学论》之类的书，不难发现'教师在教学中应起主导作用''学生是认识客观世界的主体''技能和技巧主要是在练习过程中形成的'等论述。这也就是说，如果把'学生为主体''教师为主导''训练为主线'这三个观点分开孤立地看，并不新鲜，但是把这三者紧密相连，使之成为有机的'三合一'，辩证地统一于一个完整的教学构思之中，并以之为指导思想切实地运用于教学实践，其'首创权'应当是属于钱梦龙的。"如果你同意谭先生的分析，那么我的幸运仅仅在于"抢先"找到了这种"三合一"的表述方式；假如慢一步，这个"首创权"很可能不属于我。当然，问题不仅仅在于表述，它实质上反映了我对教学过程中教师、学生、教材三者之间互动过程的一种理性思考，但简洁而明确的表述毕竟也是极其重要的。简言之，我的"三主"教学观的形成，实际上经历了一个由实践经验转化为理论概括，进而提炼出理论术语的过程。

问： 您的这些体会很重要。我认识不少语文教师，他们在长期的教学实践中积累的经验不可谓不丰厚，他们也常常发表一些谈论教学的文章，但他们的研究往往只停留在"经验思维"的层面上。我相信，他们会从您的体会中得到不少启示。

下面，能不能再请您谈一谈您的教学观的核心问题是什么？我想，这对我们进一步从根本上了解您的教学观是有帮助的。

答： 要回答这个问题，首先要弄明白教学是怎么一回事。什么是"教学"？不妨下一个也许不太严密的定义：教学是以课程内容为中介、以学生的发展为中心目标的师生协同活动过程。这里，学生的发展作为教学的中心目标，决定了教学过程中的其他要素（课程内容和教师的活动）只能是为之服务的外部条件。因此，我所说的"学生为主体，教师为主导，训练为主线"，三句话之间并不是一种形式逻辑上的并列关系。其中最根本的、对其他两句话具有决定意义的，是第一句，即"学生为主体"。教师的主导作用只是为学生的发展而存在，训练则是师生互动的一种必要的形式。因此，我的教学观的核心，就是我的学生观。

问： 就是说，只要抓住了您的学生观，也就抓住了您的教学观。可以这样理解吗？

答： 完全可以。

问： 那么，"学生为主体"就是您的学生观了？

答： "学生为主体"是我的学生观的主要内容，但不是唯一内容。我认为，一种完整的学生观必须能够回答三个问题：①学生是什么？②学生在教学过程中处在什么地位？③教育应该把学生培养成什么人？"学生为主体"只是回答了第二个问题。

问： 对这三个问题您能做些说明吗？

答： 可以。第一个问题："学生是什么？"学生当然是人，是正在长身体、长知识的青少年。这似乎不是个问题，但一旦进入教育或教学领域，这个不成问题的问题恰恰成了问题。学生实际上完全丧失了作为人的能动性，一变而成了"知识的容器"，成了"被填的鸭子"，成了只会按教师为他编好的程序去操练和应考的机器人！正确的学生观必须确认学生是具有独立人格、思想感情、主观能动性和认知潜能的活生生的人。这是我们在教学过程中把"主体"的地位和权利"还"给学生的前提。

问：我知道，有的教师也不是不想让学生学得主动些，可是刚一放手，就觉得学生这也不行，那也不行，总之是能力太差，于是把刚放开的手又伸了过去。症结大概就在于对"学生是具有独立人格、主观能动性和认知潜能的活生生的人"这一点认识不足吧？

答：确实如此。教师不敢放手的原因，主要是认识问题。我们的学生长期习惯于老师嚼烂了喂，一旦要他们自己咀嚼、消化，肯定有个一时不适应的过程。他们尤其缺乏的是主动参与的意识，这就阻碍了他们认知潜能的释放，教师却往往误以为他们能力差。因此，这时我们正确的态度不是把已经放开的手再伸过去，而是应该进一步去唤醒学生沉睡的求知欲，鼓励他们到读、写、听、说的实践中去锻炼、提高自己。只要学生克服了起步时的不适应，他们认知的潜能就会逐渐释放出来，他们就会越学越聪明。再说，学生的能力不是天生的，而是训练的结果。学生正因为读、写、听、说的能力不强，所以才更需要到读、写、听、说的训练中去摸爬滚打。能力是训练的结果，不是训练的前提。如果认为学生能力差就不能训练，只能靠教师"满堂灌"，那他们的能力不是永无提高之日了吗？

问：您的意思是说，学生越是能力差，就越是需要训练；而训练虽然离不开教师的"训"，但训练的最后效果得由学生"练"的质量来决定，因此，教师在教学中必须敢于放手。能这样理解您的观点吗？

答：一点不错。当然，教师在敢于放手的同时，还必须善于放手。叶圣陶先生有两句诗："逐渐去扶翼，终酬放手愿。"由"扶"到"放"有一个"量变"的过程，在这个过程中还得讲究一点方法，讲究一点艺术。放手不是一下子撒手不管，但无论怎样放，首先要对学生的认知潜能有足够的估计。

问：这是学生观要回答的第一个问题。您说得很实在，很中肯。关于第二个问题，我知道您的观点很鲜明：学生在教学过程中处于认知和发展的主体地位。我是同意您的观点的，但我也读到过一些持不同意见的文章。我手头就有这样一篇文章。您看，作者这样说："单主体有两种，一种是教师为主体，一种是学生为主体。单主体说都偏执一端……因而不可能正确解释教学过程中教师和学生的关系……说到底是其理论前提的错误。持单主体说的人不但不承认教学认识的特殊性，甚至于否认教学本质上是一种认识活动，而把教学活动等同于一般的物质实践活动。"（见《语文学习》1997年第3期《语文教育价值观管窥》）话虽然说得很武断，也看不出作者推论的逻辑过程，但我认为他针对"单主体说"的片面性提出的"师生相互主体渐变说"是很言之成理的。显然，这位作者是"双主体说"的拥护者。我很想知道您对这些不同意见的看法。

答：其实，这位作者的"双主体说"（或曰"相互主体渐变说"）跟我的观点并没有原则上的分歧。我的"学生为主体，教师为主导"是一个完整的命题（有人把它称之为"主体—主导"说），其中的"教师为主导"就是以确认教师的主体地位为前提的。道理很简单：教师在教学过程中如果不是认识的主体，怎么可能发挥主导作用呢？因此，我的命题中虽然没有出现"教师为主体"这样的措辞，事实上已经隐含着对教师主体地位的肯定。我和那位作者的区别，仅仅在于：在教学过程中，对教师主体作用的描述，我认为用"主导"这个词更加符合教学活动的实际，同时也可以更集中地凸显"学生是认识和发展的主体"这个教学认识论的基本理念。

问：建议您专就这个问题写篇文章。

答：这个问题近几年多种报刊上谈论得已经够多了，有持"双主体"说的，有持"教师主体"说的，也有赞同"主体—主导"说的，大多持之有故，言之成理。争论当然是好事，但我发现有的作者似乎太性急，往往不大耐心去研究别人的论点以及持论的根据，就急于"针锋相对"地提出自己的学说，好像真理只在自己的手里。这种急于创立新说的心情是可以理解的，但有时就不免陷入无谓的概念之争。比如，在关于语文课程"性质"的争论中，也有此类现象。对待这类争论，我的宗旨是：你争你的概念，我教我的语文。至于是非曲直，还是让广大教师以教学实践来检验为好。

问：那咱们还是接着刚才的话题，来谈点实际的。据我所知，多数教师是赞同您的"主体—主导"说的，但问题是，承认学生为主体是一回事，要使学生真正成为主体又是一回事。有的教师正是在这一点上感到困难。不知您是不是有什么"高招"？

答：我哪有什么高招，只是在长期的教学实践中悟出了一些规律，大体知道学生在怎样的条件下才乐意成为学习的"主体"，如此而已。教师的主导作用就是要想方设法为学生创造这些条件。

问：主要有哪些条件，能扼要说一说吗？

答：比如，①教学内容或教学思路使学生有新鲜感，能引起学生思考、探索的欲望；②营造一定的"问题情境"，使学生带着疑问或悬念进入教学过程；③指点学习的门径，使学生觉得入门不难，而且确能学有所得；④为学生铺设知识、能力的台阶，使学生不断受到成功感的鼓舞。条件当然还可以举出一些，但根据我的经验，教师若能把这四件事做好了，学生肯定能积极主动地参与到教学活动中来。这时教师如果能有计划地逐步放手，学生的主体意识就会逐步加强，最后完全摆脱对教师的依赖，成为学习的主体。这就达到了叶老所说的"不需要教"的境界。有位教育家为"教学"下过一个幽默式定义："教学就是教师想方设法摆脱学生的过程。"可以和叶老的话互相发明。

问：确实，能做到这四点已经很不容易了。但我还想知道支配这些条件的最根本的东西是什么。

答：我认为，教师无论为学生的学习创设什么条件，最根本的一点，是要引发学生的认知需要和审美需要。这两种需要，叫作"求知欲"和"审美欲"。它们在学习过程中被某种诱因所引发，可以转化为巨大的学习动力，即所谓的"内驱力"。记得我在当中学生的时候，读唐诗几乎到了痴迷的程度，就因为唐诗中那些花红柳绿的字眼和它们构成的意境，引发并满足了我的认知和审美的需要。可是如今的学生，从小学到中学，长期在考试和升学的沉重压力下紧张而疲惫地学习，教师催，父母逼，一切都是为了分、分、分！其结果是催逼出了学生强烈的"求分欲"。人的认知和审美的需要是只有在自觉状态下才可能产生的高级精神需要，是催逼不出来的。我们的"导"就是要想方设法"唤醒"学生长期被抑制的求知欲和审美欲。

问："求分欲"大概是您针对"求知欲"仿造的一个名词吧？可有的教师也许会说，只要能使学生努力学习就行了，管他是为了"求分"还是为了"求知"呢。我认为这种说法也不能说没有道理。

答："求分欲"是我仿造的。强烈的求分欲的确也能刺激学生努力学习。它和求知欲在行为表现上有时很难区分，但只要细心观察，便不难发现，仅有求分欲的学生，尽管考试成绩可能很好，却往往学得很被动。他们唯书是从，唯师是从，唯标准答案是从，缺乏个性和创造力；他们学习上的一切努力，都以应考得分为目的，凡与应考得分无关的知识，他们一般都不感兴趣，因此求分欲太强的学生大多知识面狭窄，而知识面狭窄肯定会限制他们的进一步发展。这种状况对语文学习尤其有害，因为语文整体素养的提高，必然要求学生有较宽的知识面。因此，我们要培养学生的主体意识，靠刺激学生的求分欲，结果恐怕只会与我们的愿望背道而驰。刚才我所说的那四点教师如果真的做到了，肯定能引发学生求知的欲望和兴趣，使其主动地参与到教学过程中来。

问：您对"求分欲"和"求知欲"的剖析很有新意，值得重视。关于第二个问题就谈到这儿吧。您说的第三个问题是"教育应该把学生培养成什么人"。我想，如果我们从语文教学的角度而不是从一般教育的角度来谈这个问题，您肯定会谈得更具体、更亲切些。因为我知道，您本人就是凭借学生时代的语文学习打下了基础而获得一生事业的成功的。我相信，语文教师会从您成长的历程中，看到语文基础对学生未来的发展具有怎样的影响力，进而找到"今天应该怎样教语文"的基本思路。

答：说我"成才"，实在委屈了"成才"二字。不过，仅有初中毕业学历的我，居然成了一名还算称职的中学教师，出版过几本谈语文教学的小册子，陆续发表了不少卑之无甚高论的文章，勉强也算成了"材"——成了中学教师这块"材料"。现在回顾我在学生时代一段学习语文的经历，确实影响乃至决定了我一生的命运。因此，在我当了教师，面对我的学生的时候，总要扪心自问：我这样教，是不是有利于学生的发展？是不是有利于学生今后的成才？这种自问，不但使我经常意识到教师的责任，而且帮助我认清了语文教学的方向。

问：我对这个话题很感兴趣，您可以说得具体些吗？

答：可以，不过话要扯得远些了。记得我进中学以后，虽然各科成绩很一般，却酷爱读课外"闲书"。也许是性之所近吧，读的都是文学类书籍，古代的、当代的、翻译的，拉拉杂杂，倒也读了不少。读了这些书，不免手痒，于是又迷上了写作。为了写得好些，又常常揣摩别人的文章，后来又把这种揣摩的功夫用到课内的国文学习上来：每在老师开讲新课之前，自己先把课文（大多是文言文）的立意、章法、语言等认真琢磨、探究一番，到听课时，就把老师的讲解（当时的国文课全由老师一讲到底）和自己的理解对照、比较，重在体会老师"讲"文章的思路、方法。这样上国文课，使本来单一的聆听，变成了全方位的思考，既提高了听课的兴趣，又锻炼了思维能力。现在看来，正是我在学生时代培养的读写能力和自学习惯，为我离开学校后的自我发展提供了可能性。会读，使我能够不断从各种读物中摄取新的养料来充实自己；会写，使我比较善于组织自己的思想并形之于语言；而自学则使我的知识结构带有较多的个性，遇到问题也比较能够独立思考。正因为有了这些切身体会，所以在我有幸成为中学语文教师以后，教学中就瞄准了培养学生的自主意识、读写（听说）能力和自学习惯这个大目标。我在 20 世纪 70 年代末、80 年代初提出的"自读""教读"的概念以及"主体—主导"的观点，就是在这个大目标下实践、提炼的产物。我认为，中学语文教学如果不能为学生离校后（包括进入高等学校和踏上社会）的自我发展打好基础，就是语文教师没有真正尽到责任。这是学生观要回答的第三个问题。

问：您关于教学观和学生观的一些想法，促使我思考了很多问题，我想教师们看了这篇访谈录，也会跟我有同样的感觉。让我再次向您表示感谢。

（二）答《语文教学通讯》杂志社编辑问

问：钱老师，自从您 1982 年成了我们刊物第 12 期的封面人物以后，我们就开始关心您的行踪，知道您后来虽然当了校长，还兼任了一些社会职务，但始终没有停止过对语文教学的探索。近几年您似乎在报刊上露脸少了，是不是退休了？您好吗？

答：我早在 1993 年就办理了退休手续，当时 62 岁。退休后，我一方面还担负着一些审查教材的工作，直到 2000 年才任满离开；一方面继续思考着语文教学的改革问题，读读书，偶或也写些小文章，有时应邀到一些省市参加教学活动，交流交流，上上课。虽然一直没闲着，但比起"上班族"来毕竟潇洒多了。2002 年，我原来任职的嘉定区实验中学改制为九年制的民办学校，更名为桃李园实验学校。校董事会聘我担任校长，至今尚在任内。总之，我活得很好，可以套用一句成语：别来无恙。

问：您在 1982 年提出的"三主"教学观在国内影响很大，其中"学生为主体，教师为主导"的观点，尽管不断受到质疑、批评，但至今仍时时被人提起、引用，足见它的生命力很强。请问，您现在怎么看您的"三主"？您对人们的批评有什么想法？

答：我的"三主"教学观虽然是在 1982 年提出的，但是它的形成过程，则可以一直追溯到 20 世纪五六十年代。你也许知道，我是完全依靠自学走上中学讲台的。我自身的经历使我深感自主意识和自学能力对一个人的成长发展有多么重要，因此，

1952 年，当我成为中学语文教师以后，就开始琢磨一个问题：语文课怎样教会学生自己学？怎样使学生获得一种一辈子有用的东西？边琢磨边在语文教学中做些尝试。1956 年，由于我的教学有些特色，被评上了嘉定县首届"优秀教师"，这更坚定了我的追求。现在回顾当时的这些想法和做法，虽然肤浅，也没有任何"理论武装"，其实已是"三主"的滥觞。50 年的探索历程，使我树立了一个信念——无论"三主"的观点怎样肤浅，在理论上怎样粗疏，但它着眼于学生一辈子的发展。这个方向即使在今天看来应该仍然是正确的。这也许正是我能够在此起彼伏的批评声中始终坚守自己立场的重要原因吧。

对各种批评、批判，我一贯的态度是：只要是学术的、说理的，一概欢迎，但绝不盲从。我只无条件地服从那位最权威、最客观、最公正的批评家——时间。

问： 现在看来这位伟大的批评家还没有把您的"三主"淘汰出局。最近从网上看到北京师范大学何克抗教授谈语文教学现代化的文章。他认为网络环境下最合适的教学模式是"双主模式"。他所说的"双主"，正是"教师是主导，学生是主体"。这不就是您的"学生为主体，教师为主导"吗？

答： 我也注意到了何教授的文章和他与谢克东教授等几位专家在全国几百所中小学进行的语文教学现代化的实验，但他们所倡导的"双主模式"完全是他们多年探索的结果，他们未必知道我的"学生为主体，教师为主导"。不过这恰好印证了一个观点：人们的探索无论从哪个起点出发，只要是符合客观规律的，最后必然殊途同归，不谋而合。这的确使我很受鼓舞，至少有一种"吾道不孤"的欣慰。

问： 今年以来我们看到有家刊物把您和于漪、魏书生作为三位"高山"级人物点名批判，字里行间充满了颠覆色彩。一时在网络上谈论得很热闹。对这种批判您是什么态度？

答： 我的态度还是那句话：一概欢迎，绝不盲从。我记得在"教师之友"论坛上还跟过一个帖子，表示欢迎这种批判。遗憾的是，发动这场批判的人把一件事搞错了：我虽然浪得过一些虚名，可我知道自己始终只是一名普通教师，把我归入什么"高山"级人物，实在抬举过分了，我想读者看了一定也会"惊诧莫名"的。

问： 对那篇批判您的文章《方格之内的圆融》，您有什么评价？

答： 那篇文章写得还是比较心平气和的。我知道那虽是一篇约稿前早已定下"批判"基调的"命题作文"，但我仍然看得出作者措辞的分寸感。这的确很使我感动。至于他说我搞的完全是应试教育，我觉得没有争辩的必要。我是一名普通教师，如果我说不想让自己的学生考得好一些，那是骗人，但有一点我敢肯定地说：我教的语文绝不是应试语文。对那位作者，我只想提个建议："大胆假设"以后，最好再下一点"小心求证"的功夫。胡适博士的这两句话虽然受到过抨击，但我认为对做学问还是有用的。不过，我很欣赏那篇文章的标题——《方格之内的圆融》。

问：能说说欣赏的理由吗？

答：因为"方格之内"求"圆融"，正是我的语文教学企望达到的一种境界。"方格"是什么？是教育的应试体制对教学的束缚和限制。这是每一个教师都不得不面对的现实，谁都无法回避，除非你不想当教师。何谓"圆融"？《汉语大词典》的释义是：破除偏执，圆满融通。想想自己教语文几十年，虽然始终身处"方格"之内，但追求的却是学生的个性发展，不正是在"方格之内"求"圆融"吗？我曾经说过"戴着镣铐跳舞也精彩"，也正是这个意思。考试暂时还不会废除，教师的镣铐是戴定了；但语文教学也必须改革，素质教育必须实施，绝不能因为考试而拒绝改革，拒绝素质教育。因此，戴着镣铐不仅要跳舞，而且还要跳得精彩，跳得悲壮，跳得出神入化！

问："方格之内"求"圆融"，用您的话说，"戴着镣铐跳舞"，确实不是件容易的事。很多教师就因为屈从于考试的压力，不得不违心地教着他们不愿意教的东西。您是怎样坚守自己的信念的？

答：因为我坚信，语文素养真正高的学生，是考不倒的。他们基础扎实、思维活跃、视野开阔、能读会写，这样的学生会考不过那些只会按照标准答案做题目的死读书者吗？

问：确实如此。很多优秀教师的实践完全证实了您的观点。下面请您谈谈对语文教学现状的看法：是满意还是不满意？

答：可以这样说：很满意，又不很满意。说很满意，是因为语文"新课标"的制定，为语文课程改革指出了方向，给病恹恹的语文教育注入了一股生命的活力。语文教师的改革热情正在被唤醒，理论探索也十分活跃。说不很满意，是因为探索过程中出现了一些值得忧虑的现象。

问：例如……？

答：例如，对"新课标"中关于"工具性和人文性统一"的观点，认识有偏差，在实践上就出现了不少问题。过去的语文教学抽空了课程的人文内涵，使教学变成了一种纯工具的刻板操练，严重扼杀了学生的个性，这当然必须纠正。然而从目前的倾向看，似乎又走向了另一个极端：人文性张扬有余，工具性却正在逐渐淡出人们的视野。所谓"两性统一"，事实上成了人文性的"一花独放"。认识上的这种偏颇，使语文教学也患上了社会上常见的那种"浮夸病"，其症状为：脱离文本，架空语言，忽视能力，鄙弃训练，一味"宏大叙事"，天马行空。问题尤其在于，认识和实践上的这种剑走偏锋，正在被人们作为一种"现代化"的东西在某些展示课、观摩课上不断地展示着、观摩着。

　　问：在这个问题上，人们的认识确实有些混乱。什么是"工具性"？什么是"人文性"？两者怎样才算"统一"？……还真有点说不清楚。您能给我们的读者说说吗？

　　答：理论我也说不好，对那些太高深的理论我总有点疏离感。我只会用普通的语言说些普通的道理。据我的粗浅理解，语文课程的"工具性"，主要体现在语文能力的培养，体现在读、写、听、说的训练。"人文性"似乎是一个内涵不太确定的概念。我想，语文课程的"人文性"主要体现在对学生的人格、个性、精神世界的关怀。如果我的理解大体正确的话，那么我们是不是可以得出这样的结论："工具性"才是语文课程之所以区别于其他课程的本质属性，"人文性"则并非语文课程所独有；但两者在显示语文课程的基本特点时，又是"统一"而不是"1＋1＝2"的那种关系，如同刀与刃，是那种相互依存的统一。正是这种"统一"，赋予语文这种特殊的"工具"以丰富的人文内涵——它不仅是交际的工具、思维的工具，而且是丰富人的精神世界、提升人的文化品位的工具；同时也使语文课程的人文性不同于其他课程（如思想品德课）的人文性——语文课程的人文性是在学生掌握语文工具的过程中，通过读、写、听、说等具体的语文实践，不着痕迹地呈现的。语文课程人文教育的最大特点是"润物细无声"。

　　问：现在确实有些过于张扬人文性的倾向，报刊上谈论人文性的文章，不可胜数，而几乎找不到一篇谈工具性的，工具性在不少人的心目中几乎成了"保守"的同义词。我们知道，这是对语文教育人文性长期缺失的一种反弹，虽然可以理解，但毕竟不是"新课标"所倡导的。我们看了您近期发表的一些文章，觉得您似乎对这种情况很忧虑，有人却在网上对您提出了批评，说您留恋工具性，反对人文性。您对这些批评怎么看？

答：也难怪这些批评者，我确实没有像有些人那样对人文性高呼万岁。我只坚持一个立场：工具性与人文性"必须统一"。倡导人文性，并不意味着必须排斥工具性。几十年来我们中国人吃足了"矫枉必须过正"的苦头，历次破坏性的"革命"，哪一次不是在"矫枉必须过正"的口号下进行的？我真诚地希望这次课程改革从一开始就步子跨得正一些，最好不要等到"过正"了再来"矫枉"。还是列宁说得好："只要再多走一小步，仿佛只是同一方向的一小步，真理便会变成谬误。"

问：现在看来，语文教学中存在的许多具体的问题，其实都与"两性"是否统一有关。一个工具性，一个人文性，哪个都不能丢。那么，您认为语文怎样教才能实现"两性统一"？

答：刚才我们说到过，语文课的人文教育的最大特点是"润物细无声"，也就是说，语文课的人文教育不是外加的，而是在学生的读、写、听、说实践中同时实现的。如今有些语文课，尤其是一些展示课、观摩课，往往脱离了文本的阅读、语言的品味，凭空地外加许多"文化含量"；而一些"家常"的语文课，则为了应试的需要，仍然死扣文本，进行琐碎的字、词、句操练。这两种倾向，都不是"两性统一"，而是"两性割裂"，都与"新课标"的要求背道而驰，因此都不利于提高学生的语文素养。语文课上真正的"两性统一"，必须引导学生在"读"的实践中去体会文本语言所蕴含的思想感情，透过语言的品味去和作者的心灵对话。

问："语文课的人文教育不是外加的，而是在学生的读、写、听、说实践中同时实现的"这句话可以作为"两性统一"的注脚。不过，说到"读、写、听、说实践"，不能不想到您的"训练为主线"的观点。从现在一般的舆论倾向看，"训练"似乎和"工具性"一样，名声不大好。对此您怎么看？

答：确实如此。我也看到过一些批评的文章，这些文章的作者都把我说的"训练"和那种为了应试而进行的刻板、重复的操练等同了起来。其实，"训练"作为一种师生互动的"方式"，它本身并不规定什么，既可以为应试教育服务，也可以为素质教育服务，这要看是一种怎样的训练。如果是那种综合的、立体的、生动活泼的训练，那么现在的问题不是太多，而是太少。拿阅读教学来说，学生要学会读书，学会与文本、与作者进行对话，就必须在教师的指导下进行阅读的实践。这种在教师指导下的阅读实践，就是阅读训练。在这样的训练过程中，学生不仅学会了读书，积累了知识，培养了能力，而且必然在思想情感、审美情趣等方面受到熏陶感染。

这就是我所主张的训练——综合的、立体的、生动活泼的训练。这样的训练，不但不和人文性背道而驰，恰好相反，正是在这样的训练中，工具性和人文性才实现了真正的统一。轻视训练的结果，势必架空能力，架空语言，人文精神也会变成一个空壳，那肯定不是语文课程改革的初衷。

问：今天的交谈使我们对您的观点有了进一步的认识。您谈的虽然都是些常识性的道理，但很实在。年逾七旬的您，仍然在思考着语文教学的命运，我们理解您对教育事业的一片痴情。

答：感谢你们的理解和鼓励！

（三）答《教育导报》记者问

1. 关于教师

问：钱老师，我们知道您小时候曾经被认为是"聪明面孔笨肚肠"，后来是一位小学老师把您从"差生"的路上拉回来，改变了您的一生。因此，您后来在一篇文章中谈到，您之所以选择教师的职业，其中有一个重要原因就是因为这位老师让您切身感受到了教师工作的崇高和不同寻常的意义。您能具体谈谈您对教师这一职业的看法吗？

答：我在小学五年级之前多次"留级"，是个名副其实的"差生"。不少老师已认定我将来不会有出息，我对自己也丧失了信心，逃学已成"家常便饭"。眼看在"差生"的路上越滑越远。可是到五年级留级后我有幸遇到了一位令我终生难忘的恩师——武钟英老师。在他长达两年的循循善诱下，我的求知欲渐渐被唤醒了，自尊心和自信心恢复了，到小学毕业的时候，无论品德上还是学习上都仿佛完全换了一个人。在我的个人历史上，这是一次决定一生命运的转折。

这次转折，使我对教师的工作怀有一种特别敬畏的情感。它使我懂得：教师的工作给予孩子的影响将是终生的。我并不认为教育工作作为一种"职业"比别的职业更崇高，但它确实有着不同寻常的意义，因为教师不仅是民族文化的传递者，人类文明的播种者，更是塑造人的心灵的艺术家。

问：我发现您没有用"人类灵魂的工程师"这个传统的比喻，而用了"塑造人的心灵的艺术家"，这出于什么考虑？

答：我总感到"工程师"是在工业生产条件下的一种专业人才。工程师的工作是研制能够批量生产的统一规格的"产品"；而艺术家的工作则是一种充满创造性的劳动，他追求的是每一件艺术品的鲜明个性，拒绝千人一面的雷同。在这一点上，教师的劳动跟艺术家的劳动更接近些。教育当然是一门科学，教师要"塑造人的心灵"，当然要能够运用心理学、教育学、教学论、学习论这些科学知识；但人的"心灵"是一个无限复杂而神秘的封闭世界，这个世界里充满着不可知的变数，无论哪一派的心理学理论，都只能近似地描述人的心理活动的"概貌"，无法真正解开心灵的奥秘。这就要靠教师凭借他善于体察入微的艺术，以自己的心去贴近每一个学生的心，才能找到开启一扇扇心灵之门的不同的钥匙。因此，"育人"这门学问，既是科学，更是艺术，一门充满着个人创造性的艺术。在我心目中，教育工作之所以富于魅力，正在于此。

问：那么，您心目中理想的语文教师应有怎样的专业素养？

答：要做一名好的语文教师，首先应该做一名好的教师，就像我上面说的那样成为塑造心灵的艺术家；而要做一名好的教师，则首先应该做好一个"人"，正直、无私、敬业、宽容、富于爱心、乐于奉献……在这些前提条件具备以后，谈语文教师的专业素养才有意义。

在中学各门课程中，语文是一门最容易"混饭吃"，却也最难教好的学科。说它最容易"混饭吃"，因为只要有一点中文读写能力的人，别的课不会教，但都可以教语文；说它最难教好，是因为它对教师专业素养的要求之"多"，超过了中学的任何一门学科。这里我用了个"多"字，因为语文教师除了应该有相当的教育、教学、语文课程等专业知识外，还要有开阔的文化视野。古今中外、天文地理、声光化电、诗词歌赋，乃至琴棋书画，都要杂学旁搜，多多益善，虽不可能样样精通，但至少都略知一二。从语文教师的知识结构来说，他最好是一位"杂家"。那些除了懂一点教育专业知识以外，其他方面孤陋寡闻的语文教师，是不可能成为一个优秀语文教师的。当然，我这里说的是语文教师"应有"的素养，我自己就差得很远，但这也正好说明了对语文教师专业素养的要求几乎是没有穷尽的。

2. 关于课堂

问：那天您在成都上的课《雁》，您自我评价如何？您认为您的课堂体现了新课程的哪些理念？

答：教学是一种遗憾的艺术。我每次上课总是留下不少遗憾，这次教《雁》当然也不例外。但聊堪自慰的是，这堂课基本上取得了我预期的效果。

我很反感那种精心设计的"表演课"。我认为一堂课的质量如何，不在于教师个人的教学技艺得到怎样的展示，而在于学生学得如何。这次教《雁》，就准备上一堂朴实无华的"家常课"，把教学的重点由教师展示教学技艺转到关注学生的学习上来，力求使教师的"善导"转化为学生的"善学"，师生之间形成一种"对话"的格局。我的教学设计再简单不过了，既无引人入胜的导入，更无环环紧扣的提问，整个教学过程事实上只是提供了三个"话题"：①初读《雁》的感受。②文章是怎样取得震撼读者心灵的效果的？③作者用人格化的手法写雁，有什么深层的用意？教学中我规定自己"导"的重点是：控制对话的方向，营造对话的氛围，鼓舞学生参与的热情，使对话始终围绕当前的话题，在轻松愉快的氛围中有效地进行。我认为这个教学思路是能够体现新课程的基本理念的。

问：您说一堂课的质量主要体现在学生学得如何，作为一种新的质量观，这确实很重要。那天的课我也听了，学生的发言十分热烈，以初二学生的水平来衡量，应该说发言质量也是很高的。可惜课后我没有找几个学生谈谈，了解一下他们上课的实际感受。

答：我倒可以为你提供一点第一手资料。我回上海后，收到过好几个 email（电子邮件），都是那个班的学生发给我谈他们那天上课的感受的，不妨引用一段让你看看：

> 我是成都实验外国语学校初二（12）班的学生，叫何笑鸥。今天有幸能听到您生动的讲课，能认识您，实在是五一节当中的第二大喜事呀！（第一大喜事是爸爸妈妈准许我每天上两小时左右的网）……我课外的时间是十分喜欢阅读、思考的，看过很多的小说、诗集、杂志，对于语文也有很浓厚的兴趣，但从来都没有想过将来读中文系。因为……不太喜欢对文章一字一句地深究，其实作者在全身心地投入去书写那些美好的词句文段时，哪里想那么多？当然，您今天上课是让我们表达自己的体会、感情，是与之截然不同的，反正不要把假装深刻的理解强加在作者身上就是很好的！

问：从这封信看，这位何笑鸥同学不太喜欢老师死抠字句和强加于文本的"分析"，而您的这堂课给了学生较大的思维空间，学生阅读中的独特感受也得到了尊重，因此他学习的热情被您"鼓"起来了。还有，刚才您说，这堂课只提供了三个"话题"，"话题"和通常说的"问题"有什么不同吗？

答： 教师提问，学生回答，是传统语文教学中师生互动的主要方式。教师如果问题设计得好，当然也有启发思维的作用。但无论怎样，这种问答总是以教师为中心进行的，学生只是被动地回答教师提出的问题，表面看似乎思维很活跃，其实学生学得并不主动。如果问题的质量不高，又很琐碎，那就出现了古人所说的"导而弗牵"的"牵"的现象：学生的思维在频繁的问问答答中被一个个琐碎的问题牵着走，完全处于被动的状态。在问答过程中，教师是学生学习的主宰者，师生的地位是不平等的；问题的答案也都由教师预定，而且往往是唯一的。那位何笑鸥同学不喜欢的大概就是这种教师预定的唯一的答案。

"新课标"提出"语文教学应在师生平等对话的过程中进行"，"平等对话"完全不同于传统教学中的师生问答。在"对话"过程中，学生学习的自主性受到尊重，师生关系是平等的，这就要求教师改变传统的问问答答的教学方法。既然是"对话"，教师就应该多提供"话题"，尽量避免过于琐碎的提问。"话题"不同于"问题"的主要特点是：①思维空间大，有时候整整一堂课只有两三个话题；②学生只是围绕话题发表意见而不是回答老师的问题，所以"答案意识"淡化，交谈获得的认识往往是多元的。从《雁》的教学过程看，正是在"话题"的情境下，学生摆脱了被"牵"的处境，思维空间拓宽了，主体意识和独立思考受到了鼓励。当然，"话题"也好，"问题"也好，只是操作方式上的差别，何况两者在很多情况下往往相互杂糅，难分彼此。归根到底，决定是不是"平等对话"的关键，还在于教师是不是在意识和行动上真正做到了尊重学生的主体地位。

问： 说到师生平等，必然会涉及教师的作用问题。您的观点"教师为主导"，受到过一些同行的批评。有人认为在现代或后现代教育语境下，师生之间已经不存在谁指导谁的关系了。您怎么看这个问题？

答： 现在确实有一股消解教师作用的思潮，而且正在作为一种"最先进"的教育理念为一些语文教师所津津乐道。有的教师批评我的"学生为主体，教师为主导"，火力也主要集中在"教师为主导"上。这些激进的教师不知道，即使是后现代主义，也并不否定教师的作用。"新课标"对教师的作用也有明确的表述："教师是教学活动的组织者和引导者。"教师的这种作用，叫"指导"作用也好，"主导"作用也好，"引导"作用也好，重要的不是名称，而是这种作用的实质。

当然，"弟子不必不如师，师不必贤于弟子"，教师也应该向学生学习，这是毋庸置疑的，但这和教师在教学过程中发挥主导作用是两码事，不要把它们混为一谈。陶行知先生说得好："要做孩子的先生，先要做孩子的学生。"先生向孩子学习是为了更好地做孩子的先生，而不是为了放弃先生的作用。

问："新课标"倡导自主、合作、探究的学习方式，强调学生的自我感悟。因此，很多一线教师为了体现学生的主体性，上课不敢多讲。有的地方规定，凡上"评优课"，如果教师的"讲"超过 15 分钟，一票否决。您如何看待这一现象？

答：你的问题使我想起了列宁的名言：只要再多走一小步，真理便会变成谬误。有些正确的理念被引向了极端，有时会变得很可笑。在对待"自主、合作、探究"的问题上，就有点"走极端"的现象。在有些领导（如规定"一票否决"的那些领导）的心目中，教学似乎只是为了"落实"某种理念，而不是真正使学生受益。这是典型的本末倒置、形式主义。

我们究竟为何而教？答案只有一个：为了学生"发展"的利益。任何理念，都是为学生发展的利益服务的。我们评判一堂课的优劣得失，唯一标准就是看它在多大程度上满足了学生发展的利益，这就叫实事求"是"。现在有些"展示课"，不管有没有必要，动辄来个"四人小组讨论"。有些问题很简单，老师用一两分钟就讲清楚了，有的问题又难度太大，学生无论怎么讨论都解决不了，在这种情况下，其实老师讲一讲比四人小组讨论效果会更好。

问：不过要划清教师必要的"讲"和"满堂灌""注入式"的界限，也确实不太容易。有的教师该讲也不敢讲，就怕沾上"满堂灌""注入式"的恶名。您认为该怎样为教师的"讲"正一下名？

答：有两点必须明确：第一，"讲"可能是"满堂灌""注入式"，也可能不是，关键在于何时讲、怎样讲。讲得适时、恰当，也可以是富于启发性的。第二，"讲"和"自主、合作、探究"在教学过程中各有不同的作用和优点，它们应该是互补关系，而不是对立关系。

根据我的经验，教师的讲授如果能够满足下面的条件，就不同于"满堂灌""注入式"，我把它叫作"启发式讲授"：①讲授的新知识和学生已有的旧知识之间能够产生"突然接通"的效应；②讲授能回答学生苦苦思索而未能解答的疑问，使学生

"茅塞顿开"；③讲授能激活学生的思维或唤起学生进一步求知的欲望。

总之，只要一切以学生发展的利益为标准，多一点实事求是，少一点形式主义，必要的"讲"和"满堂灌""注入式"之间的界限其实是不难划清的。现在值得忧虑的倒是语文教师"讲"的基本功正在逐渐退化，如今的语文课上已很难听到那种扣人心弦、启人智慧、发人深省、令学生入脑入心的精彩讲授了。

3. 关于研究

问：不少学者（如北京师范大学的刘淼）认为，语文学科虽然独立设科已经有一百多年了，但是至今仍然没有真正形成自身的学科体系。他认为，这与近代以来的语文研究存在很多问题有关。而其中一个比较明显且比较重要的问题是，语文研究过于注重甚至依赖外部探讨，而忽视语文学科自身的内部挖掘。而这种外部探讨研究主要有两种情况：一是简单地从语文以外的其他学科（如从心理学、教育学等学科）移植方法；二是不断从国外引入各种理论和方法，嫁接到汉语文教育上，以至于语文研究出现"西风紧，满地黄叶飞"的现象。虽然语文研究中一定的外部借鉴是必要的，但是语文研究更应该从它自身内部挖掘。本末倒置的做法对语文研究是无益的，甚至是有害的，因为语文教学说到底是汉民族语教育，它是有其自身特色的。钱老师，您对此有什么样的看法？

答：语文教学研究上确实存在刘淼先生所说的现象。我的看法是：第一，西风东渐，强势文化向弱势文化渗透，是不可抗拒的趋势。在这一点上，我倒认为我们应该以一种海纳百川的开放心态对待一切外来的东西，只要是合理的、科学的、现代的，都不妨实行拿来主义，为我所用。科学是没有国界的。第二，不要轻视本土的经验和理论，因为语文教学完全不同于其他学科的教学。我们在语文课上教的是汉民族语，它是一种完全不同于印欧语系的非形态语言。不顾汉语特点，生搬外国经验的做法是根本行不通的。单从学科设置看，我们和印欧语系的一些国家就很不一样，我国曾在20世纪50年代向苏联学习，把语文教材分编为《汉语》和《文学》，试了一年，最后仍不得不恢复原样，就因为这种分科教学不符合汉民族语教育的特点。在这个问题上，我非常赞同刘淼先生的意见，语文教学研究应该在"内部发掘"上多下功夫。

问：您在四十多年的一线教学生涯中，形成了系统、深厚、科学的语文教学理论体系。您能就自身做学问的经历和心得感悟，给立志做研究型教师的广大中学一线教师提点建议和意见吗？

答：你太高估我的"成就"了。我直到退休，始终只是一名普普通通的一线教师，浪得了一些虚名，事实上是"其实难副"。我也涉足过某些理论，但那完全是为了自己教学的需要，既缺乏深度，更谈不上形成什么体系。差堪告慰于关心我的朋友的是，我始终坚守自己的教育理念，脚踏实地地走着自己的路，几十年来没有停止过对语文教学的思索。

从目前语文教育研究的状况看，主要问题是对本土、传统的语文教学经验和理论的忽视。大学里有些搞理论研究的专家，言必称"建构主义""后现代"，一味地从外国理论库中寻觅解决中国语文教学问题的武器，而对本土的、传统的语文教学经验和理论则不屑一顾。我就听到一位教育理论权威说过，我国几十年来出版的那些语文教学方面的书籍，基本上是一堆废纸。对这一类专家、权威，我们还能指望些什么呢？当然，这样的权威在大学里毕竟也是少数，多数大学教师对中学语文教学还是尊重、关心并且很有研究的，比如你提到的刘淼先生，以及我认识的许多大学教师朋友。

这里，我倒希望一线的语文教师，尤其是一线的"新生代语文教师"，能够在繁忙的教学工作之余，多关注一下语文教学的理论建设。我为什么特别指出"新生代语文教师"呢？因为从近几年语文教坛的动态看，我发现他们是一群有思想、有活力、有个性的年轻人。他们年富力强、勤奋好学、视野开阔、思维敏锐，不能不令人刮目相看，而他们又工作在第一线，对语文教育的是非得失有着切身的感受。这些都是他们从事语文教育研究的最有利的条件。我对他们唯一的希望是，千万不要把自己修炼成那位教育理论权威的模样。

（四）微信答订阅号《好老师》订户提问

刘须锦：钱老师好，您教的是中学，您的语文导读法在小学能用吗？小学语文训练与中学语文训练最本质的区别在哪里？共通点又在哪里？

答：语文导读法的理论基础是"学生为主体，教师为主导，训练为主线"。这一思想不仅适用于中学，也适用于小学；不仅适用于语文学科，甚至也适用于其他学科，尤其是"三主"中的"学生为主体，教师为主导"，可以说适用于整个学校教育。《国家中长期教育改革和发展规划纲要》中就有如下表述："以学生为主体，以教师为主导，充分发挥学生的主动性，把促进学生成长成才作为学校一切工作的出发点和落脚点。"显然指的是整个学校教育，不仅是中学语文教学。

语文导读法的目标指向是教学生学会读书，学会自主学习。我想，这对小学的语文教学是同样适用的，因为小学生也需要学会读书，也需要唤醒求知欲，培养自读能力和兴趣，养成良好的自学习惯，等等。小学是人生"打基础"的阶段。小学阶段培养了自学的兴趣、能力和习惯，对学生今后（乃至一辈子）的发展，其重要性是怎么强调都不会过分的。

当然，对小学生的自学应该从学生现有的发展水平出发，尤其要着眼于自学意识和自学习惯的培养，如独立阅读、独立思考的意识和习惯，使用各种工具书、上网或到图书室查找资料的习惯等。小学阶段养成了好习惯，终身受用。

遗憾的是，目前的中小学教育都被应试所绑架，师生都忙于大量的应试操练，学生应有的"求知欲"已被强烈的"求分欲"所替代。这种状况如果不改变，任何先进的教学理念、优秀的教学方法都将成为空话。因此，当务之急是先要挣脱应试教育的镣铐。其实，如果学生确实具备了较强的自学能力、读写能力、思考能力，在毕业之前再辅以必要的应试指导（如指导学生研究考试，了解试卷的构成及各种常见题型的解题方法等，而不是闷头做题目），考出优良成绩不仅不难，而且必定可以胜过那些在"死练"中长大的考生。很多优秀教师教学成功的实例都提供了富有说服力的佐证。

飞舞：钱老师，关于阅读，我觉得教给学生读书方法不难，但是让学生爱上阅读很难。如何才能让孩子喜欢阅读？如何才能提高学生的阅读能力？

答：关键在于正确运用导读的策略，为学生铺设步步上升的台阶。

失败引发的焦虑和成功引发的成就感，都有驱动学生学习的作用。不少教师喜欢利用学生的焦虑（如分数排队、打不及格分数、严厉批评、惩罚等）来迫使学生努力学习，的确也能收一时之效；但这种驱动带有明显的强迫倾向，用得多了，必然导致学习热情的衰退，造成学生厌学。成就感则不同，它给予学生的学习动力是一种具有自觉倾向的认知内驱力，而且始终伴随着高涨的学习热情。焦虑和成就感的区别显而易见，但不少教师宁可利用焦虑，因为造成学生的焦虑心理比较容易，而要使学生获得成就感，则要靠教师高度的责任感和有效的引导。

既然导读是为了帮助学生学会阅读，那么，根据学生不同阶段的发展水平，为学生设置具体而又容易检测的阶段目标，对引发学生的成就感，其作用是不言而喻的。比如，对朗读能力较差的学生，在一个阶段内可以把"学会朗读"作为他的重点目标，同时适当降低其他方面的阅读要求。当这位同学被教师确认已经学会了朗读，并受到了奖励，其成就感必定油然而生，教师就应该为他设置下一个阶段目标。当前后连续的阶段目标成为逐步上升的一级级台阶的时候，自然会形成"设标—达成—引发成就感—再设标—再达成—再引发成就感……"这样一条螺旋上升的"进步链"，学生就会有永不衰竭的学习动力了。学生不爱阅读，不爱学习，主要是因为缺乏成就感。

vip：我想问钱老师，怎样才算一节精彩的语文课呢？语文课到底怎样才能避免教成故事课、音乐课、历史课呢？

答：我教语文几十年，几十年来目睹形形色色的语文教学新理论、新思想纷纷登台，但我始终坚守一个立场：我教的是语文，它是一门帮助学生学习祖国语言文字的课程。因此，我的所有教学活动都应该有助于学生正确、熟练地理解和运用祖国的语言文字。这是我认定的语文教学之"根"，也可以称之为"课程意识"。因此，凡有可能动摇这个"根"的理论、学说，无论进口的还是国产的，无论其立论如何高深莫测，无论其包装如何精致华丽，我都不予理会。这样，我便有了一股"咬定青山不放松"的"定力"。

语文教学既然本质上就是语言（言语）教育，那么我上课时最关心的问题是：学生是通过怎样的途径进入文本、解读文本的？是通过浮光掠影的阅读、一知半解的猜测，还是通过对文本中词语、句子的理解、咀嚼和品味？这是课程意识向课堂教学的转化。

试以我指导学生读苏轼的七绝《惠崇〈春江晚景〉》的一段课堂实录说明之。

师：这首诗是题画诗。同学们先读一读，看这首诗写的是什么时间，是早春，盛春，还是晚春？

（学生读诗，有的默读，有的音读，读后又小声议论）

生：写的是早春。

师：从哪里知道？

生：从"春江水暖鸭先知"中的"暖"字知道。

师：为什么"暖"字能说明早春？能不能讲得更清楚一点？

生：春天到了，水温回升。

师：噢，春天到了，水温回升了，是吧！还有补充的吗？

生：还有"竹外桃花三两枝"中的"三两枝"，说明花还没盛开。

师：说得很对。"三两枝"不是盛开。还有吗？

生：还有"蒌蒿满地芦芽短"。"芦芽短"，这里是说芦芽刚刚冒出来一点，还没有十分茂盛。

师：大家同意吗？

生：（齐）同意！

师：这首诗其中的一句特别有名，你们猜是哪一句？

生："春江水暖鸭先知"。

师：噢，你们是怎样猜得这样准的？为什么说这一句特别有名？

（学生们议论纷纷）

生：这句诗写得很形象。

师：为什么说它写得很形象？

生："鸭先知"用了拟人化的写法。……春天来了，冰雪融化了，水温回升了，人们还没有察觉，却看见鸭子在河里嬉戏游闹。

师：看到鸭子在嬉戏游闹，这样就可以想象到鸭子知道什么啦？

生：水温回升了。

师：他有两个词用得很好，一个是"察觉"，一个是——

生：（齐）嬉戏游闹。

师：对，嬉戏游闹。看到鸭子在欢快地游动，就推想到鸭子已经感觉到了水温的回升。这里表现了诗人的观察力、想象力。这句诗里面有一个字是这句诗的诗眼，你们能找得出来吗？

生：（齐）先。

师：对，就是这个字！同学们真是很会读诗的。

在这个阅读过程中，学生正是通过"春江水暖鸭先知""三两枝""芦芽短"这些具体的词语、句子进入诗人所描绘的"早春"的意境的。因此，学生对早春的感受也是具象的、生动的。

像这样引导学生从语言入手深入文本，咀嚼品味，语文课就绝对不可能成为故事课、音乐课、历史课了。语言学习是语文课的必要"抓手"，必须紧紧抓住。

缘： 看过您的经历，我很感慨，您能在那种环境下取得成功，令人敬佩。但是，现在的时代毕竟不同了，虽然您说您的成功可以复制，可我还是感觉比较难。现在整个社会环境都很浮躁，贫富差距大，教师压力大，但待遇、社会地位都不高，有时候想，不当教师算了。您说我们应该怎样看待这些问题？应该怎样坚持下去呢？

答： 现在不少教师沾染了社会上浮躁、功利的习气，对教师的工作怨声载道，这可以理解；但确实也有很多教师即使在"天下熙熙，皆为利来，天下攘攘，皆为利往"的社会风气下，仍然坚守自己的人生信念和教育理想。正是这样的教师，承载着教育的希望。我有不少朋友，都是这样的教师，他们都辛勤耕耘在自己的"一亩三分地"上（我把这一亩地叫作"精神自留地"），并享受着收获的快乐。

前不久在微信上读到一位教师写的一个段子，他把教师的职业贬低到连妓女都不如的地步，字里行间一副可怜兮兮的样子。当然，他要做这样的类比是他的自由，但真正被贬低的不是教师的价值，恐怕是他自己的人生品位。

其实我的"成长环境"的糟糕程度，不是亲历者是无法想象的。从1957年开始，我就被戴上了一顶"极右分子"的棘冠，名隶"另册"，享受着"监督劳动"的待遇；其后又经历了十年"文化大革命"的炼狱，每天提心吊胆地过着"牛鬼蛇神"的日子；直至1980年被评为特级教师（当时我的政治身份还是"摘帽右派"），才算从"另册"除名，过上了"人"的生活。在那些"非人"的日子里，作为"地、富、反、坏、右"五类分子中的一分子，我在肉体上、精神上所承受的侮辱和压力可谓一言难尽。在那样的处境下，我可以选择万念俱灰、看破红尘，但是我没有，只要有走上讲台的机会，我始终没有放弃在语文教学上的追求。为什么？因为我对语文教学有浓厚、执着的兴趣。当我的追求转化成一次次教学的成功，当我看到学生的语文水平不断提高的事实，当学生在语文课上用尊敬的眼光注视着我的时候，我几乎忘记了现实生活的严酷，沉浸到了自己的世界里。我用自己的教学赢得了学生、家长、同事的尊重，捍卫了自己作为"人"的尊严。为什么我在1980年就能破茧而出，被评为上海市首批特级教师呢？就因为几十年来我从未放弃过在语文教学上的思考和追求。

风语： 钱老师，好学生总是好教的，可是对于那些后进生，您是怎样教的呢？

答：对后进生或学困生通常采取的办法是惩戒和补课，但这样做的结果往往是越惩越差、越补越糟，效果适得其反。后进生或学困生最需要补的不是知识而是心理。要帮助他们消除自卑感和"破罐破摔"的心理，唤醒他们的自尊心、自信心。我在小学读书时也曾经是一名"差生"，常常旷课、逃学，多次留级，被老师和同学认为是"聪明面孔笨肚肠"。到小学五年级留级后遇到了一位好老师，他从教我查字典开始，让我当他教学的"小助手"，渐渐引起了我对学习的兴趣，尤其是对读书自学的兴趣，终于改正了不爱学习的缺点。进入初中时我已是一名酷爱读书、手不离书、国文成绩优异的"好学生"了。我以初中毕业的学历成为一名现在这样的中学语文教师，靠的就是初中阶段大量的读书积累。我在初中三年级时写过一首《登杭州南高峰北高峰》的五律，曾以登山为喻表达了自己学习上的自信和再登高峰的决心：

> 不见摩天岭，双峰自足奇。
>
> 未穷最高处，已觉众山低。
>
> 俗境随尘远，飞鸿与眼齐。
>
> 还须凌绝顶，莫待夕阳西！

读了这首充满自信的小诗，谁能想象它的作者竟然曾是一名多次留级的"差生"呢！而且差堪自慰的是，我这一辈子虽然没有登到"绝顶"，但至今没有停止过登山的努力，夕阳依然照亮着我登山的路。

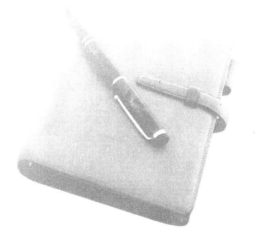

教学篇

料应难画千丝柳

先试新梢几缕黄

——《春柳》

一、《愚公移山》教学实录

师：上一课（注：指正式上课前用 20 分钟时间让学生自读课文）同学们自读了《愚公移山》。我检查了一下，同学们学习得很好，老师非常满意！现在我们先一起来把文章朗读一遍，好吗？

（学生齐声朗读全文。读毕，有学生提出"亡"字错读了"wáng"，教师让同学们共同订正）

师：下面请同学们提提看，在自读中有什么问题。

生："河曲智叟"的"曲"是什么意思？

师：谁会解释这个"曲"字？都不会？那就请大家查字典。

生：（读字典）曲，就是"弯曲的地方"。

师：嗯，这个解释选对了。后面还举了什么词做例子？

生：河曲。

师：对。河曲就是黄河弯曲的地方。你们看，有些问题一请教字典就解决了。还有别的问题吗？

生：第一段里的"本在冀州之南，河阳之北"，为什么这里用个"本"字？

师：嗯，这个问题提得好。谁能帮助这位同学解决这个问题？

生：因为太行、王屋二山后来搬走了，不在这个地方。

师：说得真好！这个"本"字是跟后文相呼应的。这个问题提得好，解决得更好，说明同学们能够思前顾后地读文章了。

（随机指点读文方法。榜样取自学生，也许比空谈方法效果略胜）

生："残年余力"是什么意思？

师：噢，残年余力，谁能解释这四个字？

生："残年余力"是说老人力气不多了。

师：好，意思讲对了！这个"残"字，我们来明确一下它的含义，好吗？请查字典。

生：（看字典回答）残，就是"剩余的"。

师："残"跟"余"在这里意思一样吗？

生：（齐声）一样！

师：一样，对了！愚公快九十岁了，余下的日子不多了，剩下的力气也有限。再请大家说说看，"以残年余力"这个"以"怎么讲？

生：用，因。

师：这样解释，在这里适用吗？你说！

生：这里解释成"凭"好。

师：对，解释成"凭"好。"以"作"凭"讲，文章里还有别的例子吗？

（要求学生从课文中再找别的例子，促使学生举一反三，把知识学活。下面找"之"字属同一意图）

生：愚公妻子讲的"以君之力"，这个"以"字用法一样。

师：对！还有没有问题了？

生："出入之迂也"，这个"之"字不会讲。

师：噢，这个"之"的用法可能没有学到过，大概都不知道吧？

生："之"是结构助词。

师：讲得很好！我以为没有人知道了。是结构助词，不过这个结构助词用法有点特别。你们看，如果要翻译这个句子，这个"之"字要不要翻译出来？

生：（齐声）不要！

师：那怎么翻译？

生：出出进进都要绕远路。

师：讲得对！你们看前面还有没有同样用法的"之"字？

生："北山之塞"的"之"，用法一样。

师：找对了！同学们还有别的问题吗？（稍顿）没有问题了？很好，说明大家都懂了。你们看，许多问题大家一起来思考，不是都解决了吗？这说明同学们经过自己的努力是能读懂这样的文章的。（趁势给以鼓励，既是总结上面的活动，更是为了进一步活动的需要）现在，老师来问你们一些问题，看大家真的读懂了没有。这篇

寓言共写了几个人？我们先来把他们列出来。大家一起说，我来写，好不好？（从列人物表开始，使学生觉得入门不难）

（学生们纷纷回答，黑板上最后出现了一个人物表：愚公、其妻、其子孙、遗男、智叟）

师： 我们先来熟悉一下这个人物表。大家说说看，这个老愚公有多大年纪了？

（学生纷纷答，有人说"九十岁"，有人说"九十不到"）

师： 到底是九十，还是九十不到？

生：（齐声）不到。

师： 不到？从哪里知道？

生： "年且九十"，有个"且"字。

师： "且"，对！有的同学看书仔细，有的同学就有些粗心。那么，那个智叟是年轻人吗？

生：（齐声）老头。

师： 怎么知道？

生：（齐声）"叟"字呀！

师： 啊，很好。愚公和智叟都是老头子。那么，那个遗男有几岁了？

生： 七八岁。

师： 你又是怎么知道的？

生： 从"龀"字知道。

师： 噢，"龀"。这个字很难写，你上黑板写写看。（生板书）写得很好。"龀"是什么意思？

生： 换牙。

师： 对，换牙。你看这是什么偏旁？（生答："齿"旁）孩子七八岁时开始换牙。同学们不但看得很仔细，而且都记住了。那么，这个年纪小小的孩子跟老愚公一起去移山，他爸爸肯让他去吗？

（"他爸爸肯让他去吗？"此问的本意在于了解学生是否掌握"孀妻""遗男"二词，问在此而意在彼，谓之"曲问"。前面问"愚公有多大年纪？""智叟是年轻人吗？"都是曲问的例子。问题"拐个弯"，容易激发思考的兴趣）

（生一时不能回答，稍一思索，七嘴八舌地说："他没有爸爸！"）

师：你们怎么知道？

生：他是寡妇的儿子。孀妻就是寡妇。

师：对！遗男是什么意思？

生：（齐声）孤儿。

师：对了！这个孩子死了爸爸，只有妈妈。你们看书的确很仔细！再请你们计算一下：这次参加移山的一共有多少人？

生：五个人。

师：你们怎么知道的？

生：一个愚公，一个遗男，还有他的三个子孙。

师：三个什么样的子孙？

生：三个会挑担的，"荷担者三夫"。

师：你们怎么知道愚公自己也参加了呢？

生："遂率子孙荷担者三夫"，是愚公率领了子孙去的。

师：啊，讲得真好！那请你再说说看，"遂率"前面省略了一个什么句子成分？

生：主语。

师：主语应该是什么？

生：愚公。

师：好！愚公遂率子孙荷担者三夫，主语补出来，人数很清楚，一共五个人。（计算人数，既是了解文章内容的需要——人少而移山，更见任务之艰巨——也是为了落实古汉语"主语省略"的常识）人物我们搞清楚了，下面再看看，这个寓言写了一件什么事？（由人而及事。但事在人为，知"事"正是为了识"人"）

生：（齐声）移山。

师：这件事做起来难吗？从文章里找出句子来说明。

生：很难。文章里有"高万仞""方七百里"两句。"高万仞"就是很高的意思，"方七百里"就是方圆面积七百里。山又高又大，很难移。

师：说得很好。移山的任务越艰巨，就越能显示出人们不同的精神面貌。（认识人们不同的精神面貌，是"轴心"所在，也是整个教学设计的"主心骨"）接下来我们根据这张人物表上出现的人物，来看看他们对待移山这件事的不同态度。文章里有两个人讲的话差不多，你们看是谁啊？

生：愚公妻和智叟，他们两人的态度差不多。

师：差不多吧。好，我们就先把他们两个的话一起读一遍吧，比较比较，看看两人的态度究竟是不是一样。（"疑似之迹，不可不察"，教学中此类比较，最易激活学生的思维）

（学生朗读）

师：想一想，他们的态度一样吗？

生：智叟讲愚公很笨，太不聪明了。愚公妻没有讲。

师：你再说说看，智叟讲的这个句子是怎样组织的？

生：倒装的。

师：那么不倒装该怎么说呢？

生：汝之不惠甚矣。

师：你知道为什么要倒装吗？

生：强调愚公不聪明。

师：对，把"甚矣"提前，强调愚公不聪明到了极点。这句话愚公的妻子是不讲的。这里有一点不同。（不同之一：对愚公的看法不同。落实"倒装句"知识）我们再来看一看称谓，愚公妻称愚公什么？

生：（齐声）君。

师：那么智叟称愚公——

生：（齐声）汝。

师：这两个词有区别吗？

生："君"表示尊重，"汝"很不客气。

师：嗯，好！我再把这个"汝"简单地讲一讲。长辈对小辈，地位高的人对地位低的人，一般用"汝"。平辈之间用"汝"，就有些不尊重的意思。智叟叫愚公为什么用"汝"啊？

生：智叟看不起愚公，因为他觉得愚公笨。

师：对，这是又一点不同。（不同之二：对愚公的称谓不同。落实古汉语中称谓的常识）还有什么不同吗？

生：还有两句讲得不一样。愚公妻说："以君之力，曾不能损魁父之丘，如太行、王屋何？"智叟说："以残年余力，曾不能毁山之一毛，其如土石何？"

师：不一样在什么地方？

生：愚公妻说愚公不能把小山怎么样；智叟说连山上一根毛都不能动，有点讽刺的意思。

师：啊，讲得好。这里的"毛"字，是什么意思？

生：小草。

师：请你把这个解释用到句子里去讲讲看。

生：曾不能毁山之一毛，就是不能毁掉山上的一根小草。

师：对，一棵小草也毁不了。这是一种什么语气？

生：轻蔑。

师：对，轻蔑的。这跟愚公的妻子一样吗？

生：不一样。

师：看，这里又有不同。（不同之三：对愚公的态度不同。落实"毛"字含义）还有"如太行、王屋何"和"其如土石何"，同样是"如……何"的句式，可是智叟的话里多一个"其"字，这里有什么不同？

生：智叟的话语气比较强，用个"其"字，有点强调愚公没有用。

师：讲得好。（不同之四：对愚公说话的语气不同。落实"其"字用法）最后还有一句不一样，是哪一句啊？

生：且焉置土石？

师：这句话怎么解释？

生：把土石放到哪里去？

师："焉置"的"焉"字怎样解释？

生：疑问代词——哪里。

师：对，不过这句里的"哪里"放到"置"的前面去了，"焉置"就是"置焉"，放在哪里。愚公妻有这个问题没解决，后来这个问题解决了吗？

生：解决了。

师：怎么解决的？

生：大家说"投诸渤海之尾，隐士之北"。

师：他妻子提出这个问题来说明她对移山是什么态度？

生：关心。

生：担心。

师：关心又担心，两人讲得都对。她关心这个技术问题怎么解决，还对老头子有点担心。快九十的人了，去移那么大的山，能不叫人担心吗？智叟呢？"嘿，你这个笨老头，一根小草也毁不了的人，想去移山，瞧你有多笨！"两人一样吗？不一样。（不同之五：对愚公的心理不同。落实"焉置"的含义）现在请你们再在文章里找出两个字来，把两人的态度分别用一个字说明一下。先说愚公妻，好，你说！

生：献……

师：献什么？

生：疑。

师：对，献疑。她对能不能移山只是有疑问。那么智叟呢？

生：笑。

师：对！笑，笑而止之。一个笑字带有什么样的感情？大家想想看。

生：讽刺。

师：请在这个"笑"字前面加一个字，把这种感情表达出来。（不仅仅是组词训练）

生：讥笑。

师：对了。一个是"疑"，一个是"笑"。你们看，本来大家认为他们的态度差不多，但仔细比较、分析一下，就发现差别了。所以你们读书要常把看起来差不多的词句拿来比较比较。这个很重要。不要粗粗一看，哦，一样的，就不看了。要动动脑筋，多想想。（以"疑""笑"总结两人态度，着眼于培养概括能力）

我们再来看看另外几个人。那个遗男对移山的态度怎样？

生：高兴。

师：怎么知道？

生：跳，跳往。

师：对了，跳跳蹦蹦地去移山，很高兴。他虽然年纪小，但是人小——

生：志气大。

（体会"跳"字的感情色彩）

师：对，他跟愚公一老一小，都有志气。那么愚公子孙的态度怎么样？

生：赞许。

师：赞许，你是从那个"许"字上看出来的吧？再想想，当时大家表示赞许的场面是怎样的？

生：热闹的。

师：怎么知道？

生：杂然。

师：这两个字什么意思？

生：纷纷地，七嘴八舌的样子。

师：还有当愚公妻提出疑问的时候，子孙们怎样？

生：杂曰。

师：什么叫"杂曰"？

生：议论纷纷地说。

师：看，这个"杂"字很准确地写出了子孙们纷纷赞同的场面。（体会："杂然""杂"对描绘气氛的作用）上面几个人，对移山有坚决拥护的，有疑问的，有反对的。现在时间到了，请大家下课以后想一想："愚公"就是"笨老头"，他究竟笨不笨？

——以上第一教时

师：同学们大概想过了，愚公究竟笨不笨？

（先讨论其他人物对"移山"的态度，故意留下愚公。主角登台，必须安排专场演出。"愚公笨不笨"，有极强的思辨性，教学对象又是初一学生，能否讨论出结果来，全在教师如何引导）

生：不笨。

生：笨是有点笨，不过有点精神。

师：嗯，大家自由发表意见，这就好。其他同学的意见呢？还有，我们说愚公笨，或者不笨，都要从文章里找根据，不能凭空想。

生：不笨。

师：你说说理由。

生：愚公说："虽我之死，有子存焉；子又生孙，孙又生子；子又生子，子又生孙；子子孙孙无穷匮也，而山不加增，何苦而不平？"从这些话里看出愚公不笨。

师：噢，他有意见。

生：有点笨。

师：理由呢?

生：愚公有不怕困难的精神，但不能运用科学道理。

师：其他同学也发表意见。

生：不能说他不能运用科学道理，因为那时还没有大吊车。

师：你们看，现在我们分成两派了，一个是笨派，一个是"不笨派"。（问几个学生）你们是属于哪一派的?

生：不笨派。

师：（问另一学生）你呢?

生：笨派。（笑声）

（划分两"派"，为了树立"对立面"，激发思辨的兴趣）

师：刚才我说过，无论说愚公笨还是不笨，都要根据文章。（"手不离书，言必有据"。既是学习习惯的培养，又是思维、语言训练的要求）现在让我们把前前后后有关愚公的一些句子分析分析，再下结论，怎么样? 先看看引起愚公移山的动机是什么?

生：惩北山之塞，出入之迂也。

师：请你解释一下。

生：苦于北山交通阻塞，进出要绕远道。

师：说得对。就是说，愚公所以要移山，是因为他"痛感迂、塞之苦"（板书）。（一看移山动机：痛感迂、塞之苦）那么山移掉了有什么好处呢? 愚公想过没有?

生：移了山，那就可以"指通豫南，达于汉阴"。

师：你也解释一下。

生：指通，就是一直通到。可以直通豫州之南，达到汉水南岸。

师：对! 从这里我们可以看到愚公清楚地知道移山的好处，用一句来概括，叫作"确知移山之利"（板书）。（二看移山目的：确知移山之利）这说明他做事目标很明确。还有，刚才有同学提出的他那段回答智叟的话，你们觉得这段话讲得好不好?

生：好!

师：好? 好在哪里? 你说!

生： 这段话有力地驳回了智叟的"笑而止之"。

师： 嗯，的确驳得很有力，念起来很有劲。我们来念一念，体会体会，好吗？

（学生念"北山愚公长息曰……何苦而不平"几句）

师： 好，就念到这儿。你们感觉这段句子写得怎么样？

（语感的体会比语法分析更重要）

生： 有力。

师： 你们找找原因看，为什么会造成有力的感觉？句子组织有什么特点？

生： 朗朗上口。

师： 嗯，讲得很有道理。为什么朗朗上口呢？

生： 前面一句最后一个字和后面一句第一个字相同。

师： 哎，他找到了特点。你们看：汝心之固，固不可彻。后面一个固字顶着前面一个固字，你们知道这样写有什么作用吗？

生： 一句顶一句，显得语气加强。

（语感出来了）

师： 对，下面有没有这样的例子？

生： 有。"子又生孙，孙又生子；子又有子，子又有孙，子子孙孙无穷匮也。"

师： 对，这段话写得特别有趣，一句顶一句来写，显得子子孙孙，绵延不绝。最后总结一句，那一句是——

生： 子子孙孙无穷匮也。

师： 什么叫"无穷匮"？

生： 没有穷尽。

师： 是呀，愚公的志气，愚公移山的决心，愚公移山的行为，父亲传给儿子，儿子传给孙子，代代相传，无穷无尽，就这样一点点地啃这两座大山。下面还有一句话，一转显得特别有力，哪一句？

生： 而山不加增。

师： 对，这里的"加"字我讲一讲，"加"是"更"的意思，"加增"，就是更增高，不是"增加"的倒装。这一句话一转特别有力，最后自然引出了一个结论，哪一句？

生： "何苦而不平？"

师：对，这句是水到渠成，很有说服力，很有道理。智叟能回答吗？

生：亡以应。

师：如果用一个成语来回答，叫作——

生：哑口无言。

生：无言以对。

师：都对。"无言以对"更符合"亡以应"的意思。为什么智叟"亡以应"？因为愚公讲出了一个很普通的道理，做了一道简单的算术加减法；很普通，但很在理。从这里可以看出，愚公不仅痛感迁、塞之苦，确知移山之利，而且还"深明可移之理"（板书）。（三看移山的可能：深明可移之理。至此，"愚公不愚"的结论已隐含其中）可见愚公移山不是一次盲目的行动，他是考虑得很周到的。现在我们可以来解决愚公笨不笨的问题了。你们想，一个笨的人能这样考虑问题吗？恐怕不可能。那为什么智叟说他笨呢？我想先给你们讲个事。我们上海有一位公共汽车售票员，对待乘客非常热心，是个学雷锋的标兵。《文汇报》上登过他的照片。很多人都写信表扬他，说他服务好，但也有些小青年说这个服务员"戆头戆脑"，这是我们上海方言，就是傻里傻气。这是什么道理？还有雷锋，有些人不是也叫他——

生：（齐声）傻子！

师：你们看，这是什么道理啊？你说。

生：有的人是从为自己的角度来看的，就说他是傻子；有的人是从他为集体做好事来看，感到他是好的。

师：哦，讲得真好！就是说要从什么角度看问题了，用什么样的思想感情来看待这样一件事。这位同学的观点你们同意不同意？

生：同意。

（介绍学雷锋标兵，为了引导学生从更高层次理解"愚公不愚"的道理，不能算生硬联系，空洞说教）

师：好。那让我们回到本题上来，再来看看老愚公。他做的事看起来好像是很傻的。他要移山，可他已经多大年纪了？

生：就要到九十岁了。

师：这么大年纪了，他自己能看到山移走吗？

生：看不到。

师：这一点愚公自己也知道，你们看，他是怎么说的？

生："虽我之死"。

师：你解释一下好吗？

生：即使我死了。

师：这里的"虽"为什么不解释为"虽然"？

生："虽然"，说明他已经死了。

师：对，这里要用个假设的意思。可见愚公早就想到在自己手里是移不了山的。他自己能享受到移山之利吗？

生：（齐声）享受不到！

师：这看起来似乎有点傻了，对不对？但我们用另一种观点来看，用什么观点呢？（一学生插话：为子孙……）啊，很好，请你讲下去，为子孙什么？

生：为子孙后代造福。

师：哎，讲得真好！同学们都讲得这样好，真叫老师高兴！我们如果用"为子孙后代造福"的观点去看愚公，他不仅不笨，而且还不是一种小聪明，而是——

生：（接话）大聪明！

师：对了！有句成语就叫"大智大勇"，还有一句成语也许你们还不知道，叫作"大智若愚"（板书）。你们看看，这个成语谁能解释？

生：大聪明的人看起来很像愚蠢的。

师：为什么？知道吗？

生：因为他有远见，深谋远虑。

师：对了，他看得比别人远，想得比别人多。别人说他笨，是因为——

生：不了解他。

（以"小聪明"作引子，学生自然得出"大聪明"的结论，由此引出"大智大勇""大智若愚"一串连锁的词语。"愚公笨不笨"的讨论，最后结穴于"大智若愚"的认识。学生寻求答案的过程，正是对课文的理解逐步深入，对一系列文言词句逐一落实的过程。教者的追求是：使思想教育和情感熏陶寓于语文训练，务必引导学生因文解道，因道悟文）

师：是啊，有些看得比较近的人，不了解他，就说他笨。其实愚公笨不笨？不笨。下面我们再来看看智叟这个"聪明老头"聪明吗？

生：不聪明。

师：那为什么他叫"智叟"？你说。

生：他自作聪明。

师：嗯，自作聪明。这种聪明是大聪明吗？

生：是小聪明。

师：对，小聪明。这种爱耍小聪明的人，喜欢占点小便宜，没有远见，这种人我们上海叫他"小乖人"，智叟就是"乖老头"。接下来我们把文章最后一段读一遍，来继续思考一些问题，好吗？

（学生齐声朗读最后一段文章）

师：里头有个"厝"字是第一次看到。这个字同哪个字相通？

生：措，措施的措。

师：什么意思？

生：放置。

师：对。读了这一段，我有个问题：有人说这个故事到最后还是靠神仙的力量把两座山搬走的，这样看起来，愚公到底是无能的。你们同意这个观点吗？

生：不同意！神仙搬山是因为愚公感动了上天。

师：噢，有道理。

生：还有，操蛇之神已经怕愚公了。

师：为什么怕？

生：怕他不停地挖，把山挖平了。

师：对。那么看，愚公挖山不止的精神，使山神害怕，天地感动。文章这样写，恰恰是写出了愚公挖山的精神感人至深。同学们很会动脑筋，我很高兴。同学们对文章的内容理解得很好。现在我们再把文章从头至尾读一遍，要求大家仔细体会，尤其是智叟和愚公对话部分，要把两个人说话的不同语气读出来。

（学生朗读课文）

师：读得很好。这篇文章经过大家的认真思考，共同探讨，同学们学得很好。现在我们当堂来完成一些作业，希望同学们应用学到的知识，很好地完成作业。下面我们先拿来一段文章请同学们口头来讲讲看，看能不能把文章的意思准确地讲出来。选最精彩的一段来讲好吗？大家看选哪一段？

生："河曲智叟笑而止之"那一段。

师：对。这一段好。谁自告奋勇地来讲一讲？这里也要有一点大智大勇，我们看谁第一个勇敢地举起手来。啊，这位同学要起来讲了，大家听好。

（学生一人起来边读边解释。略有几处小错误，全班共同订正）

（文章关键处，再重锤敲打一下）

师：好，讲得真好，老师很满意。下面我们再来做一个作业，请同学们解释一个虚词。"有子存焉"，这个"焉"字会解释吗？好，你说。

生：在这里。

师：真好，这位同学讲对了，"在这里""于此"，或者叫"于是""于之"都行。这个"于"是什么词？

生：（齐声）介词。

师："此"呢？

生：（齐声）代词。

师："有子存焉"，就是"有儿子活在这里"。你们找找看，这篇文章里还有这样用法的"焉"字吗？

生："无垄断焉"。

师：请你解释一下好吗？

生：没有山冈高地阻绝在这里。

师：对了，讲得好。你们看，这个词既是介词，又是代词，兼有两种身份。（板书"兼"字）为了便于记忆，我们给它起个名字，叫它什么呢？

生：兼词。

师：为什么叫兼词？

生：兼有两种的意思。

师：兼词，这个名字起对了。记住，"焉"字除了作代词、语气词外，还有兼词的用法。这种兼词在这篇文章里，除了"焉"字以外，还有一个，看谁读得细心，能把它找出来。

生："诸"。

师：嗯，找对了。怎么解释？

生：之于。

师：这也是一个很有趣的字。它是"之于"两个字的合音。大家读得快：之于——诸，你看，快读就成了"诸"，慢读就成了"之——于"。我们来解释一下，"投诸渤海之尾"，这怎么讲？

生：就是"投之于渤海之尾"。

师："投之"的"之"指的是什么？

生：（齐声）土石。

师：同学们理解得很好。我们在这篇文章里学到了两个新的虚词，就是两个兼词，我们都要记住。最后，我们再来做一个作业。这里有一段文言文，我把油印的资料发下来之后，请大家加上标点。（发资料）我请一位同学把这段话抄在黑板上，其他同学在下面加标点，待会儿请同学到黑板上加，画线的一些词句要能解释。（学生板书）

　　甲乙两生共读《愚公移山》，生甲掩卷而<u>长息</u>曰："甚矣，愚公之愚！年且九十而欲移山，山未移而身先死，焉能自享其利乎？"生乙曰："愚公之移山也，盖为子孙造福，非自谋其私也。<u>故以利己之心观之，必谓愚公为不惠；若以利人之心观之，则愚公实大智大勇之人也</u>。"生甲<u>亡</u>以应。生乙复曰："今欲变吾贫穷之中国为富强之中国，其事之难甚于移山。若我十亿中国人，人人皆为愚公，则山<u>何苦</u>而不平？国何苦而不富？"生甲动容曰："<u>善哉，君之所言</u>！愚公不愚，我知之矣。"

（说明：这段文字在发给学生时没有标点）

（这道练习题设计的意图是：把课文的部分词句编写进去，使学生能在一个新的语言环境中辨认它们，以收知识迁移之效）

师：请同学们先在纸上做，等会儿要请两位同学到黑板上加标点。看谁先做好，争取第一个到黑板上点。

（学生做练习。后来有两个学生上黑板加标点。基本做对了，少数几个点错了，全班讨论订正。在讨论标点的同时，由同学解释画线的句子，讲得都很正确）

师：同学们点得很对，讲得也很好，说明大家能够应用学到的知识去解决新问题了。现在我们想一想，这一段话里面，你觉得哪一句最重要？

生："若我十亿中国人，人人皆为愚公，则山何苦而不平，国何苦而不富？"

师：你为什么觉得这句话很重要？

生：现在我们建设祖国，就要发扬愚公移山的精神。

师：对了，学习愚公移山的精神，这就是我们读了这篇文章以后应该受到的教育。我们要不要做乖老头？

生：（齐声）不要。

师：对。乖老头自以为聪明，无所作为。我们要学习愚公的精神，或者呢，就学习那个京城氏的孩子，跳往助之，高高兴兴地去为四化出力。同学们，我们上了两节课，大家学得这样好，老师教得很愉快。你们呢？

生：很愉快。

（教学过程的设计，犹如作文，也要讲一点"凤头""猪肚""豹尾"。本文的教学以"学习京城氏的孩子"结尾，希望使初一的孩子感到更亲切一些，留下更多的余味）

——以上第二教时

（本实录中的楷体字部分系执教者自述教学设计的意图）

［附］

《愚公移山》教学漫忆

1981 年 4 月初，杭州大学《语文战线》杂志社举办过一个小型的"西湖笔会"。与会者有刘国正、章熊、顾黄初、欧阳代娜、陈钟梁、范守纲、林伟彤、陆鉴三等语文教育界的名流，东道主是《语文战线》主编张春林君。我也有幸叨陪末座。笔会的主题是探讨语文教学的现状和未来。人数既少，兼以志同道合，笔会的气氛始终是愉快而融洽的。

当时的西子湖畔，正是早春季节，偶或还有春寒料峭的天气，但苏堤上的垂柳已经吐出新芽，碧桃似乎也已小蕾深藏数点红，孕育着无限生机。这多么像20世纪80年代初的语文教坛：改革的春风已经微微吹拂，不少改革的先行者正在进行着多方面的尝试和探索。人们似乎已经听到了"语文教学的春天"日渐临近的脚步声。但是眼前，毕竟春意还不太浓，要看到一个百花烂漫的"艳阳春"，还需要等待一些时日。西湖笔会在这样的早春时节，在这样的西子湖畔召开，确实引起了与会者许多联想，也平添了几许谈兴。

随着讨论的进展，大家的兴趣最后集中到语文课堂教学的改革上来。为避免空谈，又觉得应该做一点实实在在的尝试，于是决定从与会者里推出一人，借班上一次"尝试课"。教哪一类课文呢？大家又认为首先要瞄准语文教改的"死角"开火，于是想到了文言文。多少年一贯的"串讲"模式，在文言文教学中也已根深蒂固，不可动摇，似乎教文言文就得这样，舍此别无他途。大家希望"尝试课"教出一点新意，一改这种窒息学生心灵的刻板教法。这可是一件不太好干的活儿，由谁来承担呢？与会者中不乏教学的高手，事实上谁干都行，但张春林君提议："这件事就交给钱老师，怎样？"一言既出，大家不便反对，于是在一片"同意"声中，事情就这样定下来了。

对文言文教学，我本有自己的主见，对普遍流行的"字字落实，句句对译"的传统教法，素怀"叛逆"之心，并曾为此做过长期的探索。因此，什么客套话都没有说，就欣然表示"愿意一试"了。当时定下的试教课文是《愚公移山》。事后春林对我说，当时定下这篇课文，他是有些担心的，怕我"创新"得太离谱，比如诱导学生去批判愚公"缺乏科学头脑"，称赞智叟是"智力型人才"，或提出"移山不如搬家"之类的见解，因为当时正有一些同志在报刊上鼓吹这类时髦的"新"思想。听课以后他放了心，因为我不仅没有否定愚公精神，没有削弱这篇传统课文固有的教育功能，而且把"文"和"道"交融得那样自然熨帖。他认为，传统课文被教出了新意，决定在《语文战线》发表这两堂课的全部教学实录，把它作为这次"西湖笔会"的实绩之一，也作为一份向全国语文教育界发出的"改革宣言"。

其实《愚公移山》这样教，在我，早已不是第一次了。我教所有的文言文，用的都是这种教法。早在1979年下半年，上海市郊区重点中学校长现场会在我任职的嘉定二中召开，全校教师都向校长们开了课，我教的就是《愚公移山》这一课，用的就是这样的教法。这堂课使我这个名不见经传的普通语文教师开始引起人们的注意，并终于使我在1980年年初评上了特级教师。因此，现在重教这篇课文，自然轻车熟路。不巧的是，当时正患感冒，嗓音严重嘶哑，到上课的前一天，几乎发不出声，守纲陪我到浙江医科大学附属医院求医，他让我冒充杭州大学请来讲学的"教授"，才得到了一位已经不看门诊的著名医学教授的亲诊，而这位教授开出的药方，又是一种叫什么"散"的名贵中成药，医院里没有，守纲陪我跑了好几家中药房，才总算在一家已经打烊的药店里买到，时间已是下午6点多了。而第二天一早就要上课，真正可用于备课的时间，只有晚饭以后到入睡之前的那一小段空隙。好在我已不需要备课，否则真不知道第二天的尝试课会上成个什么样呢。

当时我担心的倒不是自己怎样教，而是学生能否适应我这种"不串讲"的反传统教法。因为《愚公移山》是初二的教材，而其时初二的学生已经学过这篇课文，因此只能借一个初一的班级。为这次教学提供班级的学军中学虽说是重点中学，但毕竟学生是初一的，他们入学以来只读过少量的文言文，他们能适应我的教法吗？

那天上课，为了保持常态的教学环境，听课者除了参加笔会的几位外，只吸收了少量当地和本校的教师。上课之前，因学生尚未看过课文，我稍作指导后先给20分钟时间让学生自读。后来的事实证明，当学生的兴趣被激发的时候，他们释放的潜在能量，比我们估计的要高得多。

"老愚公多大年纪了？"

"参加移山的总共几个人？"

"愚公妻和智叟讲的话差不多，两人对待移山的态度一样吗？"

"愚公到底笨不笨？"

一个个有趣的话题激起了学生"投入"的热情。

"那个京城氏的七八岁的孩子也去移山，他的爸爸能让他去吗？"学生一时不能回答，随即恍然大悟地叫起来"那孩子没有爸爸！"的时候，他们简直乐开了怀：想不到一向认为枯燥的文言文，居然可以学得这样开心！

始终在一旁听课的刘国正先生后来在一篇文章里回忆说："记得我在杭州听梦龙教《愚公移山》的时候，情不自禁地进入了'角色'，同学生一起时而深思，时而朗笑，忘记了自己是听课者。其他听课的老师也有类似的感受。"

这次尝试的结果，虽非完全出乎意料，但毕竟有些喜出望外。因为这是我生平第一次借班上课，也是第一次在一个陌生的班级中验证我的教学观念和教学方法。对我个人来说，这也是一次意义不同寻常的尝试。这次双重意义的"尝试"，使我获得了某种新的启示，再看西子湖畔的早春风光，似乎悟出了一些令人鼓舞的东西，却又一时说不清楚——只觉得我正在思考、探索着的某种教学理念，蕴含着一股强大的生命力。什么理念？我不知道。既然说不清、道不明，就只能借诗的语言来表达一点朦胧的感觉：

> 二月东风似女郎，
> 飞红点翠写春光。
> 料应难画参差柳，
> 先试新梢几缕黄。

　　遥看苏堤上的早春杨柳，只是淡黄一抹，尽管参差"难画"，但终究会随着艳阳春的到来而垂下万条绿丝绦的。

　　"西湖笔会"以后，黄初以"江南春"的笔名在《语文战线》发表文章，介绍笔会盛况。文章标题就是《先试新梢几缕黄》。莫不是我的拙劣的诗句也唤起了黄初同样的感受？

二、《少年中国说》教学实录

　　一点说明：

　　这个教学实录是 20 世纪 90 年代我在嘉定区实验中学上课的记录，由我根据录音整理。后来全国中语会（中国教育学会中学语文教学专业委员会）在兰州（好像是在兰州，也许记忆有误）举办青年教师课堂教学大赛，邀请魏书生老师和我也去上一堂课。我教的就是《少年中国说》，用的同样的教法，上了两堂课。到第二课结束时，学生几乎已能全文背诵。课后陈金明老师（当时任全国中语会秘书长）对我说："你的课是名副其实的'教——读课'！"我至今仍记得他拖长了声调说出这个"教"字时欣赏的神态。有几位听课的老师也对我说，他们一边听课，一边用我指导学生的方法背诵，最后也都背出了全文。他们认为这样上课，容易使学生产生成就感。

我教文言文，历来反对串讲，反对一字一句"嚼烂了喂"。文言文首先是"文"，因此，教师就应该把它作为饱含思想感情的"文章"来教，学词句的解释应该在学生理解文章意蕴的前提下进行。《少年中国说》的教学，基本上体现了我教读文言文的理念。整个教学过程中，我把体会作者对国家前途满怀信心的豪迈感情作为教读的主线，结合"背读法"的尝试，指导学生在理解文意的基础上背读，在背读的过程中加深理解。学生最后不仅背出了文章，而且对作者的思想感情有了强烈的感受。这两堂课较好地达到了我预期的效果。如果把整个教读过程看作一个训练过程的话，那么这就是我所倡导的"综合的、立体的、灵活高效的训练"。

我始终认为，一堂课的或成或败并不重要，重要的是它在多大程度上体现了执教者的教育理念。一堂理想的语文课，首先应该看得出执教者在教育理念上的执着追求。

（一）初读印象大家谈

师：昨天请同学们自读《少年中国说》，这堂课想先听听大家对这篇文章的总的印象。请随意说，有什么印象就说什么。

生1：这篇文章虽然是文言文，但是我觉得并不难懂。有些句子虽然不完全理解，但我感觉到作者的感情很强烈。

生2：文章写得热情奔放，用了很多排比句，读起来很有劲。

生3：作者对中国的前途充满了信心，字里行间有一种自豪感，读了使人振奋。

师：你们能不能具体说，哪些句子读起来有劲，哪些句子使人振奋。

生4：第二段写老年人和少年人的不同性格，一句写老年，一句写少年很有意思。

师：什么叫"很有意思"？

生4：……一句句对比，……很新鲜……

师：你的意思大概是说作者用了对比的手法，把老年人和少年人的不同性格写

得很充分，很鲜明；而且这种句句对比的写法，给人一种新鲜感，是吗？（生点头）

生5：这一段里还用了大量的排比句。

师：读着感觉怎么样？

生5：觉得有气势。

生6：我觉得结尾处一些句子读起来顺口，而且有鼓舞人心的力量。不过，里面有些句子我还不大懂。

师：既然不大懂，怎么还会受到鼓舞？

生6：……好像有一点感觉……有些句子我翻译不出来。

师：哦，这叫作"跟着感觉走"。（笑）你所谓的"不懂"，大概是指不会翻译，是吗？（生点头）其实，你感受到了作者的热情，这就是一种理解。不过这种理解靠的不是理性的分析，而是靠直接的感受，这就是我们常说的"语感"。它有时候比理性的分析更重要。读文言文，我倒宁可要你们对文章有一种准确、生动的感觉，而不要为了翻译而忽略这种直接的感受。要知道，有些文言句是很难用现代语对译的。这篇文章最后的一些句子，就很难翻译得不走样，因为它是韵文，跟一般的散文句子不一样。你既然已经从这些句子中感觉到了一种鼓舞人心的力量，说明你已经大体上读"懂"了，也说明你有很好的语感。大家还有意见要发表吗？（学生继续从课文中找出了一些句子，说了自己的感受）

（二）走近梁启超

师：同学们自读了这篇课文，你们不仅跟着感觉"走"了一回，而且走得蛮有水平。（笑）就是说，你们的感觉很准确，你们的确抓到了梁启超文章的主要特点。有人对梁启超的文章，有这样的评价："以饱含感情之笔，写流利畅达之文。"你们听懂这句话的意思了吗？（生齐答："听懂了！"）"流利畅达"会写吗？（一学生上前板书）很好，完全正确。我测试一下大家的即时记忆能力：有人怎样评价梁启超的文章？

生6：以饱含感情之笔，写流利畅达之文。

师：你们看，刚才我们谈初读的印象，跟人们的这个评价一致吗？（生齐答：一致）梁启超的这篇文章确实笔下饱含感情，文字流畅，很有感染力。从这篇文章我们还看到了作者对国家的前途充满了信心。可是，你们知道这样一篇有自信、不自馁的文章是作者在怎样的处境中写的吗？为了回答这个问题，我们有必要复习一下近代史。看谁能告诉我一些关于梁启超的情况。

生 7：梁启超是戊戌变法的代表人物之一，当时和他一起主张变法的有他的老师康有为，还有谭嗣同等人。

生 8：他们想改良政治来挽救国家，但不久就失败了。

师：历史上把这次变法维新叫作什么？（生 8 答：百日维新）百日维新失败以后的情况怎样？

生 9：支持他们变法的光绪皇帝被慈禧太后囚禁。谭嗣同等六人被杀，康有为、梁启超逃到了日本。

师：你们还能知道这些历史知识，我很高兴。戊戌变法是一次资产阶级的改良主义运动。这次运动虽然失败了，但起了思想启蒙的作用，尤其是因为梁启超文章写得好，还办了报纸宣传维新的思想，对知识界的影响极大。当时不少人还模仿他的文笔写文章，叫作"新文体"（板书）。今天看来，梁启超的思想虽然受到时代和阶级的局限，但作为中国近代向西方资产阶级寻求"真理"的先驱者之一，他关注国家的前途、民族的命运，这种精神是值得称赞的。请同学们再注意一下本文的写作时间。它写于 1900 年，也就是百日维新失败后的第二年。当时梁启超在哪里？

生：（齐）日本。

师：对，这篇文章是他逃亡日本的时候写的，当时他 27 岁，正是一位有抱负的"中国少年"。同学们可以想象一下他当时的处境：变法失败，同志被杀，清政府要捉他，他不得不寄身异国，过着流亡的生活。我再补充一点背景材料：当时正值中日甲午海战以后，中国被迫签订了丧权辱国的《马关条约》，至此，中国与英、法、日、俄、美等国签订的不平等条约，多得已经使我们记不清楚了，国家正面临着被列强瓜分的危险。可见梁启超写这篇文章的时候，不仅个人的政治主张遭到严重的挫折，弄得有家难归，流亡异国，而且整个国家都处于危难之中。可是，你们有没有从这篇文章中感觉到一点点灰心丧气的情绪？没有！刚才同学们谈读后的感受，大家都觉得作者对中国的前途充满信心，字里行间洋溢着一股昂扬奋发的朝气，这是多么不容易！下面我们来具体地揣测一下作者当时写这篇文章的动机。这从文章的第一段中可以看出。谁先来把这一段读一遍？

（学生一人朗读）

师："老大帝国"是什么意思？跟"老大帝国"意思相反的是什么？

生10："老大帝国"就是"年老的帝国"（师插问："你怎么知道老大是年老的意思？"生答："过去读到过一首诗'少小离家老大回'"）跟"老大帝国"相反的是"少年中国"。

师：这里的"老大"还有"衰老"的意思，日本人所以这样说我们，因为从当时清政府的腐败无能看，中国似乎是正在一天天走向"衰亡"。不过，把中国称作"老大帝国"，是不是日本人首创的？

生11：不是的，是西欧人先这样说的。（师插问："你怎么知道的？"）文章里说"是语也，盖袭译欧西人之言也"。就是说这句话是从欧洲人那里抄袭来的。

师：那为什么文章一开头要说日本人，而不是说"欧西人之称我中国也，一则曰老大帝国，再则曰老大帝国"？

生11：因为日本人最坏。（笑）

师：当时侵略中国的帝国主义列强，没有一个不是坏东西。你说的恐怕不是理由。

生12：因为作者当时住在日本，他只听到日本人这样说。

师：这样理解比较合理。作者一定是先听到日本人这样说，然后指出这种说法的来源。注意句子里这个"盖"字，有推断原因的作用，可以解释为"原来是"。从这两句可以看出，当时东方人、西方人都这样看中国。关注着国家命运的梁启超听到日本人这样说，当然深有感触，但又不能同意这种说法，于是满怀激情地写下了这篇文章。请注意下面这个句子："呜呼！我中国其果老大矣乎？"谁先来解释一下？

生13：唉，我们中国他果真衰老了吗？

师：基本正确。"呜呼"这个感叹词你们在《捕蛇者说》里遇到过，还记得那个句子吗？

生14：呜呼，孰知赋敛之毒有甚是蛇者乎？

师：记得很准确。不过我说他（指生13）的解释"基本正确"，因为还有一点小小的不正确。他把句子里那个"其"字解释为"他"，是不对的。这里的"其"字只表示一种语气。你们再体会一下，这是一个带有什么语气的问句？

（学生各自诵读、体会）

生15：带有反问语气。

师：你的语感不错。现在我们为了加强反问的语气，常常在句子前面用什么词？

生15：难道。

师：对极了！这个"其"就相当于现在说的"难道"。这是一个语气很强的反问句。"唉！咱们中国难道果真衰老了吗？"从这个句子看作者同意中国已经衰老的观点吗？（生齐答："不同意！"）说说理由。

生16：下面他反驳了这种观点。

师：你没有弄清我问题的要求。我要求从这个句子本身看作者对这种观点的态度。你能回答吗？

生16：作者用了个反问句。

师：这就对了。比如，我问你们："难道我老了吗？"其实我并不认为自己已经老了。不过，这里要注意，作者用"呜呼"领起这个反问句，说明他既不能同意这种观点，但又表达了一种深深的感慨，因为从当时中国一次次向帝国主义列强屈辱求和的情况看，确实处处显示出一种衰亡的迹象。作者的感情是复杂的。下面我们看看，作者是怎样回答这个问题的。谁来说？

生17：梁启超曰："恶（è），是何言，是何言！吾心目中有一少年中国在。"

师：他有没有读错字音？

生18：第一个字读 wū，他读了 è。

师：这个字书上有注解，以后要认真看注解。那么什么情况下念 è？

生18："可恶"的时候念 è。

生19："可恶"的恶读 wù，他也读错了。"恶劣"的"恶"才读 è。

师：对了。这个字有三个读音，谁来总结一下？好，就你（指生18）来吧！

生18："恶劣"的时候读 è，"可恶"的时候读 wù，这里读 wū，是表示感叹的助词，有反对的意思。

师：现在我们对别人的意见表示强烈的反对，一般用什么表示感叹的助词？

生：（众）"哼！""呸！""喝！"……

师：如果要为这个"恶"找一个大体相当的字，找哪个好？

生：（齐）"呸！"

师：为什么？

生19：这个"呸"最有力，还有斥责的味道。

师：我猜到你们会找这个"呸"，因为你们的感觉总是很准确的。现在请一位同学把这个句子解释一下，谁来？

生20：梁启超说，呸！这是什么话，这是什么话！我的心目中有一个少年中国存在着。

师：这里，作者针对"老大帝国"的说法，提出了一个"少年中国"。这个"少年"相当于我们现在说的什么年龄？过去在文言文里读到过这个词吗？

生21：初二的时候在《冯婉贞》里学到过这个词，"谢庄少年"，就是谢庄的青年。

师：你的记忆力很好。古代称青年男子叫"少年"，比我们现在说的"少年"要年龄大些。那么"少年中国"现在该怎么说？

生22：青年的中国。

生23：年轻的中国。

师：两种说法请选择一个，说明选择理由。

生24："年轻的中国"好。"青年的中国"，别人会理解为"青年人的中国"。

师：还有一个问题请思考一下："吾心目中有一少年中国在"，为什么不说"世上有一少年中国在"，而要说"少年中国"存在于我的"心目"中呢？

生25：因为这个"少年中国"实际上不存在。

师：你说对了，因为当时清政府统治下的中国的确处处显示出衰老的迹象。但如果把认识再推进一步，你们会发现梁启超这样说还有更深一层的意思。

生26：这个"少年中国"是作者心中所追求的一个未来的中国。作者主张变法维新，就是要创造一个未来的中国。

师：说得好极了！但你能从文章里找出根据证明你的观点吗？

生26：下面有一句："制出将来之少年中国者，则中国少年之责任也。"句子里有个"将来"，说明作者说的"少年中国"，不是现在这个中国。

师：对！就应该这样思前顾后地读文章。作者认为创造出这个"少年中国"是中国少年的责任，当然也是作者的责任，因为他当时就是一个有抱负的年轻人。可见，作者说"吾心目中有一少年中国在"，不仅针对日本人和欧洲人的言论亮出自己的观点，而且也寄托着作者的抱负和追求。现在让我们回到对本文写作背景的讨论上来。谁能小结一下，作者是在什么背景下，由于什么原因而写这篇文章的？给大家两分钟考虑的时间。

（学生思考）

生 27： 作者在戊戌变法失败后逃亡日本，听日本人说到中国的时候，都说是"老大帝国"，意思是中国已经衰老，没有希望了，作者强烈地反对这种说法，提出了自己的观点："吾心目中有一少年中国在。"

师： 小结得很好。谁还有补充的？

生 28： 当时正是中日甲午海战以后，中国被迫和日本签订了不平等的《马关条约》。

生 29： 作者写这篇文章，不仅是为了驳斥日本人和欧洲人，也是为了表明自己的抱负。

师： 经过他们二位补充，小结就更完整了。我们读文章，尤其读过去的文章，如果能走近作者，知道作者在特定的背景下写这篇文章的缘由，就可以更好地理解文章的内容和作者的思想感情。

（三）尝试背读法［上］

师： 刚才我们讨论作者和背景的时候，已经读了课文的第一段。现在请同学们不要看书，尽可能用文章里的原句回答我的问题。作者到日本以后，听到日本人是怎么说我们中国的？

生 30： "日本人之称我中国也，一则曰老大帝国，再则曰老大帝国。"

师： 为什么这里用"一则曰……再则曰……"这样的句子？

生 31： 为了强调。

师： 作者强调什么？

生 31： 强调日本人都这样说。

生 32： 我认为作者这样写是为了说明日本人对中国只有这一种看法。他们把中国看死了。

师： 两位同学说得都有理。我们可以把两人的意见合并起来——作者既强调在日本这种看法的普遍性，也强调了它的唯一性：日本人看中国，除了"老大帝国"，还是"老大帝国"。那么首先说中国是老大帝国的，是日本人吗？

生 33： "是语也，盖袭译欧西人之言也。"

师：作者是怎样通过自问自答严厉地驳斥这种谬论的?

生 34："呜呼! 我中国其果老大矣乎? 梁启超曰：恶，是何言，是何言!"

师：他针锋相对提出了什么观点?

生 35："吾心目中有一少年中国在"。

师：你们看，作者的思路十分清楚。请按这条思路，把作者的话连贯起来说一遍。谁来试一试?

生 36："日本人之称我中国也……吾心目中有一少年中国在。"

师：你们看，我没有提出背诵的要求，可是事实上已经把第一段背出来了（向生 36）你能不能告诉大家，为什么你很容易就把这一段背出来了?

生 36：我理清了这一段的思路，再想想作者的原句，把它们连贯起来，就记住了。

师：你觉得这样背诵文章有什么好处?

生 36：不仅背出了文章，而且加深了对文章的理解。

师：请同学们不要忽视他（指生 36）说的这些话，因为这些话里包含着读文言文的一种重要方法：背读法。具体地说，就是"在初步理解的基础上背诵，在背诵的过程中加深理解"（板书）。下面，我们是不是就用背读法学习第二段。这一段不仅长，而且句子有点"缠绕"，特难背。看我们能不能用这个方法把它攻下来。

（学生诵读第二段）

师：这一段主要写什么?

生 37：老年人和少年人的不同性格。

师：上一段结尾说"吾心目中有一少年中国在"，这一段紧承上段，应该论述"少年中国"的特点，思路才顺。可是作者却不说"国"而要说"人"，这是为什么? 能从文章里找出句子来说明作者的意图吗?

生 38："欲言国之老少，请先言人之老少"。

师：可为什么说"欲言国之老少"，先要"言人之老少"呢? 两者有什么关系吗? 也请用文章里的句子回答我。

生 39："人固有之，国亦宜然"，说明国家的老少和人的老少是一样的。

师：你能把你找出的这句话具体地解释一下吗?（生 38：不会）你不可能全句都不会解释，要不你怎么会正确地把它找出来呢? 我敢肯定，你已经大体读懂了这个句子，只是句子里有个别字眼还不能确切地理解。是这样吗？（生点头）那请你把不会解释的字提出来。

生38："固"，还有"宜"字。

师：我估计你会提出这两个字来，因为它们在文言文里这种用法你们过去没有学到过。现在我讲一讲。"固"是"固然"，这里和下面的"亦"字配合使用，相当于我们说的"固然……也……"。"固然"表示承认某个事实，"也"表示进一步肯定另一个相关的事实，如"你说的固然正确，他说的也没错"。"宜"，这里是"应当"的意思。现在你能不能把这个句子的意思连贯起来讲一讲？

生38：人固然有老和少的不同性格，国家也应当这样。

师：对了！可见作者阐述"人之老少"，正是为了论证"国之老少"。现在我们就来看看作者是怎样阐述人之老少的。这一段除了开头一句（欲言国之老少，请先言人之老少）领起下文，最后一句（此老年与少年性格不同之大略也……国亦宜然）点明中心外，中间写老年与少年的不同性格，一共有几句？大家数一数。

生：（众）七句。

师：同学们大概已经发现，这些句子都用了排比的句法。句子的结构都差不多。因此，如果我们理清了思路，要背下来是不难的。相反，要是思路理不清，就难免被这些句子缠绕得昏了头。我们先来看看，作者是怎样一开头就抓住老年人和少年人的主要特点的。

生39："老年人常思既往，少年人常思将来。"

师：你们认为作者说的是不是符合实际？

生40：事实是这样，我爷爷就老爱说他们从前怎样怎样。（笑）

师：是啊，老年人常常要怀旧。年轻人会这样吗？你们常说"我从前在妈妈怀里吃奶的时候怎样怎样"吗？（笑）那你们爱说什么呢？

生41：希望以后考取重点高中。（笑）

师：是啊，年轻人总是计划着未来，憧憬着明天。不同年龄的人，经历不同，也就会有不同的心态。我们先来看看，作者是怎样写老年人的。请同学们把这个比较长的复句中写老年人的小分句挑出来，连贯起来读一读，看看句子的结构有什么特点。

生42："老年人常思既往……惟思既往也故生留恋心……惟留恋也故保守……惟保守也故永旧。"

师：请大家从两个方面观察这组句子的特点：①每个小分句的结构特点；②小分句和小分句之间的关系。这两个问题有相当难度，看谁能够说清楚。（学生思考两分钟）

生43：从第二句开始，每句的结构相同，都用了"惟……故……"这样的句子。（师插问：上半句和下半句之间是什么关系？）是因果关系。

师：对了，"惟"就有因为、由于的意思。"惟思既往也故生留恋心"这句话现在怎么说？

生43：因为思念过去，所以产生留恋心。

师：很好，你圆满地回答了我第一个问题。第二个问题谁能做出同样圆满的回答？

生44：每个句子之间好像也有因果关系。

师：你看出一点头绪了。不过，光说因果关系，还不能完全说明这些小分句之间的确切关系，请进一步做整体的观察：句和句之间在因果关系的构成上有什么特点？

生45：上一句的果，是下一句的因，下一句的果，又是再下一句的因。

师：你准确地抓住句子特点了。这组句子像一根链条，因和果环环相扣，步步推进，最后推出老年人"永远守旧"（永旧）的结果。我给这种句子取个名字，叫作"因果连锁句"，你们赞成吗？（生齐答：赞成！）

师：赞成的理由是什么？

生45：这个名字很形象，能够表示这种句子的特点。

师：你能不能看着板书，用自己的话把作者说老年人的一组句子的意思说出来？说的时候，请注意句子间的因果连锁关系。

生45：老年人常常想以往的事，因为常常想以往，所以产生留恋心；因为留恋，所以保守；因为保守，所以永远守旧。

师：说得很好！

（按同样方式分析写少年人的一组"因果连锁句"。教师边引导学生分析，边完成板书：

老年人常思既往—故生留恋心—故保守—故永旧

少年人常思将来—故生希望心—故进取—故日新）

师：请你们观察板书，写老年和少年的句子句句相对。现在就请大家看着板书，用作者原句说一遍。请同座的两人轮流说给对方听。（学生按要求完成）现在我把板书擦掉，请大家凭记忆把这组很复杂的句子说出来。谁来试试？

生 46："老年人常思既往……惟进取也故日新。"

师：你是用什么方法说出这个很长的复句的？

生 46：先理清思路，再背……

师：在背的过程中又加深了理解，是吗？（生点头）还记得我说过的方法名称吗？

生：（齐）背读法。

——以上第一教时

（四）尝试背读法 ［下］

师：上一节课我们初步学会了背读法。这堂课先请你们用这个方法把第二段中的其余几个句子背出来。为了帮助记忆，同学们也可以用我上一节课板书的形式，把作者的思路理清楚，把关键词语找出来。仍以两人为一组，轮流背诵，相互检查。

（学生按要求背读，10 分钟）

师：据我观察，同学们都背得很顺利，但不知大家是死记硬背呢，还是用的背读法？（生插话：背读法）我要检查一下。这一段里有两个最难记的句子，"老年人常多忧虑……惟冒险也故能造世界"，你们是用什么办法记的？

生：（众）理思路。……都写下来了。

师：好，谁上黑板写写看？请两位同学，一人写老年，一人写少年。要像我上回板书那样，写出对比的关系来。

（学生两人完成板书：

老年人常多忧虑—故灰心—故怯懦—故苟且—故能灭世界

少年人常好行乐—故盛气—故豪壮—故冒险—故能造世界

全班学生先看着板书背诵，然后教师擦去板书再让大家背诵）

师：现在我们请课代表推荐一位最怕背书的同学来背诵这个句子。（课代表说出了一名学生的名字）你是有点怕背书吗？（生点头）我过去也怕背书，咱俩可以交流交流经验。（笑）我小时候常常因为背不出书被老师打手心。老师说我是"聪明面孔笨肚肠"。（笑）照理说，年纪老了记忆力要减退，可是现在我倒反而不怕背书了。像这篇课文，我只用了三刻钟左右的时间就把全文背出来了。你知道是什么道理吗？

生47：因为掌握了背书的方法。

师：什么方法？

生47：背读法。

师：什么是背读法？你还记得我们说过的那两句话吗？

生47：在……初步理解……的基础上背诵，在背诵……的过程中……加深理解。

师：你瞧，你记得很好，你的记忆力比我过去强多了。（笑）如果再懂一点背书的方法，肯定会如虎添翼。（笑）现在就请你把这个特难背的长句背出来。

（生47背书，边背边想，中间有一处顿歇较长，很快看了一下书）

师：背得很好！你偷看书了吗？

生47：只偷看了一次。（笑）

师：大家别笑，偷看的能力也是一种很重要的语文能力。（笑）因为偷看时要求眼光迅速从书上扫过，用最少的时间捕捉到自己迫切需要的文字信息，这种能力不是很有用吗？当然，不能用这种能力来对付考试。（笑）这位同学（指生47）不仅掌握了背读法，而且还锻炼了这种快速阅读的能力。（笑）现在你还怕背书吗？

生47：不怕。

师：确实，学习只要得法，什么困难都不可怕。

（五）教读第三段

师：这一段明显分为两个部分。第一部分论证中国少年对国家的责任；第二部分是韵文，对少年中国和中国少年进行热烈的赞颂。先看前面一部分。作者认为，要创建少年中国，责任全在中国少年的肩上，而不能靠当时执政的"中国老朽"。理由是什么？

生48：因为他们腐败无能。

师：文章里是怎么说的？

生48："彼老朽者何足道，彼与世界作别之日不远矣。"

师："与此世界作别之日不远"是什么意思？

生 48： 他们快要死了。（笑）

师： 对，有个成语叫"行将就木"，就是快要进棺材了。作者叫他们"中国老朽"，而不是称"中国老年"，知道为什么吗？

生 49： 因为他们不仅年老，而且腐败无能。

师： 这一段第一句："造成今日之老大中国者则中国老朽之冤业也。"这句中有两个词我先解释一下，"则"在这里表示判断，相当于"是"；"冤业"这里可以解释为"恶果"。我读了这个句子，脑海里立即浮现出一个人的形象，你们猜是谁？

生：（齐） 慈禧太后！

师： 猜对了。当然，还有一帮子年迈昏庸的大大小小的官僚。作者认为，中国所以成了"老大帝国"，就是这些人造成了恶果。因此，要创造出一个生机勃勃的"少年中国"，绝不能靠这些行将就木的"老朽"，而只能依靠中国少年。从文章看，作者寄希望于少年的理由是什么呢？

生 50： "而我少年乃新来而与世界为缘。"

师： 你能理释这句话吗？

生 50： 我只知道大概意思。

师： 你说说看。

生 50： 作者认为少年人是新生的一代。

师： 你把"新来"解释为"新生的一代"很恰当。"与世界为缘"会解释吗？（生摇头）其实这几个字并不难懂。这句话是针对上一句说的，老朽们跟世界怎么样？请把上一句念一下。

生 50： 彼与世界作别之日不远矣。

师： 老朽们即将离开这个世界，可少年是新生的一代，他们跟世界怎么样？

生 50： 改造世界。（笑）

师： 大家别笑。（向生 50）我支持你。少年人因为是新生的一代，所以跟世界结下了缘分，还要在世界上干番事业，要造出一个"少年中国"来，这不就是改造了世界吗？当然，文章没有这样直接写出来。你比梁启超说得更豪迈。（笑）这句中的"为缘"，就是"结缘"的意思。我们再来看下面几句："使举国之少年而果为少年也……故今日之责任，不在他人，而全在我少年。"这里作者通过两个假设，进一步论证少年为什么对国家的兴亡负有重大的责任：假使全国的少年果真是少年，那么国家就进步；假使全国少年也是"老朽"，那么国家很快就会灭亡。可见少年责任之重大。不过，这两句中有个小小的问题：少年是指处在一定年龄阶段的年轻人，凡是已经达到和没有超过这个年龄的人，就一定是少年。既然如此，那么作者说"使举国之少年而果为少年也"，不是废话吗？下面又说"使举国之少年而亦为老大也"？少年怎么又会是"老大"？不是自相矛盾吗？这个问题很高级，看谁解决得了。给大家两分钟时间考虑。

生 51：这两句中前面的两个"少年"都指年龄上的少年，后面的一个"少年"和一个"老大"指的是他们的精神状态。

师：说得好极了！这说明每个人都有两种年龄，一个是"自然年龄"，另一个则是精神上的年龄，我们把它叫作"心理年龄"。你们说，人的两种年龄总是一致的吗？

生：（众）不一定。

师：你们能从生活中举出一些例子来证明吗？如果回答时能用课文里的一些词语，就更好了。

生 51：有的人年纪不老，可是对生活已经"灰心""厌事"，他们的心理年龄已经是老年了。

师：我也有一个有趣的实例，你们想听吗？

生：（众）想听！

师：有一次，有位同事拿了一本杂志来对我说："杂志上登了一份自测心理年龄的问卷，我来帮你测算一下心理年龄。请你照实回答：你喜欢回忆过去吗？你常常计划未来吗？你很容易为一些小事烦恼吗？……"他总共提了四五十道诸如此类的问题，我都如实作了回答。最后他根据我回答的"是"与"否"的多少，从问题后的一份自测表上认定了我的心理年龄。我的自然年龄是 60 多岁，你们猜，我的心理年龄是多少？

生：（纷纷猜测）50 岁。40 岁。

师：还要小一点。

生：（众）30 岁。

师：不，是在 18 岁到 28 岁之间。（笑）中国有句老话：人有三岁之翁，也有百岁之童。年轻人可能心理老化，老年人却可能锐意进取。用这个观点看本文的第二段，作者谈少年与老年性格的不同，在当时有什么积极意义，又有什么不足之处？

生52： 作者写出了老年和少年性格的对比，他把希望寄托在年轻有为的少年人身上……

师： 你这是说的积极意义。不足之处呢？

生52： 作者认为只要是少年就一定是进步的，老年一定是保守的，事实不一定这样，比如你就只有 18 岁……（笑）

师： 是啊，作者在第二段里说的老年和少年的不同性格，似乎是有些绝对化，不过我想这恐怕还是为了行文的需要。事实上作者也并不一定认为凡少年都是进步的。"少年"可能是"少年"，也可能在性格上已经"老大"了。所以第三段里才会出现两个"假设"。这个高难度的问题，同学们能够解决得这样好，我真高兴。现在我们再来看下面一个句子："少年智则国智……少年雄于地球，则国雄于地球。"它在表达上有哪些特点？大家仔细琢磨琢磨。

生53： 这组句子用了排比的手法。

生54： 我认为是一步步推进。

师： 请二位各说说理由，然后让我们评判一下，看谁的理由充分。

生53： 这组句子里的每个句子都用了"少年……则国……"的句式，结构都一样，是排比。

生54： 我觉得这些句子的意思是一步步向前推进的。（师插问：能不能具体地说？）作者先写"智"，"智"了就会"富"，（师插话：笨蛋是富不起来的）"富"了就会"强"，"强"了就可以"独立"，"独立"了才能"自由"，"自由"了才会"进步"，"进步"了才会"胜于欧洲"，"胜于欧洲"了最后就"雄于地球"。意思是步步推进的。

（学生纷纷发表意见，有的说是"排比"，有的说是"步步推进"）

师： 大家别争了，争下去永远不会有结果，因为两种意见都是对的。（笑）说是排比的同学，主要是从这组句子的结构着眼；说是步步推进的同学，则主要从句子的内容着眼。角度不同，得到的结论当然就不同。我们学习某种修辞手法，重要的不是识别，而是体会它对表情达意的作用。现在请同学们再把这组句子读一遍，细细体会体会它的表达作用。读的时候，音量要逐步增强，语调要逐步提升。边读边体会作者思路。

（学生齐读）

师：读得很好，把作者的感情读出来了。请大家说说自己的感受。

生55：充满了少年的自豪感。

生56：句子的意思层层推进，不但容易记，而且越读越有劲。

师：你记住了吗？（生点头）那就请你背背看。（生56流畅地背诵全句）

师：这两位同学体会得很好。他（指生56）不仅体会了作者的感情，而且还背了出来。其实，只要理解了内容，理清了思路，背诵确实是很容易的。不妨请每个同学都试一试，我相信大家都已经记住了。

（学生各自背诵）

师：据我观察同学们的表情，大家不仅背得很顺利，而且真的动了情。读文章就该这样，尤其是读这类感情充沛的文章。现在我们来看第三段的第二部分，也就是文章结尾部分。请大家先读一遍，体会一下，这组句子有什么特点？

（学生各自低声诵读）

生57：都是四个字一句，而且押韵，读起来朗朗上口。

生58：作者用了许多比喻。感情非常充沛。

师：体会得都很正确。我们先从句子的形式来看，这组句子句式整齐，逢双句押韵。这是一种韵文的体式，古代大多用于碑志类文章（板书：碑志），用来歌功颂德，显得典雅庄重。作者创造性地用于本文的结尾，因为这种诗的语言更有助于抒发作者对少年中国的热烈赞颂和无限向往之情，同时也把文章的感情推向高潮，使读者的心灵受到强大的震撼和鼓舞。这一点，同学们刚才读的时候，一定都已经体会到了。接下来再看这组句子运用的修辞手法，刚才他（指生58）说用了比喻，是对的。我好像听到几位同学在下面说还有排比，也对。这跟讨论前面的一组句子一样，也是因为从不同的角度看，得到了不同的结论。我想着重讨论比喻的问题。请你们告诉我，你们在读文章的时候，遇到这种形象化的生动比喻，首先要做的是什么事？你们是怎样读这些比喻句的？

生59：找出本体和喻体。

师：凡是这样读的，都请举手。（全班举手）看来大家都这样读。我倒想向同学们提出个建议，看能不能换一种更有兴趣的读法。你们想，本来是十分生动的比喻，我们首先去忙着分析什么是本体，什么是喻体，还有什么味儿？难道除此以外就没有别的读法了吗？

生 60：我们可以根据这些生动的比喻展开想象。像这里的一些比喻，就可以想象出一幅画面。

师：好极了，我就是这样读文章的。大家同意这样读吗？同意的请举手（全班举手）我很高兴，大家都采纳了他（指生 60）的意见。其实，只要我们展开了想象，也就理解了比喻的内容，本体、喻体的问题自然就迎刃而解了。现在我先把几个难词解释一下，然后请同学们展开想象，并且用尽可能生动的语言把你想象中的画面描绘出来。注意，我不要求翻译，而是用你们自己的话来描绘。（教师解释了"河""鹰隼""初胎"等词语，然后由学生阅读、想象）

师：现在我们请班上文章写得最漂亮的××同学把她想象中的画面描绘出来。然后请大家对她的描绘进行评论。

生 61：一轮红日刚从东方升起，万道金光透过朝霞，射向大地。黄河从地下涌出，一泻万里，滚滚滔滔奔向汪洋大海。潜伏的东方巨龙从深渊中腾空而起，它的鳞爪在云中飞舞；小老虎在山谷里怒吼，成百上千的野兽都吓得胆战心惊，四散奔逃；雄鹰才试试它的翅膀，掀起的狂风吹得尘土飞扬。奇妙的花含苞初放，是那样的鲜艳、辉煌；宝剑刚从磨刀石上磨出来，锋刃闪射出寒光。少年中国像个巨人屹立在东方，头顶着青色的长天，脚踏着黄色的大地。她有几千年的文明历史，有无限广阔的疆域。她的前途像大海那样无边无际，未来的日子很长很长。多么美丽啊，我们的少年中国，她同天一样不会衰老；多么豪壮啊，我们的中国少年，他们同少年中国一样万寿无疆。

师：大家觉得她说得好不好啊？

生：（齐）好！

师：的确说得好！真不愧是作文的能手。她不仅把想象中的画面描绘得很美，而且较好地顾及了原句的含义，例如，"红日初升"，她的描绘是"一轮红日刚从东方升起"，用了"刚"字，就顾及了原句中的"初升"的"初"。这些都说明她不仅有较强的语言表达能力，而且读书很细心。

生 62：她是说得好，不过有一点我不大同意。她把"初胎"说成"含苞初放"，我认为用"含苞欲放"比较好。"初胎"是才含苞，还没有开花。

生 61：他（指生 62）这样解释"初胎"当然是对的，但后面还有"矞矞皇皇"

四个字，课本上注解是"光明盛大的样子"，只有花开才会这样美，"含苞欲放"就不够美。

（学生纷纷议论，两种意见各有支持者）

师：我来说句公道话：两位同学的意见都有充分的理由，这叫"公说公有理，婆说婆有理"，（笑）这种情况在辩论中经常会有，没有什么奇怪。她（指生61）的优点是理解一个词能够顾及全句的意思，不过她说"含苞欲放"不够美，我的意见却不是这样。盛开的花固然是美的，但是将开未开的花，孕育着无限的生机，给人另一种美感。古人有句诗叫作"小蕾深藏数点红"，小小的花蕾中深藏着几点红色，比开放着的红花更有风韵。大家体味一下，是不是这样？总之，我的意思是，他（指生62）的意见是值得考虑的。不过，我不要求有"标准答案"。"初放"也好，"欲放"也好，同学们可以根据自己的理解去发挥想象。同学们还有别的意见吗？

生63：我觉得她（生61）根据"天戴其苍，地履其黄"想象少年中国是一个顶天立地的巨人，是很好的。

生64：她最后说中国少年"万寿无疆"，我认为不妥当。

师：为什么不妥当？

生64："万寿无疆"好像是专门对皇帝说的。

师：关于这个成语我来说两句。在古代，它的确常常用来歌颂帝王，现在仍然不能用于一般的人。不过，这里原句是"与国无疆"，把这里的"万寿无疆"用来祝颂我们的国家，我认为是可以的，正如我们可以说"祝伟大的祖国万寿无疆"。现在我们来小结一下，这一组句子中作者都写到了哪些事物？

生65：红日；（黄）河。潜龙；乳虎；鹰隼。奇花；干将。（教师边听边板书）

师：请你们注意，我这里用的标点是原句的标点。你们知道文章为什么要这样标点吗？

生66：这些事物可以分成三类，第一类是自然界的景物，第二类是动物，第三类是植物。

生67："干将"不是植物。

师：那么是什么？

生67：静物。

师：好，就用这个词。"静物"既可以包括花，也可以包括剑，而且跟上一类的

"动物"相对。还请大家注意每一类内部的安排次序，第一类从天上写到地下，第二类从大的逐步写到小的，第三类从有生命的写到没有生命的。作者的思路真是一步不乱。现在我把黑板上的字擦掉，看你们能不能把这些事物按原来的次序复述出来。

（两名学生先后复述）

师：你们看，思路理清了，记住就不困难了。下面要求你们不仅复述几个名词，而且要把原句复述出来，谁来试试？

（学生稍作准备后，由一人复述，基本上背出了原句）

师：现在我们可以研究一下了，作者用了这一连串的比喻，目的是什么？

生68：为了写出少年中国的前途无量。

师：是呀，当我们的眼前呈现出这一幅幅生动的画面时，自然会感觉到少年中国和中国少年是那样的朝气蓬勃，富于青春的活力。他们在地球上的出现，犹如红日东升，黄河奔流，是什么力量也阻挡不住的！现在你们看，这一组比喻的本体、喻体清楚了吗？

生：（齐）清楚了！

师：请具体说。

生68：本体是少年中国，喻体是"红日"等事物。

生69：本体还应该包括中国少年。

师：我同意。下课的时间已经到了，最后想布置一下课外作业。这篇课文要求全文背诵，我相信同学们已经把这篇课文的大部分都背出来了，到课外只要再加加工，就能全文背诵了。这就是背读法的作用。具体地说，这种方法的要领是什么？还记得那两句话吗？

生70：在初步理解的基础上背诵，在背诵的过程中加深理解。

师：请大家体会一下，这样读文章有什么好处？

生71：不但背出了文章，而且加深了理解。

生72：可以理清文章的思路。

师：还有意见要发表吗？

生73：可以更好地体会作者的感情。

生74：可以提高记忆能力。

师：你们看，这样读文章好处真不少。读得多了，同学们还会有更多的体会。

现在布置作业：请大家到课外再读几遍课文，要求把整篇文章连贯地背出来。通过背诵，还要把整篇文章的情感脉络理清楚。

——以上第二教时

三、《左忠毅公逸事》教学实录

（上课，师生问好）

师：课前，我要求大家先把《左忠毅公逸事》自读一遍，对照课文注释，查阅字典，疏通文义。我想先就这方面，检查一下同学们读书的能力。请四位同学分别朗读文章的四个段落，并说说每一段落的大意。

生：（朗读第一段，归纳段意）左光斗在风雪严寒的天气里到古寺察访，发现史可法是个人才，在考试后即面署第一，提拔史可法。

师：朗读，能做到声音响亮，吐字准确，有顿有挫。段意也能概括主要的内容，但是否还能简略一点……

生：我把它编了一个回目（众喜）：左光斗古寺得英才，史可法文章署第一。（众笑）

师：你很会动脑子，编了回目来概括段意。这是个办法，能帮助我们记。（板书学生自编的回目）好，下面读第二段。

生：（读第二段，归纳段意）左光斗遭到阉党的陷害，史可法冒险去探监，遭到左光斗的怒骂。

生：我也编好了两句：左光斗遭害受刑烙，史可法探监被怒斥。

师：对这两位同学的朗读和段意的归纳，同学们有什么意见？（稍停）没有意见？……（板书第二段段意）

生：我觉得所编的回目，好是好，不过有点美中不足……

师：有意思，请放胆说。

生：就是下一句史可法探监是冒了生命危险去的，这表现了史可法对老师的爱戴和师生深厚的感情，如果不在冒险两字上点一下，那就美中不足了。（众微笑）

师：说得很有道理，那么你看怎样改呢？

生：……我一时改不出。（众笑）

师：不要紧，再想想。其他同学有没有能改的？……暂时没人能改，那就挂在那里，你们可以在课下进一步讨论，使它更加完善。下面，我们就请第三位同学读。

生：（读第三段，归纳段意）重国事史公忠职守，敬师长屡访左公府。

师：看来，你很能编回目，每句话都用三、二、三的格式。第四段编了没有？

生：第四段只说了逸事的传闻来源，编不出来，因为内容太简单了。

师：那么编一句行不行？（板书第三段段意后，边听边板书第四段段意）

生：（笑）……闻逸事传录颂千古……

师："颂千古"，好！从识英才，大胆录用英才这一点上说，左光斗确实可以传诵千古的。那么就请同学读一读第四段，把刚才那位同学编的一句"闻逸事传录颂千古"作为这一段的段意吧！（指名朗读第四段）

生：（朗读）

师：我们同学很会读书。用五言、七言、回目式编提纲，不仅通俗，而且概括性很强，便于记，是个好方法。接下来，我想提出文章中的某些字和句，看看大家是否已经理解这些字和句的意思。第一段中有一句"微行入古寺"，第二段中有一句"微指左公处"，这两句中各有一个"微"字，分别作什么解释？（板书：微）

生：前一句中的"微"是指做官的人隐藏自己的身份，后一句中的"微"是"稍微"的意思。

生：后一个"微"是"暗暗地"的意思。

师：补充得很好。前句中的"微"同学是根据书上的注释揣摩其意的。"微"在过去有地位低微的意思，因此这里的"微"，意译为皇上或者官员穿着普通人的服饰隐藏自己的身份。后一句中的"微"，联系上下文来看，狱卒在左光斗被严密看守的情况下，不可能给史可法明目张胆地指点，只能偷偷地一指，因此这个"微"字解释为"暗暗地"是确切的。还有左光斗对史可法讲话中有一句说："老夫已矣"，这个"已"怎么讲？（板书：已）

生："已"，就是"死"了。

师：《劝学》篇中的第一句还记得吗？

生："学不可以已。""已"是止的意思。

师：对，联系上下文，这里的"已"该怎么讲？

生："完了"。联系上下文，这句话应该解释为"我快完了"。

师：这样解释好。和上面相应的有一个句子是哪一句？

生："旦夕且死"。

师："旦夕且死"这里"且"字又怎么讲？（板书：且）

生：将要。

师：我考考你们初中学过的知识，在哪篇文章里，也学到过一个"且"字，作"将要"解释的？

生：在《愚公移山》中，有一句"北山愚公者，年且九十"，"且"解释为"将近""将要"。

师：你们的记性不错，初中读过的文章还记得很清楚。还有一句"吾师肝肺皆铁石所铸造也"，有同学提出"铁可铸造，石怎能铸造？"可见同学读书很细心，连这么个细小问题也注意到了。你们看是作者动宾搭配不当呢，还是另有缘故？

生：……

师：我暂时不告诉大家，想听听同学们的意见。（生思索）

生：铁铸石造。

师：（欣喜）解决得好，跟我想得完全一样——铁铸石造。铁铸石造——古汉语里常有这样的搭配，可以隔字两两相配。还有一句话，在第三段中，"令二人蹲踞而背倚之"，其中"蹲踞"二字译为蹲坐。有同学问："到底是蹲还是坐？老蹲着，是受罪，太残酷了。"这问题问得有意思，你们看是蹲还是坐呢？

生：是坐。

师：根据呢？

生：是曲着腿坐。

师：要言之有据。

生：上文说，"使将士更休"，目的是爱惜将士，因此才叫守卒"二人蹲踞而背倚"，背对背坐着既可相倚，又可取暖。

生：是坐着。史可法出于爱护士兵才让坐着的，屈膝而坐，才能两人背脊相倚。下文又有"漏鼓移则番代"更能说明史可法爱兵，才叫坐着的。

师：同学们联系上下文读文章，理解句意词义，确实有道理。我听说你们班很会读书，果然名不虚传！（板书：从数骑出）这句话中的"从"在此句中怎样解释？

生：跟从，相从。

师：是左忠毅公跟从了几个骑马的人出去吗？

生：不，正好相反，因为骑马的人是左忠毅公的随从。

师：对，从情理上看，只可能随从跟主人。可是你看这个句子："左公……从数骑出"，主语、宾语的关系怎么颠倒了？

生：这里的"从"是使动用法。这句的意思是左公让几个骑马的随从跟着出去。

师：你对这个语言现象的理解是完全正确的。（板书：史朝夕狱门外）这个句子有明显的省略，理解时要补充若干词语，请你们试着补充一下。

生：补动词"守"——"史朝夕守狱门外。"

生：还要补一个介谓"于"——"史朝夕守于狱门外。"

生：我认为不能用"守"应该用"待"——"史朝夕待于狱门外"，因为史去狱的目的不是为了"守"，而是为了等待机会去探监。

师：我同意，补得很有见地。另有一句（板书：或劝以少休），"或"怎讲？

生：（齐）有人。

师：看看这句省略了什么？

生：省略了宾语"之"——"或劝之以少休"。

师：对，"以少休"是介词结构，是"劝之"的补语，在翻译的时候往往要把它移到状语的位置上。那么这句话的顺序是——

生："或以少休劝之"。

师：好，检查自读暂到这里。……噢，还有什么不懂的字或句，大家想一想可以提出来问……

师：（稍等，没有什么反应）那么，我们现在进一步讨论大家在自读理解过程中提出来的许多涉及思想内容、文章结构、选材、组材等方面的问题。

这次共收到160多个问题，把相同的归并一下共36个问题。其中一部分已在刚才的讨论中解决了，余下的10多个问题，都是你们经过深思以后提出来的，质量很高，很有讨论价值。这些问题有三个特点：第一，同学们很善于揆情度理（板书：揆情度理），"揆"，是什么意思？

（稍等，有些同学在查字典）

生：推测，揣度。揆情度理就是推测其本意，揣度其义理。

师：对。比如说，有些同学提出，左光斗仅看到史可法的一篇文章，考试时竟连考卷都不看，即"面署第一"，是否处事太轻率了？有的同学说左、史在古寺里有过一面之交，不免有徇私舞弊的嫌疑。

生：（插嘴）在古寺里又没见过面，半面之交也没有……

生：只能算四分之一面交……（众笑）

师：还有同学提出，史可法冒险探监，左光斗却骂他"庸奴"，还要拿起刑械扑击史可法，好像不近情理。这些都说明同学们在自读中很善于揆情度理。第二，同学们读文章能做到思前顾后，然后提出一些问题来。比如，有同学说："左光斗初见史可法时曾说史可法'他日继吾志事，唯此生耳'，而后在狱中又大骂史可法是'庸奴'，前后自相矛盾。又前文有'解貂复生'之句，显得对史可法很有爱才之心，而后文中竟欲以刑械扑杀史可法，表现得毫无师生情谊，似乎变化太大了。"尽管这些问题，我们需要进一步研究，但总的说明你们读文章确实能做到思前顾后。第三，我们同学敢于质疑求疵（板书：质疑求疵），"疵"怎么解释？

生：疵，病。

师：此文的确有疵，不必故意去吹毛。（众笑）很多同学敢于对桐城派的鼻祖——方苞的文章质疑，并能找出文章的毛病来，这说明我们有勇气，有眼力。总之，我们同学很会动脑筋，不仅能读懂这篇文章，而且能揆情度理、思前顾后地提出问题，更可贵的是还敢于质疑求疵，找出文章的毛病来。下面我们就同学们提出的主要的十几个问题开展讨论。大家先看课文的第一段。关于这一段，我从同学们提的问题中选了四个（依次宣布四个提问学生的姓名），现在就请他们把问题提出来。

生1：课文的第一段中"风雪严寒"这四个字，似乎可以省略。作者为什么要这样写？

生2：为什么左光斗要微服私行，跑到古寺里去？

生3：这一段的叙事，是为了突出左公的为人呢，还是为了突出史可法的勤奋？

生4：左光斗仅在古寺里看了史可法的一篇文章，考试时，也未仔细看史可法的试卷，即"面署第一"。左光斗处事是否过于轻率？

师：这四个问题提得好，抓住了理解文章的关键。现在请大家考虑第一个问题：文章一开头先交代"风雪严寒"的天气有什么必要？这四个字去掉好不好？

生：这是为下文"解貂覆生，为掩户"做铺垫。

生：这四个字不能去掉，仅四个字，就把当时的环境、气氛写了出来，又为下文做了情节上的铺垫。

生：除了这些以外，我还补充一点：这四个字突出了左光斗不怕艰辛，在这么冷的天气里也四处访贤求才的精神。

师：我欣赏你的观点，请再说一遍。

生：（复说上面的话）

师：说得真好！这么冷的天，左光斗还微服私行去访贤求才，风和日丽的日子就更不用说了。他当时担任学政，是一个掌管考核选拔人才的官，他不单看考生的试卷，而且还能深入到民间去察访，去发现真正的人才。作为一个封建官吏，能这样做确实是难能可贵的。还有前面两位同学说的铺垫，也是很有道理的。可见这四个字省掉了不好。下面讨论第二个问题：左光斗为什么"微行入古寺"？对他的这个行动应怎样理解？

生：有些贫寒的书生，住不起客店，常在古寺里借宿，所以左光斗要到古寺里去察访。

生：左光斗连古寺里都走到了，那么，大的客店一定也去过，这就不言而喻了。

师："不言而喻"，说得好！"深山藏古寺"，古寺很多不在闹市里。连偏远的古寺都去察访了，没有遗漏，查访其他地方也就"不言而喻"了。从上面的讨论可以看出，"风雪严寒"是从时间上曲折地写出左光斗出访的频繁，"入古寺"则是从地点上暗示他出访的范围之广。这两个问题提得好，解决得更是令人满意。我们再讨论第三个问题：这一段究竟要突出左光斗还是史可法？

生：写左光斗爱惜人才，当然要写到人才本身。这一段写史可法的勤奋好学，正是为了突出左光斗的爱才之心、惜才之意。从行文看，作者写了左先斗的"入寺""阅文""解貂""掩户""叩僧"一连串爱才惜才的行动，重点在写谁，是十分清楚的。

生：补充一点，下面的"瞿然注视"，跟这一连串行动相照应。（师追问：什么叫"瞿然"？）"瞿然"就是惊喜的样子。

师：为什么要惊喜？联系前文具体说明一下，能不能？

生：前面写到左光斗"解貂覆生"，心爱其才，但未识其面，现在看到了史可法，自然就有惊喜的神态，这是为自己终于发现了人才而惊喜。

师：分析得很有道理。那么，"呈卷，即面署第一"这个行动是否轻率呢？我们的讨论自然过渡到了第四个问题。

生：左先斗在古寺中看了史可法的文章，"解貂覆生"，说明史可法的文才已受到左公的赞赏。又从刚才的讨论可知，左公出访次数很多，范围极广，可见他已经广泛、深入地了解过其他考生的情况了，所以，"呈卷，即面署第一"就不轻率了。

师：你很会读文章。联系上文细细揣摩，我十分赞同你得到的结论。我们是否再联系下文来思考一下呢？

生：下文写左光斗特地召见史可法，并让他拜见夫人，足见对史可法是另眼相看的。"吾诸儿碌碌，他日继吾志事，唯此生耳。"把史可法和自己的儿子比，更突出了对史可法的赏识。

师：讲得好！这句中有两个虚词很重要，请找出来做一些说明，好吗？

生：一个"唯"，一个"耳"，表示限制，说明将来能继承自己志向和事业的，只有史可法一人罢了。这是很高的评价。

师：再从下文看，史可法有没有辜负老师的期望？（学生在座位上轻声回答：没有）可见左光斗"面署第一"，署得有理，署得准确，并不轻率，是经过深入察访、郑重考虑的。这叫"慧眼识英才"。这一堂课我们就讨论到这儿，下一课继续。

——以上第一教时

（上课，师生问好）

师：上一课我们讨论了第一段，现在接下去讨论第二段。对这一段，同学们也提出了不少问题，我仍然选了四个。（指名四位同学依次提出自己的问题）

生1：第一段写左光斗爱史可法之才，可是当史可法来探监时却又骂史"庸奴"，并且要用刑械"扑杀"史可法，是否前后矛盾？是否思想变化太快，有失真实？

生2：史可法冒着生命危险前来探监，可左光斗对他又是骂，又要打，是否不近人情？

生3：当左光斗怒斥史可法并摸刑械"作投击势"的时候，史即"噤不敢发声，趋而出"，是不是因为他害怕左光斗真的把刑械打过来？

生4：史可法说"吾师肝肺，皆铁石所铸造也"。"铁石肝肺"大概跟"铁石心肠"的意思差不多，在这里究竟是褒义的，还是贬义的？这样写是否有损左光斗的形象？

师：这四个问题很能启发我们深入理解文意。这一段是本文的重点，也是我们阅读的重点。为了更好地解决这些问题，让我们把文章再很好地读一遍。这一段是写得十分精彩的，把左光斗当时的语言动作、神情态度，都惟妙惟肖地刻画出来了，可谓形神兼备，文字也虎虎有生气。读的时候要很好地想象当时的情景，做到如见其人，如闻其声，如临其境。然后我们再来讨论四位同学提出的问题。（学生齐声朗读课文）同学们读得很有生气。现在请考虑：左光斗的前后言行是否矛盾？思想变化是否太快？

生：左光斗爱护学生，为了不使史可法受牵连，所以晓以大义，并且迫切希望史可法离开这个危险的地方。正是出于这种心情，所以才做出了那些激烈的动作。

师：对！上面着力写左光斗"爱才"，这里又极力刻画他"护才"，他的态度是一贯的，并不矛盾。正是这种爱才、护才的心情，才促使左光斗在"旦夕且死"、生命垂危的情况下还能做出一连串激烈的动作。现在请同学们把表现这些动作的动词或描写左光斗感情激动的词语找出来，进一步体会左光斗的性格。

生：在生命垂危的时候，为了看一看史可法，他"奋臂，以指拨眦"。用一个"奋"字，既表现他的激动，又表明他举起手臂要很大的力气。

师：那他为什么要"以指拨眦"呢？

生：因为他"被炮烙，面额焦烂"，眼睛已经睁不开了。

师：对，但即使目不可睁，也要以指拨眦，可见他当时内心受到的震撼是多么强烈，他的眼光是——

生：目光如炬。

师：这是一种怎样的眼光呢？

生：目光中有火，急切的怒火。

师：对，是急切的怒火，说明他对史可法不识大体贸然前来探监是十分恼怒的。当然，其中也许还包含着对魏忠贤奸党的满腔仇恨。你看他，奋臂拨眦，目光灼灼，怒火喷射，写得多么传神！本文两次写到左光斗的眼睛，都很有特色。第一次是——（生：瞿然注视）一个"瞿然"，把左光斗发现人才时惊喜莫名的心情刻画得多么准确！两次写眼，一喜一怒，的确是"形神兼备"。所谓"传神写照全在阿堵中"（板书："阿堵"，并简要解释），眼睛是心灵的窗户，画龙要点睛，写人要写眼，看来方苞是很懂得其中奥妙的。

下面我们来讨论同学提出的第二个问题：左光斗骂史可法"庸奴"，并要举刑械投击，甚至说要"扑杀汝"，是不是太不近情理呢？

生：史可法是冒着生命危险来看望老师的。如果左光斗不及时提醒史可法，也许史的结局也会和左的结局一样，遭到奸臣陷害。

师：你说的也许是对的，不过我希望你能"以书为证"，使你的观点更有说服力。

生：左光斗说"此何地也，而汝来前"，说明这是一个险地，加上"逆阉防伺甚严"，即使改了装，也很容易被发现。"无俟奸人构陷，吾会即扑杀汝"，意思是说，不要等坏人捏造罪名来陷害你，我现在就打死你。他这样说，无非是想让史可法早些离开这危险的地方。

生：我有一点不同的想法，既然左光斗仍爱史可法之才，那为什么要骂史是"庸奴"呢？而且是"怒曰"，说明他真的已经动怒了。我觉得光用"爱才、护才"来解释不够确切。如果单是为了护才，好好向史说明危险性，让他早些离狱，不是也可以吗？

师：啊，这个问题提得好极了！证明这种自由自主的课堂讨论，会使我们在思维的互相撞击中不断迸发出智慧的火花。谁来解决这位同学提出的这个问题？

生：从"庸奴"这句怒斥的话看，左光斗对史可法的不识大体的确是感到愤怒而且失望的。"庸奴"就是不识大体的奴才。史可法只拘于个人报恩的思想，是识了"小体"，而忘了"大体"。

师：那么，大体是什么？

生：是指国家之事。

师：请引文为证。

生："国家之事糜烂至此"，要改变这种局面，这是大体。还有一句是"天下事谁可支拄者"。

生：我补充一点：这些话正好和上文"他日继吾志事"相照应，可见左光斗对史可法寄予极大的期望。"庸奴"这句骂人的话，从表面看，是因失望而恼怒，从深处看，其实正表现了对史可法殷切的希望。

师：你能这样深一层看问题，的确高人一筹！"庸奴"这个问题解决得这样好，出乎我的意料。那么，"摸地上刑械作投击势"，甚至要"扑杀汝"，又该怎么解释呢？看看我们能不能揆情度理地找到合理的解释。

生：这样一来，史可法可以走得快一点。

生：我认为这是为了让史可法割断师生之间的绵绵之情，去支拄天下事。

师：说得对！你们看，史可法见了左光斗，抱住了腿直哭，的确表现了一种一时不易割断的绵绵之情。"绵绵"这个词用得好。绵绵，就是不容易断绝，所以才要用那种毅然决然的态度把这种感情一刀斩断。可见左光斗的这种行动，不是不近人情，相反，正是表现了他对门生的爱护之极，期望之切。那么"史噤不敢发声，趋而出"，是怕左光斗真的要扑杀他吗？

生：不是的，是史可法领悟了老师的意思。史可法并不是一个胆小怕死的人。

师：何以见得？

生：从他后来坚守扬州，拒不投降，直到从容就义，可以证明。

师：这个"旁证"找得好！现在我们讨论这一段的最后一题"吾师肺肝，皆铁石铸造也"，史可法对老师的这个评价，是褒还是贬？

生：（众）是褒！

师：为什么？

生：这不属于今天所说的铁石心肠。铁石心肠是指心肠很硬，不近人情。

生：这说明左光斗性格坚强，能从软弱的感情中摆脱出来，甚至置个人生死于不顾，一心想的只是"国家之事"。

师：说得对！但为了表达得更确切起见，我希望把"坚强"换成另一个描写性格的形容词。大家可以联系"左忠毅公"的谥号来考虑……

生：坚毅。

师：这个"毅"字抓得准！还有以"毅"字为词素的别的同义词吗？

生：刚毅。

师：坚强，坚毅，刚毅，你们认为用哪个词好？

生：刚毅好，因为它更能概括左光斗的性格特征。

师：我同意用这个词。"刚"，就有硬的意思。用"铁石"比喻"肺肝"，正形象地写出了左光斗不顾师生私情，一心以国事为念的刚毅性格。这也许也包含了一点

"心肠硬"的意思，但也是一种褒义的硬心肠。这样写，不但没有损害左光斗的形象，相反，正是以画龙点睛之笔突出了左光斗的形象特点。

下面我们讨论第三段。这一段我从同学提的问题中选了三个，现在请这三位同学（指名）依次把问题提出来。

生 1：本文题目是"左忠毅公逸事"，可这段写的是史可法带兵守御，这对表现文章中心有什么作用？这样选材是否离题？

生 2：照理说，这段应该写史可法跟阉党斗争，为老师报仇的事，可作者却写了跟上文毫不相干之事，这不是离题了吗？

生 3：这段文章写的是史可法帮助封建统治者镇压农民起义，这正是应该批判的，作者为什么要加以赞赏呢？

师：第一、第二位同学都谈到了这一段是否离题的问题，这两个问题其实可以并在一起讨论。这是关于文章章法上的一个重要问题，值得一议。我们知道，方苞是主张"义法"说的，"法"就是"言有序"，也就是讲究章法的意思。如今方苞自己的文章竟会离题，这是怎么回事呢？

生：这一段与上文联系起来看，写史可法忠于国事，夜不解甲，正是遵循了老师的教导。上文左光斗说"他日继吾志事，唯此生耳"，又说"天下事谁可支拄者"。这一段里写史可法忠于国事，就是继承了老师的"志事"的。写史可法，其实就是为了写左光斗，因此不能说离题。

师：读文章这样思前顾后，这种方法好！那么为什么不写史可法为师报仇，恰恰写了他带兵，镇压农民起义呢？

生：历史上并没有他为师报仇的事实，再说在当时的情况下为师报仇，他一个人也不可能。

师：说得很好！历史上没有的事，作者不能杜撰。他不是写小说，可以根据表现主题的需要，虚构情节。不过问题又来了，作者要写史可法继承老师的遗志，有一件事是可以大写特写的，也是史可法一生中最光辉的一段历史，那就是——

生：（齐）抗清斗争。

师：对，那为什么不写呢？

生：方苞吃过文字狱的苦头，如果写史可法抗清，又要被清政府抓到把柄了。

师：是啊，那岂不是自投文字狱的罗网了吗？作者不可能冒了杀头的危险去写史可法的这一段历史的。可现在的问题是他恰恰去写了史可法一生中的污点，这一点又该作何解释呢？

生：作者不一定要颂扬镇压农民起义的事，而是把这件事作为史可法忠于国事的一个事例来写的。

生：我们说镇压农民起义是史可法的污点，这是用我们现在的眼光来看的。从作者当时的眼光来看，那是史可法的一个功绩。

师：啊，很好，同学们已经学会历史地看问题了。作者是一个封建士大夫，他不可能不受到历史和阶级的局限。但就文章而论，作者选材上的顾忌和局限，不免使文章"白璧微瑕"，降低了他的思想性。不少同学在提问时指出文章的这个缺点，我表示同意，这个"疵"求得好！

下面我们来讨论最后两小段。有位同学就这两段提出了一个很好的问题，现在请他向大家提出来。

生：最后两段写得过于平淡，似乎只是做了一些事务性的交代，有点淡而无味，而且写的又都是史可法的事，从全文看，写史太多了。非常讲究义法的方苞，怎么会这样写呢？

师：这个问题可有一定的难度呢！请大家仔细揣摩文意，看看作者这样写的意图是什么？

（学生小声议论）

生：从文章的结构上看，这两段和前几段有呼应的关系。第一段一开头就说"先君子尝言"，说明作者文章中所记之事，都是从他的父亲那儿听来的。那么他父亲怎么知道的呢？原来是史可法的外甥告诉他的，而史可法的外甥又是亲自从史可法那儿听来的，这就证明了所记之事的真实可靠。这个结尾，看起来平淡，其实很有作用，否则人家就会怀疑：狱中的事只有史可法知道，作者是怎么知道的呢？

师：说得好！不过你说最后两段和第一段都有呼应关系，可你只说了一段，还有"史公……拜夫人于堂上"，那一段跟前面是怎么呼应的呢？

生：前面写左公赏识史可法，"召入，使拜夫人"，现在左公已死，史可法仍"拜夫人于堂上"。写两次"拜夫人"前后照应，可作用不同。第一次主要写左光斗为得到"继吾志事"的人才而高兴；第二次是为了写出史可法不忘老师的教诲，的确继承了老师的"志事"。刚才××同学说这两段只是"事务性的交代"，我不同意这种提法，因为这两段从表面看似乎写得很随便，其实作者是经过考虑的，在随随便便中显得很严谨。

师：好极了！你看文章有眼力。这叫"随意中见严谨，平淡中见匠心"，这正是文章耐人寻味的地方。大家对最后两段还有什么疑问吗？（稍顿）大家没有疑问了？那我们来总结一下好不好？看看这篇文章有哪些地方值得我们借鉴学习的。大家谈的时候最好能结合方苞的文学主张来考虑，那样我们也许可以谈得深一些。现在请大家稍作准备。（学生看书、思考、小声议论）

生：方苞倡导"义法"说，"义"就是"言有物"，"法"就是"言有序"。我的理解，"言有物"就是指文章要有鲜明的观点和具体的内容；"言有序"就是指写文章要讲究条理和布局。从这两个要求看，本文是符合方苞自己的主张的。

师：说得很有概括性。我们能不能再结合课文做一些具体的论证？先说"言有物"，请大家引文为证。

生：这篇文章写左忠毅公忠贞、刚毅的性格，选材是很精当的。首先通过他的行动、语言正面写他识才、爱才、护才，这一部分写得有声有色，十分具体；其次又通过写史可法的一些活动，说明他不违师教，这就从侧面写出了左光斗的确没有看错人。（教师插话：这叫作有"知人之明"）最后作者的观点也是鲜明的，文章中表达了对阉党败坏朝政的痛恨，也歌颂了像左光斗那样至死不忘国家之事的人。但是作者对待农民起义的态度在今天是应该受到批判的。

师：好！本文确实是言之有物的。这个"物"非常具体，使千载百世以后读这篇文章的人，还可以想见左光斗忠贞刚毅、铁骨铮铮的性格。下面请再从"言有序"的角度来谈谈。我们是不是先来理一下作者的思路？

生：我认为刚才××同学在说"言有物"的时候，实际上已经谈到了"言有序"的问题。这篇文章由两个大的部分组成，前一部分是从正面写，后一部分是从侧面写。正面写是重点，侧面写虽然不是重点，但也是重要的，因为从作者的思路看，这两部分是密切配合的。

师：请结合课文来论证你的观点。

生：第一部分主要写了这样几件事：冒雪访才—慧眼识才—解貂爱才—破格选才—厂狱护才。（师插话：啊，概括得好）作者是把左光斗和史可法交叉着写的，目的是表现左光斗识别人才的眼力和刚毅的性格。文章的中心思想主要是由这一部分表现的。第二部分主要写两件事：一件是史可法"奉檄守御"，另一件是"堂上拜夫人"。两件事写的虽然都是史可法的"逸事"，但写史可法正是为了写左光斗。把这两个部分贯穿起来，是这样一条线索：左光斗慧眼识才，史可法不违师教。

师：有见解！你读文章想得深。不过我还想请你从课文中找出体现这条线索的句子，把这条线索更具体地给我们指出来。我给你一些时间，大家也可以想想。

生：（稍稍阅读，思索）第一自然段写左光斗召史可法"使拜夫人"，并且说："吾诸儿碌碌，他日继吾志事，唯此生耳。"说明左光斗赏识史可法的不仅是文章写得好，而且也相信他能"继吾志事"。第二自然段写左光斗见史可法来冒险探监，怒斥他："国家之事糜烂至此，汝复轻身而昧大义，天下事谁可支拄者？"他对史可法不顾国家之事，"轻身而昧大义"前来探监十分恼怒，因为他对史的期望不是来报个人的恩德，而是去"支拄天下事"，这就跟上文"继吾志事"照应，具体地说明了他要史继的是什么志，做的是什么事。第三自然段写史可法奉檄守御，"辄数月不就寝""每寒夜起立，振衣裳，甲上冰霜迸落，铿然有声"。他所以这样尽职，正如他所说的——"吾上恐负朝廷，下恐愧吾师也"，写出他正是继承了老师的"志事"，在尽力支拄着天下事。前后联系起来看，线索十分明显。

师：我早料到你会说得很好，可你实际说得比我预料的还要好。关于"言有序"的问题，谁还有意见要发表？

生：我补充一点，本文首尾也是照应的。前面说"前君子尝言"，点明以下所记的都是从自己父亲那里听来的，而结尾又进一步补述先君子所以知道得这样详细的原因，不是毫无根据的道听途说，这就增强了文章的真实性。首尾照应，文章结构也显得严谨。

师：同学们的确会读文章。关于桐城派的"义法"之说，历来褒贬不一。褒之者对它交口赞誉，贬之者则讥之为"桐城谬种"，未免都各有所偏。平心而论，单就方苞的一些久为人知的名篇来看，"义"和"法"——也就是思想内容和艺术形式取得较好的统一，确实是写得不错的。当然，方苞的文章我们读得很少，除了这一篇外，还读过他的《狱中杂记》，我们对这位桐城派鼻祖的文章还没有什么发言权。但是我想，就文论文地把这两篇文章来做一番综合的研究，从而谈谈对"义法"问题的粗浅认识，还是可以做到的。请大家课外先把《狱中杂记》去找来复习一下，把它和《左忠毅公逸事》联系起来读，到下星期的作文课上将请你们写这样一篇文章（板书："言有物"与"言有序"——方苞《狱中杂记》《左忠毅公逸事》读后），这是一个有相当难度的作业，不过，正如今天你们用出色的成绩证明你们有出乎老师意料的阅读能力一样，你们一定也会用一篇篇好文章来证明你们的写作能力绝不比阅读能力逊色。我深信这一点。最后再向大家推荐一部书。这是一部《方苞集》（举书），同学们如有兴趣，可以借去看看，尤其是卷首的一篇《前言》，建议大家读一读，这对你们写好文章也许会有些帮助。

——以上第二教时

四、《故乡》教学实录

整理者附言：上课之前，钱老师委托金华市教研员布置学生自读课文，提出疑问。但钱老师到金华时却被告知"学生已看过课文，没有问题"。于是钱老师立即补上了一堂"提问指导课"，结果全班共提出了六百多个问题。

（一）导入新课

师：昨天，同学们书面提出了许多问题，都提得很好。有两位同学提了二十多个问题，又多又好。大家提的问题涉及课文的各个方面，我把它们分为七类。

板书：

1. 一般疑问

2. 回乡途中的"我"

3. 闰土

4. 杨二嫂

5. 宏儿和水生

6. 离乡途中的"我"

7. 写景

大家提了这么多问题，第一步走得很好。那么第二步该怎么走呢？大家说说看。

生：（齐）解决问题。

师：好。在解决大家提出的问题之前，我先来考一考大家：《故乡》是在什么时候写的？

生：1921年。

师：很好。那么，在1921年的十年前，我国有一次很大的社会变动，是什么？

生：辛亥革命。

师：这《故乡》写的就是辛亥革命后十年间的事。那么，当时的社会情况怎样呢？……我提醒一下，可以联系本学期读过的另一篇鲁迅的文章《一件小事》，它的写作年代和《故乡》差不多同时。回忆一下，《一件小事》写到了当时的社会状况没有？怎么写的？

生：其间耳闻目睹了许多所谓国家大事：袁世凯称帝，张勋复辟……

师：很好。袁世凯、张勋是什么人？

生：卖国贼。

师：对，是卖国贼，是军阀。当时辛亥革命的成果被军阀夺走了，辛亥革命有局限性。那么，农民问题解决了没有？

生：（齐）没有！

师：怎么知道的？

生：从《故乡》里可以看出，农民生活日益贫困。

师：对，当时的农民是日益贫困的。这就是《故乡》的时代背景。这个问题明白了，我们就可以来解决同学们提出的各类问题了。现在，先请提出第一类问题——一般疑问。

（二）一般疑问

生：92页第5行"远近横着几个萧索的乡村"，为什么用一个"横"字？

师：你很会"咬文嚼字"。为什么用"横"字？可以换上别的字吗？

生："有"。

师：好。"远近有几个萧索的村庄"，也行。

生：用横字就显得这些村庄是乱七八糟的。

生：村庄好像是横躺着。

生：给人悲凉的感觉。

师：对。这"横"字使人感到村庄是死气沉沉的，而不是生机勃勃。从这里可以看出鲁迅先生很注意用词。还有问题吗？

生：97页倒数第3行，母亲说："这些人又来了，说是买木器，顺手也就随便拿走的……"为什么顺便拿走呢？

生：贪小便宜。

师：对，是有这种思想。但这也似乎反映了一种情况，可以使我们看到当时农民的情况……

生：生活贫困。

师：对。还有，课文里说，木器卖掉了，只是收不起钱来，为什么？

生：也是因为贫困。

师：对了。看上去只是一个细节，但也反映了这样一个大问题。还有吗？

生："亲戚本家"是什么意思？

师：先说"本家"，"本家"是什么意思？

生：本家是同姓的。

师：说得好。那么亲戚呢？

生：亲戚是不同姓的。

师：你们看，这个问题他解决得多好啊！还有别的问题吗？

生：现在的闰土不如以前的闰土，这样看对不对？

师：你们看对不对？

生：（齐）对。

师：那么，记得有个同学提出，社会是发展的……这个问题是谁提的，说说好吗？

生：历史是发展的，但故乡却倒退了，难道历史会倒退吗？

师：对啊。这问题怎么解决呢？

生：辛亥革命后，历史倒退了。

生：我不同意。辛亥革命推翻了封建王朝，这是很大的发展。

生：历史发展有兴旺的时期，也有衰败的时期。

师：对，对。我补充一点，好不好？就是历史的发展是有曲折的，在前进中也有倒退。例如，我国在解放后有没有过倒退？

生：（齐）有！

师：什么时候？

生：（齐）"文化大革命"！

师：对了。你看，历史总的看来是向前的，"四人帮"不是被粉碎了吗？但在"文化大革命"那几年，历史的发展也有了点曲折。在辛亥革命后，由于军阀的混战，历史也有过倒退。……还有什么问题吗？

生：96页倒数第5行，"他不咬人么？"这里的"他"应该是"它"。

师：是啊，有的同学说鲁迅先生写了许多错别字，是吗？（众笑）谁能解决？

生：在"五四"时期，"他"和"它"是通用的。

师：你怎么知道的？

生：书上看来的。

师：对啊！看到的就马上能用。的确，"五四"时期，"她""他""它"都是一个"他"。还有问题吗？

生：102页倒数第6行，"可以听他自己去选择"，"听他"是什么意思？

师：谁能回答？

生：随他自己。

师：对，"听"也就是"听便"。还有问题吗？

生：93页第2行，"公同卖给别姓了"，为什么不用"共同"？

师：啊，鲁迅又写错字了，是吗？（笑）这个老屋是"我"家的吗？

生：（齐）不是。

师：不是，所以要卖掉就要几房本家公议（板书），公议后决定卖，就是"公同卖给别姓了"。这里鲁迅没错，我为他辩护。

生：93页第9行，"我的母亲早已迎着出来了，接着飞出了八岁的侄儿宏儿"，这里为什么用"飞出"？

师：母亲是迎出，宏儿是飞出，能对调吗？

生：（笑）

师：为什么笑？

生：老太太走得慢。

生：宏儿活泼。

师：不能对调，这就是用词准确。还有问题吗？

生："我"叫闰土是"闰土哥"，闰土叫"我"是"迅哥儿"，他俩谁大些？

师：对啊。都是哥，谁是弟弟呢？（笑）

师：哥是通称。

生：迅哥儿是小名。

师：是小名，大家同意吗？

生：（齐）同意。

师：我也同意。

生：杨二嫂说："你现在有三房姨太太……"鲁迅先生不是只有一个叫许广平的夫人吗？（笑声）

师：谁能回答？

生：迅哥儿是书中的人物，不是鲁迅。

生：迅哥儿是作者所塑造的艺术形象。

师：这话说得多好啊！语言多丰富啊！录音机已经把这句话录进去了。（笑）

生：这是杨二嫂胡说八道。

师：那么"我"究竟是不是鲁迅呢？

生：《故乡》中的"我"，《社戏》中的"我"，还有一些鲁迅作品中的"我"，是不是就是鲁迅？如果不是，为什么都很相似？

师：这问题提得很好。这位同学把许多课文联系起来了，想得很广。那么你认为怎样，我想先听听你的意见。

生：不是。

师：什么理由？（生不能答。老师继续启发）你们知道鲁迅写的《孔乙己》吗？

生：（齐）知道！

师：那里面的"我"是个酒店的小伙计。鲁迅卖过酒吗？

生：（齐）没有！

师：所以这个"我"是作者在小说中所塑造的……

生：（接话）艺术形象！

师：小说的情节是可以虚——

生：（接话）虚构的！

师：你们真聪明！所以我们看作品中的"我"是不是作者自己，只要看看这作品的体裁是不是小说就行了。那么，《故乡》中的"我"是不是鲁迅自己呢？

生：（齐）不是。

师：为什么？

生：（齐）《故乡》是一篇小说。

师：你们怎么知道的？

生：《呐喊》是小说集，《故乡》是从《呐喊》中选出来的一篇，当然是小说。（笑）

师：你们看这位同学推理得多好！那么《从百草园到三味书屋》中的"我"呢？

生：是鲁迅自己。

师：为什么？

生：《从百草原到三味书屋》是回忆自己童年生活的散文。

师：对。以后看作品中的"我"会看了吗？

生：（齐）会看了。

师：好。还有什么问题吗？

生：鲁迅在小说中写的事，鲁迅先生有没有都经历过？

师：你的问题使我想起了有位同学提的一个问题，究竟有没有闰土这个人。

生：有！

师：你怎么知道的？

生：书上看到的。

师：对啊。那么，他叫闰土吗？

生：闰水。

师：你对了一半。

生：运水，运动会的运。

师：全对了，你们两个知道得很多。鲁迅把这名字改成了闰土。这样改是有道理的。谁还记得，闰土这个名字的由来是怎样的？

生：五行缺土，闰月生的。

师：这样取名，为什么？

生：封建迷信。

师：是迷信。这个问题我们以后还要讲。闰土这个人，是鲁迅先生根据生活中的原型，再——

生：（接话）艺术加工。

师：哦，你们懂得真多。对，艺术加工。写在小说里的事，是鲁迅自己经历过的，但又经过了艺术加工，这就使作品里的形象更加完善了。还有什么问题吗？

生：鱼怎么会有青蛙似的两只脚呢？

师：是啊，鱼怎么会有两只脚呢？

生：有！

师：什么鱼啊？

生：娃娃鱼。（笑）

师：啊，见多识广！我想跳鱼也有两只脚，你们看到过没有？

生：（齐）没有。

师：这说明什么问题？书上怎么说？

生：这说明闰土见多识广。

生：闰土的心里有无穷无尽的稀奇的事。

师：对了。我们以后可以到运水的家乡去看看，大概会看到这种跳鱼的吧。还有什么问题？

生：为什么把杨二嫂叫作豆腐西施？

师：是啊，为什么呢？

生：西施是个有名的美人，杨二嫂长得漂亮。

师：还有个同学在提问题的小纸条上说因为杨二嫂的豆腐做得好，做得又白又嫩。（大笑）是豆腐好还是她有点漂亮？

生：是有点漂亮！

师：你怎么知道的？

生：是打扮出来的漂亮！

生：因为杨二嫂的关系，豆腐店的生意都特别好。

师：大家去看杨二嫂，豆腐生意就好起来了，是吗？（笑）这样写有点什么意味啊？

生：讽刺。

生：我还有个问题。99 页第 2 行"我却并未蒙上一毫感化"，"感化"是什么意思？

生：是影响的意思。

师：好。还有什么解释？

生：在意识与情绪上起反应。

师：你这个解释哪儿来的？

生：字典上。

师：对了。两种意思都有。感化，有点影响的意味。

生：因为"我"当时年纪小，所以豆腐西施虽然漂亮，"我"也一点不感兴趣。（笑）

师：啊，我很同意你的意见。还有什么问题？

生：101 页第 7 行"一层可悲的厚障壁"，"障壁"是什么意思？

生：障是障碍，壁是墙壁。

师：对。这就是说他们之间产生了一层什么？

生：隔膜！

师："隔膜"是什么意思？

生：思想感情不相通。

师：对了。还有什么问题？

生：92 页第 3 行，"时间既然是深冬"，这里为什么用"既然"？

师：是啊，什么意思？

生："既然"是"已经"的意思。

师：对啊，但这儿为什么不用"已经"呢？恐怕还和后面的某个虚词有点呼应关系，是哪一个呢？找得到吗？

生："又"。

师：对。"既……又"是前后呼应的。同学们还有问题吗？（稍顿）你们看，事实证明了同学们确实是既能提出问题，又能解决问题的，有的问题解决得比老师还要好。这就说明你们真正成了——

生：（接话）学习的主人！

（三）回乡途中的"我"

生：97页倒数第7行，为什么说"似乎看到了我的美丽的故乡了"？

生：92页倒数第1行，为什么说"这次回乡，本没有什么好心绪"？分别了二十多年的故乡，如今回来了，不是很高兴的事吗？

师：是啊，对这个故乡，"我"是怎么想念的？

生：（齐）时时记起。

师：是啊，这样想念，回来时为什么又没有好心绪呢？

生：母亲看见"我"回来很高兴，但为什么又"藏着许多凄凉的神情"呢？

师：是啊，"我"与母亲的情绪都不太好，为什么？

生：93页第6行"瓦楞上许多枯草的断茎当风抖着"，为什么正说明"老屋难免易主"的原因？

师：这类问题还有吗？

生：故乡中所出卖的老屋和《从百草原到三味书屋》中卖给朱文公的子孙的老屋是同一所吗？

师：从一篇作品想到另一篇作品，而且还记得是卖给朱文公的子孙的，你看他记忆力多强！那么是不是同一所屋呢？

生：不是。那是回忆录，这是小说。一个是真的，一个是虚构的。

师：好啊！刚学到的知识，这位同学马上就能运用了。当然，写小说也会用上自己的生活经历中的材料。现在，我们把这些问题归纳成两个，一个是故乡究竟美不美，一个是为什么"我"的心情不好。关于前一个问题，有一个同学提得很好，是哪位同学？请说说你的问题。

生：故乡到底美不美？是幻想中的美还是真实的美？

师：哪一个回答一下，故乡是美的吗？

生：美的。

师：那么为什么又说"说不出佳处"来呢？

生：没有印象了。

生：小时记忆是美的，现在是辛亥革命后的倒退，不美了。

师：记忆中的故乡的美，作品中的"我"有没有看过？

生：在对闰土的回忆中，才联想到了故乡的美。

师：是啊，那是一幅神异的图画，那是怎样的图画？天是——

生：（齐）深蓝的。

师：圆月是——

生：（齐）金黄的！

师：西瓜地是——

生：（齐）碧绿的。

师：你看，多美！但这些情景，"我"有没有亲眼见过？

生：没有。这是根据闰土说的话想象出来的。

生：故乡只是在"我"的幻想中有一个美的感觉，因为他在小时候跟闰土一块玩得很高兴。

师：对啊，对啊，我完全同意这个说法。让我们再稍微概括一下，这说明"我"跟闰土的关系怎样啊？

生：有深厚的友谊。

师：是啊，友谊使"我"感到故乡美，这是幻想中的图画，而并非亲眼见到过的，所以"我"看到眼前这不美的故乡，也说是"故乡本也如此"。但有一点是可以肯定的，"我"在路上看到了什么？

生：（齐）萧索的荒村。

师：这说明什么？

生：农村日益贫困破产了。

师：是啊，这一点也是可以肯定的：故乡是更加荒凉了。那么"我"没有好心绪，母亲也藏着凄凉的心情，都是为什么呢？

生：要离开故乡了，舍不得。

师：对啊，热土难离嘛。还有什么补充吗？

生：老屋卖掉了。

师：很好。为什么要卖掉？

生：破产啦。

师：我倒没想到，原来是破产啦！（笑）

生：生活不富裕。

师：你怎么知道的？杨二嫂不是说"我"阔了吗？

生：因为要到外地去谋生。

师：你们找找看，书上有一个词语，可以回答这个问题。

生："辛苦展转"。"我"生活不安定，到处奔波。

师：对啊，对啊，课文快结束的地方提到了。这就说明我们学习课文要——

生：（齐）思前顾后。

师：对了。那么屋顶"瓦楞上许多枯草的断茎当风抖着"，是什么意思呢？

生：说明老屋很老了。

师：给人什么感觉？

生：悲凉。

师：这样，母亲的感情和"我"的心绪不是都可以了解了吗？这类问题还有吗？（稍顿）没有了？很好。我提一个建议：我们回答问题时一定要根据书本上说的，这样解决问题才能有根有据，有说服力。你们同意吗？

生：（齐）同意！

师：好，就讨论到这儿，下一节课我们继续讨论别的问题。

——以上第一教时

（四）闰土

师：现在我们来解决关于闰土的问题。谁先提？

生：闰土和"我"小时候那么好，现在为什么要叫"我""老爷"，而且还叫水生磕头？

师：谁能回答？

生：这是封建等级观念对闰土的毒害……

师：你怎么知道的？是自己想出来的吗？还是书上看到的？啊，我打断你的话了吗？对不起。不过我不能不问一个我不明白的问题：这个问题你怎么回答得这样好呢？

生：我们历史课上刚读到过董仲舒提出的三纲五常……（众笑）

师：你看她把历史知识运用到语文课上来了，多聪明啊！我对你们的学习是充满了信心的！还有问题吗？

生："我"很想见到闰土，但闰土来了后，"我"并不感到高兴，有许多话要说，却又吐不出口，为什么？

师：好，我们来想象一下，如果闰土一来，"我"就连珠炮似的向他提出许多问题——猹啊，鬼见怕啊，跳鱼儿啊，……（笑）不行吗？

生：不行，都老了。（笑）

生：心情不好。因为"我"是来辞别故乡的，闰土是来辞别"我"的。

师：是啊，心情不好，否则即便是老头子也会热烈交谈起来的。

生：闰土已不是记忆中的闰土了。

师：对！那么闰土现在变得怎样啦？

生：变麻木了。

师：好，"麻木"这个词找得好。书上有一个比喻，怎么说？

生：像一个木偶人了。

师：对，闰土的封建等级观念强起来了，精神又很麻木，再加上"我"和闰土的心情都不好，所以就说不出话来了。还有别的问题吗？

生：本文题目是"故乡"，却为什么主要写闰土和迅哥儿的关系？为什么还要写那么多闰土的外貌？

师：好，先看外貌。少年闰土和中年闰土外貌有哪些不同？少年闰土怎么样？请大家尽量不要看书，凭记忆来回答。

生：紫色的圆脸，头戴一顶小毡帽，颈上套一个明晃晃的银项圈。

生：手捏一柄钢叉。

师：这是什么样的形象？

生：小英雄的形象。

生：见人很怕羞，只是不怕我。

生：能抓小鸟雀。

师：对对，但我们扯开了，还是讲外貌。他的手怎么样？

生：红活圆实。

师：有没有"偷"看过书？没有？你的记忆力很好！再看中年闰土，他的外貌怎样？

生：小毡帽成了破毡帽。

生：紫色的圆脸成了灰黄色的了，而且加上了很深的皱纹。红活圆实的手变得又粗又笨又开裂，像松树皮了。身材增高了一倍。

生：眼睛周围都肿得通红。

师：为什么？

生：太辛苦了。

生：海风吹的。

师：啊，他说得好，书上就是这么写的。

生：现在的闰土浑身发抖。

生：手上的钢叉变成了长烟管。（笑）

师：讲得真好！记性好，而且能前后对照！好，这样对比着写有什么作用呢？

生：这说明闰土生活艰苦。

生：不是"艰苦"，是"困苦"。

生："辛苦"。

生："痛苦"。

师：究竟怎么说好？

生：困苦。

师：好，我同意"困苦"。但闰土的生活"困苦"又说明了什么？

生：说明故乡日趋破产。

师："日趋"这个词用得真好。你会解释这个词吗？

生：就是"日益"。

生：一天比一天。

生：一天天走向。

师：对！"趋"是走向的意思，"益"呢？

生：更加。

师：对了，这就是两个词的区别。"日益"是"一天比一天更加"，"日趋"是"一天天地走向"。农民生活怎样？

生：（齐）"日益"贫困。

师：农村经济怎样？

生："日趋"破产。

师：对！农民社会日益贫困，说明农村经济日趋破产。还有什么问题？

生：104 页第 8 行，小英雄的形象为什么"忽地模糊"了？

生：因为"我"和闰土之间有了隔膜。

师：从哪里可以看出？

生：叫"老爷"了嘛。

师：对！"老爷"这两个字使"我"感到在"我"与闰土之间已隔开了一层……

生：（齐）可悲的厚障壁。

师：有这厚厚的障壁遮着，小英雄的形象不就模糊起来了？还有什么问题？

生：102 页倒数第 3 行，为什么闰土拣了一副香炉和烛台？

师：烛台是什么？

生：插蜡烛用的东西。

师：对！那么香炉呢？

生：插香用的东西。

师：都用来干什么？

生：求神拜佛。

师：对。书上用什么词句？

生："他总是崇拜偶像。"

师：对。为什么要特别写出这一点？

生：闰土相信迷信。

生：当时科学不发达，农民感到命运没有依靠。

师：对，命运没有依靠，就只好崇拜偶像。不过，偶像又是什么东西？

生：泥塑木雕。

师：求泥塑木雕来保佑自己，认为一切都已命中注定，这是一种什么思想？

生：宿命论！

师：当时农民有宿命论思想，课文中还有其他例子吗？

生：带银项圈。

生：取名叫闰土。

师：写出这些为了表明什么？

生：当时一些农民精神麻木。

师：好，还有别的问题吗？

生：闰土为什么要把碗碟埋在灰堆里？

师：闰土把碗碟埋在灰堆里，这是谁说的？

生：（齐）杨二嫂！

师：那么，究竟是不是闰土埋的呢？

生：不是的。

师：为什么？说话要有根据。

生：杨二嫂挖出埋在灰堆里的碗碟后，就自以为很有功劳，拿走了"我"家的狗气杀，这就是杨二嫂说谎的目的。

生：可能是"我"埋的，以便暗暗地让闰土得到许多碗碟。

师：哦，原来是这样啊！（笑）

生：如果说是闰土埋的，杨二嫂怎么会知道呢？

师：这里有个问题，闰土会偷东西吗？

生：（齐）不会！

师：为什么？

生：102页倒数第6行："母亲对我说，凡是不必搬走的东西，尽可以送他，可以听他自己去拣择。"这样，闰土尽可以明着拿，根本用不着偷拿。

师：有道理！有说服力！我都被你说服了。我们解决问题，都应该到书中去找根据。那么，谁埋的呢？

生：（齐）杨二嫂！

师：为什么？要以文为证。

生：不知道是谁埋的。

师：对，就是不知道。这个是"历史的悬案"。但有一点是可以肯定的，杨二嫂以这个作为理由拿走了狗气杀。这样写是为了说明什么呢？

生：杨二嫂贪小便宜。

师：这个问题大家解决得很好，我特别高兴。我曾经看到杂志上也议论过这个问题，结论是闰土是绝不会偷埋的，理由呢，跟我们这位同学所说的完全一样。这位同学如果写了文章，也可以在杂志上发表了啊！

生：（大笑）

师：我们要树立自信心，用不着看不起自己的，对吗？那么，造成闰土变成木偶人是什么原因呢？

生：多子，饥荒，苛税，兵，匪，官，绅，都苦得他像一个木偶人了。

生：课文中说"第六个孩子也会帮忙了"，闰土为什么要生那么多孩子呢？

师：是啊！有同学提出，为什么闰土不少生几个呢？为什么不实行计划生育呢？（大笑）

生：中国人过去是多子多福。可是多了，生活更困难了，还谈得上多福吗？

生：闰土先生了许多女孩，他总想生儿子，因为女儿不是好劳动。（大笑）

师：这我们就不知道了。课文上只说是孩子，可不知道几个男几个女。总之，"多子"是造成闰土生活困苦的一个原因。又有同学提出，闰土家种了那么多西瓜，自由市场上西瓜那么值钱，闰土不会挑到城里来卖西瓜吗？（大笑）

生：那时候有许多苛捐杂税。

师：什么叫苛税？

生：繁重的捐税。

师：有句话，叫苛捐杂税，多如——

生：（齐）牛毛！

师：卖西瓜要经过一道道的关口，过一道关口就要捐一次税，所以卖西瓜能赚钱吗？书上怎么说？

生："种出东西来，挑去卖，总要捐几回钱，折（zhé）了本……"

师：（板书：折）应该怎么念？

生："shé"了本。

师：你怎么知道的？查字典？这个字很普通，你怎么知道要查字典？

生：老师叫我们看书要仔细。

师：哦，你们的老师真好。现在农民上市场卖农产品，很赚钱。但书上写的是旧社会的事情，那时苛捐杂税多如牛毛，出卖农产品就要折本。好，现在再来看看，使闰土成为木偶人的这么多的原因中，哪个是根本原因？

生：苛税。

师：你要捐税，我可以不给你嘛！

生：家里事忙，孩子多。

师：那么少生些孩子，就富裕了吗？

生：社会制度腐败。

师：书上怎么说？

生：兵，匪，官，绅，……

师：哪个字最根本？

生：官。

师：为什么？

生：官管当兵的。（笑）

生：官是剥削者。（笑）

生：官是最高统治者。（笑）

　　师：有道理，不要笑。只是多了两个字，叫"统治者"就行了。官代表政权，刚才那位同学说根本原因是腐朽的社会制度，而官呢，就是维护着这个腐朽制度的。所以这篇小说的主题思想是很深的。它通过闰土变成木偶人这件事，给我们指出了当时社会制度的腐朽。也就是说，辛亥革命未能解决当时的社会问题。关于闰土，同学们还有什么问题吗？没有了？那我们来讨论杨二嫂的问题。

（五）杨二嫂

生：杨二嫂是正面人物还是反面人物？

生：杨二嫂说话为什么这样刻薄？

　　师："刻薄"这个词用得好。我们看小说看电影，总喜欢说这是好人还是坏人，刚才这位同学用了个高级的名词，叫正面人物和反面人物。那么杨二嫂究竟是好还是坏呢？

生：她是好人。

师：为什么？

生：因为杨二嫂是劳动人民，贪小便宜是因为穷。作者是同情她的。

师：但作者对她是不是只有同情呢？

生：（齐）不是。

师：还有什么？

生：讽刺、批判。

师：从哪儿看出来的呢？

生：作者把杨二嫂称为"圆规"。

师：对！"圆规"这总不是尊称，是吗？而且连引号都不用，就叫她圆规了。为什么？这是什么写法？

生：借代。

师：嘿，你怎么知道的？

生：老师从前教到过这种写法。

师：哦，你们的老师给你们的知识真丰富。那么为什么用圆规来借代呢？

生：她两手搭在髀间，张着两脚，正像一个细脚伶仃的圆规。

师：对了，要两样东西有某种相似，才能借代。那么，杨二嫂说"我"阔了，又说"我"有三房姨太太，这样胡说八道，像好人吗？我们还是换一种思想方法吧。是不是一定要讲是好人还是坏人呢？

生：叫中间人物。

师：对，同学们还很懂得文艺理论呢！其实杨二嫂只是一个刻薄的自私的小市民，作者对她有讽刺、批判，又有同情。

生：作者是不是也要写出杨二嫂的变化？

生：杨二嫂是变化了。

师：变得怎样了？

生：颧骨变高了，嘴唇变薄了。

师：这说明了什么？

生：说明她瘦了。

师：薄嘴唇给我们一种什么感觉呢？

生：嘴厉害。（笑）

师：谁讲的？说得好啊！（笑）好，我们可以小结一下了：这篇小说是为了写出农村经济日趋破产，那么写了闰土不就够了吗？为什么还要写杨二嫂呢？看谁的思维最敏捷。……好，好几个女同学已经举手了。男同学呢？好，请你先说。

生：要反映旧社会的妇女问题。（笑）

师：好啊，他考虑问题可真广，还考虑到了妇女问题！（大笑）这问题很高级。

生：为了写出各阶层的情况，杨二嫂是小市民的代表。

生：说明了当时社会的复杂。

生：从各个阶层来表现中国农村的萧条破产。

生：各个阶层的人民都很痛苦。

师：你看，我们大家七凑八凑把一个高级的问题解决了。是啊，连开豆腐店的杨二嫂都破产了，那就更不用说当雇工的闰土了。而且，我们还可以联系到其他的描写，如卖掉家具收不起钱来，有的则来拿家具。这就给我们画出了一幅农村破产的图画。还有其他的意见吗？（这时下课时间到了，老师征求学生意见）时间过得真快，大家要休息吗？疲劳吗？

生：（齐）不！

师：为什么？

生：学得有趣！

（六）宏儿和水生

师：好，今天是星期天，那就往下讨论宏儿和水生的问题。为什么要写宏儿和水生呢？

生：为了写出两代人的友谊。作者只怕宏儿和水生重复上一代生活，又隔膜起来。

师：但哪些地方可以看出宏儿与水生间又有真挚的友谊啊？

生：小孩对小孩不怕羞。

生：临别时，水生约宏儿去他家玩。

师：但这是不是叫重复呢？

生：这叫"重映"。

生：最好叫"重演"。

师：哪个 yǎn 字？

生：演戏的"演"。

师：演的什么戏？（笑）

生：悲剧。

师：对，对，人生的悲剧。那么究竟是为什么要写出这一对下一代呢？

生：为了寄托作者对下一代的希望，希望不要再重演这一悲剧。

师：好，提到希望，我们就过渡到第七个问题——离乡途中的"我"。

（七）离乡途中的"我"

生：为什么想到希望，又害怕起来了呢？

生："希望本无所谓有，无所谓无的"，这是什么意思？

师：是啊，这些问题有相当难度，我倒要看看大家解决问题的能力有多强。先看为什么会害怕起来。

生：群众不觉悟，受毒害深，要创造新生活就很难。

生："我"害怕下一代又隔膜起来。

师：那么希望能不能实现？

生：不能。

师：对了，要实现希望很难。我再补充一下，作者所希望的究竟是什么？

生：是改造旧社会，创造新社会的强烈愿望。

师：课文是这样告诉我们的吗？

生：课文里说"他们应该有新的生活，为我们所未经生活过的"。

师：那是什么样的生活？

生：幸福的生活。

师：作者有没有具体告诉我们是怎样的幸福生活？

生：（齐）没有。

师：对，他只是否定了三种生活。哪三种呢？

生：我的辛苦辗转的生活，闰土的辛苦麻木的生活，别人的辛苦恣睢的生活。

师：辛苦恣睢的生活是指谁的？

生：（齐）杨二嫂。

师：对，你们一下子就说对了。这个问题，杂志上好像也争论过，而你们一下子就解决了，所以你们完全有能力写文章到杂志上去发表。（笑）当时鲁迅还不知道新生活是什么样的，鲁迅的思想是有一个发展过程的。当时他的希望是什么样的呢？

生：茫远的。

师：对了，是渺茫的、遥远的希望。这就是"我"想到希望要害怕的原因。下面有一句非常难懂的话："现在我所谓希望，不也是我自己手制的偶像么？"这话怎么理解？我先这样问：闰土为什么崇拜偶像？

生：他无依无靠。

生：他相信宿命论，以为神佛会给他幸福。

师：是啊，这是把希望寄托在偶像身上。而"我"的希望明确吗？

生：不明确。

师：对了，也不过是用希望来安慰一下自己罢了。所以，这个希望和闰土是相似的，只是这个偶像是自己手制的罢了。当然，鲁迅是个伟大的思想家，闰土所希望的是自己生活得好，而鲁迅所希望的是下一代的生活都过得好，而且他坚信大家都起来了，新生活就一定能实现，他是不会停留在这朦胧的希望上的。这在课文上什么地方可以看到？

生："这正如地上的路；其实地上本没有路，走的人多了，也便成了路。"

师：你找得真对！这就表明鲁迅怎样的思想感情？

生：探索。

生：人多力量大。

师：都说得很好。这就是说：路要靠——

生：（齐）人走出来的。

师：一个人走得出吗？

生：（齐）走不出。

师：书上怎么说？

生：走的人多了，也便成了路。

师：也就是说，幸福的生活要靠——

生：（齐）大家来创造。

师：鲁迅坚信幸福的生活是自己创造出来的。课文最后这句话很有号召力量，是富于哲理的警句，表明了作者要唤起人民都来创造新生活。看，这是一个难点，我们也攻克了。好，第七类问题也解决了。

（八）写景

师：现在我们来解决最后一类问题，写景的问题。关于这一类，同学们提提看。

生：文章末尾，为什么要重复前面的一段写景？

生：鲁迅在《风筝》《一件小事》中都写过冬天，《故乡》中又写到冬天，为什么？

师：我们来解决第一个问题。这两段重复的写景，前一段是在什么时候写的？

生：（齐）在回忆的时候。

师：后面一段呢？

生：（齐）在想到希望的时候。

师：这是机械地重复吗？

生：鲁迅相信后代的生活会好起来。

生：月圆都是表示好事的。

师：是啊，花好月圆嘛！（笑）这里是表现对新生活的向往，所以前一段对美好故乡的回忆，是幻觉，后面一段则是对新生活的——

生：向往。

师：对！现在来看，写冬天是为什么？有的同学提出来，冬天象征黑暗，是不是呢？

生：不是。当时时间正在冬天。

生：我认为是的。寒冬过去，春天就要到来；黑暗过去，光明就会到来。（笑）

师：这个想象很有诗意，很有道理。不过，我认为，作者在这里还要渲染一种气氛：荒凉、萧条、冷落。如果不是这样写，而是写故乡鸟语花香，行吗？

生：（齐）不行。

师：为什么？

生：当时就是旧社会。

师：旧社会就没有花吗？旧社会的花就不香吗？（笑）不能这样说。那么怎么说呢？从写作的道理上看。

生：要衬托文章的主题。

生：写景要与人物心情一致。

师：对，都很对，不能纯粹写景，要为主题服务，所以这里不能写鸟语花香。

生：老师，我认为写鸟语花香也可以，只要写出人物心情的不高兴就可以了；而且这样一衬托，作用就会更强烈。

师：对，对！你比老师高明！（大笑）这种手法叫反衬。在写作上是有一种"乐景写哀"（板书）的方法。同学们脑子里有很多老师没有想到的东西。这样讨论讨论，的确能集思广益。

（九）关于学习方法的小结

师：还有问题吗？没有了？那就回顾一下，经过两堂课，同学们在学习方法上有些什么体会？

生：把难题解决了，课文也读懂了。

生：经过讨论，印象特别深。

生：讨论讨论可以学到别的同学的长处。

生：提出问题等于解决问题的一半，我们要学会提出问题。

师：说得真好！你们问题提得好，解决得更好，两个方面都得满分。我再来补充一点：我知道，你们金华的孩子都很用功，如果再加上多思考问题，就会越学越聪明。学习刻苦是一只翅膀，开动脑筋，是另一只翅膀，你们这些小老虎就会飞起来。这就叫作——

生：如虎添翼。（笑）

师：好，说得好！这样，你们就将走上"四化"建设的岗位，就会成为顶呱呱有用的人才了。好，课上到这儿，我很满意。谢谢同学们，下课！

——以上第二教时

教后小识：

这是我在浙江省金华市第四中学执教鲁迅《故乡》的教学实录。

上课之前，有过一个小小的插曲：在去金华的前一天，我请金华市教研员先布置学生自读，自读的唯一要求是提出问题，并把问题写在小纸片上。我的计划是：到金华的第一天白天做讲座，晚上看学生提出的问题，备课；第二天上午上课，下午回上海。谁知一到金华，教研员告诉我："已经布置过学生自读了，学生说都已读懂，没有问题。"（顺便插一句：当时真的差一点厥倒）于是不得不推迟讲座的时间，先把学生召集起来，给他们上了一节自读课。经过指导，全班五十来个学生总共提出了六百多个问题，简直是"问题大丰收"！

当天晚上，我就在招待所昏黄的灯光下备课。我翻动着一页页小纸片，看着学生提出的孩子气十足的问题，边看边忍着笑。比如，有学生问："闰土因为多子而受穷，那为什么不实行计划生育少生几个呢？"又如，"据我所知，鲁迅只有一位叫许广平的夫人，杨二嫂怎么说他有三房姨太太？"看完全部问题，我真的爱上了这个班级的孩子，对第二天的教读也心中有了底。最后，我从中筛选出三十多道题，把它们分为七个大的"话题"，准备第二天教读时发还给提问的同学，请他们当堂提出，由全班一起讨论解决。我没有编写"教案"。

我从 20 世纪 70 年代后期开始，编写的"教案"一般只有个大体的步骤，没有周密的"设计"，因为根据我"教读"的观念，教学过程中教师的"教"必然要随着课堂上"学情"的变化而随时调整，而预先太周密的设计，反而会造成对教学的限制和干扰。《故乡》的教学完全以学生的问题为"纲"，那就更不可能预设什么了。

第二天的教学情况，已见于教学实录。它虽然是个"静态"的书面记录，但仍然可以感觉到课堂里热烈讨论的气氛。我回上海后，好多学生都写信给我，有个叫李宇宏的小朋友在信里说：

> 当同学们接二连三把问题提出来时，您让大家一起讨论，一起解决，课堂变得活跃起来了。同学们你一言我一语地争着回答，一个个问题都得到了解决。我真是越学兴趣越浓，我也变得活跃了，常常举手发言，不少于十次，这是从来没有过的。这堂课，我的脑筋好像转得特别快，有的问题回答得您也点头满意了，我的心像灌了蜜一样甜滋滋的。我以前总以为疑难的问题都得靠老师解决，现在不这样想了，我们自己都有脑，都能想，都有能力，为什么不能自己解决呢？我们的答案不会比老师讲得差。您说，我说得对吗？

李宇宏小朋友的信给了我两点启发：

第一，要使学生真正成为发展的主体，必须在教学中创造一切条件，使学生对自己的能力充满自信。当学生相信自己"都有脑，都能想，都有能力"，自己能够解决各种疑难问题的时候，学生才会有强烈的"主体意识"。

第二，教师的"教"，首先要致力于为学生的"学"营造一种平等、宽松、愉悦的"对话"环境。李宇宏小朋友说："这堂课，我的脑筋好像转得特别快。"为什么他会有这种感觉？就因为在"对话"的环境下，他的思维在和同学们的相互交流和撞击中被激活了。古人说："石本无火，相击而发灵光。"这正好和李宇宏小朋友的话互相发明。这对教师怎样发挥主导作用是很好的启示。

五、《论雷峰塔的倒掉》教学实录

（在上课之前，同学们已自读了这篇文章，并提出了不少疑问）

化难为易：从故事入手

师：今天和同学们一起学习鲁迅的文章：《论雷峰塔的倒掉》，先请一位同学把课题写在黑板上。

（学生板书时把"雷峰塔"的"峰"误写成"锋"）

师：这位同学字写得很好，不过有一个小小的错误。（许多同学举手）啊，看来大家都发现了。好，你来说。

生：他把"山"旁的"峰"写成了"金"旁。

师：想想看，这个错误怎么造成的？

生：受了雷锋同志名字的影响。

生：太粗心，没有仔细观察。

师：他们两人讲得都对，但是还有一个重要的原因没有讲出来。大家再想想。

生：他没有弄清楚这座塔为什么叫雷峰塔。

师：那就请你告诉他，行吗？

生：注解里有说明的，这座塔建造在叫"雷峰"的小山上，所以叫雷峰塔。它跟雷锋同志没有关系的。那是山名，所以"峰"字是山旁。

师：你读书很细心，还用上了形声字的知识。他（指写错的学生）大概没有好好看这条注解。有一位同学还提出了一个"傻"问题：雷锋同志是全国人民学习的榜样，鲁迅干吗要希望纪念雷锋同志的塔倒掉？（笑）我想，如果他好好看了注解，就不会这么犯傻了。（笑）其实这位同学文章也没有看。你们说，鲁迅希望雷峰塔倒掉跟一个什么故事有关系？

生：跟《白蛇传》的故事有关系。因为白蛇娘娘就被法海和尚压在雷峰塔底下，所以作者希望它倒掉。

师：这就对啦！希望雷峰塔倒掉的，不仅是鲁迅，当时凡是知道白蛇娘娘故事的人，没有一个不希望它倒掉的。你们知道为什么吗？

生：因为人们同情白蛇娘娘。

生1：白蛇娘娘是蛇妖，法海除妖，我认为没有什么不好。

师：好！你敢于和大文豪鲁迅唱对台戏，（笑）我钦佩你的勇气。请大家一起发表意见。

生：我不同意他的意见。白蛇娘娘是个好的妖怪。（笑）

师：你怎么知道的？

生：文章里说的，白蛇的故事出于《义妖传》，"义妖"当然是好的。

师：有说服力！文章第二段里就有这个句子，你注意到了，说明你很细心。既然说到了第二段，我们就先来看看这一段。你们能不能从这一段里找出根据，证明白蛇娘娘是个好妖怪，是义妖？（学生默读第二段）

生：白蛇嫁给许仙是为了报恩。

师：你说的是对的，但最好不要这样笼统地说。这一段一共写了几件事，要一件一件地说，最后证明白蛇娘娘到底是好是坏，是值得同情的还是应该镇压的。如果你能用一些四字句把主要的情节概括地表达出来，简洁明了，那就更好了。你试试看。

生：许仙救蛇……白蛇报恩……法海藏……夫（笑）……白蛇寻夫……水漫金

山……白蛇中计……造塔镇压。

师：嗯，概括得很好。刚才大家为什么笑？

生：他说法海藏"夫"，人家会误以为是法海的丈夫。（笑）最好改成法海藏"人"。

师："人"又好像太笼统。（学生七嘴八舌：藏"许"）好，就用法海藏"许"。现在大家看看，这样的故事情节说明了什么？不要用一句话回答，最好能做一点分析。

生：白蛇嫁给许仙是为了报答他的救命之恩，结婚以后过着幸福的生活……

师：你怎么知道的？

生：电视里看到的。（笑）可是法海总想破坏，最后终于把白蛇娘娘收到一个钵盂里，压在雷峰塔底下。白蛇娘娘一心要报恩，当然是"义妖"。她有情有义……（笑）

师：说得好！既然白蛇娘娘有"义"，那么法海就是有"义"的反面，是怎么样的人呢？

生：不义之人。

师：你们同情白蛇娘娘，还是法海？

生：（齐）白蛇娘娘！

师：同情法海的请举手。（无人举手，对生1）怎么，你也不举手？你是赞成法海除妖的。（笑）

生1：我只是提个问题请大家讨论，其实我心里也同情白蛇娘娘。（笑）

师：噢，原来如此！你对活跃我们的思维做出了贡献！（笑）的确，凡知道这个故事的人，几乎没有不同情白蛇娘娘的。从课文里看，只有一种人是不同情白蛇娘娘的，不知道你们看懂了这句话没有。是谁啊？

生2：脑髓里有点贵恙的人。（师插：能解释一下吗？）就是头脑里有毛病的人。

师：是精神病吗？（笑）

生2：是指有封建思想的人。作者这样说，是为了嘲笑这种人。

师：我很高兴，刚才大家都表示同情白蛇娘娘，证明全班同学的脑髓都是正常的。（笑）大家别笑，这种爱憎分明的态度对体会文章的思想感情是很重要的。不过，这篇文章比较难学，要真正读懂，还有很多难题要解决。同学们在自读中提出了不少问题，我看了大家做的问题卡片，发现你们很会提问，有不少问题很有思考的价值。接下来我们就来讨论大家提的问题。由于问题多，时间有限，我只能挑选一部分，给卡片编了号，请拿到有编号的问题卡的同学，按序号提出问题，现在开始。

（一）揣摩之一：写作意图

生：（读1号卡）鲁迅在雷峰塔倒掉以后写这篇文章，仅仅是为了表示对白蛇娘娘的同情吗？

师：这个问题提得好。读文章必须了解作者写作的意图。他能提出这样的问题，说明他很懂得怎样读文章。大家想想：要回答这个问题，必须联系什么来考虑？（生齐：时代背景）不错，时代背景，尤其是读鲁迅的文章。因为他的文章大多针砭时弊（板书："针砭时弊"，并稍作解释），如果不了解当时社会上发生了什么事，就不知道他写作的意图。现在我就来简单地介绍一下当时的情况。刚才大家都表示同情白蛇娘娘，希望镇压白蛇娘娘的雷峰塔倒掉。有趣的是，这座塔在1924年9月果真倒掉了。当然，不是像故事里说的被"白状元祭塔"祭倒的，也不是"小青姑娘"修炼成仙后用法术把它击倒的，而是因为当地的人迷信，以为拿一块塔上的砖放在家里可以消灾避难，于是你拿我拿，塔的根基被挖空，就倒塌了。一座古塔倒掉，当然有些可惜；但从整个社会生活的角度看，是不是一件了不起的大事？（生齐：不是）但鲁迅却为此事写了两篇文章：《论雷峰塔的倒掉》和《再论雷峰塔的倒掉》，这究竟是为什么呢？原来当时有一些满脑袋封建思想的文人，也就是鲁迅文章里说的什么样的人？（生齐：脑髓里有点贵恙的）借雷峰塔的倒掉，大唱哀歌，散布很多维护封建礼教、封建统治的言论。总之，他们希望恢复人压迫人的封建旧秩序。这种借一件事做题目，来表示自己真正的意思的手法，叫什么？有个成语，知道吗？

生：借题发挥。

师：对。这就使鲁迅不能沉默了。于是，他针锋相对，也来一个借题发挥，写下了这篇文章。请大家联系课文想一想：鲁迅借的什么题？发挥了什么意思？

生2：他也是借雷峰塔倒掉这个题，抨击了那些希望恢复封建社会的文人。

师：说得好极了！他还用了一个很高级的动词，（笑）听出了没有？（生齐：抨击）你会写吗？

生2：提手旁一个"平"。

师：这个字很容易读成"píng"。他不仅会写，而且没读错，真不容易。不错，鲁迅的这篇文章抨击了那些妄图恢复人压迫人的封建统治的人。鲁迅针锋相对地指出，人压迫人的封建统治是不可能恢复的，封建势力的垮台是历史发展的必然，是谁也阻挡不了的。课文里有一个句子非常深刻地表达了这个思想，看谁能把它找出来。这可是个"高级难题"，读书傻乎乎的人肯定是找不到的。（笑）

（学生看书后不少人举手）

师：啊，看来大家都不傻。（笑）好，你说。

生3："莫非他造塔的时候，竟没有想到塔是终究要倒的么？"

师：好极了！完全正确。但是我还不满足，你能不能再说一说为什么找了这句。

生3："塔是终究要倒的"说明封建势力是终究要垮台的。

师：这句话里有一个关键词，如果你能找出来，我算佩服你了。

生3："终究"。（师插：为什么是关键？）说明塔的倒掉是"必然"的。

师：啊，佩服，佩服！（笑）他找出的这个句子是文章的中心句，我们叫它"文眼"。读这样含意深刻的文章，只要找到了文眼，就是抓到了中心思想，也就基本上读懂了文章。同学们很会读文章。同你们讨论问题，我感到很愉快。现在讨论2号卡片。

（二）揣摩之二：文章思路

生：（读2号卡片）从本文的标题看，是议论文，但跟过去学过的议论文不同，写得有些杂乱，究竟是什么文体？

师：他说鲁迅的文章有些杂乱，你们说呢？

生：（议论纷纷）杂乱。不杂乱。

师：请起来说。

生：是写得有些乱。先说雷峰塔倒掉，后来却东拉西扯，还写到吃螃蟹，让人理不出线索来。

师：（对另一名学生）我刚才好像听到你说"不杂乱"，也能起来讲讲吗？

生4：我……我想鲁迅写文章是不会乱来的。（笑）

师：当然，鲁迅如果乱写的话，那就不是鲁迅，而是一名中学生了。（笑）不能把这个作为理由，也要用文章本身来说明。

生 4：文章写的都是雷峰塔倒掉的事。（师插：能说得具体些吗？）写《白蛇传》的故事，写吃螃蟹这些事，都和雷峰塔倒掉的问题有关。

师：两位同学的意见都正确。这篇文章看起来是有些"杂"，但是"杂"而不"乱"。这种文体就叫"杂文"（板书）。杂文里常常要发表议论，但是跟议论文不同。关于这种文体的特点，到我们读完了文章以后，再一起讨论。刚才他（指生4）虽然话说得不太漂亮，但道理是对的。文章看起来似乎"东拉西扯"，可是都跟雷峰塔的倒掉有关。本文的标题是"论雷峰塔的倒掉"，这就提示我们，塔的"倒掉"是贯穿全文的一条线索。现在我们就来理一理这条线索。这件事并不难做，只要把文章里有关"倒掉"的词语找出来就行了。例如，第一段主要写什么？

生：听说杭州西湖上的雷峰塔倒掉了。（师插：能不能简化到最少的字数？）听说……倒掉。

师：好，就用"听说倒掉"。大家就以此为例，一路找下去，最后就可以把线索理出来。

（学生看书，找线索，教师边听边写，最后完成板书：听说倒掉——希望倒掉——仍然希望倒掉——居然倒掉——终究要倒掉）

师：你们看，作者就按这条线索，有时叙述，有时议论，一路写下去。如果说这像在画"龙"的话，那么在哪里"点睛"？

生：最后点睛。（师插：为什么说"睛"在最后？）因为"终究要倒掉"是文章的中心所在。

师：你们看，把文章的线索理一下，就可以看出作者的思路一步不乱。这可以说是杂文的一个特点：杂而不乱。下面讨论第三个问题。

（三）关于"憎塔"（上）

生：（读3号卡片）"听说，杭州西湖上的雷峰塔倒掉了，听说而已，我没有亲见。"这句用了两个"听说"，显得啰嗦，"没有亲见"和"听说"的意思也是重复的。作者为什么要这样写？

师：大家想想，这个问题该怎么解决？

生 5：为了强调"听说"。

师：有点道理。但为什么要强调"听说"，而不是一听说，立即坐火车到杭州去看个究竟？你再往深处想想，揣摩一下作者对雷峰塔的态度。

生5：作者对雷峰塔没有好感，因为塔下压着白蛇娘娘。"听说而已"，就是说知道有这回事就算了，是一种无所谓的态度。

生6：作者写这篇文章的时候已经知道塔下没有白蛇娘娘，他对塔没有好感是因为雷峰塔是封建势力的象征。

师：你们两人都说得很好，你（指生6）的纠正尤其好。不过，说作者的态度是"无所谓"，恐怕还不够。我给大家一个字，请组成一个词，这个字是"冷"字。

生：冷漠。

生：冷淡。

师：请从两个词中选一个，并说明选择的理由。

生：用"冷漠"好，因为它不但是冷淡，还有一点漠不关心的意思，表明作者对雷峰塔倒不倒抱着无所谓的态度，当然更没有兴趣到杭州去看。

师：这个问题挺难，想不到会解决得这样好。现在讨论下一题。

生：（读4号卡片）"雷峰夕照"是西湖十景之一，是西湖胜迹中的一个名目。"胜迹"就是风景优美的古迹，但作者却说它"并不见佳"。"雷峰夕照"究竟美不美？

师：上一个问题解决了，我估计这个问题是容易解决的。谁来说？

生：我想"雷峰夕照"的景色大概还是比较好，可是作者对它没有好感，所以要说它不美。

师：大家同意吗？（生齐：同意）我早知道这个问题对你们太容易了。不过我觉得讨论这个问题，重要的不是得到这个结论，而是要细细体会作者的语言表达。请大家把第一段朗读一遍，说说作者在对雷峰塔的具体描写中是怎样流露出自己的感情的。

（学生各自朗读课文）

生：用"破破烂烂"描写雷峰塔，给人一种破落的感觉。"落山的太阳照着这些四近的地方"，使人感到很荒凉。

师：你的感觉很准确。这些词语的确带有荒凉、破落的色彩，表现了作者对雷峰塔的厌恶感情。这里用词很有讲究。雷峰塔是一座古塔，如果你带着欣赏的态度，也许会说它"古色古香""古朴苍劲"，但作者却说它"破破烂烂"，给人的感觉就完全不一样了。比如，"落山的太阳"，如果改为"夕阳的余晖"，感情色彩也截然不同。这对我们怎样选用恰当的词语来表达感情是很有启发的。好，下一题。

生：（读5号卡片）"并不见佳，我以为"是不是就是"我以为并不见佳"？作者为什么要这样倒过来说？

师：这个问题也有点难度。（有学生举手）请等一下，暂时不忙发表意见，先把这个句子再朗读几遍，细细体会，哪些字要读得重一些，强调一些，然后再说作者为什么要用这种倒装的句式。（学生各自朗读，体会）

生7：把"并不见佳"移到前面，起了强调的作用，读的时候，要把这四个字读得重一些。

师：还有意见要发表吗？

生8：我觉得"我以为"三字要重读。（师插：为什么？）这是作者在表明自己和别人的态度不一样。

师：你说的"别人"指哪些人？

生8：头脑里有点贵恙的人。

师：为什么作者要强调地表明自己和他们的态度不一样呢？

生8：针锋相对呀。

师：你的体会好极了，我完全赞同。不过，他（指生7）的意见也是值得考虑的。一般说，把句子的某一个成分移到前面，总是为了突出这个移前的成分，读得要重些。这个句子显然突出了作者对"雷峰夕照"的评价：并不见佳。还有，"我以为"三字，不必全部重读，只要强调一个字就可以了（生插："我"）对！这样，这个句子既突出了"并不见佳"，又强调了这是"我"的态度，跟那些为雷峰塔大唱哀歌的文人针锋相对。语气肯定，旗帜鲜明，毫不含糊。顺便还告诉大家一件有趣的事：鲁迅这篇文章发表以后，人们除了为鲁迅深刻的思想所折服外，对这个句子新颖的形式也发生了兴趣，纷纷仿效，说话、写文章都要来一个"并不见佳，我以为"，一时成为流行的句式。从这里也可以看出鲁迅锤炼语言的功夫。最后，请大家把第一段完整读一遍，再好好体会一下作者的感情，尤其是最后一个倒序句，两处重音都要读出来。

（学生朗读）

——以上第一教时

（四）关于"憎塔"（下）

师：上一课我们讨论了关于"憎塔"方面的三个问题。现在我们继续讨论这方面的问题。

生：（读6号卡片）作者小时候以为雷峰塔底下压着白蛇娘娘，所以希望它倒掉，是可以理解的。可是后来看看书，知道塔下并没有白蛇娘娘，为什么"仍然心里不舒服，仍然希望它倒掉"？

师：我知道，这个问题对你们来说，也是并不太难的。你们想，作者小时候希望塔倒掉，是出于一种什么心理？

生：小孩子的同情心。

师：那么长大以后呢？又是出于一种什么心理？

生：希望封建势力垮台。

师：是呀。你们想，这时候的雷峰塔在作者的心目中，仅仅是一座普通的塔吗？是不是还有一些别的含义？

生：雷峰塔是封建势力的象征。

师：为什么雷峰塔能够象征封建势力呢？所有的塔都会有这种象征意义吗？

生：雷峰塔本来是一座"镇压的塔"，而封建势力就是压迫人民的，所以能够象征。

生：老师，我认为你的问题提得不够确切，鲁迅用雷峰塔象征封建势力，也不过是借题发挥，因此没有必要问别的塔有没有这种象征意义。

师：（惊喜）太好了！太好了！谢谢你的指正，我提这个问题是有些多余，现在我声明取消。（笑）的确，作者用雷峰塔象征封建势力，是借题发挥，未必是作者真的跟一座塔有什么过不去。再进一步说，雷峰塔的象征意义还可以扩大到一切压迫人的反动势力，这样理解，文章的意义就更深广了。这个问题讨论得好极了，从同学们的发言中，我也受了启发。下面讨论7号卡片。

生：（读7号卡片）课文第四段"现在，它居然倒了"，我认为应该把"居然"改为"果然"。因为作者是一直希望雷峰塔倒掉的，现在"果然"倒掉，语气好像顺一点。

师：你"居然"敢于为鲁迅改文章，真是勇气过人。（笑）这问题也是挺"高级”的，请大家发表意见。

生：我同意改为“果然”。“果然”表示塔倒是在意料之中，因为塔是终究要倒的嘛！作者是早就料定它要倒的。“居然”表示出乎意料，用在这里是有些不合适。

师：好啊，又有一位主张为鲁迅改文章的勇敢者！（笑）到底要不要改？我想再引用一下前一堂课上一位同学的话：“鲁迅写文章是不会乱来的。”（笑）他这里用“居然”，总有他用“居然”的道理，大家是不是也站在鲁迅方面替他想想。

生1：我认为用“居然”比“果然”好。

师：好，你为鲁迅辩护，如果先生还在，我想他会高兴的。（笑）不过你要讲出理由来。

生1：“塔是终究要倒的”，这是必然的，作者又希望它倒掉，但是塔毕竟是不大会倒的，现在雷峰塔这么快就倒掉了，是出乎意料的，当然要用“居然”。

师：言之成理！我再做一点补充。大家看，紧接着“居然”这一句，下面是什么句子？

生：（齐读）“……则普天之下的人民，其欣喜为何如？”

师：“居然”表示雷峰塔倒掉这件事出乎意料地发生了，普天下的人民则为之无比欣喜。有一个成语恰好能够表达人民这种出乎意料的欣喜的感情，你能说出这个成语吗？

生1：喜出望外。

师：你真行！我现在宣布：你为鲁迅辩护成功！（笑）现在请大家再把第三、第四两段连起来朗读一遍，体会一下“我”从“希望倒掉”直到“居然倒掉”以后那种喜出望外的感情。（学生朗读）

师：你们是不是感到月“居然”引出下面的“欣喜”，给人一种加倍欣喜的感觉？（生接：是的）这里我顺便问一下：作者为什么不写自己欣喜，而要写人民的欣喜？“人民”之前为什么还要加上“普天之下”这个定语？

生2：这说明希望雷峰塔倒掉的，不仅仅是作者一个人。“人民”之前加上“普天之下”，说明全世界人民都这样。（笑）

师：你们为什么笑？

生：他说“全世界人民”范围太大了，外国人不知道雷峰塔下压着白蛇娘娘。（笑）应该说是“广大人民”。

　　师：纠正得很好。不过他（指生2）说的道理是对的，作者所以要写到"普天之下的人民"，表明他厌恶雷峰塔，强烈地希望塔倒掉，绝不是出于个人的好恶，而是跟广大人民的感情是一致的。这个问题解决得很好。下面谁提问？

　　生3：（读8号卡片）"这是有事实可证的"这句中的"这"指代什么？"事实"指哪些事？

　　师：这个问题虽然不一定有多少深度，但是他这种咬文嚼字读文章的认真态度我十分赞赏。谁来回答他的问题？（学生纷纷举手）大家暂时把手放下，我想请提问的同学自己先说说看，看能不能自己提出疑问，自己解决疑问。

　　生3："这"指普天之下的人民为雷峰塔倒掉而欣喜这件事。"事实"就是下面田夫野老、蚕妇村氓都为白娘娘抱不平，怪法海多事。

　　师：看来，你解决问题的能力很强。不过，我想问你一下，你在提出问题的时候，是不是想过答案？

　　生3：想过，但是我不大有把握。

　　师：现在有把握吗？（生接：有）为什么现在有了呢？

　　生3：刚才你说我能力很强，我知道自己答对了。（笑）

　　师：看来你还需要更多一点的自信。其实，你是有能力的，你完全有理由相信自己。这个问题就讨论到这里。上面我们讨论的几个问题，都是作者对雷峰塔的态度方面的问题。下面我们看看作者对这座镇压之塔的制造者——法海和尚是怎样的态度。请提出问题。

（五）关于"讽僧"

　　生：（读9号卡片）法海对许仙和白蛇娘娘的结合为什么要嫉妒？"大约是怀着嫉妒罢，——那简直是一定的。"这里"大约"和"一定"是不是前后矛盾？中间的破折号有什么作用？

　　师：他一连提了三个问题，都是"高精尖"的，我真感到有点不大好解决。不知道我们能不能讨论出结果来。（生接：能！）大家有信心，我很高兴。那就先好好想想，再发表意见。

　　（学生思考，约2分钟）

　　师：为了回答三个高难度问题，我们先从文章里看看法海去破坏白蛇娘娘和许仙的美满婚姻有没有道理?

生4： 法海是毫无道理的。文章里说："白蛇自迷许仙，许仙自娶妖怪，和别人有什么相干呢? 他偏要放下经卷，横来招是搬非……"

师： 你找的句子里有几个副词很重要，从它们可以看出法海毫无道理，请你把它们找出来。

生4： 前面两个"自"，还有一个"偏"和一个"横"。

师： 两个"自"说明了什么?"偏"和"横"又分别说明了什么? 能说说吗?

生4： 两个"自"说明许仙和白蛇娘娘是自由恋爱，（笑）完全是自己愿意的，法海干涉是没有道理的。"偏"字说明——（语顿）

师： 他本来不该去惹是生非，可他"偏偏"要这样做。想想看，这个"偏"说明了法海怎样?

生4： 顽固。（有同学插话：固执）

师： 说"顽固"也行，"顽固"的人必定"固执"。好，你再说说那个"横"字。

生4： 说明法海蛮不讲理。

师： 你理解得很好。这些句子表明了白蛇娘娘和许仙的婚姻完全两相情愿，而且他们生活幸福，既不招谁，也不惹谁，法海横加干涉，实在是毫无道理可言。所以作者只能做一个推测：大约是怀着嫉妒吧。现在就可以讨论这个问题了：法海为什么要嫉妒?

（暂时无人举手。有几名学生在掩口而笑）

师： 有什么事让你们这么开心? 能说给大家听吗? 你笑得最厉害，就你说。

生： 和尚不能娶老婆。（大笑）

师： 别笑! 别笑! 这绝对不是笑话。这里对法海是有一点调侃（板书）的味道。"调侃"，用言语戏弄，也就是用开玩笑的语言来讽刺。鲁迅的杂文"嬉笑怒骂，皆成文章"（板书），这就是一个例子。当然，文章这样写，是为了调侃，但假如我们对法海的本质要有个认识，那就要想得深一点了。大家想想，法海代表了一种什么社会势力?

生：（齐）封建势力。

师： 对，他是封建势力的代表人物。这种人忠实地维护着封建旧礼教、旧秩序。人民把他们叫作"封建卫道士"（板书）。他们看到青年男女婚姻自由，看到人民美满幸福的生活，是绝对不甘心的，总要想方设法加以破坏。这种封建卫道士，除了法海之外，大家还能举一些出来吗？

生："牛郎织女"故事里的王母娘娘。

生：《天仙配》里的王母娘娘。

师：哦，看来王母娘娘尽干这类坏事。（笑）

生：还有《孟姜女》里的秦始皇。

师：秦始皇可是个暴君的形象，不过说他是封建卫道士也不能算错，因为他是封建卫道士的总头目。这个人物比较复杂，他跟王母娘娘不一样，以后有机会再讨论。总之，这类例子很多，咱们就不举了。现在考虑一下两个问题："大约"和"一定"前后矛盾吗？中间的破折号有什么作用？

生5："大约"有点推测的语气，因为上面说法海干涉许仙与白娘娘的婚姻是毫无道理的——（语顿）

师：你大概是想说，既然毫无道理，为什么还偏要横加干涉呢？所以作者只能做出这样的推测，是吗？（生接：是）好，你说下去。

生5：推测之后有个破折号，我觉得好像是表示对上面的推测有个思考的过程，思考的结果是"那简直是一定的"，肯定了法海的嫉妒。

生：我认为这个破折号表示意思递进，从推测到肯定，意思进了一步。

师：两人的意见我都同意，因为你们事实上没有什么分歧。总之，这一小段对法海卑鄙的嫉妒心理，既有无情的揭露，也有近于调侃的冷嘲热讽。最后从推测到肯定，细细辨味，也带有调侃的色彩。看来，这样高难度的问题，也难不倒你们。好，继续提问。

生：（读10号卡片）玉皇大帝是天上最高统治者，可是作者对他很满意，为什么？作者为什么要让玉皇大帝来惩罚法海？作者对玉皇大帝究竟是什么态度？

师：这里有个问题我要解释一下：他问为什么作者要让玉皇大帝来惩罚法海，这个问题的提法不对，作者绝对不可能打电话通知玉皇大帝惩罚法海。（笑）玉皇大帝惩罚法海是民间传说里本来就有的情节，所以这一段用"听说"开头。这位同学读文章的时候可能没有注意，但是他提的另两个问题很好，请大家发表意见。

生6：作者对玉皇大帝并不完全肯定，也有否定。

师：说得很好，请继续往前想。肯定的多还是否定的多？肯定了什么？否定了什么？为什么肯定？文章里是怎样写的？想问题要步步深入地追问，这里既有阅读方法，也有思维方法。

生6： 作者对玉皇大帝总的说是否定的，"腹诽的非常多"，就是说对玉皇大帝的不满意不是一两件事，而是"非常多"；"独于这一件却很满意"，一个"独"字，说明满意的只有这一件。

师： 好，文章就要这样读。再思考一个问题：玉皇大帝为什么非要拿办法海不可？文章是怎样写的？

生6： 因为法海多事，荼毒生灵。

师： 你知道"荼毒生灵"是指哪件事吗？（生接：不知道）有谁知道？（稍顿）其实这段文章里已经写明白了，大家找找看。

生7： 大概是指"水漫金山"一案。

师： "水漫金山"怎么会"荼毒生灵"？为什么这事要由法海负责？

生7： 水漫金山大概淹死了不少人。法海如果不把许仙藏起来，就不会有水漫金山的事，当然应该由法海负责。

师： 对了。可见玉皇大帝要拿办法海，实在是因为法海荼毒生灵，不拿办不足以平民愤，才不得不这样做的。但不管怎么说，他要拿办法海总是符合大众的愿望的，所以作者对这件事还是满意的。但用了"独"字，表示对玉皇大帝的肯定是极其有限的。读这一段，还要注意一个字的写法和读音，你们猜我要说的是哪个字？

生：（齐）荼。

师： 为什么猜是这个字？

生： 因为容易跟"茶"字搞错。

师： 你们真聪明。现在讨论下一个问题。

生8：（读11号卡片）第8自然段写吃螃蟹和怎样找到蟹和尚，是不是闲笔？如果不是，那么这一段的作用是什么？

师： 你用了一个绝对高级的名词，（笑）大家听出来了没有？

生：（齐）闲笔。

师： 什么叫闲笔，知道吗？（稍顿）看来都不知道。（向生8）你大概知道，你说吧。

生8： 闲笔就是文章里多余的笔墨。

师：你说对了一半，这已经不错了。准确地说，应该是"看似多余，其实重要"，所以叫作"闲笔不闲"。总之，闲笔是一种写作的技巧，说来话长，现在不可能展开讨论。你这个问题是不是改为这样提法：作者写这一段有什么必要？它有没有离开中心？你看这样是不是容易回答一些？同意吗？

生8：我同意。

师：好，那我们就这样讨论。谁来说？

生：我认为这一段不是多余的，它说明封建势力的代表人物必定要有这样的下场。

生：这一段对法海还有讽刺、嘲笑的作用。

师：从哪里看出讽刺、嘲笑？

生：文章前面说法海是个得道的禅师，肯定是神气活现的，可是现在成了让小孩子拿着玩的"蟹和尚"，让人觉得可笑。

生：这一段证明了镇压人民的人不会有好下场。

师：同学们的意见我都同意，但这些意见只能说明这一段应该写，还不能说明这一段为什么要把吃螃蟹和找蟹和尚的经过写得这样详细。我们不妨先看看作者是怎样写的，然后想想为什么要这样写。谁先来说怎样写？注意动词。

生：先把蟹煮熟，再揭开背壳，再把里边的黄、膏等东西吃掉，就露出一个圆锥形的薄膜，接着就写一连串的动作，切下、取出、翻转，最后就可以看到一个罗汉模样的东西，就是法海。

师：有道理，作者写得多具体，简直像一篇小小说明文，题目可以用"这样吃螃蟹"，（笑）这样写究竟有什么必要呢？

生：我认为是为了增加文章的趣味。

师：有道理，但还不完全是为了增加情趣。

生9：为了证实法海的的确确藏在螃蟹里。

师：说得好。我读了这一段，似乎听到作者在说：法海确确实实逃到了螃蟹里，如果你不信的话……（向生）你能不能把我这句没有说完的话说下去？

生9：……那就去买个螃蟹来吃一下试试。（笑）

师：接得好！所以这一段具体描写增强了法海受惩罚这件事的可信性和真实感。（板书：可信性、真实感）关于这一段的作用，我们谈了不少，谁能小结一下？

生 10：讽刺法海的可笑下场，证明镇压人民的人不会有好下场，增加文章的趣味性，还有增强了可信性和真实感。

师：总结得很好。最后一句有点残缺：增强了什么事的可信性和真实感？

生 10：法海逃在蟹壳里这件事。

师：这样说也对。这个问题就讨论到这儿……（被一学生举手打断）

生：老师，我还有一个问题，法海荼毒生灵，死了不少人，玉皇大帝要拿办，法海逃进了蟹壳，玉皇大帝为什么就算了？

师：那你说该怎么办？

生：把他揪出来。

师：揪出来干吗？枪毙？杀头？（笑）其实，法海躲在螃蟹里的日子也是不好受的，大家看文章里怎么写？

生：独自静坐，非到螃蟹断种的那一天为止出不来。

师：法海什么时候能出来？

生：永远出不来。

师：为什么？

生：螃蟹不会断种。

师：就是说，法海被判了什么刑？

生：（七嘴八舌）无期徒刑，终身监禁。

师：你们看，这日子恐怕不会比枪毙更好受。（笑）这个问题就讨论到这里了。顺便说一句，鲁迅这篇文章完全是根据民间传说写的，传说中法海就躲在蟹壳里。现在讨论最后一个问题。

生：（读 12 号卡片）"活该"是什么意思？为什么单独列一段，把它并入上一段好不好？

师：先理解"活该"是什么意思。谁说？

生：罪有应得。

师：作者为什么不用书面化的"罪有应得"，而要用这种口头语呢？

生：为了讽刺。

师：对，这个"活该"就有点嘲弄的口气。还有别的意见吗？

生 11：我认为"活该"后面应该用个感叹号，读起来才有力。

师：这个问题提得很好！你怎么没制卡片呢？（生11：现在才想到的）不过这对讨论12号卡片很有帮助，我就把它插进来一起研究。到底用句号好还是用感叹号好，这关系到对作者感情的体会。现在就通过朗读来比较一下，究竟用句号还是用感叹号读起来够味儿。这要靠敏锐的感觉，仔细辨别，用心体会，我想看看大家的感觉怎么样。就读最后两小段。你（指生11）主张用感叹号，请你先按感叹号的语气读。（生11朗读，接着又一名学生按原文的标点朗读）

师：他们两人都读得很好，读出了感情。他（指生11）读得语气很强烈，他（另一生）呢，语调比较低沉，故意把"活"的声音拖长些，给人的感觉冷冷的。两种读法，表达出两种不同的情感。大家说说，用哪一种读法更接近作者的本意？

生：我觉得用感叹号语气太强烈了，好像在大声斥责法海，听起来虽然有力，但是不符合作者的本意。

师：那你认为作者的本意是什么呢？

生：从上文看，法海造了雷峰塔镇压白蛇娘娘，但最后白蛇娘娘从塔里出来，法海自己却落得一个躲进螃蟹的下场，变成了一个罗汉模样的东西，使人觉得很可笑。因此，我认为这"活该"是在笑他自作自受，好像还有点幸灾乐祸。

师：大家同意吗？（生齐：同意！）有不同意见的举手。

（稍顿，无人举手）

师：（向生11）看来你是少数派了。（笑）不过你的问题提得好，帮助大家更好地体会了作者的感情，你也是有贡献的。（笑）他（指另一生）的发言很有水平，不过他用了个"幸灾乐祸"，这个成语习惯上带有贬义，其实他的意思也许是说，作者对法海可耻的下场既感到可笑，又为之庆幸，所以"活该"两字带有一种"冷嘲"的色彩。这样体会，我觉得是符合作者本意的。现在讨论最后一个小问题："活该"为什么要单独列一段？跟上一段合并好不好？

生：为了强调"活该"。

生：使读者印象更深刻，觉得法海的下场的确是自作自受，罪有应得。

生：让读者有一种新鲜感觉。

师：还有别的意见吗？（稍顿）大家体会得很好。我再补充一点：这种形式叫"独词段"，它一般都用在文章的关键处，有突出、强调的作用。因为一段只有一个词，所以特别容易引起读者的注意和思考。本文用"活该"收束全文，确实是精彩的一笔，使我们看到了鲁迅的杂文既尖锐泼辣，又幽默风趣（板书）的特点。同学们还记得吗，上一堂课我们遗留了一个问题，准备在读完全文以后讨论的。（生插：关于杂文的特点）现在下课的时间马上到了，看来不能讨论了。不过，经过两堂课的共同学习，我感到你们不仅学得主动，而且思维能力很强，我相信你们对杂文的特点已经有所认识。这个问题就请你们到课外去自己研究，同学之间还可以互相交流交流，尤其别忘了请教老师。我觉得你们的老师真好，把你们教得这样聪明，我要向他学习。

——以上第二教时

六、《一件小事》教学实录

说明：

从这个实录可以大体看出学生"自读"和教师"教读"的状况。

当时，这个班级的学生经过一年多的自读训练，他们的自读能力已进入了由"入格"到"出格"的临界期（参见本书"语文导读法：滥觞到发展"一文中的"'三主'的操作层面"部分）。从实录后面所附金小铭同学的自读笔记可以看出，这时学生的自读虽然仍保留着"自读步骤"的痕迹，但"自问自答"已突破了"定向问答"的限制。学生都是根据自己的阅读体会，发现问题，设计问题，并自问自答。这种"自问自答"与"定向问答"相比，阅读的自主性明显增强了。不少学生已懂得联系文章的写作背景，从总体上把握文章的主旨和关键语句的含义，能从细微处（如标题中的"小"字）理解作者的意图。这种"自读笔记"，都是学生在教师"教读"之前写出的，说明他们在"入格"阶段已经培养了相当的阅读能力，这就为他们以后的自主阅读（出格）打下了扎实的基础。

教读是在学生自读的基础上进行的。教读的重点，是让学生交流自读的体会。这两堂课总共讨论了四个问题：第一，怎样理解课文以"一件小事"为题的作用？第二，怎样结合文章的写作背景理解这件小事的重大意义？第三，怎样理解"我"这个形象？第四，怎样看待老女人"装腔作势"的问题？问题是学生提出的，解决问题也主要依靠学生自己。我在整个教学过程中的作用是：组织讨论过程，营造宽

松的环境，随机进行必要的指点。我并不刻意突出课文的思想教育因素，而是力求在指导学生"学会阅读"的过程中让学生自然而然地受到课文所蕴含的思想情感的熏陶感染。比如，学生在讨论"我"的形象和车夫的形象时，认识了车夫敢于承担责任的诚实品格和"我"勇于解剖自己的精神，思想教育也就蕴含其中了。由于课是在二十多年前上的，师生双方的认识都不能不受到时代的局限，但作为一次自读和教读过程的展现，仍有着一定的"示例"作用。

师：同学们，昨天语文课布置大家自读了《一件小事》，我把大家的自读笔记收起来看了一下。你们猜，老师看了你们的自读笔记是高兴还是不高兴？

生：高兴。（部分学生小声地说）

师：对！非常高兴。

（接着教师从"想得深、看得全、读得细"几方面表扬了学生的自读笔记写得好。然后根据学生自读的第一步"认读"的要求，检查了学生对若干字、词的掌握情况。）

师：好，关于认读方面就讨论这几个字。下面我们来研究一下文体，请同学们说说看，这篇文章是什么文体？

生：是小说，因为课本上的注解说这篇课文"选自《呐喊》"。《呐喊》是一部小说集，里面的文章都是小说。小说是一种叙事的文学体裁。

师：你的推理很对。那么这篇课文以"一件小事"为题，有什么意义呢？

生：本文的题目"一件小事"，重点在于"小"字，与文章中的"国家大事"的"大"字相对比，一个是"小"，但不是真正的"小"，一个是"大"，也不是真正的"大"。把"一件小事"与文章中的"国家大事"相对比，这样就更突出地说明了这件小事对于"我"的影响之大，车夫的精神高尚。

师：坐下。她是抓住了哪一个字来评题目的。

生："小"。（齐声）

师：对，以"小"与"大"相对照，突出了这个"小"的意义。她抓得很准。我们再请××同学来讲讲看。

生：本文以"一件小事"为题，对读者有吸引作用。因为在平日里，经常会发生各种事情，一件"小"事为什么值得写出来，这是读者所关心的。正因为小事通常不被人们重视，所以读者就更想知道《一件小事》到底讲什么，吸引他们去看文章。

师：对！生活中平凡的小事很多，这件小事为什么值得写？这会引起读者的思考。这是从另外一个角度来考虑题目的作用。谁还要发表意见？

生：这件事看上去似乎是小事，但正是由于这件事使"我""惭愧，催我自新，并且增长我的勇气和希望"，还把"我"从坏脾气中拖开。这件事是"我"对人生、对世界看法的一个转折点，对"我"有深远的意义，所以从这个角度来看，这件小事是一件大事。

师：讲得好不好？

生：好！（齐声）

师：有一句话我特别欣赏，你们猜是哪一句？

生：对人生看法的转折点。

师：是这一句。这就说明这件小事对我来说是一件大事。这三位同学各自从不同的侧面去理解题目，理解得很深，说明同学们很会解题。下面我们来讨论同学们提出的很多问题。同学们思考的面很广，刚才我讲过同学们想得深，在什么问题上想得深？主要表现在不少同学能联系文章的背景来提出问题、分析问题。×××，你对这篇文章的背景理解得很好，你起来讲讲，好吗？

生：我国在辛亥革命以后，出现了一些所谓"国家大事"，如袁世凯称帝、张勋复辟等政治事件。1916年、1917年发生的这两件"大事"，对于"我"——六年前从乡下跑到京城里的人，却只是"增长了我的坏脾气"，教"我""一天比一天看不起人"。这里强调了这些"国家大事"在"我""心里都不留什么痕迹"。总之，联系当时的背景来看，更可以看到这件小事对"我"触动之大，教育之深。

师：很好，坐下。联系背景了解作者为什么要写这件小事，这就想得很深。有的同学对课文里的某些关键词句也能够联系背景来理解，这就更深了一步。比如，对文章结尾的几句——"教我惭愧，催我自新，并且增长我的勇气和希望"，也能够联系背景来谈。好几个同学都想到这一点。我高兴地看到同学们正在学会看书。谁能来谈谈吗？

生：这个问题要从当时的历史背景来说。（师插话：开门见山，出语不凡！）因为当时正是袁世凯称帝、张勋复辟的时候，全国处在一片混乱之中，这伙军阀都想掌大权。鲁迅对这些事既蔑视，又感到愤怒，他借写小说集《呐喊》来表达满腔愤怒。这篇《一件小事》中的"我"就有着鲁迅的思想感情。这篇文章讽刺了那些"大人物"，赞颂了朴实的劳动人民。这件小事鞭策"我"前进，当看到"大人物"们的所作所为时，它的意义就显得更加分明。当"我"想起了这件事就感到惭愧，而这件事又催我进步，让"我"不再光蔑视这些霸权主义，而且从劳动人民身上，看到了祖国的希望和人民的力量。

师：好，坐下。她的优点是对课文词句的理解也跟背景联系起来，不过她的话里有个小错误，听出没有？

生："霸权主义"用错了。

师：错在哪里啊？

生："霸权主义"指那些超级大国，建议把这个"霸权主义"改成反动派。

师：最好把范围再缩小一点。

生：反动军阀。

师：用反动军阀，好。袁世凯和张勋都是军阀，他们的事你们知道吗？

生：知道。

师：谁来告诉大家？

生：1915 年，袁世凯为了掌大权就叫人们写推戴书，推戴他当总统。他当了总统以后还说前任总统可以对后任总统做出决定，由前任总统决定由谁来担任后任总统，这就暴露了他想当皇帝的阴谋。后来他就决定在 1916 年建立一个王朝，可是他在当了 83 天的皇帝后就在一片反袁斗争中，被蔡锷将军等推翻；但他还想保住大总统的位置，就脱下黄袍想当大总统，可是没过几天就死了。张勋复辟是张勋和康有为等人想推戴溥仪做皇帝，借此来恢复封建帝制。

师：他依靠什么力量把溥仪推到皇位上去？

生：三千辫子军。

师：你从什么地方知道这些事情的？

生：从课外书上看到的。

师：好，好，你的知识面很广。

生：我再补充一点。一些流氓和地痞，趁议员们在开会的时候，说如果不选袁世凯做总统，议员们就别想出去，用一种强制威胁的手段使人家让袁世凯当总统。

师：好，坐下。看来同学们对这两件事都知道，它是我国近代史上两件什么样的事？

生：大事。

师：是不是它的意义重大？

生：不。

师：那么这个"大事"应该叫什么更恰当一些？

生：丑事。

师：丑事，对了。本文就是通过这些所谓的"大事"跟小事的对比，更好地突出了这件小事的意义。我再问大家一个问题：这些大事对"我"是不是毫无影响？

生：增长了"我"的坏脾气，使"我"越来越看不起人。

师：对！那么，这里的"人"指什么人？

生1：劳动人民。

师：你这个结论是怎样推出来的？因为袁世凯称帝，所以"我"越来越看不起劳动人民，这前一句话和后一句话有没有联系？你再考虑一下，好不好？

生1：看不起官僚、地主和军阀，因为袁世凯、张勋都是军阀，他们干的这些事都是丑事，所以"我"越来越看不起他们。

师：这倒是说得通的。不过如果"我"看不起的都是这样的坏人，那么这个脾气应该是"好脾气"还是"坏脾气"？

生：好脾气。（齐）

师：但作者说的明明是"坏脾气"，不是矛盾了吗？

生1：他看到劳动人民不起来反抗，感到没有希望，所以看不起劳动人民。

师：他又回到了他（指生1）的意见，认为"我"看不起劳动人民。是否合乎道理？大家一起考虑，这个"人"究竟是指什么人？

生2：我认为他看不起所有的人，认为所有的人都是争名夺利的。

师：这里又是一个新的观点了，是看不起所有的人。坐下。你们同意哪一个观点？每人都要有一个观点，并说出道理来。好，我们先听他说。

生：我同意×××（指生2）的意见。这个"我"没有把那些上层人物和人民区别开来。

生：他是"一视同仁"。

师：一视同仁？（笑）有道理，可以说是"一视同仁"，看谁都一样。×××，刚才你举手准备说什么？

生：整个社会都这样。

师：尽管表达得不太清楚，但是他的意思是明白的，当时整个社会都不分这是军阀，那是人民，都是"中国人"。现在看到这些中国人在干坏事，所以连带其他中国人也看不起了。"我"因为有了这个"坏脾气"，所以对当时的国家前途，有点怎样了？

生：情绪很消沉。

师：对，很消沉的，看不到我们国家的前途和希望。正因为如此，我们对课文最后几句话也就可以理解了。刚才×××已经结合背景谈了自己的体会。"教我惭愧"，为什么会"教我惭愧"？"催我自新"，为什么能"催我自新"？"增长我的勇气和希望"，增长了什么勇气？什么样的希望？谁能结合文章的背景再说说看。

生："惭愧"是因为"我"拿错误的目光来看待劳动人民，后来却看到了自己和劳动人民之间的差距。

师：好，你再说下去。

生："催我自新"就是勉励自己不要再这样消沉下去了，要向前看。

师：对了，"向前看"，"我"看到什么？

生：看到国家光明的前途。

师：说得好！继续说。

生："并且增长我的勇气和希望"，说明我也要尽自己的一分力量来和军阀们斗争，光明一定会来到。

师：好，坐下。相信我们国家的前途还是光明的，对吧！那么"我"从哪里看到了我们国家前途的光明？

生：从车夫的身上。（小声议论）

师：对了。从车夫身上看到了蕴藏着的伟大的力量，因此增长了我的勇气和希望。你看，我们结合文章的背景来理解这些句子，就可以理解得更深一些。下面再讨论一个问题。同学们都提到了"这个'我'是不是作者"的问题，先请同学们谈谈看。

生2："我"并不是作者本人。因为这篇文章选自小说集《呐喊》，所以它是小说，小说是虚构的，所以"我"并不是作者本人。但是这件事也许是在作者生活中曾有过的，经过作者加工重新塑造出来的，所以"我"也许有点鲁迅的影子。

生：我认为"我"是一个先进知识分子形象。

师：（这时一个同学在座位上小声插话）你说什么？你起来说。不算的？说话就算数，怎么能不算？我听出来了，你在说"我"是一个"没落的知识分子"。究竟是没落的知识分子还是先进的知识分子？倒可以考虑一下。大家的意见呢？

生：先进的。

生：我认为是一般的知识分子。

师：一般的知识分子，这又是一种意见，大家表个态好吗？

生：善良的知识分子。（众笑）

生：小资产阶级知识分子。

师：噢，这是在说他的阶级地位，对吗？究竟怎样恰当地理解这个"我"，下课后大家可以再议论议论，我们下一节课来解决这个问题。下课！

——以上第一教时

师：同学们，这个"我"究竟是一个怎样的人？我们要准确地理解这个人。下课的时候我看到有些同学在议论，你们议论的结果怎么样？说说看，好不好？好，你说。

生：我认为这个"我"不一定是知识分子。

师：不一定是知识分子？

生：因为小说中的"我"不一定就是作者自己，既然不是作者，那么这个"我"就可能是知识分子，也可能不是知识分子。

师：噢，如果是作者自己，那就非但是知识分子，而且是大知识分子了。这又是一种新的意见。其他同学的意见呢？

生：我认为鲁迅是一个知识分子……

师：鲁迅当然是知识分子啦。（笑）

生：不，我认为课文中的"我"是一个知识分子。课文第3页上讲，"几年来的文治武力，在我早如幼小时候读过的'子曰诗云'一般，背不上半句了"。从这里可以看出，"我"从小就读"子曰诗云"，当然是知识分子。

师："子曰诗云"是什么东西啊？

生："子曰"就是孔子说……（众答）

师：对！《论语》里都是这么写的。"诗云"指的是什么？

生：《诗经》上说。（众答）

师：对了。噢，你有什么意见？

生：有些地主小时候也念"子曰诗云"，难道他们也是知识分子吗？

师：地主可能不可能是知识分子啊？

生：可能！不可能！（众说纷纭）

师：怎么会不可能呢！有了知识就是知识分子嘛！（笑）那是地主阶级知识分子。

生："我"说自己现在"子曰诗云"都背不上半句了，说明"我"把所有的知识都丢光了，因此我认为这个"我"不再是知识分子了。

生：我认为不能这样说，课文中这样写的目的是为了说明这些国家大事和"子曰诗云"一样，统统忘记了，表现了作者对"国家大事"和封建教育的一种批判态度，并不是真的把读过的书都忘记了。

师：哦，有理！那么这个"我"究竟是一个什么形象？

生：我同意上一课××（指生2）的意见，"我"有鲁迅先生的影子，但又不是鲁迅先生。

师：对，他不是鲁迅，但又带着作者的某些思想感情。那么，这个"我"究竟是怎样的人？是先进的，还是没落的？是善良的，还是一般的？究竟怎样评价最恰当？

生：（低声议论）

师：我们先讨论一下"我"的身份，刚才听有的同学在座位上说"我"是个有钱人，你们同意不同意？

生：不同意。

师：要讲出理由来。

生：我认为"我"并不很有钱。

师：从哪里知道？

生：为了生计不得不一早在路上奔波。这个"不得不"，说明"我"是一个被生计所迫在外谋生的知识分子。

师：好，你书读得很仔细。下面我们再来思考一下，"我"在"一件小事"中表现出一种怎样的思想？

生：自私。

师：对，自私。（板书：自私）再进一步想一下，自私是不是"我"思想的主要方面？

生：是！不是！（议论纷纷）不是！

师：要讲理由，为什么不是？（学生小声议论）

生：不是。因为他看到了许多的所谓国家大事，他看不起这些人，发展到看不起一切人，所以他也看不起老女人。认为老女人是装腔作势，不是出自"自私"的思想。

生：文章中有这样一段话："我眼见你慢慢倒地，怎么会摔坏呢？装腔作势罢了。"老女人既然"慢慢倒地"，当然不会摔坏，这也就可以说明，"我"不是自私的。

师：我们的讨论又后退了，刚才我们都肯定他是自私的。他究竟自私不自私？

生：自私，不自私。有点自私。（七嘴八舌）

师：噢，有点自私。（众笑）从哪些地方可以看出他是有点自私的？

生："我料定这老女人并没有伤，又没有别人看见，便很怪他多事，要自己惹出是非，也误了我的路"，从这里可以看出他有点自私。

师：里面有一句话特别可以看出他的自私，哪一句？

生："没有别人看见"，他认为可以溜之大吉了。

师：哎，对了。看来"我"的自私是肯定的。现在我们讨论自私是不是"我"思想的主要方面。

生：不是。因为"我"从口袋里掏出一大把铜元。如果自私是主要思想的话，就不会抓出一大把铜元了。

生：文章中还有这样一句话："我这时突然感到一种异样的感觉，觉得他满身灰尘的后影，刹时高大了……"

师：这一句说明了什么？

生：说明了他的本质不是自私的，因为他能从劳动人民身上找到自己的差距。

师：说得好，他从劳动人民身上，看到了自身的差距。他觉得车夫这个满身灰尘的后影刹时高大了。而且对他来说，造成了一种威压，要榨出他皮袍下藏着的……

生："小"。

师：这表明"我"的一种什么样的思想感情？（学生小声议论，交头接耳）

生：惭愧。

生：自责。

师：说"自责"更准确。（板书：自责）他虽然自私，更重要的是他能够自责，看到自己跟劳动人民之间的差距。那么，这里还牵涉到一件事，就是"掏出一大把铜元"意味着什么？

生："我"对自己的行为不满意。

师：照理说应该是很满意的。你们看，车夫做了这件事，表现不错，给他一把钱，物质奖励嘛！（大笑）然而"我"却不满意，表现在什么地方？

生：他对自己的行为一连提出了三个疑问。

师：提出了哪三个疑问？

生：这一大把铜元又是什么意思？奖他么？我还能裁判车夫么？

师：好，坐下。关于这三个问题，不少同学在自读笔记上都谈到了，这说明大家读文章已经懂得抓住关键的词句。×××，你来谈谈，好吗？

生：这句话一连三个问号，说明了什么？奖他么？够不上，这是用奖所代替不了的。我还能裁判车夫吗？不能，更够不上，车夫和"我"相比之下，"我"显得太渺小了。难道我还能裁判一个比"我"不知要高尚多少的车夫吗？裁判不了，够不上。那么这一大把铜元又是什么意思？"我"不能回答自己。其实"我"是能回答的，"我"是要用这一大把铜元来弥补自己刚才的错误。可是，这错误又是用金钱所弥补不了的。这句话说明了"我"当时复杂的心情。

师：好，讲得有条有理，坐下。×××在分析这件事时，也谈到了这句话。你来说说看。

生："我"下意识地抓出一大把铜元……

师：下意识，用得很好，说明当时没有思索就抓出一大把钱来。

生：把钱交给巡警，转交给车夫。显然这是对车夫的奖励，不自觉地流露出"我"高车夫一等的思想。

师：说得好！抓一把铜元，这似乎没有什么大不了，但重要的是，表现了"我"对车夫的裁判，下意识中流露出"我"高车夫一等的思想。她们两个人的意思合起来就更完整了，表现了当时"我"一种深深自责的心理。课文接下来还谈到这样一个问题，就是"我"怕敢想到"我"自己，这是什么原因？

生：因为车夫的行为强烈地震撼了"我"的心灵。拿自己和一个普通的黄包车夫相比，自己是多么自私和渺小啊！所以，"我"怕敢想到"我"自己。

师：噢，看到了自己的自私和渺小，这也是一种自责的心情。那么，既然是怕敢想到自己，为什么后面要"时时想起"呢？而且想的时候还要怎么样？

生：要"熬了苦痛"，时时要"努力地"想到自己。

师：既然怕想，那就不要想嘛，但"我"却时时地想，而且是要努力地想，熬了苦痛去想，那是为什么呢？

生：表现了"我"的一种矛盾的心理。

师：再进一步想一下，看谁想得深一点。

生：自剖自责、惭愧的心情。

师：自剖是什么意思？

生：自己解剖自己。

生：自己分析自己。

师：噢，自剖自析，表现了"我"严于自我解剖的那种精神。这正是一个知识分子要求上进的表现。从文章结尾看，已不单是自责了，还有什么？

生：催我自新。（众答）

师：好！自新。（板书：自私——自责——自新）为什么要解剖自己啊？为了要使旧的"我"成为一个新的"我"。正是因为这件小事能够催"我"自新，所以才熬了苦痛时时去想，想自己跟劳动人民之间的差距，想怎样从劳动人民身上看到希望。文章就是按照"自私——自责——自新"这条思路来展示"我"的思想演变过程的。有的同学说，"我"的转变似乎太快了，一下子就转过来了。我们看，他的转变有没有思想基础？

生：有。（小声）

师：表现在什么地方？

生：文章开头有这么一句话："其间耳闻目睹的所谓国家大事"，这里的"所谓"

是带有讽刺意义的，表现了"我"痛恨军阀，表明"我"是有爱国之心的。

师：坐下，讲得好！这个"我"有爱国思想，有正义感。他痛恨封建军阀，对国家的前途和命运是非常关心的。我们有一位同学在自读笔记上说"我"是不关心政治的，能这样说吗？

生：不能。

师：什么理由？

生：他关心政治，而看到的呢，却都是一些丑事，所以对中国人失望了。但他却从劳动人民身上看到了自己的差距和国家的希望，可见他是有正义感，有爱国心的。

师：这样说来，"我"既有缺点，又勇于解剖自己，要求上进，是不是？

生：是！（齐声）

师：好。现在我们对课文中的"我"已经了解了。这个"我"是一个关键的人物，我们了解了他，也就了解了作品所要表达的思想。这篇课文的主题可以从两个方面来概括，一个是——

生：表现了劳动人民的正值无私的高贵品质。

师：对。一方面表现了劳动人民这种高尚的品德，另一方面也表现了什么？

生：表现了"我"勇于自我批评的精神。

师：能不能把两方面综合起来讲得完整一点？

生：表现了劳动人民正直无私的品质，也表达了一个有正义感的知识分子严于解剖自己，向劳动人民学习的思想。

师：好！同学们的分析能力还是很强的，你们看，我们分析、讨论，已经把文章中的主要问题都解决了。下面我们再来讨论一下有位同学提出的关于老女人的问题：如果这个老女人确然是装腔作势，那么这个车夫就是怎么样啊？

生：自讨苦吃。（众答）

师：如果是这样的话，确实是有点自讨苦吃了，这个"我"倒是对的了。所以对老女人行为的理解，关系到我们对课文主题的理解，讨论一下也是可以的。同学们对这个问题也有好几种说法，大家一起讨论讨论。好，×××先谈。

生：我认为老女人是装腔作势。（学生们小声笑起来，一部分男生点头得意地附和着）从课文的几方面都可以看出。其一，"伊从马路边突然向前横截过来"，这个

"突然"表现出这个老女人可能是躲在路旁，突然冲到车前来的，制造假的交通事故。（众笑）其二，"车夫已经让开道，但伊的破棉背心没有扣上，微风吹着，向外展开，所以终于兜着车把"，在兜着车把前用了"终于"一词，说明她可能是故意在兜车把，"终于"兜着了。

师：噢，她可能一直要去兜，兜了几次，"终于"兜着了车把。（众笑）

生：其三，老女人摔倒后说她摔坏了，"我眼见你慢慢倒地，怎么会摔坏呢，装腔作势罢了"，从这几个方面来看，我认为老女人是装腔作势，可能是为了得到一点赔偿。

师：坐下。讲得很有根据。他能从文章中抓住一些词语来阐明他的观点，文章读得很仔细，这就很好。不管是对是错，这样读书，方向是正确的。好，这是他的观点。×××，你也要谈一谈？

生：我认为不能那么肯定地说她摔坏或者没有摔坏，因为这老女人很老了，可能还没吃早饭，让车子撞了一下摔坏了，也是完全可能的。

师：噢，可能是摔坏了。

生：不过，也可能是没钱了，装腔作势。（众笑）但文章中的"我"这样料定，只不过是为了自己能够早点走。

师：这联系到文章的中心了，"我"这样"料定"是出于什么心理？

生："我"担心老女人误了"我"的路，这就是"我"看不起劳动人民的心理。有了这种心理，"我"想："我眼见你慢慢倒地，怎么会摔坏呢，装腔作势罢了，这真可憎恶。""我"还怨车夫自讨苦吃，承担这些责任。后来，"我"看见车夫走进了巡警分驻所大门，于是才觉得车夫的行为要榨出"我"皮袍下藏着的"小"来。这说明车夫的正直无私使"我"那自私的心受到很大的震动。因此，我认为，那老女人很可能是摔坏了。

师：好，坐下。她是说，老女人究竟摔坏不摔坏还不能完全肯定。她在分析的时候，和作者的写作意图联系起来了，这样联系很好。其他同学的意见呢？

生3：我认为"装腔作势"这个词语是"我"心里想的。当时他还怀着自私的心理，并不能够说明老女人是在敲诈，文章中也没有能够说明她赖钱的语句，这是一。第二，从课文中可以知道，老女人生活非常贫穷，冬天北风刮得正猛，她独自出来奔波，跌倒以后，说一句我摔坏了，也是很正常的。即使是想赖钱，也是穷得迫不得已。（众笑）

师：（笑）还是想赖钱？

生3：不，是想得到车夫的帮助，而且也是迫不得已的。

师：噢，不是赖钱，是想得到车夫的帮助。但用这种方式取得别人帮助，不是有点像耍赖吗？

（部分男生小声附和：就是，就是）

师：你还没说完吧？说下去。

生3：课文正是通过"我"和车夫对待老女人的不同态度来表现车夫的正直无私，并无贬低老女人的意思。

师：好。这又联系作者的写作目的来说了。这里有三种意见，请同学们讨论一下。

生：我同意第一种意见，老女人是故意的。

生：我不同意！因为老女人摔倒之前，车夫早有点停步，否则她可能真会跌得头破血出，弄不好还会有生命危险。她不可能去冒这个险。

生：我认为，老女人是否装腔作势与文章中心关系不大。我觉得，这里主要是为了写出"我"和车夫的形象对比。也有可能这个老女人并没有摔坏，"我"的理由是比较充足的。但是这个车夫就想得更高一层了，即使没摔坏，也要去看看。（众笑）

生：我认为她"终于兜着车把"，不一定是要几次兜车把，是因为风大，衣服飘了起来，"终于"兜着了车把。

师：噢，这个"终于"说明不一定是要几次去兜，当时也没有这个时间，车子已经过来了，一次一次地去兜，不大可能的吧？（众笑）我看了同学们的自读笔记，我发现一个规律，男同学几乎都认为老女人是装腔作势，而多数女同学则认为老女人不是装腔作势，这是什么原因啊？

生：女同学心肠软呗。（小声地笑起来）

生：男同学经得起摔！（笑）

师：老女人经得起摔吗？

生：经不起。（笑而齐答）

师：从哪些地方可以看出她是经不起摔的？

生：文章中好几个地方都可说明这一点。一是花白的头发，这说明她的年纪大了；二是衣服很破烂，说明她很穷，衣服都穿不暖，可能肚子还饿着，没有力气了；三是当时是冬天，西北风很猛，可能老女人摔在地上，一下子就摔坏了。

师：本来这个问题不是文章的讨论中心，但我们为什么要提出来讨论呢？这也是一个读书方法的问题。我非常赞成×××刚才讲的话，就是从那个角度去理解它，并且要仔细地、完整地、准确地去理解，这就是一个读书方法的问题。作者为什么要写老女人？为什么要说她是装腔作势？正像刚才×××说的，"装腔作势"这句话是谁说的？

生：作者。（脱口而出）

师：哎——？（疑问地）

生："我""我"。（一点即知）

师：对，"我"说的。"我"为什么要说这个话？这里就是要写出对待同一件事"我"和车夫的不同态度，写出对比。×××（指认为老女人装腔作势的同学），我虽然不同意你的观点，但我认为你能够从文章中找出一些词语阐述自己的观点，你的读书方法是对的，虽然从这些词语引出的结论不太正确。

另外，我们有一位同学在自读笔记中，对鲁迅的文章提出了不同意见，主要在语言表达上，我觉得不管讲得对不对，我们小人物也应该敢于向名家……

生：挑战！（齐答）

师：对，敢于向名家挑战，向大文豪提出不同意见。这种胆量、这种精神，我们首先要赞赏！现在我们听听他的意见。

生4：课文中有这样一句话："几年来的文治武力，在我早如幼小时候所读过的'子曰诗云'一般，背不上半句了。"我认为这句话好像有点毛病。如果把中间的比喻去掉，原文就变为"文治武力就背不上半句了"，"文治武力"怎么能与"半句"搭配呢？所以我认为，可把"背不上半句"改为"想不起多少了"，这样就能在意思不变的情况下，表达得更准确了。

师：（笑）我认为他讲得不是完全没有道理，尤其是他的勇气是非常可嘉的。

生5：我认为鲁迅先生这句话是想说明"几年来的文治武力，在我早如幼小时候读过的'子曰诗云'现在已经背不上半句一般，在我心里没有留下什么痕迹了"。

师：他（指生5）理解得很对。这个句子表达上有些简略，因此给人有语病的感觉。×××同学（指生4）改的句子也有点道理，不过原文中的"背不上半句"对"文治武力"的否定，语气更强一些，而"想不起多少了"，好像语气——

生：弱了一点。（齐答）

师：不过他敢于向大文豪挑战的勇气仍然应该赞扬。另外，我们在语文课本中还读到过另一对黄包车夫和坐车人的形象，是谁？

生：《在烈日和暴雨下》的祥子和坐车人。

师：下次我们来比较一下两个拉车人和两个坐车人的形象，那也许是很有趣味的。

——以上第二教时

（俞敏、庄建萍整理）

七、《死海不死》教学实录

师：今天要和同学们一起阅读的是一篇说明文。先请同学们打开课本，看一下目录的第一页。这一页共列出两个说明文单元，我们要阅读的说明文就在这两个单元里，同学们还不知道是哪一篇。现在给你们一个条件：这篇文章的标题很能引起人们阅读的兴趣，你们猜是哪一篇，看谁猜得快、猜得准。

（学生看书后纷纷举手）

师：看来同学们都知道是哪一篇了，你们真聪明！好，你来说。

生1：《死海不死》。

师：完全正确！但你能说明一下为什么你猜是这一篇呢？

生1：这个题目叫"死海不死"，既然是"死海"，可又为什么说它"不死"，这就在读者心里造成悬念，引起了阅读的兴趣。

师：刚才好多同学都举手了，你们猜的也是这一篇吗？有猜别的课文的吗？

生：（众）也是这一篇。

师：（指一学生）那你同意刚才那位同学的意见吗？

生2：同意。我认为这个标题本身包含着一对矛盾："死海"和"不死"，使读者产生疑问，急于想去读文章，弄明白究竟是怎么回事。所以这个题目对读者有吸引力。

师：有不同意见的同学请举手。（无人举手）有补充意见的同学请举手。（无人举手）哦，"英雄所见略同"，看来你们一个个都是小英雄！（笑）不过，我还有个问题想考考各位英雄：标题上有两个"死"字，它们的意思是一样的吗？

生 3：前一个"死"字指没有生命，第二个指淹死、死掉。

师：完全正确。你课前有没有看过这篇课文？（生摇头）那你怎么能回答得这样正确？

生 3：我在地理课上学到过。

师：啊，真好！地理课上学到的知识，用到了语文课上，这叫知识的"迁移"（板书：迁移）。学习中经常注意"迁移"，知识就学得活了。现在请同学把书合拢，暂时不要看课文，大家回忆一下地理课上学到的关于死海的知识，比一比谁的记忆力好。（指着正在偷偷看课文的学生）哈，你违规了，不许偷看！

（学生思考、回忆，片刻后陆续举手）

师：为了使回忆有条理，请按照以下几点逐一来说。

（板书：1. 地理位置 2. 得名原因 3. 海水趣事）

生 1：死海的位置在约旦和巴基斯坦（众插话：巴勒斯坦）巴勒斯坦中间。

师：巴勒斯坦在亚洲西部，巴基斯坦在亚洲南部，和我们中国接壤。这两个国家的中文译名只差一个字，而且都是亚洲国家，很容易记错，建议这位同学课外去找世界地图或亚洲地图查一查，以后就不会再搞错了。谁来说"得名原因"？

生 2：死海的海水含盐量特别高，水里各种动植物都不能生存，所以叫死海。

师：哦，死海的海水含盐量高，这是它的特点。由于有这个特点，就出现了一些有趣的现象。谁能说说是什么现象？

生：（七嘴八舌）人不会淹死。

师：为什么会出现这种现象？

（无人举手）

师：我估计同学们都知道，只是暂时还没有找到合适的语言来表达，是吗？（指定一学生）这位同学戴着眼镜，看起来挺有学问，你来给大家说说看。

生 3：人在死海里不会下沉，即使不会游泳的人也淹不死，因为……因为海水含盐量高，所以人不会下沉。

师：为什么海水含盐量高，人就不会下沉？你总得讲出点道理来。

生 3：海水含盐量高，它的质量就大。

师：（追问）那如果扔进海水里的是一块铁呢？它会下沉吗？

生 3：我想会下沉的。

师：那么人为什么不下沉？光说海水的质量大，恐怕还不够吧？我知道你心里明白，问题是怎样把心里明白的道理准确地表达出来。

生3：（思考片刻）海水的质量比人体的质量大。

师：说对了。但表达上还有一点点不足，想一想，在数学里如果一个数比另一个数大，是怎样表达的？你这句话如果能用数学的语言来表达，那就更好了。

生3：海水的质量大于人体的质量。

师：那么铁块为什么会下沉？

生3：因为海水的质量小于铁块的质量。

师：好！"大于""小于"的"于"怎么解释？"大于""小于"一般用在什么情况下？

生3："于"是"比"的意思，一般在两个数做比较的时候用。

师：说得真好！我说你有学问嘛，果然没看错人！（众笑）

师：关于死海的知识，同学们都已了解。这篇课文属于说明文，关于说明文的知识，估计同学们也已经知道了不少。你们已经知道的东西，如果还要老师重复地教，你们觉得有劲吗？（众：没劲！）是呀，我也觉得没劲。因此，我想我们在决定这篇课文里哪些知识需要老师教之前，先请同学们讨论一下"什么知识可以不教"。现在请同学们打开课本，把这篇《死海不死》看一遍，然后根据课文后面练习题的要求想一想：练习题要求我们掌握的知识哪些可以不教？前后左右的同学可以小声议论议论，互相交流。

（学生看课文，小声议论后纷纷举手）

生1：我认为课文里用到的列数字的说明方法可以不用教。

师：说说理由。

生1：课文里为了使说明更加具体准确，用了一些数字来说明海水含盐量高，如135.46亿吨氯化钠，63.07亿吨氯化钙，各种盐占死海全部海水的23％～25％，等等，这种说明方法一看就知道，完全可以不教。

生2：我同意他的意见，但还有点补充。课文在说明海水含盐量高的时候用了很多数据，使用这些数据的作用是使读者对死海海水的含盐量究竟高到什么程度更加明确。这些道理也很简单，不教也懂。

师：是啊！你们看，"135.46亿吨""63.07亿吨"，这简直都是一些天文数字！我在读到这些数字的时候，对死海海水的含盐量的印象就特别强烈。这两位同学说得都有道理，课文里的这些数字说明和它的作用，的确一看就明白。不过如果不教的话，有关的一些知识是不是能够掌握，我还是有些不放心。例如，课后练习中还要我们区别"确数"和"约数"，并且要求知道什么情况下用确数，什么情况下用约数。这些知识不教行吗？

生1：我认为行。

师：哦，你挺自信，好样的！认为可以不教的同学请举手。（绝大多数同学举手）看来，还有一小部分同学似乎还缺少一点自信。（指着一名学生）你是认为还要教的，是吗？

生2：我想教一教不会有坏处，再说我也不大有把握。

师：确数和约数你能区别吗？（生点头）那你说说看，刚才那位同学从课文里找出的那些数据是确数还是约数？（生答：确数）你能找一个约数的例子吗？

生2："传说大约两千年前""最深的地方大约有400米"，都是约数。

师：找得很对嘛！约数在表达上都有一些明显的标志，你知道吗？

生2：一般都用"大约""左右""上下"这类词。

师：如果不用这些词，能表示约数吗？

生2：我想也行。

师：请举个例子，最好能造个句子。

生2：（思考片刻）这条鱼有七八斤重。

师：好极了！你关于约数的知识掌握得很好嘛，你应该有充分的自信，是吗？

生2：是的。

师：刚才有同学说用"确数"可以使说明更加准确，那么用约数是不是说得不准确了呢？

生3：约数和确数相比，当然不够准确。

生4：我认为不能这样说，主要看在什么情况下用，有的时候用确数反而不准确。

师：怎么会用确数反而不准确？能举个例子来说吗？

生4：（思索片刻）比如，要我现在说出您的年龄，我只能说大约六七十岁，（笑声）因为我不知道您的实际年龄。如果我肯定地说您65岁，而您实际上不是65岁，那不是反而不准确了吗？

师：言之有理！啊，这位同学举手，有什么意见要发表吗？

生5：我认为课文里有个地方运用确数和约数有点自相矛盾。第46页上有这样两句："海水平均深度146米，最深的地方大约有400米。"既然平均深度是个确数，那么最深的地方也应该是确数，否则怎么算得出平均深度呢？如果最深的地方用约数，那么平均深度也只能是约数。因为平均深度是根据从最浅到最深不同的深度计算出来的，根据约数怎么可能计算出确数来？（其余学生表情兴奋）

师：说得真好！我同意。同学们这样会动脑筋，真让我高兴。我看关于列数据说明的方法，同学们掌握的知识比我预料的还要多，完全可以不必教了。大家再看看，还有哪些知识可以不教？

生：后面练习题中要求区别课文中三个"死"字的含义，我认为这也很简单，不教也懂。

师：对，标题"死海不死"中两个"死"字，刚才同学们都已说过，不必再重复了。那"死海真的要死了"这句中的后一个"死"字的含义呢？

生：是"干涸（hé）"的意思。

师：完全正确。这个"涸"字很容易念错，可你念对了，很了不起。你是怎么念对的？

生：下边的注解上有注音。（笑）

师：大家别笑，他读书注意看注解，这种好习惯不是每个同学都有的。我再提示一下，看看下面这些词语是不是也可以不教？（板书：游弋、谕告、执迷不悟）

生1：我认为可以不教。

师：我欣赏你的自信，但你要说出可以不教的理由，因为其中有的词估计同学们语文课里没学到过，比如"游弋""谕告"。

生1："游弋"虽然没学到过，但书上有注解；"谕告"也没学到过，但回去查一查词典就知道了。

师：说得好，说得好！语文课上没有学过的，完全可以查词典自学嘛！同学们课外有没有查词典的习惯？（众：有！）这是个好习惯，一定要坚持下去，让词典成为你们的一位终身老师。那么这些新词我们就不讨论了，再说这篇课文新词也很少，有些词结合上下文也都不难理解，比如"执迷不悟"。

下面是不是让我们换个角度思考一下：你们认为要学好这篇课文，哪些知识还是需要老师教的？大家前后左右可以议论议论。

（学生看书、小声议论）

师：谁先来说说？

（无人举手）

师：（继续启发）你们知道这篇文章是什么文体？

生1：是说明文。

师：说明文是个大类，包括各种产品说明书、书籍的出版说明和内容提要、词典的释文、影视剧内容介绍、除语文以外的各科教科书及讲义、知识小品，等等。凡是以说明事物或事理为主要表达方式的文本都是说明文。（指一学生）你说说看，这篇课文是说明文中的哪一种？

生1：是知识小品。

师：（问全班）他说得对不对？同意的请举手。（多数学生举手）你说对了。但什么是知识小品，你知道吗？

生1：不知道。

师：知识小品有什么特点，知道吗？

生1：不知道。

师：你都不知道？（生点头）那你怎么知道这篇课文是知识小品呢？

生1：我是瞎蒙的。（笑声）

师：不，你肯定不是瞎蒙的，你心里肯定有一个关于知识小品应有的"样子"，而这篇课文正好符合你心里的这个"样子"。是这样吗？

生1：我心里没有样子。（笑声）

师：那你为什么不说它是产品说明书或别的什么说明性文体，而偏偏要说它是知识小品呢？你在说的时候心里肯定有过一些选择的，是不是？

生1：是的。

师：好好想想，你在各种文体中选定知识小品，当时是怎样想的？

生1：因为它是介绍关于死海的知识的，文章很短小……所以是知识小品。

师：说得对呀！知识小品就是介绍科学知识的；文章篇幅又很短小，所以叫"小品"。你看你说出了知识小品的一些重要的特点，你明明知道，怎么说不知道呢？

生1：这是我看了课文后临时想出来的。

师：这更了不起，说明你的思维很敏捷，很有判断力。我早说过你不是瞎蒙的嘛！（笑声）下面请大家再来看看知识小品除了篇幅短小、具有知识性以外（板书：知识性），还有些什么特点。

生2：知识小品写得比较生动有趣，能吸引读者。

师：说得很好。刚才那位同学（指生1）的意见如果可以用"知识性"三个字概括的话，你能不能把你的意见也用个什么性来概括？

生2：趣味性、生动性。

师：他说了两个"性"，但我们只要一个"性"就够了，请同学们两个中选一个，要说出选择的理由。主张选"趣味性"的同学请举手。（绝大多数学生举手）看来大多数同学都主张用"趣味性"，谁来说说理由？

生3："生动性"一般指语言描写方面，趣味性好像指文章内容方面的。比如，这篇《死海不死》，在介绍死海海水特点和死海形成的原因时，插进了一些历史传说和民间故事，内容很有趣。

师：说得真好！同意的请举手。（全班举手。教师板书：趣味性）知识小品除了具有知识性、趣味性以外，还有一点十分重要，就是它介绍的知识必须是正确的，符合科学原理的，请大家也用一个"性"来概括。

生：（七嘴八舌）科学性！

师：完全正确！（师板书：科学性）现在请一位同学给三个"性"排个次序。

生4：知识性、科学性、趣味性。（师插话：这样排列的理由呢？）因为知识小品首先是介绍科学知识的；其次，它介绍的知识必须是符合科学原理的；趣味性没有前两个性重要，所以排在最后。

生5：我也同意这样的次序，但他说趣味性不重要，我不同意。

生4：我是说没有前两个重要，没有说不重要。

生5：我仍然不同意你的意见。因为，一篇知识小品如果科学性、知识性都很强，但一点趣味性都没有，大家不要看，科学性、知识性再强也没用。可见趣味性是最重要的。

（学生纷纷议论，莫衷一是）

师：请大家静一静！看来同学们的意见有分歧，想听听我的意见吗？（众：想！）我认为，对知识小品来说，知识性和科学性是它的本质属性（板书：本质属性），因为作者写作知识小品的根本目的就是向读者介绍科学知识，如果没有知识性和科学性，知识小品也就不存在了；趣味性则是它的重要属性（板书：重要属性），我基本上同意他（指生5）的意见。知识小品是一种以传播、普及科学知识为目的的文艺性说明文。它是写给一般读者看的，当然要写得读者爱看，因此特别讲究趣味性，使读者在轻松愉快的阅读中获得一定的科学知识。同学们还有别的意见吗？（稍顿）看来大家同意了。现在我们请一位同学把刚才讨论的内容总结一下。谁来？

生1：知识小品是说明文的一种，是一种文艺性的说明文。它具有知识性、科学性、趣味性。知识小品的作用是向读者普及科学知识。

师：谁还有补充的？

生2：知识性、科学性是知识小品的本质属性，趣味性是知识小品的重要属性。

师：（指生1）他说得比较完整；（指生2）他补充得也很好。看来同学们的悟性都很高，知识也掌握得很好。学习这篇课文原本要求重点学习的"列数据"的说明方法、确数与约数的区别和作用等，都可以不教。关于知识小品的文体特点，同学们也自己从课文中悟出来了，也不用我再喋喋不休地介绍了。就是说，同学们在有些方面已经达到了不需要老师教的地步，我真为同学们高兴！不过，关于知识小品的特点，尤其是知识性、科学性、趣味性问题，同学们大概是第一次遇到，因此建议同学们接下来再花点时间深入讨论一下。限于时间，我想从"三性"中选择一个来讨论，就作为这堂课学习的重点。同意吗？

生：（众）同意！

师：三性中选择哪一个？

生1：趣味性。

师：为什么选趣味性？

生1：因为我们自己写作文要能够吸引读者，也应该有点趣味性。看看作者是怎样引起读者兴趣的，也许对我们自己写作文有启发。

师：大家同意吗？

生：（众）同意！

师：既然大家同意，那就请大家把课文再好好看一遍，边看边想：课文的哪些地方引起了你的兴趣？作者是用什么手法引起你的兴趣的？现在请大家看书。

（学生看书，偶有小声议论）

师：都看好了吗？现在请发表意见。要求每人至少准备一条意见。

生1：课文的标题，"死"和"不死"互相矛盾，使读者产生悬念，引起阅读的兴趣。

生2：还有课文最后一个"死"字，死海要干涸了，课文里却不说"干涸"，而说真的要"死"了，这个"死"字用得很巧妙，能引起读者兴趣。

生3：课文为了说明死海海水含盐量大的特点，写了个罗马统帅狄杜处死奴隶的故事，后面又讲了个关于死海形成的民间传说，这都增强了文章的趣味性。

师：这几位同学说得都很好，但他们说的都是比较明显的趣味性的表现。有些趣味性要用心体会才能发现，这就要用点心思了。谁再来说？（教师继续提示）建议大家从材料的组织和语言表达两个方面好好琢磨琢磨。邻座的同学可以议论一下。

（学生看书，思考，小声议论）

生4：我想从语言表达方面来说。作者用了一些设问句，如"那么，死海的浮力为什么这样大呢？""死海是怎样形成的呢？"，引起了读者的思考；还注意前后呼应，如前面说"真是'死海不死'"，文章结尾却说"那时，死海真的要死了"，前后两个"死"字互相呼应，可是意思却不一样。这些都会使读者觉得很有趣味。

师：嗯，说得不错。看谁还能从语言表达方面做些补充？

生5：文章的第一、第二段写得好，我在第一遍读的时候就被它吸引住了。

师：你再朗读一遍，体会体会，它给你一种怎样的感觉？

（生5朗读第一、第二自然段）

生5：它给我的感觉是有点出乎意料，甚至有点惊讶。

师：好！体会得很准。大家再一起体会一下：作者是用了哪些词语产生这样的效果的？请把这些词语圈出来。注意了，这对我们运用语言是很有帮助的。谁来说？

生6：作者连续用了一些表示转折的词，还用了表示出乎意料和惊讶的词。比如，第一段里"但是，谁能想到……竟……甚至……连……"，第二段里"然而，令人惊叹的是……竟……即使……也……"

师：瞧，这两位同学（指生5、生6）对语言的感觉多敏锐！现在再请两位同学分别把这两小段各读一遍。（指定两位学生）注意，第一位同学把她（指生6）刚才找出的一些词语略去不读；第二位同学把这些略去的词语读得强调些，把那种出乎意料的惊讶语气读出来。然后大家一起比较一下，两种语言表达的效果有什么不同？

（学生二人分别朗读）

师：两人读得不错。大家体会一下，两种表达效果有什么不同？

生7：第一种表达显得平平淡淡，第二种表达引起读者的惊讶和好奇，所以，所以就……（语塞）

师：所以就增强了……

生7：趣味性和吸引力。

师：这样比较一下，我们发现，同样的意思，可以表达得平平淡淡，很一般，也可以表达得很有趣，很有吸引力。可见选择怎样的语言来表达就会有怎样的效果。这正是语言的王国为什么总是充满魅力的原因所在！

除了语言表达，材料的组织也很有关系，哪些先写，哪些后写，也往往会影响阅读的兴趣。课文里有个很典型的例子，谁能找出来说一下？

（学生翻书，寻找）

生8：课文第三小段写罗马统帅处死奴隶的故事，如果放到第四小段后面来写，读起来就没有趣味了。

师：为什么？

生8：先写奴隶在死海里屡淹不死，这样就在读者心里产生了疑问，难道真的有神灵保佑吗？急于想从文章里去寻找答案，文章就有了吸引力。如果先写死海为什么淹不死人，再写奴隶屡淹不死，就不会有这种效果了。

师：说得好！我打个比方：你请别人猜谜，如果先把谜底告诉了对方，他还会有猜谜的兴趣吗？这里的道理是一样的。会写文章的人，常常能设置一些悬念，引起读者的疑问，这样的文章就比那些平铺直叙的文章有吸引力。这对我们也是很有启发的。

同学们，这堂课我们着重学习了知识小品的文体特点。在学习过程中，同学们的聪明和自信给我留下了很深的印象。最后还有一点时间，我还想出个难题考考大家。这可是个"高精尖"的大难题，如果你们这个问题也能解决了，我就真正佩服你们了。如果你们怕难，那我们来读几遍课文就算了。

生：（七嘴八舌）我们不怕难……

师：好，那现在我就宣布这道难题了。

生：（七嘴八舌）宣布好了……

师：宣布之前，请同学们先把课文最后一段一起朗读一遍。

（学生齐声朗读课文）

师：课文最后这一段说死海数百年后可能干涸，我先问你们，作者推断的根据是什么？

生1：近十年来死海每年水面下降40～50厘米……按照这样的速度下降，死海数百年后自然会干掉。

师：那么，死海水面下降的原因是什么？

生1：因为这里炎热干燥。（师插问：你怎么知道？）地理课上学到过，课文里也说"艳阳高照"。因此，死海海水的蒸发量大于约旦河输入的水量。蒸发多，输入少，所以海水每年下降。

师：说得很对。现在请大家听好了，我出的难题是：按照作者这样推算的思路和方法，死海真的会干涸吗？

生2：我认为死海数百年后不可能干涸，因为到那时科学比现在更加发达，人类肯定有办法救活死海。

生3：我认为他把老师的问题理解错了。我理解老师的意思是……（语顿。师插话：我知道你理解我的意思，不要急，慢慢说）老师是问按照课文作者的办法推算，是不是一定会推算出死海会干涸的结果。

师：对，我就是这个意思，感谢这位同学把我的意思解释得十分准确。（对生3）那你能回答这个问题吗？（生3不语）看来有点为难你了。这样吧，我把问题再具体化一些。死海海水的蒸发量大于约旦河输入的水量，是作者认为死海将会干涸的原因。你认为死海的蒸发量是不是一个不变的常量？

生3：不是。（师插问：为什么？）在雨水多的年份蒸发量就会减少。

师：请注意，天气变化或地壳的变动等这类偶然的因素不在我们的考虑范围以内，何况死海盆地的气候干旱少雨，全年的降水量加在一起不过50～60厘米。刚才你把我出的难题解释得很好，怎么自己倒忘了？请你从作者计算的思路这个角度去思考：即使按照作者的计算，死海的蒸发量会不会变化？

师：啊，好多同学都举手了，看来都找到答案了。请大家把手放下，让他（指生3）再想想，他很聪明，我相信他很快就会想出来的。

生3：蒸发量也就会变小。

师： 为什么?

生 3： 死海的海水每年下降,死海的面积也会逐渐缩小。

师： (向全班)大家说说,海水的蒸发量和海面面积是什么关系?

生： (众)正比关系。

师： 既然死海海水的蒸发量随着死海海面的逐渐缩小而减少,那么结果会怎样呢?

生 3： 当蒸发量小于约旦河水输入量的时候,死海就死不了了。

师： 不一定要等到"小于"的那一天,再想想。

生 3： 等于。

师： 对啦!当死海海水的蒸发量等于约旦河水的输入量的时候,死海就死不了。当然了,那时的死海也不会像现在这样无边无际,波涛起伏,而是死也死不了,活也活得不像样。这是一种什么状况?

生： (齐)半死不活!(笑声)

师： 对!就是半死不活!同学们果真智商很高,这个难题也没有难住你们。不过,死海究竟会不会死,恐怕不是一个计算的问题,而是一个现实问题。事实上,造成死海海水连年下降的原因,不全因为海水的蒸发量大,更主要的是人为的原因:以色列和约旦大量截流约旦河水用于灌溉和城市用水,致使约旦河输入死海的水量越来越少。这一严峻的事实已引起不少科学家、环境保护主义者的忧虑。一项名为"让死海继续活下去"的活动已经开始。死海处于地球陆地的最低点,人称"地球的肚脐",不仅有独特的旅游景观,而且它蕴藏着极其丰富的矿物资源,尤其是氯化钾和溴。同学们虽然没有去过死海,但我相信大家都关心地球的命运,为此我建议大家用我们的智慧参与到"让死海继续活下去"的活动中去。请回去做两件事:第一,上网搜索关于死海的资料,建议用 www.Google.com 搜索引擎;第二,参考、运用网上资料,以"救救死海"或"死海不能死"为题写一篇文章,为拯救死海进行呼吁,或提出拯救死海的办法、建议。当然啦,我们的文章救不了死海,但至少可以表明我们关心地球命运的立场。我希望每一位同学长大后都能够成为一名自觉的环境保护主义者。

下课!

八、《谈骨气》教学设计及部分实录

教学目标：

①学生能说出"我们中国人是有骨气的"这一论断的根据和意义。

②在回忆议论文一般知识的基础上，通过对观点相反的材料的分析，培养思辨的兴趣和能力。

③积累一定的词语、句子。

教学方法：

采用导读与探究相结合的方法。在学生自读、质疑的基础上，组织全班讨论，加深学生对"我们中国人是有骨气的"这一论断的理解。作业采用探究法，要求学生在收集、筛选有关资料的基础上，再就"中国人的骨气"问题发表议论。

教学设计与实施过程：

"导读法"确认学生的主体地位，强调教师的"导"必须着眼于学生自读能力和独立思考能力的培养。本文的教学拟从引入不同观点的文章入手，激发学生深入钻研课文的兴趣。安排两课时，第一课时的前 15 分钟为学生自读，其余时间组织学生质疑、讨论，教师相继点拨指导。探究性作业另外安排时间（或结合作文课）进行。

（第一课时）教学重点：引入与课文观点相反的文章，学生自读课文，正字音、释词义，讨论，把握本文的论点、论据。

（一）导入新课

有人在网上发表文章，对吴晗的《谈骨气》提出不同的看法。我们不妨先来看看那篇文章说了些什么。

　　近日查检以前的书时，不经意地翻到了初中语文课本中选入的吴晗的《谈骨气》。……又读了一遍这篇文章，我没有再次感受到什么"爱国主义"的豪情壮志，……吴老先生一开始就像一个天真的小学生似的写道："中国人是有骨气的。"请问："难道那么多中国人都是有骨气的吗？"答案不说也知道。为了支持论点，吴老先生搬出了那个"不食嗟来之食"的乞丐，宁死不屈的文天祥和横眉怒视国民党反动派的闻一多，我真为这三个不屈的灵魂感到不值。人家不屈，说明人家的人格高尚，凭什么拿人家高尚的精神往那些麻木的人，那些坐享其成的伪君子的脸上贴金？还说这是"中华民族的传统"……说吃饺子是一个民族的传统有人信，可硬把"有骨气"当成所谓"传统"塞到本国本民族的腰包里，稍明智一些的人都会嗤之以鼻的。这与中国封建统治者宣扬的"四海之内，莫非王土，率土之滨，莫非王臣"的妄自尊大有何区别呢？

这位作者对《谈骨气》的批评究竟有没有道理？我没有"标准答案"。现在请同学们暂时把这些批评的意见放在心里，慢慢下结论，先按常规读懂、读好课文，然后再对两篇文章的是非做出自己的判断。相信这个问题会引起同学们思考的兴趣的。

（二）提示自读要求

①读课文两遍。第一遍默读，要求圈出生字、新词，查字（词）典读准字音，了解词义；按自然段次序标明序号。第二遍朗读，要求读得比较流利，有一定的感情。

②按"什么"（作者提出了什么观点），"怎样"（作者怎样证明他的观点），"为什么"（作者为什么要这样进行论证）三个问题的顺序大体梳理课文内容。

（学生按要求自读课文）

（三）检查自读

①了解学生掌握字、词的情况。（略）

②学生朗读课文。教师提示：这篇文章是议论文，主要是讲道理的，但作者写得很有感情，有些句子读起来很有劲。读的时候要尽可能把文章的感情表达出来，并把那些你认为读起来特别带劲的句子找出来，体味体味。

学生朗读课文后，找出了"我们中国人是有骨气的""富贵不能淫，贫贱不能移，威武不能屈，此之谓大丈夫""人生自古谁无死，留取丹心照汗青""那位穷人是有骨气的：看你那副脸孔、那个神气，宁可饿死，也不吃你的饭""闻一多拍案而起，横眉怒对国民党的手枪，宁可倒下去，不愿屈服"等句子。然后结合给"宁"

（nìng）正音，要求学生用"宁"字组成表现骨气的成语，学生说出了"宁死不屈""宁为玉碎，不为瓦全""宁可站着死，也不跪着生"等词句。

（四）梳理文章内容

1. 揣摩思路

教师提示：为了梳理和讨论的方便，我们先来揣摩一下作者的思路，并根据思路把文章划分为几个部分，然后再按"什么""怎样""为什么"的顺序进行讨论，力求完整、准确地把握作者的论点、论据和论证过程。

学生在讨论作者思路时，意见有分歧，绝大多数学生认为 1～4 段为第一部分，主要提出论点并说明骨气的含义以及今天我们对待骨气的原则。5～9 段为第二部分，作者分别用文天祥、饿人、闻一多三个事例论证"我们中国人是有骨气的"这一中心论点。第 10 段为第三部分，总结全文，并指出无产阶级应该有怎样的骨气。个别同学则认为第一段应为文章的第一部分，独句成段，揭示中心论点，显得肯定而有力。2～9 段为第二部分，先用孟子的话阐明什么是骨气，然后用文天祥等三个具体的事例分别印证孟子的三句话。这样划分才能显出第二部分思路严密、结构紧凑的特点。对第三部分意见没有分歧。教师指出：文章怎样分段，本来没有绝对的标准。一般教学参考书上都采用第一种分法，但第二种分法确实也言之成理，反映了同学们对作者思路的正确把握。老师欣赏这种独立思考的态度。

2. 按"什么""怎样""为什么"整体解读课文。学生发表意见

生："谈骨气"这个标题揭示了文章的中心论点。

生：我不同意，"谈骨气"只是表明论述的范围。第一段"我们中国人是有骨气的"才是揭示中心论点的。（大家表示同意）

师：体会一下，这个句子在表达上有什么特点？给人怎样的感觉？

生：这是一个语气肯定的判断句，用"是……的"这样的句式，给人斩钉截铁、不容置疑的感觉。

师：你的语感很准确。下面大家讨论一下，作者是怎样论证这个观点的。

生：作者在提出论点后，第二段就用孟子的三句话"富贵不能淫，威武不能屈，贫贱不能移"具体说明什么是骨气。第三、第四段从历史、传统的角度进一步肯定了中国人的骨气以及我们今天对待骨气的原则：对历史上有骨气的人，主要看他是不是"坚定不移地为当时的进步事业服务"。

　　生：从第五段开始，作者用了三个具体的例子证明了"我国经过了奴隶社会、封建社会的漫长时期，每个时代都有很多这样有骨气的人"，这就支持了本文的中心论点——"我们中国人是有骨气的"。

　　生：课文最后一段在肯定孟子三句话的积极意义的基础上，进一步指出无产阶级骨气的内容，既总结全文，又发出号召。

　　生：我有一个问题：作者所列举的三个人物，如果按年代先后排列，应该是饿人、文天祥、闻一多，但作者却没有这样排列，为什么？

　　师：问题提得很好。谁能回答？

　　生：这个问题其实很简单，三个人物完全是与孟子的三句话一一照应的：文天祥多次拒绝元朝高官厚禄的诱惑，这是"富贵不能淫"；饿人直至饿死也不吃嗟来之食，这是"贫贱不能移"；闻一多横眉怒对国民党的手枪，宁死不屈，这是"威武不能屈"。如果三个人物按年代先后排列，就跟三句话的次序不一致，思路就有些乱了。

　　生：我认为，这篇文章的思路，从优点说，比较严谨；但同时也显得有些呆板，读起来不大有味道。（不少同学表示赞同）

　　师：同学们很会读文章，我也同意这位同学对本文优缺点的看法。这是一篇写得"规规矩矩"的议论文，比较适合于初次接触议论文的人学习，放在初中三年级学习，确实嫌"浅"了，显得不耐咀嚼。但是我们如果把它作为一个思考的对象，仍然是可以学出趣味来的。下一课我们就来做这件事。

（五）布置第一教时作业

　　作者列举的三个事实论据，涉及三个人物，请同学们到图书馆或网络上查找以下资料：①文天祥《过零丁洋》；②"嗟来之食"的故事出处；③毛泽东《别了，司徒雷登》中有关闻一多的文字；④你感到有兴趣的其他资料。找到资料后，有条件的同学可用电脑制作幻灯片。

——以上第一教时

　　（第二课时）教学重点：讨论、理解本文的论证过程，要求在关键处都能问个"为什么"；在充分了解本文的论点、论据和论证过程的基础上，联系网上的批评文章，独立思考，可以提出问题，也可以发表自己的意见。发表意见要求观点鲜明，理由充足。教师结合学生的讨论介绍作者和写作背景，布置探究性作业。

（六）学生交流作业

①文天祥《过零丁洋》。（学生背诵）

②《礼记·檀弓下》：齐大饥，黔敖为食于路，以待饥者而食之。有饥者蒙袂辑屦，贸贸然来。黔敖左奉食，右执饮，曰："嗟，来食！"何施而得斯于民也扬其目而视之，曰："予唯不食嗟来之食，以至于斯也。"从而谢焉，终不食而死。（由学生做口头解释）

③毛泽东《别了，司徒雷登》：我们中国人是有骨气的。许多曾经是自由主义者或民主个人主义者的人们，在美国帝国主义者及其走狗国民党反动派面前站起来了。闻一多拍案而起，横眉怒对国民党的手枪，宁可倒下去，不愿屈服。朱自清一身重病，宁可饿死，不领美国的"救济粮"……我们应当写闻一多颂，写朱自清颂，他们表现了我们民族的英雄气概。

（七）学生就"为什么"（作者为什么要这样论证？）的问题展开讨论

师：经过上面的讨论，同学们已从整体上理解、把握全文内容，还找到了课文涉及的一些资料。这是阅读的第一步工作，大家完成得很好。

下面请大家再细读文章，要求在关键处都问个"为什么"，这样也许可以把本来较"浅"的文章读出一点"深"意来。

生：我提个问题：作者为什么要把饿人作为"贫贱不能移"的例证？我认为与其举饿人为例，还不如用朱自清的事例好。理由是：①文中的另两个例证（文天祥和闻一多），都是有名有姓的真实人物，饿人却无名无姓，也许只是寓言中虚构的人物，夹在中间似乎有些不大相称；②朱自清的生活年代离我们很近，事迹真实可信，对读者更有教育意义。

师：这个问题很有讨论的价值，请大家发表高见。（不少学生赞成把饿人的例子换成朱自清）

生：我不同意大家的意见。我认为文章选用什么例子，应该由写作目的来定。作者写这篇文章，目的是要证明"我国经过了奴隶社会、封建社会的漫长时期，每个时代都有很多这样有骨气的人"。文章选取的三个人物正好代表了三个不同的时代：那个饿人大概是奴隶社会的，文天祥是封建社会的，闻一多则是国民党统治下的现代，这就证明了"每个时代都有很多这样有骨气的人"。作者的举例自有他的道理，如果把饿人换成朱自清，就跟作者的写作目的相悖了。

生：我同意，再想补充一点理由：毛泽东在《别了，司徒雷登》一文中谈中国人的骨气，举的就是闻一多和朱自清的例子，如果吴晗也举同样的两个人为例，那不是有抄袭的嫌疑了吗？

生：说吴晗抄袭，说得太严重了，但我认为这篇《谈骨气》至少是一篇没有什么创见的文章。如果把它和毛泽东《别了，司徒雷登》中的那段文字比较一下，就会发现《谈骨气》从论题的确定、论点的提出到论证的整个思路，都是"借用"别人的。

师：我真为同学们眼光的敏锐性高兴！中国过去的文人写文章，有个很坏的"传统"，叫作"代圣人立言"，自己没有思想，写文章只是为了阐发圣人的言论。这篇《谈骨气》也不能不带有这样的烙印。不过我相信，吴晗如泉下有知，一定会以学者的宽大胸怀，为同学们这种独立思考的精神和敢于向名家挑战的勇气而暗暗喝彩的。

这里顺便向同学们介绍一点有关吴晗的情况。

吴晗（1909—1969），著名历史学家。在民主革命时期，他和闻一多都是站在斗争最前沿反对国民党统治的民主战士。闻一多被人称为"狮子"，吴晗被人称为"老虎"，可见两人斗争的勇猛。

1959 年 4 月，毛泽东针对干部中不敢讲真话的问题，提倡学习海瑞"刚正不阿，直言敢谏"的精神。当时任北京市副市长的吴晗积极"响应号召"，于 6 月间发表了《海瑞骂皇帝》一文。之后，又相继写出《论海瑞》《海瑞罢官》等文章和剧本。但他万万想不到的是，他的剧本《海瑞罢官》，竟会被诬陷为"大毒草"，并成为发动"文化大革命"的导火线。"文化大革命"期间，他先被揪斗批判，后被投入监狱，在残酷折磨之下，于 1969 年 10 月 11 日自杀（一说吐血而死），最后以付出生命的代价维护了人格的尊严。吴晗和闻一多一样，也可以说是一个很有骨气的人。这也许正是这篇文章写得较有感情的原因所在。

（八）就网上的批评文章进行讨论

师：下面是不是请同学们就那篇网上的批评文章谈谈看法？

（学生发表看法。多数学生赞同批评文章的观点，认为"我们中国人是有骨气的"这句话是有不严密的毛病，因为中国人有好有坏，不能一概而论；少数同学认为这句话中的"中国人"显然并不指所有的中国人，这是不言而喻的，吴晗是位著名学者，不可能犯这样的"低级错误"。两种观点，都能言之成理，各不相让。他们都希望老师"给个说法"）

师：看来，同学们的分歧主要集中在对"中国人"这个概念的理解上。我不想当裁判，只想提供一点资料，究竟谁是谁非，请同学们自己拿主意。

鲁迅有两篇选进高中语文课本的文章，也都说到了"中国人"，对我们判断是非也许有帮助：一篇是《记念刘和珍君》。北京女子师范大学学生刘和珍等到段祺瑞执政政府前请愿，卫兵开枪，死伤数百人，刘和珍不幸罹难，接着又有人放出流言，污蔑她们是受人利用的。鲁迅就此事发表议论说："我向来是不惮以最坏的恶意，来推测中国人①的，然而我还不料，也不信竟会下劣凶残到这地步。"另一篇是《中国人②失掉自信力了吗》。文中有这样的说法："我们从古以来，就有埋头苦干的人，有拼命硬干的人，有为民请命的人，有舍身求法的人……这就是中国的脊梁。……要论中国人③，必须不被搽在表面的脂粉所诓骗，却要看看他的筋骨和脊梁。"

下面是学生讨论的情况。

师：鲁迅的文章中用到了三个"中国人"，请同学们比较一下，三者所指的对象是一样的吗？然后再回到我们刚才讨论的问题上，看能不能取得一点共识。

生：鲁迅的文章中，中国人①指的是杀害刘和珍和制造流言的那一类坏人，②指的是没有失掉自信力的中国人，③则指中国人中的"脊梁"。三个"中国人"都不是指中国人的全体。

师：这对我们解决刚才的问题有什么帮助吗？

生1：我们在用"中国人"这个概念的时候，如果前面不加任何表示限制的词语，既可以指全体中国人，也可以指某一部分中国人，主要看它出现在什么语言环境中。可见网上那篇文章对吴晗的批评是没有道理的。

生2：中国人中当然有优秀的人，也有坏人，吴晗会不懂这个道理吗？还用得着这位网上的作者来教训吗！再说，我们写文章总得给人一点启发或鼓舞，吴晗写这篇《谈骨气》就是要鼓舞人们以"中国人的骨气"去克服国家面临的困难。"我们中国人是有骨气的"，这样的句子铿锵有力，很有鼓舞人心的作用，如果改为"有一些中国人是有骨气的"，还有这种表达效果吗？

生 3：我同意他们的意见，再想做点补充。我们在谈到民族传统的时候，应该看主流的方面。世界上任何一个民族，都有优秀分子，也有败类，但优秀分子总是处在主流的地位，否则，这个民族就不可能生存和发展。他们也许人数不多，但却是一个民族的代表人物，也就是鲁迅说的民族的"脊梁"。

师：这几位同学说得真好！我同意你们的分析。"我们中国人是有骨气的"这句话中的"中国人"，指的正是堪称"中国的脊梁"的那一部分优秀的中国人，正是在他们的身上体现着中国人的骨气。再从语文知识的角度说，这里其实有一种修辞现象：整体和部分可以互代。吴晗的文章中是用表示整体概念的"中国人"代替一部分中国人。

前面说过，这篇文章让初三的学生读虽然嫌浅，但如果在读的时候不是把眼光局限于课文，而让视野稍稍拓宽一些，也是可以读出深意和趣味的。刚才同学们就是这样读的，我发现大家都表现出很高的兴趣。这对我们今后教读文章是有启发的。

（九）布置第二教时作业

阅读下面两段观点截然相反的文章，然后就"中国人的骨气"问题谈谈你的看法。字数不限，形式不拘。完成作业前，可以从网上或到图书馆查找有关的资料（如媒体对第二十七届奥运会的报道、报纸社论等），使你的议论像这篇《谈骨气》一样，有具体的事实做支撑，尽可能做到有理有据。

第二十七届奥运会已经圆满地落下帷幕了，在这届奥运会上中国健儿非常出色地完成了所有的项目。而更让人感到欣喜的是在这届奥运会上，许多年轻队员和老运动员一起发挥出了世界先进水平，让中国竞技体育又攀登上了一个新的巅峰。同时，他们也向世界展示了一个真正的中国。

在写这篇文章之前，我一直在思考到底选用什么标题最为合适，有几个词语一直在脑中转动不已，它们就是：中国、中国人、奥运和骄傲。中国运动员在此次奥运会上的表现可以让每一个中国人都为自己的国籍感到骄傲。曾经听某人讲起在澳大利亚的一件事。有一位澳大利亚人问一位中国人是从哪来的，他猜过了日本、新加坡、韩国等地之后，就是没有谈到中国。而且，在得知对方是从中国来的之后，还抱歉地说如果一上来就猜中国的话，是很没有礼貌的，因为在澳大利亚人的心目中，中国人又邋遢又没文化。先不说在外国生活的华人感受怎么样，在经过了这次悉尼奥运会之后，我首先想到的就是中国人终于扬眉吐气了，我们终于把我们拼搏向上、永不服输的中国精神带到了悉尼，带到了澳大利亚，展现给了每一个澳大利亚人，展现给了全世界，让所有的外国人都知道中国人的骨气、中国人的精神，让所有对中国人有偏见的外国人重新认识了中国人。

穷人搞别的搞不过富人，能在奥运会上拿几块金牌就成了可以炫耀的事。得了金牌后举国欢腾，游行上街的一定是亚非拉第三世界国家，单位专门放假让你回家看奥运会开幕式的也一定是第三世界国家。人家发达国家得块金牌是锦上添花，到咱们这儿就变成雪中送炭了。问题是咱们关心奥运会和别人不一样，人家是喜欢运动的人才看，不喜欢的人跟没事似的，在亚特兰大开奥运会那阵子还有人专门在那几天出去旅游，躲开奥运会。中国就非要闹得举国上下除此无大事，平时连奥运会是什么都不知道的老太太，也要对着电视说几句"得了金牌，可为咱争气了"的话。八八年奥运会没搞好，被说成兵败汉城（今改称首尔），全国上下如丧考妣，后来搞好了，又说体育健儿真是最可爱的人。中国足球老也冲不出去，恨得全国人民牙痒痒的，恨不得食其肉而寝其皮，真像中国足球弄好了就可以超英赶美了。

说到底，把奥运会看成关乎国运的大事，是一种典型的弱国心态。

——以上第二教时

九、《睡美人》教学实录

师：今天我们准备上一堂课外阅读指导课，这篇文章就是我从课外选来的。
[方括号内文字为评点者夹注（后同）：开宗明义，朴实自然] 我先问问同学们，你们课外看不看小说？看过小说的同学请举手。（看学生的反应）看来很多同学都看过小说。（问一个学生）你看的什么小说？长篇小说、中篇小说还是短篇小说？**[从唤醒学生对旧知识的回忆入手，导引学生进入主体状态]**

生1：长篇。

师：短篇的呢？

生1：不看。

师：（问另一学生）你看什么小说？

生2：我看的是短篇小说。

师：你们听说过微型小说吗？（部分学生：听说过）今天我选的是一篇微型小说，它又称小小说。这种小说在现在的杂志上，比方说《知音》啊，《读者》啊，几乎每期都有。[《知音》《读者》是学生们熟悉和喜欢的杂志，这个"比方"拉近了学生和新知识及老师的距离]还有些微型小说的选本，同学们都可以找来看。

微型小说篇幅短小，千字左右，两三分钟就看完了。同学们课外作业多，看微型小说不像看长篇巨著那样费时，所以我建议大家课外多读一些这种微型小说。[结合学生们的现实状况，以"短""诱"之，无形中起到了消除阅读心理障碍的作用，顺便为学生打开了一扇"微型小说"的阅读之窗]

今天我们就来看看微型小说有什么特点，应该怎样读微型小说，希望能引起同学们阅读的兴趣。[明确教学目的，让学生心中有数，明明白白做主体]现在请大家先为每个自然段编一个序号，这样比较方便讨论。总共多少自然段？[一个看似简单的教学细节。它一方面确实能"方便讨论"，一方面也使所有学生为参与后面的教学活动——讨论做好了心理准备。学生一开始就意识到了自己是课堂的主人，不是"旁听者"]

生：（众）12段。

师：对，12自然段。我再要问问同学们，你们在课外阅读的时候，碰到不认识的字或不了解的意思是不是就查字典？有没有这个习惯？有这个习惯的请举手。（无人举手）没这个习惯的请举手。（大部分同学都举手）看来大家都没有这个习惯，不过没关系，习惯可以慢慢养成嘛。[这个随机的调查"不经意"地给学生提出了一个读书方面的要求，没有说教的味道，很容易被接受]我再问问大家，你们有没有上网去搜索一些资料，或者碰到什么疑问到网上去求得解答？有这个习惯的请举手。（大部分同学都举手）很高兴大部分同学都有这个习惯。（指一学生）你是怎样上网搜索资料的？[这个话题既自然地引出了后面的教学内容，又巧妙地拉近了教学双方的距离。试想，一个对网络这个时尚领域如此熟知的老师（即使他已经年近八旬），能让学生产生"代沟"的感觉吗？肃然起敬之后，学生会很乐意与老师交流]

生3：上百度打入一些需要查找的资料，然后一搜，上面就能显出一些我需要的资料。

师：有一个"百度常用搜索"，你用过吗？

生3：好像没用过。

师：它跟百度是两个系统。这是一个很有用的搜索引擎，它有百科辞典，有汉语字典、成语词典、英语词典，等等，还有很多其他实用的搜索工具。**［这是学生的一份额外收获］**我建议大家回去试试看。

看来电脑在你们的手中，已经不是一台游戏机，而是一种重要的学习工具了，我很高兴！**［以赞许的方式给还没有"工具"意识的学生提了个醒儿，这种正强化方式的要求可能更容易奏效。教书正是为了育人］**

现在我们就来看看这篇《睡美人》，首先要了解"睡美人"是什么意思。这会儿你们当然不可能上网搜索，下面我把我的搜索结果跟大家共享一下。

（PPT展示。让一学生站起来读）**［承上启下，过渡自然］**

生4：《睡美人》取材于法国作家贝洛的童话，是柴可夫斯基继《天鹅湖》之后创作的第二部经典作品。故事梗概：美丽的奥罗拉公主受到邪恶的巫婆卡拉沃斯的诅咒，在十六岁时被纺锭刺伤手指而死，代表智慧和善良的仙女里拉用魔杖赶走了妖婆，并救活了奥罗拉公主，但必须以公主和她的王国沉睡一百年为代价。一百年以后英俊的王子菲利浦打猎经过城堡，受到里拉的指引，来到了安睡在卧榻上的公主前面，又受到里拉的指示，轻轻一吻，唤醒了沉睡一百年的奥罗拉公主。**［这一段教师巧妙地借助学生这个主体发挥了主导作用——该讲则讲］**

师：你们看，《睡美人》是一个很美丽的童话故事。柴可夫斯基根据这个故事创作的这部芭蕾舞剧，是一部经典的芭蕾舞剧。同学们如果要进一步深究的话，还可以查一查芭蕾舞剧是一个什么样的剧种，柴可夫斯基是怎样的一位作曲家，这在百度的百科辞典里都可以找到的。网络真是一个无所不有的丰富的世界！**［教学中偶用一些富于鼓动性的语言，有促醒注意的作用］**我还搜索了几张《睡美人》的漂亮的剧照，请大家欣赏一下演员们优美的舞姿。

（PPT展示）

师：这里三张剧照，记得好像都是乌克兰芭蕾舞剧团到中国演出时拍摄的。第一张是菲利浦王子吻醒奥罗拉公主，第二张是奥罗拉公主的独舞，第三张是奥罗拉公主和菲利浦王子的双人舞。你们看奥罗拉公主的舞姿多么优美，这篇小说里用"典雅雍容、飘洒翩跹"来描写她的舞姿，是很准确的。**[课件不是花架子，它要以自身独有的特点和魅力发挥辅助教学的作用，它就该像这样成为教学内容的有机组成部分。钱老师对信息的敏感度及捕捉运用信息的能力让人叹服]**

现在先请同学们各自把小说读一遍。读小说一般从两个方面入手。（板书：理清故事情节，感知人物形象）首先，了解它讲了一个什么故事；其次，看看它描写了什么人物，这些人物具有什么样的个性特征，作者是怎么来描写的。**[适时地发挥了重要的主导作用]**我们读小说一般从这两个方面入手。现在就请同学们自己读，先看看它写了个什么故事。

（学生自读）

师：看好的同学请把头抬起来，让我知道大家都看好了。（稍停）我们来说说看，小说讲了一个什么故事？要用简单的话把它说清楚。我们来做一个课堂调查：凡是说不清这篇小说讲了什么故事的同学，请举手。（看了学生的情况）没有啊？那好，凡是能够说清楚的同学请举手。（学生大多举手）有几位同学两次都没有举手，是一个什么状态呢？（笑）其实说对也好，说错也好，重要的是大家都必须有信心说。**[没有压迫感的要求！细小处显示出教师的人格魅力，它是实现教育教学目标的重要条件]**我们再来一次，现在为止还说不清什么故事的请举手。（看学生反应，有几个学生举手）噢，还有五位同学缺乏自信。这不要紧，现在说不清，我们学了以后自然会说得清的。**[真诚地保护了尚需要帮助的学生，这是教学中容易被忽视而绝不该忽视的问题]**现在我想测试一下同学们对故事的理解程度。先看小说第一自然段，我们请一位同学先读一遍。

（一学生读第一自然段）

师：正是在音乐响起，演出马上就要开始的关键时刻，突然怎么了？A角"失踪"了！注意，"失踪"有一个引号，为什么要加引号？**[看完原文听完课，你一定要敬佩和惊叹钱老师巧选导读切入点的功夫]**知道的请举手。（看同学举手的不多）那我要问问，（指一个没举手的学生）你怎么不知道呢？

生5：因为他没有真正的失踪。

师：原来你还是知道的。（笑）**[在这样真诚自然流露的呵护下，能力再差的孩子也不会自卑和胆怯。致敬！]**你怎么知道他没有真正的失踪？

生 5：因为"失踪"加了引号，所以是没有失踪。

师：你得从文本的其他地方找到根据，[传授了一个读书的方法] 不能用这个问题本身来回答这个问题。[训练着学生的思维能力]

生 5：不知道。

师：谁来帮助她一下？

生 6：第十一到十二自然段，最后两句话："忽然她的目光在某一观众席上凝滞了——A 角正微笑着坐在那儿鼓掌。"前面如果 A 角失踪是个谜的话，那么谜底就在这儿揭晓。

师：（向生 5）请你把这个句子也读一遍。

生 5：（读）忽然她的目光在某一观众席上凝滞了——A 角正微笑着坐在那儿鼓掌。

师：对了，现在知道了吗？

生 5：知道了。[及时强化，科学训练，点面兼顾]

师：刚才你自读的时候怎么没看到这句话呢？[还不肯轻易放过，训练的力度每于此等细微处显现]

生 5：看到了，只是没有前后联系起来想。[学生终于自己找到了失误的症结]

师：读文章要"思前想后"，这是一种很重要的阅读方法，以后可要注意哦！（生 5 点头）[适时的强化，加深印象] 请大家再进一步思考，A 角为什么要这么干？[第二个"导"点。同样不可替换的选择。接下来学生的主体性发挥证明了钱老师的高明]

生 7：是 A 角要给 B 角一个展示的机会。

师：理解得很好啊，前有"失踪"，后有 A 角在观众席上鼓掌，前后照应。从 A 角的"失踪"到"鼓掌"（板书：失踪——鼓掌），这里面包含着很多的故事啊。[提纲挈领式的点拨] 请回忆一下，当你们读到最后一句话，看到 A 角在那里鼓掌的时候，你们有什么感觉？[启发得如此自然熨帖，使后面的教学活动过程如行云流水]

生 8：我觉得那个 A 角挺伟大的，能够把这次重要演出的机会让给 B 角。

师：说得很好。他看出了 A 角伟大的地方，A 角把这次难得的机会让给了 B 角。还有什么故事吗？大家再想想看。

生 9：我觉得是 A 角想要让导演发现 B 角的才能。

生 10：我觉得 A 角非常善良，她放弃自己成功的机会，把它让给 B 角，她是一个非常伟大而善良的人。

师：哦，伟大而善良的 A 角！

生 11：我认为她是为了打破导演对 B 角的偏见。

师：说得好极了！导演有偏见，遮蔽了他的眼睛，使他没有发现 B 角的艺术才华。谁还能说出一点道理来？

生 12：我觉得可能是 A 角看出来了 B 角对男 A 角的爱情。

师：这位同学的想象力是够丰富的。他们之间有没有爱情？小说里写了他们有爱情吗？

生 13：写了，但"相爱"也是加了引号的。

师：噢，也是加了引号的爱情。剧中奥罗拉公主和菲利浦王子是有爱情的，但是演员之间有没有爱情，那是他们的隐私，我们可不知道！（笑）**［必要时幽他一默，有助于营造轻松对话的氛围］**同学们，这个故事从"失踪"，到"鼓掌"，它的背后却隐藏着一个关于 A 角的动人故事。它不在文字的表面，而在文字的背面。这就告诉我们读文章要注意两个方面，一个是文字的表面信息，还有一个是隐藏在文字后面的东西。**［适时有效的主导作用］**想想看，叫它什么好？

生 14：内含信息。

师：好，就称它为内含信息吧。**［在对主体地位的充分尊重之外还看到了"导而弗牵"的教学艺术］**有人读文章只注意文字的表面信息，而不往深处想一想。没有注意在表面信息的后面还有很多丰富的内容。我们读到最后两句话有种什么感觉？**［随机点拨］**

生：（七嘴八舌）恍然大悟、出乎意料……

师：对，有一种出乎意料的感觉，但是又在情理之中。有两句话叫作"出乎意料之外，在于情理之中"。你们听说过没有？

生：（部分）听说过。

师：这里就可以看出微型小说的一个重要特点，什么特点？谁能说？

生 15：结尾"出乎意料之外，在于情理之中"。**［是"导出"而非"教出"的效果］**

师：说得对，微型小说大多有出乎意料的结局，往往用巧妙的构思，引人入胜，

到结尾时造成一种使读者感动、震撼的效果。根据同学们刚才的讨论，我们可以总结一下了。

（PPT展示，请一学生朗读）

生：优秀的微型小说都能以精巧的构思、出人意料的结局给读者留下想象的空间和回味的余地，从而产生以少胜多的艺术效果。美国著名评论家罗伯特·奥法斯特认为，微型小说应当具备这三个要素：①新颖奇特的构思；②相对完整的情节；③出人意料的结尾。**［这个结论虽然是预期的，但也是学生在讨论中自己达成，有水到渠成之妙］**

师：微型小说篇幅短小，往往通过巧妙的构思，做到"以少胜多"。这篇小说做得很成功，充分体现了微型小说的特点。看来同学们对微型小说已经产生了兴趣。**［从平静的语气中我们听出了鼓动性］**

现在我们再来做一个调查：对这篇小说的故事还有说不清楚的同学请举手。（没有人举手）那我们反过来，能够说清楚的请举手。（全班举手）很高兴，百分之百的同学都能说清楚了。**［前有布置，后有检查，既能验得教学效果，又能增强学生自信］**那我们下一步做什么工作？

生16：讨论这篇课文。

师：刚才就在讨论这篇课文呀！谁来帮助他说准确？

生17：感知人物形象。

师：对了，两件事嘛。刚才我已经交代了读小说要做两件事，**［重点再次被强调］**你（指生16）怎么忘了？好，我们来看看这篇小说写了几个人？A角、B角、男A角和导演。主要人物是谁？（众：B角）为什么说B角是主要人物呢？A角很重要啊，导演也很重要啊。你们是根据什么来判断的？**［带有启发性的引导式提问］**

生17：因为描写她的笔墨比较多。

师：描写导演的笔墨也不少啊！**［引导］**

生17：主要描写的是B角的事。

师：不要光看描写的多少，还要找出更有说服力的理由。**［再引导］**

生18：因为B角的形象是贯穿全文的，在每一个细节都可以找到B角。

师：说得好，但A角虽然着墨不多，其实从她"失踪"到最后"鼓掌"，她的故事也是贯穿全文的。大家再看看，能否从文章中找出更有力的根据来支撑你的观

点，那么就更有说服力了。[**继续向纵深引导**]

生19：因为文章中有一句话："而 B 角这位现实生活中的睡美人，恰似许多沉睡着的美，她春花怒放了……" B 角正是一位"睡美人"，小说的题目也是"睡美人"，体现出她是小说的主人公。

师：这位同学真是会读书！[**赞扬学生也不忘紧扣导读重点：教会学生读书**] B 角就是生活中的睡美人啊！有的同学也知道，但只是模模糊糊地知道，不能从文本中找出根据。过去我教我的学生，要求做到两句话，一句是"言必有据"，就是发表意见一定要有根据；另一句是"手不离书"，就是要在文本中找根据。刚才那位同学就从文本中找到了根据。[**诱发学生见贤思齐的积极心理，以经验的名义间接提出读书的要求，让学生顺势接受，效果会更好**]现在请同学们手里拿支笔，把文中描写 B 角的句子画下来。看 B 角是一个什么样的演员，然后归纳一下。

（学生看书）

生20：B 角是一个倔强和执着的人。

师：你怎么知道她是倔强和执着的？[**促使学生实行"手不离书，言必有据"**]

生20：文中第七段写的，"由于她的倔强"，后面还有"由于她的执着"，从她的表演也可以看出来她把美丽隐藏在最后。所以我觉得她是一个倔强和执着的人。

师：好，"她把美丽隐藏在最后"，这句话说得好。

生21：我认为她是一个自信、坚强，懂得把握机会的人。

师：根据呢？[**再次实行"手不离书，言必有据"**]

生21：因为她第一次和男 A 角搭档，并没有怯场，对自己的才能很自信。

生22：我认为她是一个只要去做就一定要做好的人。

师：你从哪里看出来？[**三次实行"手不离书，言必有据"**]

生22：通过对她舞姿的大量描写。（朗读课文中描写她舞姿的段落）

师：对，舞姿非常优美，她第一次和男 A 角搭档就配合得天衣无缝。看看谁还能讲出些什么来，不要重复别人的。

生23：她很爱自己的职业。

师：那这叫什么精神？

生23：敬业精神。她虽然没有和男 A 角配合过，但是只要能让她在舞台上演出，她就能把自己的美丽绽放出来。就像第五自然段写的那样，"她巧妙地把音乐的颤动和光影融汇在一套芭蕾舞的语言里了"，她能把自己的美呈献给观众。

师：你说得很好，"敬业"这个词用得很准。除了她举的演出例子以外，还能不能从别的细节看出她的敬业来？也许只有仔细读书的人才能发现……[**典型的钱氏激将法！**]

生 24：第二段里"突然，他（导演）的手指向了端坐在一边的 B 角：'你上！'"这里有一个"端坐"。

师：啊！找得非常正确！请说出你的理由来。[**四次实践"手不离书，言必有据"**]

生 24：我就是觉得一般演出的时候 B 角很少有机会上台，而她却认认真真地坐在那里，充分表现出她非常敬业。

师：是呀，如果不是一个敬业的人，那么在不是她演出的时候很可能就随随便便地跑来跑去，但是她却端端正正地坐在那儿，做着随时都可以上场的准备。这位同学能从这些很普通的，往往被人忽略的词，看出它后面隐含的信息。书就该这样读。[**在传授读书的方法时，也在培养学生的语感**]

好，这堂课的时间差不多了，最后我们再来看一段名言（PPT 展示）。[**必要的课件，以少胜多**]哪位同学给大家读一下。

生 25：（读）美到处都有，对于我们的眼睛，不是缺少美，而是缺少发现。——罗丹

师：我们就用罗丹的这句名言作为我们这堂课的总结，我们要练就一双善于发现美的眼睛，要像小说中的 A 角那样能够发现身边的美；我们读书也是这样，要善于发现文字的美。[**知行结合是教育的宗旨**]

最后让我们有感情地齐声把这篇小说再读一遍。（生齐读）

师：同学们如果对微型小说已经发生了兴趣的话，建议课外去找一本书来读读，书名叫《感动中学生的 100 篇微型小说》。还有一种月刊叫《微型小说选刊》，大家也可以读读。[**还没有发生兴趣的同学估计这时也要跃跃欲试了。钱老师总能以学生乐于接受的语气和方式顺势给学生一些恰到好处的读书建议，可见"导读"的理念在他心里已经变成了一种强大的潜意识**]

这堂课就上到这儿，谢谢同学们的合作！

[总评]

看着教学实录，脑子里一直浮现着钱老师那极具亲和力的迷人微笑，甚至能看

到他的举手投足，能听到他那虽然不多但却能点石成金的声音！感觉很好！

钱老师选择了一篇精彩的例文。在导读过程中，他不着痕迹地精心主导，巧妙调动学生的主体性，激发学生的主体意识，训练学生的读书能力，培养学生的语文感觉，从而顺利完成了预期的教学任务。

"教会学生读书"这条线贯穿着这堂课的始终，而且收效显著。仅仅一堂课，却教给了学生许多读书方法：随手查字典，从网络找资料，思前想后，读懂说清，言必有据，手不离书，留意细节，发掘文字背后的"隐含信息"……并让学生反复实践，使这些有用的方法在学生的心里扎根；又针对这特定的一篇，教会了学生如何读微型小说，并在不知不觉中唤起了学生对它的兴趣。整个教学过程充分展现了语文导读法的魅力！

课堂上始终弥漫着的亲切自然的关怀和尊重，不时给孩子们的心灵以甘露的滋润。这难道不是对语文教学人文性的最好诠释吗？

钱老师设问的功夫可谓深不可测，他可以用一系列看似平实却又切中要害的问题把一堂课组织得既波澜迭起，又顺畅如行云流水。钱老师说，这是一堂"家常便饭"式的"常态课"，但正是这样的"常态课"，背后隐藏的是几十年思考和实践的厚重，是已经渗透到血液里的修养。这是执教者生命的一种"常态"啊！

这堂课完美地体现了钱老师"学生为主体、教师为主导、训练为主线"的教学理念。读这篇实录的总体感觉是：随心所欲不逾矩，看似无招胜有招——返璞归真，炉火纯青！钱老师曾说过，教学必须经历三个境界："不言春作苦，常恐负所怀"，此为第一境；"却顾所来径，苍苍横翠微"，此为第二境；"行到水穷处，坐看云起时"，此为第三境，也是语文教学的最高境界。综观钱老师的这堂课，庶几近之。

——张葳点评

［附］

睡美人

清丽、优美的芭蕾舞剧《睡美人》的序曲奏响了。可是扮演公主奥罗拉的 A 角却"失踪"了。

砰！化妆间的小门开了，一名女演员朝回过头来的导演一耸肩："找遍了，哪儿也没有。"导演阴沉着脸，心中紧扣着的一线希望也随着这声响给绷断了。突然，他的手指向了端坐在一边的 B 角："你上！"

B 角激动地站起身，双手抚摸着短裙，眼里闪着倔强和自信的光。只见她，踮起脚尖，一个优雅的旋转，轻盈地提着舞裙，飘然来到台上……

导演余怒未息。A 角有丰富的舞台经验，和扮演王子菲利浦的男 A 角又是老搭档，今天的汇报演出正是胜败定局的关键，万一 B 角腿一软……他不禁打了个冷战。

……B 角在追光下独舞。多么典雅雍容的舞步！多么飘洒翩跹的舞姿！她巧妙地把音乐的颤动和光影融汇在一套芭蕾舞的语言里了……

英俊的王子出现了。两人在月光如水的舞台上跳起了双人舞。导演紧张地眯起了眼。这是最令人担心的，B 角和男 A 角是第一次同台演出。奇怪，导演的眼前，B 角分明已被爱情拥托而起，漂浮在浪花之上，展开着白色的双翼；她手臂的姿势犹如玫瑰花瓣的开放；她的双脚和着音乐的踩踏，宛如树叶飘然落地。她和男 A 角的搭档堪称天衣无缝！

导演的拳头松开了，他暗暗惊讶，我平时怎么会没有发现呢？是由于她的倔强和顶撞？是由于她的执着、自信大于技巧？是我对女 A 角的偏爱所形成的偏见？还是……

……B 角弯曲着双腿，柔软的身体在向地面倾倒。

……哀怨、激昂的主题乐如泣如诉轻叩观众心扉。一个个音符，飘坠在导演的心湖上，泛起圈圈涟漪。B 角不是曾经要求和男 A 角搭档吗？而我却用"A""B"角这道坚固的厚墙将一对"相爱"的人隔开，导演了一出"悲剧"！

……醒了，奥罗拉醒了！安睡了一百年后，由于菲利浦纯真的爱情，她，死而复苏了！而 B 角，这位现实生活中的"睡美人"，恰似许多沉睡着的美；她，春花怒放了！

"哗……"，忽然，剧场里响起了热烈的掌声。B 角噙着泪，微笑着向观众躬身回礼；忽然，她的目光在某一观众席上凝滞了——

A 角正微笑着坐在那儿鼓着掌……

十、《驿路梨花》教学实录

▲评点者：何以聪　●执教者：钱梦龙

　　评点教学实录，往往教者自教，评者自评，教与评之间是不通声气的。这样评课，固然客观公允，但有时不免如隔靴搔痒，搔不到痒处。倘由教者自述得失，甘苦自知，按理是可行的，但教者囿于一己的实践和认识，又不免有"身在庐山"的局限，这就很需要有某个"导游"从旁指点。鉴于此，这篇"《驿路梨花》教学实录"的评点拟做一点改革，试采用"述评"的形式，即由教者自述教学意图，评者则从旁论其得失；"述"与"评"彼此沟通，亦能相得益彰。

（一）字词认读

　　师：今天我们学习《驿路梨花》（板书）。我已经布置同学们自读了，自读的第一个要求是找词语，现在我们就来交流一下。请大家把词语提出来。

　　生：陡峭——形容山势直上直下。

　　生：迷茫——迷迷糊糊，看不清楚。

　　师：你说说看，这个词可以用来描写什么？

　　生：描写山，描写暮色……

　　师：回答得好。还找了哪些词语？

　　生：简陋——简单、粗陋。

　　师：在课文里，这个词是形容什么的？

　　生：是形容大竹床的，其实也可以描写小茅屋。

　　（学生又陆续找出了一些词语，接着老师也提出了"篾""撵""挨""菌"等字，检查学生掌握字、词的情况，学生都做了圆满的回答）

　　师：同学们，你们自读的第一步走得很好。大家找了很多词，这些词本来是老师准备要给你们讲的，现在你们都自己找出来解决了，而且解决得挺好。我相信同学们一定能学好这篇文章。

▲以学生为主体，当然要把词语教学纳入到自读的轨道上来：让学生自己找，自己查，在教师指导下自己求解，既增强了对词语的敏感，也培养了独立掌握词语、自己猎取知识的信心。

（二）初读感知

师：下面，我们怎么来学习这篇课文呢？我想先请几位同学来朗读一下课文，然后请你们回答我，你喜欢这篇课文吗？无论喜欢不喜欢，都要讲出道理来。听清楚了吗？好，就请几位同学来读。

▲这可是个圈圈题：范围大得无边，答案可以五花八门，撒网容易收网难，一开局就来这么个"自由式"。请问您这"设"的是什么"计"？

●这正是我教学中自以为还差强人意的一着呢。我认为这个问题好就好在答案可以五花八门，但估计学生又不致无从谈起，因为即使程度很差的学生，看了一篇文章多少总会有一点感受的，况且《驿路梨花》又确是一篇很有特色的小说。这样，每一个学生在一开始就可以根据自己的理解水平，按照自己的思考方式去感受作品，并且自由自在、无拘无束地发表意见，那就容易激发学生生动活泼的思想，唤起他们真挚的感情。从对课文的理解来看，先让学生对课文有一个整体的、生动的感受，也是必要的。再说，我是在一个陌生的班级里上课，这种"圈圈题"由于有相当的难度和灵活性，正好用来对学生的阅读水平进行一次"火力侦察"，以便考虑下面的教学难度是否有必要做适当的调整。

师：（在学生朗读课文以后）现在请大家回答我的问题：你喜欢这篇课文吗？为什么？大家可以随便谈，我是没有什么标准答案的。（▲"没有标准答案"，并非闲话）

生：我喜欢这篇文章，这篇文章能引人入胜。

师："引人入胜"——好！大家听，他的语言挺丰富的。（指生）你能不能具体说一说，为什么这篇小说引人入胜呢？

生：这篇小说先写了"我"和老余投宿，无意中发现了小茅屋，又在无意中遇到了瑶族老人。从瑶族老人那里知道了茅屋的主人是梨花姑娘，在第二天早晨，无意中又把梨花姑娘的妹妹——哈尼姑娘——当作梨花姑娘……

师：等一等，你们知不知道哈尼姑娘的名字叫什么？

生：……

师：是不是叫"哈尼"？

生：哈尼是个民族的名称。

师：对了，哈尼不是小姑娘的名字。我看见有的同学在自读时编写的提纲中，写成"小姑娘哈尼"，这样写法对不对？

生：（齐）不对。

师：好，你接着讲。

生：后来才知道这小茅屋是十年前过路的解放军造的。我在读的时候就一直想往下看，这小茅屋究竟是谁造的，所以我说这篇文章很引人入胜。（▲鉴赏力出来了，概括力出来了。效果 A）

师："引人入胜"，讲得很好，这四个字用得非常恰当。还有谁发表意见？

生：我也喜欢这篇小说。这篇小说自始至终都是围绕"梨花"来写的，中心非常突出。

师：讲得很好！还有人要说吗？好，你也想说……

生：我认为这篇小说很有特色……

师：好哇，他的语言也挺有特色的……（笑）（▲机锋，谐趣）

生：这篇小说很有特色，主人公梨花姑娘并没有出场，我读完文章后，梨花姑娘的形象就像在我的面前一样。

师：（笑着连连点头）你看到这位小姑娘了？

生：（点头，笑）（▲想象力出来了。效果 B）

师：喔，看到了！想象力很丰富。我们读文章就是要这样，读到写景的，眼前就要出现相应的景象；看到写人的，我们就好像看到这个人，听到他的声音，这就叫作想象力。有时要闭眼想一想。你们闭过眼吗？（众笑）我们读文章，这个很重要。还有谁说？

生：我也喜欢这篇小说。它含意很深，表面上写"驿路梨花处处开"，实际上是写雷锋精神之花处处开放。

（▲把握住比拟特点，理解向纵深发展。效果 C）

▲从上面取得的效果 A、B、C 看，您的这一道"囫囵题"达到了预期的目的。

这是一次成功的"火力侦察"，证明学生的智力是无可怀疑的。可是，我们别忘了这样的事实：您这次借班上课的打浦中学是一所非重点中学，在上海是名副其实的"第三世界"，学生水平是可以想见的，可经您一教就活起来了，难道这里果真有什么"诀窍"吗？

●不不，事实完全不是如此！经我从多方面了解，原来学生的基础是极差的，但由于原任课老师重视能力的培养，训练有方，因此学生有着良好的学习习惯。这正是我今天上课的一个有利条件。我必须郑重地指出这种有利条件，以免读者产生这样的错觉：学生本来如何不行，可是由于我的启发，"一下子"变得聪明起来了。我绝无这种点铁成金的"仙术"！况且，我们上课的目的，不是个人"演技"的"巡回展示"，而是为了用实践来证明一条客观规律：正确的训练会使学生学得灵活一点，坚持这样做下去，学生就会渐渐变得聪明起来。如果说这个班级的学生正在变得聪明起来，那正是他们进入中学以来受到正确训练的结果。

▲我欣赏您这种态度。不过，聪明的学生只有在受到充分信任的、无拘无束的学习情境中，他们的聪明才会迸射出智慧的火花。我们也不能否认您在创设学习情境这一点上所取得的成功。回顾前文，我特别欣赏您"我没有什么标准答案"这道安民告示，而且确乎是不折不扣地兑现了。这个回合似乎是在启示着我：不要老是对学生的答案抱不满的态度，非逼着他就你的范不可，致使学生不敢越雷池一步，老是揣摩老师锦囊里的现成法宝，不敢相信自己的思维能力，求异思维出不来，创造力也就不见了。导与牵，启发式与牵牛式，这恐怕也就是一条分水岭吧！

师：这位同学讲得好，讲得好极了！——文章含意确实很深。有没有不喜欢的？（环顾一下）没有？告诉大家，老师也很喜欢这篇小说。刚才这位同学说"引人入胜"，讲出了大家共同的想法，的确引人入胜。看了前面的文字就想看后面的：这小屋究竟是谁造的？故事一环扣一环，最后才知道这小茅屋原来是路过的解放军造的。梨花有没有出场？始终没有出场，但我们眼前就好像活动着这一位热心为大家服务的、天真可爱的哈尼族小姑娘。（▲简要小结，及时巩固 A、B 效果；C 比拟特点是通向把握中心思想的主渠道，所以留待下文具体复述分析后再做结论。布局精细，层次井然）

师：小说确实写得很好。不知道你们有没有这样的习惯：看到了一篇好文章，总希望把它介绍给别人，让别人也爱上这篇文章。比如，这篇小说就很值得介绍，你们知道为什么吗？

生：让大家都来学习这位哈尼族的小姑娘，发扬雷锋精神。

师：说得很对。如果我们把这篇小说的故事讲给别人听，让大家也爱上了这篇小说，从中受到教育，为之感动，那我们做了一件什么工作呢？

生：宣传了雷锋精神。

师：对，这就不仅感动了我们自己，而且感动了别人。你们看，一篇文章的作用就大了。不过要介绍得好，还得有点能力。今天，我们就来培养这种能力。

▲从"讲得好极了"到"总希望把它介绍给别人"到"今天我们就来培养这种能力"，几个环节衔接过渡自然，把学生的求知欲提到宣扬雷锋精神的高度，既激发复述兴趣，又交了训练的底，接着再指导复述方法，一切都是为了使学生的主体作用得到充分发挥。

（三）直奔中心

师：要介绍一个故事，首先要了解这个故事的"灵魂"。你们看，这个故事的"灵魂"可以用小说中的哪一句话来概括？（大部分同学都举了手）喔，同学们都找到了，是哪一句？

生：驿路梨花处处开。（▲抓住教眼，直捣黄龙，是建立在了解学生基础上的大手笔）

师：（板书：在课题"驿路梨花"后加上"处处开"三个字）我们看看"梨花"在这篇小说里包含哪些意思？开头说的"梨花"是指什么？中间出现的"梨花"是指什么？课文最后说的"梨花"又指什么？

生：开头写的梨花，是指自然界的一种花。

师：你看到过"梨花"吗？是什么颜色的？（▲"颜色"一问看似闲笔，待见下文，便知闲笔不闲）

生：看到过，是白色的。

师：白色的梨花，给我们一种怎样的感觉？

生：洁白。

师：对，洁白、纯净、美丽……（有同学打断老师的话举手表示有话补充）噢，你说。

生：洁白无瑕。

师：好，洁白无瑕！同学们掌握的词汇很丰富。那么中间的"梨花"是指的什么呢？

生：是指哈尼族的小姑娘。

师：对，是指老猎人介绍的那位哈尼族小姑娘梨花。最后"驿路梨花处处开"，这个"梨花"是指什么？

生：象征雷锋精神。

师：理解得很好。（亲切地）坐下，坐下。那么为什么说"处处开"呢？从文章里找根据。（▲层层推进，教学思路一丝不乱）

生：因为解放军造这小茅屋是为了照顾过路的人。后来解放军走了，梨花姑娘就来照料这个小茅屋。她出嫁以后，她妹妹继续照看，还有过路的瑶族老人，"我"和老余都学习雷锋，为小茅屋做了不少加草修葺的好事，所以说驿路梨花是"处处开"的。

师：对，说明大家都在学习梨花，学习解放军，学习雷锋精神。那么这句话可以说成"雷锋精神大发扬"，是吗？

生：是可以的。

师：那我们就把最后一句"驿路梨花处处开"改成"雷锋精神大发扬"，好不好？为什么？（▲问题提得好，但要真正领略这个问题的妙处，还要读到下文方见分晓）

生：当然是书上的这一句好。"驿路梨花处处开"比"雷锋精神大发扬"这句话意思更深。

师：为什么更"深"呢？讲讲道理看。

生：（支吾，说不清楚）

生：这两句话看来意思差不多，但"驿路梨花处处开"富有诗意，可以让读文章的人进一步去想。

师：嗯，有道理，因为深，我们就去思考了。请说下去！

生：这篇文章题目是"驿路梨花"，以花喻人，以人比花，用"驿路梨花处处开"富有诗意，比直说"雷锋精神大发扬"更好。

师：（赞赏地）很好，很好！你说的中间有四个字，我非常欣赏，你再说一遍给大家听听。

生：以花喻人。

师：你看，讲得多好啊，"以花喻人"（板书），我们看到了花，就想到了梨花姑娘，就如看到了眼前怎样的梨花啊？

生：（齐）洁白无瑕的梨花。

师：梨花美不美啊？

生：（齐）美！

师：梨花姑娘呢？

生：（齐）更美！

师：更美！你们比我想得好！我想的是"也美"，你们想的是"更美"，你们比老师强！（众笑）梨花姑娘更美，是她长得漂亮吗？

生：不是。

师：那是什么呢？

生：（齐）心灵美！

师：好极了！写了梨花姑娘的心灵美。"驿路梨花处处开"，这一句诗使我们想得深，想得多，想到了一片洁白无瑕的梨花，想到了梨花姑娘，想到了人们的心灵美。同学们对这篇文章的"灵魂"理解得多好啊，比老师预料的要好得多。这就是对中心思想的理解。

▲ "以花喻人""更美""长得漂亮吗""心灵美"，这一串即兴式的问答讨论，似行云流水，似信手拈来，学生的主动作用、教师的主导作用都得到充分的发挥，使人神往。但我又很为您捏一把汗：万一不能取得默契，万一"卡壳了"怎么办？

●在这一点上我倒并不怎么担心，因为在正常情况下，学生在阅读钻研课文时，知识、智力、能力、思想感情的活动，呈现一种网络交叉状态，发展和接通的渠道是多方面的：东边不通西边通，高层不通低层通。"以花喻人""更美"这种智慧火花的迸射，看似意料之外，实在情理之中。重要的一点是要为学生创设有利于激发他们智慧的情境；引导他们驰骋智力，解决难题。教师的主要任务则是在必要处提供"接通点"，同时热情鼓励，多予以肯定，扶植他们的自信心。在这过程中，正可以探索、揭示学生智力发展、能力形成的奥秘哩。

师：下面我们来讨论一下怎样把这个故事讲给别人听。这篇小说一个故事引出一个故事，故事中又有故事，我们用什么方法来帮助自己记住呢？

生：分段。

生：列提纲。

师：我讲故事有一个习惯，那就是抓住故事发展中的几个要点来列出提纲。现在时间到了，下一堂课再请大家发表意见。

——以上第一教时

（四）编列提纲

师：要列出情节提纲，就要准确地抓住故事发展中的一些要点，我相信这一堂课一定能上得更好。先看故事开头，我们可以抓哪一点？

生：深山发现茅屋。

生：发现茅屋，准备投宿。

生：急于投宿，发现茅屋。

师：你的表达更准确。现在把大家说的编一编，编成了这样七个字"深山投宿见茅屋"（板书：深山投宿见茅屋）。如果分段的话，该分到哪里？

生：我认为该分到"这是谁的房子呢？"

师：下面讲的什么？

生："我"和老余进去了。

师：那第二个要点该怎样编？

生：走进茅屋，看见陈设。

师：老用"看见"吗？编提纲要讲究用词。

●这一部分是故事的重点，"走进茅屋，看见陈设"这样肤浅的概括，说明学生的认识还停留在表面，但这一部分内容要概括得恰当，又确有相当难度。是由教师庖代呢，还是引导学生在领会文章的基础上自己概括？遇到这样的情况，我习惯上用后一种办法，因为我认为……

▲您认为教师的主导作用就在于保证使学生成为认识主体，而不是代替学生去认识，是吗？

●正是这样。尤其在文章的节骨眼上，让学生多受一点训练是十分必要的，学生的认识能力正是在反复比较、克服困难的过程中逐步提高的。

师：想一想，要讲好这个故事，这一部分要不要讲得详细点，讲得好一点？

生：要。

师：为什么？

生：……

师：（进一步启发）是谁叫"我"和老余进去的？

生：小屋门上写的字——请进。

师：这字是谁写的？

生：是梨花姑娘写的。（▲"请进"与"为过路人想得周到"之间的联系，似应点得更充分些）

师：他们进去了又怎么样呢？（有两位同学举手）这两位同学思维很敏捷。（又有几位同学举手）啊，你们都很聪明。好，就你说。

生：小茅屋里安排得井井有条……

师："井井有条"这个词用得十分确切，再说下去。

生：梨花姑娘为过路人想得挺周到的，所以要说得详细一点，说得好一点。

师：说得对！这一部分正可以表现出这位哈尼族小姑娘的一种高贵品质，她为过路人想得多周到啊。我们讲这个故事的时候对有些词要特别注意，大家说说看这一段里哪些词最能写出这位哈尼族小姑娘处处为过路人着想？（▲学生的认识正在逐步深入，但要学生体会"隐藏在文字背后的意义"，看来还要做一番引导。此等关键处不妨把文章做足）

生：屋里有干柴，有米，有盐巴，有辣子。

师：你看，想得多周到啊！柴是"干"的，有米，有盐巴，连辣子也准备好了，辣子可以下饭啊。还有没有？

生：有厚厚的草，"厚厚"这个词重要。

生：还有水是满的，"满"字重要。

师：对，草是"厚厚"的，水是"满"的，这"满"字说明了梨花姑娘经常来添水。

生：这水还是"清凉可口"的。

师："清凉可口"，对对。还有没有？

生："温暖"的火、"喷香"的米饭、"滚热"的洗脚水。

师：对，对！你看，走路走得累极了，能享受到这些东西，那种幸福是别说了。

生：还有"软软"的干草铺。

师：噢！"软软的"，补充得好。你们看，我们在讲故事的时候要不要突出这些词语？这些词最能体现出梨花姑娘的一片心啊。现在我们再来概括一下，这故事的第二个要点该怎样编？我们能不能把这些内容概括在一句话里？

生：……

师：（点拨）饭是怎样的？水是怎样的？……

生：（纷纷地）饭香……水热……暖人心！

师：啊，说得真好！"饭香水热暖人心"——这些安排，可以看出梨花姑娘对过路人的一片心——又是热心，又是细心。

●学生对这一部分的概括，从"走进茅屋，看见陈设"到"饭香水热暖人心"，表现了认识的一个质的飞跃。当时学生的表情告诉我，他们正体验着一种豁然贯通的快感。这是多么令人鼓舞的反馈信息。

▲这对听课者来说，何尝不是一种很好的享受呢！学生认识的这种飞跃，是由于暂时神经联系的突然接通，这中间教师"导"的艺术真是表现得淋漓尽致。我想，经常这样训练学生，不仅学生会学得聪明起来，连教师自己也会教得聪明起来的。

师：现在，我们再看看，第二个要点在课文里该划到哪里？

生：到"可能是一位守山护林的老人"为止。

师：对了，请坐。下面我们来抓第三个要点，先看课文写了什么内容。

生：遇见了老人……

生：应是"巧遇老人"。

师：好，说下去。

生：（有人插嘴）巧遇老人知实情。

师：说得好！（板书：巧遇老人知实情）这情实不实？

生：不实。

师：（笑）不实，怎么办？（▲难题，棋中险着）

生：（齐）"实"字上加引号。（▲化险为夷）

师：同学们概括得很好——巧遇老人知"实"情，这"实"字要加引号，很有道理。你们看，你们解决问题的能力是挺强的。我早知道你们聪明嘛！（众笑）好，这一个要点划分到哪儿为止？

生：到"还看见一个……哈尼小姑娘在梨花丛中歌唱……"

师：嗯，对的。接下来该抓什么要点？

生：见到了梨花的妹妹。

师：这很重要。这故事里有几次误会啊？

生：有两次。

师：对，有两次。一再出现误会，就使故事增添了波澜，有吸引力，使人有兴趣看下去。这是第二次误会，我们是不是抓住这次误会来编写这个要点？

生：欲见梨花……

师：这四个字开头开得好，我马上采纳。（板书：欲见梨花）要有自信心！你再说下去。

生：（接说）见"梨妹"……

师：见"梨妹"，什么叫"梨妹"呢？恐怕人家不懂吧。（笑）

生：见妹妹。

师：这样，暂时写作"欲见梨花见妹妹"吧。反正列一个提纲，帮助我们记住这一段故事情节就行了。（板书：见妹妹）

▲这个提纲拟得并不好，"见妹妹"三字，教者知其未妥而采纳，因为它是学生独立思考的结果；但又说明是"暂时写作"，既尊重学生的意见，又留给大家继续思考的余地，处理得灵活自然。

师：这是第四个要点，该划到哪里呢？

生：到"常来照管这小茅屋"。

师：最后一段，请大家也用七个字来概括。

生：（齐）驿路梨花处处开。

师：（板书：驿路梨花处处开）好！我们讲故事的时候就抓这五个要点来说。

（五）复述故事

师：这个故事大家都很喜欢。现在我们请几位同学复述，看他们能不能讲得别人也都喜欢它。请同学们听好：他讲得好不好，有没有重要的内容遗漏了。什么叫"重要"知道吗？

生：能表现中心思想的内容。

师：对，能表现中心思想的内容。一些关键性的情节，如果漏掉了，那我们就要给他提出来。注意，不要背书，要讲故事，大家稍准备一下。

（学生稍作准备，开始复述）

生：第一部分：深山投宿见茅屋。（以下复述内容，略）

师：他讲得挺好。有没有需要补充的？有哪些地方说得好的，请大家说说自己的意见。

生："梨花的白色花瓣落下来"，这句话重要，他给遗漏了。

师：为什么这句话重要？请你说说看。

生：两个人赶路，前不着村，后不挨寨，这时这两个人自然心里焦急。后来看到梨花，知道附近一定有房子，心里就轻松了。这句话，有轻松的味道。

师：这一点补充得很好，要突出他们前是焦急，后是轻松的心情。文章里还有哪些地方可以看出他们轻松的心情？

生：……一弯新月升起来了……

师：喔，心情轻松了，欣赏起一弯新月来了。还有风……

生：风微微的。

生：吹在人脸上凉凉的。

师：对！同学们在复述的时候要注意，要把人物的心情通过各种手段表达出来。

生：还有一句话漏掉了——"这是什么人的屋子呢？"

师：嗯，这句话很重要，你能说出理由吗？

生：这句话是整篇文章所要解决的中心问题，故事就这样发展下去，追根究底，一个个故事就引出来了。

师：说得好！

▲看您的教学实录，这类地方很容易忽略。看起来只是让学生随便地补充几点意见，教得"漫不经心"，其实是您刻意追求的一种教学风格——把思想教育、知识教学、能力培养、智力开发有机地统一在一个灵活自由的训练过程之中。比如，关于环境描写的作用的知识，您不是单独作为一项教学内容来讲解，而是让学生在复述的训练中自己提出来，自己体会其作用，这就显得巧而自然，不着痕迹。不过，令人不解的是，为什么学生总能这样地跟您"配合默契"呢？

●啊，这没有什么奇怪，因为我首先考虑的不是学生将会怎样"配合"我的教（这不符合"学生为主体"的观点），而是自己的教怎样去配合学生的学。因此，仔细体察学生认识活动的思路和规律，是我备课的一个重要内容。例如，这一段复述中，学生可能会忽略环境描写，这是我早就意料到的。当然，学生自己能够很快发现问题，解决问题，比我预料的情况要好得多。

▲您这样备课，就叫作"目中有人"！您的"配合论"是有科学根据的，细细揣摩，确是高论。"配合老师上好课"——人们总是这样对学生提出要求，习以为常，不知其非。其实这种提法是大可商榷的。这里我体会到，您的"三主"思想渗透在一切教学细节之中，如水银流注，无处不在啊！

师：根据第二个要点，我们也请一位同学来讲一讲。

生：（讲第二部分"饭香水热暖人心"，略）

师：讲得很好，同学们有补充吗？

生：当讲到"睡在软软的干草铺上"时漏掉了一句很重要的话——"对小茅屋的主人有说不尽的感激"。这句话正是说明"暖人心"的一个"暖"字。（▲听得细，补得好，拈出"暖"字，尤其可贵）

生：还有他说"梁上有米，有盐巴，有辣子"，梁上怎么会有这些东西呢？应该说"梁上的竹筒里有米，有盐巴，有辣子"。（▲促进语言表达的准确性。综合训练的效果随处可见）

师：他听得多仔细啊！对的，应该是"梁上的竹筒里有米，有盐巴，有辣子"。还有别的意见吗？这位同学把主要内容都讲清楚了。刚才两位同学补充得很好，尤其是那一句"对小茅屋主人有说不尽的感激"，这正是从侧面说明梨花姑娘助人为乐的精神感人至深。下面我们来讲"巧遇老人知'实'情"。

生：（复述，略）

师：同学们有什么补充的？

生："老人把用过的柴米送回来"，这一点不能漏。

师：这句话特别重要，为什么？

生：因为这句话能体现出文章的中心"驿路梨花处处开"，老人也发扬了雷锋精神。

师：对了，这关系到哪三个字啊？

生：（齐）处——处——开！（▲顺水推舟，引向深入。学生听得仔细，教师导之有方）

师：你看，他听得多仔细！"梨花精神"也感动了过路的人，"我"和"老余"受不受影响？

生：受到感染的。

师：从哪里可以看出来？

生：他们给小茅屋修葺一下，屋前房后……

生：（打断前一生的发言，举手插嘴）老师，你说的是下一层情节了，不是这一层的。

师：喔，我搞错了，（笑）让你给抓住了。（大笑）他能听出老师讲错了，这是老师特别高兴的。我搞到下面一层意思去了，那我们就来说说下一层的情节好不好？（▲听到学生批评，不是恼火，而是高兴，是酿制轻松、活泼、民主的讨论气氛的酵素）

生：我对这第四个提纲有意见。"欲见梨花见妹妹"，这句话意思不明确。这个"妹妹"，可以是梨花的妹妹，也可以是"我"的或者是老余的妹妹。（全场点头赞许）我以为应改为"欲见梨花见其妹"，这样才明确这是梨花的妹妹。（全场惊喜）（▲早就说过，这个提纲是"暂时"的，前面播种，此时收获，怎不可喜！教课如行文，时见前呼后应之妙）

师：好！（大笑）我们班上有不少同学比我行，这个"其"字改得好，接受你的意见改过来。（把一个"妹"字擦掉，改为"其"字）现在我们来讲这一段。

生：（复述，略）

生：（刚复述完，立即举手要求发言）他讲得很好，许多重要的词都用进去了。

但"做梦"一段他没有讲。

生："做梦"应该是上面一层的。

生：不对，"做梦"一段正说明一个"欲"字，想见，连做梦也想见……应该是这一层。

师：有道理。两位同学在划分上有了不同意见。一位同学说，因为是"欲见梨花"，做梦就是"欲见"，因此应该分在第四层。另一位同学说，因为这是发生在第一天夜里的事，所以应该是第二层的，我觉得都有道理。他们是从不同的角度提出问题的，一个从"欲"字上考虑，一个从时间上来划分。我刚才讲过，我们不是划分段落，而是列几个要点帮助自己记忆来讲好故事。你觉得怎样方便，怎样容易记住，就怎样讲，反正你不要把主要情节遗漏就行了。（▲对不同的意见，从各自不同的角度去肯定它，并因势利导地往更高的理解、鉴赏层次上引，也是教师主导与学生主体取得统一的重要途径）前面一个同学改了一个"其"字，现在这位同学抓住了一个"欲"字——你们很会咬文嚼字，我都佩服了。（众笑）最后一节，比较简单，谁来讲呢？

生：（复述，略）

生：这一段文字，尽管很短，但有些词语还是不能省去的。"洁白"这个词不能漏……

师：为什么？你说说理由看。

生："洁白"更突出梨花的精神是非常纯洁，非常美丽的。

生：因为这洁白的梨花正好和梨花姑娘相衬托。

师："相衬托"，你看，讲得多好。洁白的梨花更衬托出了梨花姑娘的心灵美。请同学们注意，当作者想到这句诗的时候，他的眼睛看着什么？

生：望着这一群哈尼族的小姑娘。

师：嗯，作者的眼睛望着这一群哈尼族的小姑娘，这，又有什么意义呢？想想看。（▲把学生容易忽略的地方点出来，"教读"最要在这些地方下功夫）

生：说明这些小姑娘人小志气高。

生：有志不在年高。

师：（笑）喔！"有志不在年高"。好！我再补充一点，小姑娘是我们的什么啊？

生：是祖国的花朵。

生：是接班人。

师：对了！是我们的下一代，说明雷锋精神怎么样？

生：（齐）代代相传。

师：说得好！望着这一群哈尼族小姑娘，就想到上一代人的好传统已被我们的下一代接过去了，这就很自然地想起了大诗人陆游的诗——"驿路梨花处处开"了。正如我们望着在座的红领巾，不禁也会想：你们将怎样呢？（▲因势利导，得来全不费工夫）

生：（齐）我们也要做梨花丛中的一朵小梨花。

生：一朵洁白无瑕的小梨花。

师：是啊，我们也要做一朵洁白无瑕的小梨花。也许你们还会在今天晚上做一个梦呢，梦见自己真的变成那梨花丛中一朵洁白无瑕的小梨花了。（众笑）（▲梦，就地取材。春雨润物，潜移默化，训练过程中渗透着思想教育和感情熏陶，使学生在思想品德提高方面也能发挥主动性）这个故事确实引人入胜，你们把故事的妙处讲出来了，说明你们领会得很好。

（六）把握特点

师：下面我们再来看一看，这篇小说总共写了多长的一段时间呢？

生：十年……

生：两天！

师：从什么时候到什么时候？

生：从第一天傍晚到第二天早晨。

师：那么解放军造小茅屋的事发生在什么时候？

生：十年前。

师：十多年前的事，通过什么手法把它引出来的呢？

生：用插叙的方法。

师：对。请大家再想一想，如果故事直接从十多年前解放军造小茅屋那会儿说起，一直说到现在，行不行？

生：（齐）行！

师：好，就请刘瑛同学来说，要求大家一面听，一面思考，这两种说法哪一种

好？（▲仍用复述法，但要求不同，难度加大，训练安排有合理的坡度）

生：（按时间顺序口述故事，略）

师：我们不说别的意见，只考虑一个问题，她在时间顺序上有没有搞错的地方？有没有？

生：没有。

师：是的。她讲得很顺。特别是后面，一点也没有搞错，我很高兴。现在请大家回答：两种叙事的顺序哪一种好？

生：按作者说的那样好，这样一环扣一环，引人深思。

师：好，引人深思，说得有道理。（指一生）胡伟，你发表一下你的意见看。（▲钱老师在这堂课里，已经能叫出许多学生的名字，学生感到格外亲切）

生：我想如果从十年前开始写，那小茅屋的"主人"就直接告诉了读者，我们也就不必往下看了，就是看下去也没味道了。像作者这样写，就会出现两次误会。

师：你们听，说得多好，"两次误会"！

生：（接说）通过两次误会，可以让读者去想，这小茅屋的主人究竟是谁呢？这样就使读者越读越想读，最后才说出茅屋的主人原来是十多年前过路的解放军……因此，我认为像作者那样写好。

生：我补充一点，作者的写法一环扣一环，起伏很大，刘瑛说的就显得平淡了。

▲孩子们说得多好！要是对文章没有深切的感受，能说出这样的话吗？要是不让学生自己阅读、思考、理解、表达，学生会有这样深切的感受吗？以教师讲授为主的教法，也可以把这些结论告诉学生，甚至可以讲得更细致深入一些，但是却永远代替不了学生自己的感受、自己的认识。"自己的衬衣穿着最贴身"——这就是以"学生为主体、教师为主导、训练为主线"来组织教学过程效果会更卓著的原因。

师：喔，起伏很大！这叫什么？这叫作"波澜迭起"（板书）。古人有句话，叫作"文似看山不喜平"（板书）。写文章就像看山一般，要有高有低，主体部分犹如奇峰突起才好。这样写文章，给读者的印象特别深。还有，像作者这样写，梨花有没有出场？

生：没有出场，可以让读者去想象那位美丽的哈尼族小姑娘……

生：在梨花丛中的梨花姑娘。

师：是啊！让读者去想象梨花丛中的这位哈尼族小姑娘。作者这样写，确实比直接描写梨花姑娘怎样美丽高明得多，这对我们写文章启发很大。就要下课了，现在布置一个作业：请你们用顺叙法把《驿路梨花》改写成一篇五百字左右的短文，然后同课文比较一下，哪一种写法好？归纳出几点来。能不能？

生：能。

师：上课前，我跟同学们说过，上课谁做主角？

生：我们。

师：（指一生）你做了主角没有？

生：做了！

师：你呢？（又指一生）

生：（摇头）我没有发言。

师：没有发言不要紧，脑筋动了没有？

生：动了，我懂的。

师：这样说，你做了半个主角，（笑）胡伟，刘瑛呢？

生：（二生齐答）我做了。

师：你们两个确实做了主角了。今天我们好多同学都做了学习的主人。非常主动，老师特别高兴。可能因为听课的人多，有些同学只做了半个主角，希望大家今后努力！（▲哪怕是"半个主角"，也要热情鼓励，予以肯定，千方百计让学生意识到自己是学习的主人。只有当学生有了这种强烈的自我意识，才能真正学得主动，而不是徒求课堂上的表面热闹）

——以上第二教时

　　▲您这两堂课，初看起来似乎是随意挥洒，涉笔成趣，细品味，却都有谨严的章法，请您亮亮设计的"底"。

　　●哪里谈得上谨严的章法。我只是根据课文特点和所了解到的学生实际，安排了三个高潮：请学生说说喜欢不喜欢的理由（整体感受）——复述（逐层训练）——理清课文篇章结构和表现手法（整体理解）。这三个部分，从总到分，再从分到总，务求环环相扣，波澜迭起；跟它无关的环节，就一律从删。我的主观意图是：使教学节奏显得简洁明快，突出主干，疏密相间，时有高峰，以求能符合学生认识发展和情感发展的规律，使他们的聪明才智得到最大限度的发挥。

▲综观全局，我的体会是：您这个教学设计，在目的上包括了知识、智力、能力、思想感情的全面发展，在内容上实现了上述诸方面的统筹协调，在过程和方法上贯彻了"以训练为主线"的原则，从而既保证了重点突出，又实现了教师主导和学生主体的高度统一，取得了活而实的教学效果。这样的理解不知对不对头？

●我的信条是：认定一个目标，执着地去追求它，力图使每一过程、每一环节都体现出自己对语文教学的理解。这样，保持理论与实践的一致性，便于检验自己的教学思想是否正确，也有利于增强自己教学实践的自觉性。《驿路梨花》的教学，就是本着我的"三主"指导思想设计的。它是否保持了理论与实践的一致性，是否有什么严重谬误，都有待于同行们的检验。在此，我倒想提一个建议：许多语文教师都积累了自己的实践经验，当前重要的是使经验上升为理论，并进行深入的探讨，这对开创语文教学新局面，该是会大有好处的。

学 思 篇

　　呼儿尽把前窗启

　　好放春风入我庐

——《早春杂兴》

一、《语文教学芹献集》序

　　周永沛君以近著《语文教学芹献集》书稿见示，并承谬爱，嘱写小序。写序委实不敢当，但想到因此可以成为本书的第一个读者，得以先睹为快，便欣然接受了任务。

　　记得王蒙曾主张作家走"学者化"道路，语文教育界大概受此影响，也有人提出了"学者型语文教师"的概念，并举出一度当过中学国文教员的朱自清、夏丏尊、叶圣陶、吕叔湘诸前辈做榜样。这意见是不错的，但榜样似乎找错了人。准确地说，朱、夏、叶、吕几位是不折不扣的学者，有的还兼作家，他们毕生的活动和贡献，主要在学术研究和文学创作方面，算不得"学者型语文教师"。树他们为榜样，总使语文教师们在"高山仰止"之余，难免有"望尘莫及"的疏离感。"学者型语文教师"首先必须是语文教师，他们与一般语文教师的区别，仅仅在于他们学问的根底和研究的志趣，都高出于侪辈而绝无"教书匠"的习气；或者说，他们在气质上接近于学者，但他们确实又不是学者而是语文教师。对绝大多数语文教师来说，他们是一个高而可攀的目标，一种经过不懈努力都可以达到的境界。

　　不必求诸远，我以为永沛就是这样一位"学者型语文教师"，这是我读了他的这部书稿以后对他的一个新的认识。

　　我和永沛相识多年，交情也不浅，可由于彼此都忙，虽然每年都有见面的机会，但都聚散匆匆，未获深谈，因此对他了解不深，只是凭他特级教师的头衔和不俗的谈吐，揣想他肯定是一位"有水平"的语文教师。至于怎样的"有水平"，便不得而知了。现在，这部书稿向我具体展示了永沛的真实水平，也加深了我对他的钦佩之情。

　　全书由"理性思索篇""实践操作篇""编辑报道篇""小语研究篇"四个部分构成大的框架。据我看，其中"理性思索篇"是书中最有分量，也是最有理论深度的一个部分，永沛的学者气质也在这一部分中显示得最充分。它包含以下六个专题"作家研究""板书研究""教材研究""汉语研究""写作研究""复习研究"。从全书的框架构成和这些研究专题看，作者探索的触角几乎伸到了中小学语文教学理论和实践的每一个角落，其研究兴趣之广泛可见一斑。

当然，研究的广度须有研究的深度做支撑。缺乏深度的广度是毫无意义的。蜻蜓点水，浅尝辄止，涉猎虽广，又有何益？永沛可不是那种徒以兴趣广泛自炫的浅薄者。我看书中的每一个专题，凡进入他的理论视野的，往往都能得到不乏创意的阐释。这方面的例子很多，不能尽举，这里仅以"作家研究"中的"陶渊明伟大论"一文为例。

从题目看，永沛以"伟大"论陶渊明，就有点出语惊人。陶渊明虽然是一位对后代影响很大的诗人，但历代对他的评价高低不一。钟嵘《诗品》把他的诗列为"中品"，排名远在列为"上品"的曹植、刘桢诸人之下。刘勰的《文心雕龙》仅在《隐秀》篇中有半句话（"彭泽之豪逸"）涉及陶渊明，而即使这半句话可能也是后人伪托的，因为它出现在被很多学者认定为伪托的《隐秀》篇的"补文"之中，可见陶渊明的诗根本没有引起刘勰的注意。直到唐代，陶诗才开始受到重视。北宋以后，迄元、明、清三代，仿陶、注陶、评陶的诗文、著作之多，大有与李、杜并驾齐驱之势。但近半个世纪以来，我国文学界在某些理论的影响下，对陶渊明的评价并不很高。鲁迅虽然说过"陶潜正因为并非'浑身是"静穆"，所以他伟大'"，但那是针对俞平伯"陶潜浑身是'静穆'，所以他伟大"而反说的，连词句也移用了俞的原文，这跟直截了当地说"陶渊明伟大"或"伟大的陶渊明"毕竟有些不同。因此，永沛此文专从陶渊明的"伟大"立论，甚至提出"屈陶李杜应该同列"的观点，确实是很需要一点胆识的。当然，他的观点未必会得到普遍认同，但作为一家之言，却也言之成理，持之有故，自有其存在的价值。我是很赞同永沛的观点的，倒不完全是出于个人对陶诗的偏爱。窃以为，屈原、李白、杜甫都是开创一代诗风的伟大诗人，陶渊明则能在屈之瑰丽、李之雄奇、杜之沉郁以外，独辟新的审美领域，以冲淡真淳的风格，与屈、李、杜相颉颃，并成为山水田园派诗人之宗。他与三子并列而为四家，是当之无愧的。

在汉语研究上，永沛也是一位"实力派"。例如，书中多篇探讨古汉语的文章，不但语言材料收罗颇丰，而且言必有据，论证缜密，显示了很强的研究能力。有时辨析近义词句的差别，凭其敏锐的语感，析微探幽，每能于常人忽略处骋其功力，其结论又往往令人信服，如《史记·淮阴侯列传》中有这样两个判断句：

> 若此，将军之所长也。
>
> 若此者，将军所短也。

一般语文教师遇到这类句子，即使看到两者用词上的小小差别，多半忽略不计，当然也分辨不出两者不同的表意作用。且看永沛怎样辨析的：

这两句话出自《史记·淮阴侯列传》中写到的广武君李左车之口。李左车原是赵国的谋士。韩信打败了赵军，俘获了李左车，以师礼待之，并向他征求继续攻打燕国的意见。李左车向韩信分析了当时的形势，首先肯定韩信接连取得胜利的功绩，说："若此，将军之所长也。"很显然，这句话是要强调韩信的功绩。就是说，谓语是这句话强调的重点，因此，用了"……，……也"式判断句。我们读这句话时，句法重音应该落在这个谓语里强调的主要词语"长"字上。接着，李左车又分析了韩信不能立即攻打燕国的原因。他说："若此者，将军所短也。"作者在"若此"二字之后加一"者"字，是为了强调"此"（指代上文说的原因）字。我们读这句话时，句法重音则应前移到"此"字上。这表明，这里强调的是主语。另外，第二句话的谓语去掉了一个"之"字，读起来，谓语没有第一句的谓语平稳，目的也是为了帮助突出主语。

辨忽微于毫芒，察迹象于疑似，永沛的汉语研究每于此类细微处见精神，显功力。

然而，永沛不是一位只在书斋里埋头"做学问"的人，因为他是语文教师而不是学者。他做学问、搞研究，大半是为了教学的需要。他为之倾注更多心血的，始终是他所钟爱的语文教学。我虽然未曾听过他上语文课，今后大概也不大会有听他上课的机会，因为他升任吴县市教科室主任多年，已经不上中学讲台了。但不知为什么，在我的心目中他还是一位并未脱离教学第一线的语文教师，而且凭直觉确信他是优秀的语文教师。记得多年前曾与章熊老师闲谈时议论过一个问题：语文教师优秀的标志是什么？当时谈到了哪些标志，记不得了，但有一个标志两人都认为是最重要的，这就是：判定一名语文教师是否优秀，首先要看他是否具有独立理解和处理教材的能力。我们所说的"独立",不但指理解和处理教材时能够独立思考,无所依傍,而且还能创造性地提出个人独到的见解,乃至形成富于个性的教学风格。不知道如今老熊怎么想,反正我仍然是这个观点。我认为,语文教师最基本的职责,是指导学生理解和掌握教材,使教材所包含的知识内容高效地转化为学生的认知成果和读、写、听、说能力。为此,教师自己必须对教材有深刻的理解,还要能够根据学生的实际进行合理、灵活的处理。这是检验教师实际教学水平的首要标准。那些一旦离开"教参"就寸步难行,面对课文自己都昏昏然的语文教师,怎么能使学生昭昭然,其教学水平也就可想而知了。优秀教师之所以优秀,当然有很多条件,但首先在这一点上必定是"过得硬"的。现在读了永沛的这部书稿,更加确信我的直觉没有错:他确确实实是一位优秀的语文教师。本书中大量有关教学研究的文章,以及"实践操作篇"中的教案、练习设计等,都可以为我的判断做佐证。

一部严肃的书稿,得以付梓、问世,必有其自身的价值。本书为语文教师贡献了作者多年从事语文教学研究的成果(作者谦虚地自称为"芹献"),自然有它出版的价值。但我以为,本书还有着另一种隐性的价值——它以作者多方面的研究探索所留下的印迹,告诉读者:一名普通的语文教师要走向优秀,走向成功,应该有怎样的文化素养、怎样的知识结构、怎样的研究志趣、怎样的敬业精神……我想,这对语文教师,尤其对青年语文教师,是一种最有说服力的现身说法。

二、陆慰萱老师诗文集序

慰萱先生以耄耋高龄溘然仙去,给所有熟悉他、景仰他、热爱他的朋友们留下了无尽的思念。先生的子女纂次将先生历年所撰诗文,汇为一编,署其卷端曰《永远的怀念》,并承谬爱,嘱撰序文。自知才疏笔拙,诚恐有负重托,但我和先生相与二十多年,先生的道德文章,乃至待人接物的态度,一直是我仿效的楷模。先生之于我,虽云亦师亦友,其实"师"的成分远多于"友"的成分。现在借作序的机会,正好得以再一次拜读先生的诗文,重温与先生交往二十多年来所身受的种种教益,当然理应从命。下面这些勉力写成的文字,实在不敢称"序",就算是呈交于老师灵前的一份作业吧。

　　我耳闻先生之名，可以远溯到"文化大革命"以前，但当时我不在嘉定县城工作，与先生并无交往，只是听说嘉定县第一中学有位"高水平的语文教师，姓陆，讳慰萱，不但语文教得好，而且诗文俱佳，还写得一手好字"。我因自己也情钟语文教学，课徒之暇，也爱哼几句歪诗，偶亦涂涂抹抹，自然早已把先生引为同调，只恨无缘识荆，唯有心仪而已。"文化大革命"期间，又不断从嘉定县城传来消息，说先生备受非人的折磨，处境堪忧，但其时我也正身陷"牛棚"，自顾且不暇，自然不可能给先生以任何的安慰。然而对先生安危的关切以及自己命运未卜的忧虑，却反而拉近了我与先生心灵上的距离。

　　初识先生是在嘉定东门的陆谷宜先生寓所。谷宜先生是我的父执而兼师长，纯乎是一位性情中人，旧体诗写得极漂亮。当时他和我都任教于嘉定二中，在同一教研组工作，而他和慰萱先生则素有交往。"文化大革命"以后，劫后余生的"老九"们纷纷从"牛棚"走出来，贪婪地呼吸着清新自由的空气，在庆幸大难不死的同时，又特别想与知心的朋友们互诉衷肠，于是就有了谷宜先生寓所的那次小聚。人不多，三五知己而已，但都是嘉定语文教育界的耆宿，而且都能诗。他们是：王元通先生、梅休先生，还有就是被我称之为"疁城二陆"的谷宜、慰萱两位先生。我因与谷宜先生相熟，得以叨陪末座，亲承謦欬，自然感到十分荣幸，何况借此机会能够结识心仪已久的慰萱先生呢。几位先生皆爱杯中物，而座中数慰萱先生的兴致最高，酒酣耳热之际，朗朗笑声，响震屋瓦。谷宜先生即席口占七绝一首相赠，有"猜拳我亦称能手，独向君前拜下风"之句，可以想见慰萱先生的酒兴之豪。那时我就想，这哪像是刚从"炼狱"中死里逃生、惊魂未定的人哪！此次小聚，就是我和先生相识、相交的开始。忽忽二十多年过去，谷宜、元通先生早已先后作古，今先生又去，故人云散，思之黯然！只有当时情景，至今犹历历在目，而先生的放达乐观，更在我的心中留下了难以磨灭的印象。

　　其后与先生的交往便日益频繁。我们常为诗而聚，每聚则必有诗。我的散乱的诗稿中还保留着当时与先生互相唱和的诗。而我对先生的认识，也随着交往渐多而日益加深，始则服其诗才，继而敬其为人。先生冲虚淡泊的襟怀、率真达观的性格，都是我暗中仿效却又自叹无法企及的高标。

　　先生虽然诗写得好，却无意做诗人，对自己的诗作也不甚珍惜，有些诗写了即弃，弃了便忘。我的诗稿中有好几首先生的诗，先生的诗稿中照理该有原唱，然而竟付阙如。这样散失的诗，恐怕不在少数。诗，在他看来，只是抒怀抱、寄感兴的"载体"，陶冶性情的"工具"，"载体"和"工具"用过，弃之何妨？这似乎有些贬低诗的价值，其实恰恰是对诗这样的价值取向，使先生每有所吟咏，必从肺腑中自然流出，而不同于一般的应酬应景之作，也不同于徒以声律比偶的严谨工整自矜的"技巧之诗"。

看下面这些诗句：

> 为报春光容易老，枝头黄鸟尽情啼。（《春光》）
> 一岸线分天地界，万重山拥虎龙姿。（《赴庐山途中》）
> 浮生难得三同好，垂老方知一晤珍。（《和梅兄忧谷老病不起》）
> 冈峦赴海尽，龙气傍云来。（《二赴烟台》）
> 几回重雾千楼锁，一夕西风万木寒。（《赠梅休》）
> 阅世渐增桃梗感，近檐颇厌市声烦。（《赠梅休》）
> 耀眼雪毛浮动处，一池春水半池云。（《村行偶得·观放鸭》）
> 入夜关河明曙色，迎冬松柏挺霜枝。（《雪》）
> 一阵山风林际过，槐花似雪洒衣襟。（《鲁游杂咏》）
> 夜色清于水，天空淡入心。（《夏夜偶成》）
> 目钝观天惟懵懵，人微接物但恂恂。（《偶成》）
> 世事繁花开谢里，人情杯酒笑谈中。（《扫墓归偶有感触》）

这些诗句，或境界阔大，或情趣盎然，或冲淡平和，或寄慨良深，从各个方面展现了慰萱先生丰富的内心感受和深刻的人生体悟。读其诗，想其人，对先生旷达的襟抱、高尚的志趣，不能不留下鲜明的印象。就诗论诗，这些诗句也无不可圈可点。"清水芙渠，不假雕饰""佳句天成，妙手偶得"，是诗的最高境界，以此评先生诗，谁谓不可？

先生的文章，则完全可用"质朴无华"四字概括之，其风格一如先生的为人。古人云："修辞立其诚。"清代刘熙载在《艺概·文概》中也说："文尚华者日落，尚实者日茂。"可见"诚"与"实"不仅是为人的根本，也是文章所以"立"之基石。先生的文章给我们的启示，就在于这"诚""实"二字。

先生之文，大多篇幅短小，少则几百字，最多者也不过千余字；内容则较杂，尤其是先生退休后所写的文章，多为读书或生活中偶有所感而作，有信手拈来的随意，无刻意为文的造作。读这样的文章，就如和一位道德高尚、平易和蔼的长者聊天，随意、自在、无拘无束而又深受教益。

感谢先生的子女给了我为《永远的怀念》作序的荣幸，使我有机会重读先生的诗文。此刻，我正面对这位亦师亦友的长者，聆听他娓娓而谈，朗朗而笑。窗前一盆杜鹃开得正旺，记得三年前的今天，就与先生坐在这盆盛开的杜鹃花下，品茗，赏花，海阔天空，无所不谈。先生憨厚而灿烂的笑容，至今仍深深地刻印在我记忆的心版上。

慰萱先生的诗文永存，慰萱先生也就永远活在人们中间。

三、因为他的心里装着学生

——《听李镇西老师讲课》序

李镇西老师嘱我为他的这本集子写序，本以为是一件很容易的事，加以与镇西非比寻常的友谊，便不假思索地答应了。但读完了他的全部教学实录，要动笔时，却犯了难：镇西的课是没法按一般的"评课标准"分析评价的！它们上得太随意，有太多的"不期而遇"和"无法预约的精彩"；只觉得处处可圈可点，却又不知圈点哪一处才好。它们完全不像通常看到的"好课"那样，显示着设计的匠心，看得出刻意的雕琢。它们就像一道山间的泉水，从高处一路自由自在地流泻下来，曲曲折折，玲玲珑珑，随物赋形，无羁无碍。这样的课，实在说不上什么"法"、什么"式"，是"行到水穷处，坐看云起时"的悠然，是"此中有真意，欲辩已忘言"的潇洒。这大概就是《老子》所说的"大音希声，大象无形"的境界——至少是镇西正在追求着的一种空灵的境界吧。

据说，在一些语文教师中流传着这样一句话："听课要听李镇西。"我没有听过镇西的课，是一大憾事；但是从这些教学实录，我仍然不难感受到镇西在课堂上那份挥洒自如的从容，那些灵光一闪的机智和幽默。听这样的课，确实是一种艺术享受。我想，很多语文教师都把能够听到镇西的课视为幸事，不是没有原因的。但是我又想，如果听课的教师只想到镇西的课上去讨一点技巧，搬一些招式，恐怕会无功而返的。镇西的课，似乎很容易学。你看他每教一篇课文，无非是这样几大步：①学习字词；②学生交流读后感受；③学生质疑、讨论、解疑；④教师谈自己的体会，与学生共享。这种再简单、再朴素不过的"流程"，几乎在镇西执教每一篇课文的过程中重演着，任何一位听课的教师都不难"学到手"；但镇西的课堂教学艺术又是最难学的，难就难在它不假雕琢的朴素，这使一切形式上的模仿都归于徒劳。镇西的同事魏智渊老师说过一件事：有位语文教师一心想学李镇西上课，却屡试屡败，过度的焦虑竟使他患上了精神分裂症。这个令人感慨的实例，正好提供了"学李镇西难"的佐证。

这样说来，李镇西的教学艺术就是无法学习，不能推广的了？假若这样想，那就大谬不然了。

教学作为一门艺术，正如任何门类的艺术一样，在艺术现象背后总蕴含着某种对艺术家的创作起支配作用的艺术法则，即使是最怪诞的西方现代绘画，也不能不受色彩和体积感两大因素对立统一法则的支配。我们听镇西上课，若能透过其异彩纷呈的教学艺术表象，追寻其教学思路的轨迹，就不难发现他的教学之所以异彩纷呈的根本。这根本，就是规律，就是对镇西的教学艺术起支配作用的基本法则。

学李镇西，就要学习他的根本，学习支配他的教学行为的思想、理念、教育价值观，而不是徒袭皮毛，仅求形似地仿效或移植。白石老人说："学我者生，似我者死。"这话同样适用于学习李镇西的教学艺术。

任何一本教学论的书都告诉我们：成功的教学必定是"目中有人"的教学。镇西的过人之处，也就是最值得我们学习之处，就在于此："人"不仅在他的"目"中，而且进入了他的"心"里；不仅进入了"心"里，而且占据着"中心"的位置。他教学中的所谓"随意"，不是那种随心所欲的放任，而是对一切束缚学生个性，漠视学生权利，不利于学生发展的"规范"的藐视和反叛。他是"很功利"的，一切教学行为都是为了学生发展的"利益"。在他心灵的那杆秤上，无论怎样高深的理论，无论怎样必要的规范，都必须服从、服务于"学生发展"这个最高利益。如果这些理论、规范对学生的发展不利，它们便是无足轻重的伪理论，应该推倒的死规矩。在学生发展的利益普遍被漠视、被剥夺的今天，镇西的教学中那些"出格"的行为，就显得格外可贵，也给予我们更多的启示。

且看镇西怎样教《祝福》：原定三课时结束，可是学生精彩的发言此起彼伏，直到第三课快下课了，镇西还没有捞到发表自己观点的机会。怎么办？是坚持自己的课时计划及时刹车，还是坚决维护学生的话语权？镇西选择了后者。为此他不得不临时改变课时计划，由三课时延长为四课时。这在严格遵守教学规范的教师看来，无疑是一处明显的"败笔"。但镇西是怎样想的呢？他说："尊重学生，这不是一句空话。当学生的思想正在熊熊燃烧时，教师不能为了表达自己的思想而扑灭学生的思想火焰。"

这就是李镇西！

第四堂课的处理更是出人意料：你听他侃侃而谈，从旧礼教杀人，谈到今天新礼教对人的思想的扼杀，整整一节课，除了少量的师生问答，基本上是他的"一言堂"。如果请某些专家评课，这样的课就恐怕不仅是"败笔"，简直是教学的"致命伤"。有的地区评选优质课，不是硬性规定凡教师的"讲"超过 15 分钟就"一票否决"吗？一贯尊重学生自主权的镇西为什么敢如此大胆，公然挑战语文教师普遍遵奉的金科玉律？镇西的回答是："怎样有利于引导学生的思考，怎样有利于调动学生的感情，怎样有利于激发学生的智慧，怎样有利于学生走进作品，走进作者，走进鲁镇，进而联想到今天的时代，甚至联想到自己，我就怎样上。"一言以蔽之：一切为了学生发展的利益！

这就是我所认识的李镇西。一个心里真正装着学生的李镇西。一个有信念、有追求、有胆有识的李镇西。

谓予不信，有他的全部教学实录为证。

是为序。

2005 年 8 月 24 日于上海

四、随笔："新概念作文"的"普及版"

——《成长的足迹》序

在众多形形色色的"作文选"里，这一本并不见得怎样出众，当然更不能和那两厚册气派的《首届全国新概念作文大赛获奖作品选》比美。它的作者群体的构成，也都是一些极其平常的男生和女生，就如我们在所有非重点中学里都能看到的那些芸芸众"生"。为这样一本作文选写序，真有点犯难，不知道写些什么好。

可是，当我读了它的一部分样稿后，却又觉得有很多话要说，甚至不说不快。对这种前后反差强烈的变化，自己都感到有些意外。

要说这些作文本身，其实也不是什么了不得的锦绣文章。相反，它们大多写得很朴实，篇幅也短小，短者仅三百多字，最长的也不过六七百字。以文体论，似乎应该把它们归入"随笔"（essay）一类。当然，学生的习作，不能用作为散文体裁之一的"随笔"的标准来衡量；但两者在行文"随意"这一点上，确有共同之处。我之所以"有话要说""不说不快"，因为正是小作者们这些随意写成的短文，引起了我关于学生怎样提高写作能力的思考。

"多写"当然是提高写作能力的必由之路，但一味多写，未必多多益善。学生在"应试"的作文训练模式下写得并不少，但文章不是越写越好，而是越来越"套话"连篇，"造假"成风，不但文章写不好，连"做人"也打了折扣。这种多写，恐怕只会越多越糟。这里有个指导思想问题，具体说，就是在动笔写之前，首先要弄清楚三个带有导向性的问题，即"为何写""写什么""怎样写"。

一般人（不包括某些因职务关系必须写作的人，如记者、文秘）在常态下写文章，不外乎两个目的：生活中有所思有所感，需要倾吐；或者需要把所思所感写出来与别人交流。总之，写作若不是出于个人的精神需求，便是由于交际的需要。"为何写"明确了，"写什么"和"怎样写"的问题自然就迎刃而解：写自己感受最深、最感兴趣、最能表达自己的"思"和"感"的人、事、物、理；章法与语言的选择当然也就只有一个标准，即视其能否充分地表达自己的思想情感而摒弃一切束缚思想的文章套路和陈词滥调。在这样的指导思想下"多写"，才能多多益善。

本书小作者们所写的随笔，正符合这样的要求，就是说，小作者们用各自的写作实践"现身说法"地回答了"为何写""写什么""怎样写"的问题。这不能不使我产生浓厚的兴趣。

跟一般以"应试"为目的的写作不同，这些随笔式的短文大多由个人见闻、身边琐事引起写作的动机乃至冲动，有感而发，为事而作。题材多来自家庭、学校、社会生活，即小见大，小大由之，选择自由。写法也不拘一格，或叙或议，或写景，或感怀；或直抒胸臆，或曲折达意。小作者完全根据表达的需要，任意挥洒，不拘泥于所谓"记叙文""议论文""说明文"等文体的刻板划分和某些所谓的文章规范。这种随笔的写作，不仅是课内命题作文的重要补充，而且对"应试"式的写作有着明显的"纠偏""匡正"的作用。从这个角度说，它和创导"新思维、新表达、真体验"的"新概念作文"的宗旨是一致的；但它又不像"新概念作文"那样"门槛"很高，非一般学生所能问津。它所面向的是所有不同写作水平的学生，可以说是新概念作文的"普及版"。

有鉴于此，我主张中学作文教学要适当淡化"三大文体"（记叙文、议论文、说明文）的训练，以便腾出较多的空间给随笔的写作和指导。所谓"三大文体"，其实完全是为了教学的需要而人为做出的划分，其科学性和实践价值都是值得怀疑的。就说"记叙文"吧，人们除了能够说出"记叙文六要素"之类的"文体知识"外，恐怕谁也说不清它究竟是一种什么东西。以中学语文课本为例，所有的课文中只有新闻报道、人物通讯、回忆录、传记、游记等"具体"的文体，根本没有什么所谓的"记叙文"！"叙事散文"也许最像记叙文的样子，但叙事散文属文学作品，而记叙文是实用文体，两者根本不是同一范畴。"议论文"和"说明文"的情形也差不多。总之，目前中学生学习作文，只是按照"三大文体"的某些空洞的教条苦苦操练，加上"应试"的错误导向，焉能不流于教条化、模式化？因此，作文训练淡化"三大文体"，指导学生多写随笔，写好随笔，也许正是作文教学走出困境的希望所在。

我这样说的根据是什么？不妨先读一读我从这本集子里任意挑出的一篇小文章。

停电了

晚上，我坐在桌前做作业，爸爸在图板前画图，妈妈在备课。一家人沉浸在和谐愉快的气氛中。

突然，电灯灭了，停电了。好像一下子掉进一口深不见底的井中，我甚至感到有一点害怕，又如同独自走在黑夜的荒原，身边一个人也没有，孤立无助，黑暗团团包围着我。过了一会儿，视觉才慢慢适应了，黑暗渐渐变淡了，似乎在光明的顽强抵制之下，它不得不稍稍作一点让步。身边家具的轮廓开始逐渐显现出来，似乎它们刚才也被突然的停电吓呆了，现在才慢慢清醒过来。

是什么原因停电的呢？是我们这幢楼的保险丝断了，还是我们这一条线路坏了？抬头看看窗外，我们这一带一片漆黑。也曾想站起来找应急灯，可一犹豫，还是没有动。难得这样一个人隐身了似的坐着，忽然间，竟有一种说不出的清闲与自在。闭起眼，如同坐在一条小船上，在僻静的小河里慢悠悠地漂着，晃着……

这种随笔式的小文章，就地取材，文笔活泼，有话则长，无话则短，但也绝不是信手涂鸦。这篇短文，虽然全文才三百多字，所写之事也小到不能再小，但小作者却能在这十分有限的空间里从容回旋。虽只是一件再简单不过的小事，居然也写得层次分明、跌宕有致。尤其是想找应急灯而终于没找的那一段，细腻地写出了瞬间的内心感受，显示出小作者感悟生活和内省体察的能力。写这种文章，不仅仅是，甚至主要不是文章技巧的操练，因此不需要装模作样，不需要生编硬造，不需要没话找话，不需要无病呻吟。情动于中，自然形之于言，发而为文。这样的写作，完全是出于一种精神的需求，一种急欲倾诉的愿望。因此，多写这类文章，能够帮助同学们树立正确的写作理念，培养写作兴趣，养成关心生活、思考生活的习惯，提高对生活的感悟力和语言表达能力，并逐步形成写作的个性。无疑，这对健全学生的人格必定也起着积极的作用。

值得一提的是，本书中所有的文章都出自一所普通初级中学——义乌市城南中学的学生之手。据我所知，该校在改革课内作文教学的同时，还大力拓展学生的课外写作领域，鼓励学生"敢写自己的所见所闻所思所感，敢写自己的喜怒哀乐"，并坚持定期出版《南苑》，发表学生的作品。这本集子，既是《南苑》历年所发表的作品的精选本，也是城南中学多年作文教学改革的成果展示。如今得以付梓问世，可喜可贺！

本书取名《成长的足迹》，书名中的"成长"一词，显然有着双重含义，既指写作能力方面的成长，又指个性、人格方面的成长。我相信，小作者们在他们的人生之旅中留下的这一行行"成长的足迹"，对他们个人而言，是弥足珍贵的留念；对他们的同龄人而言，是生动的示例；对城南中学而言，则是一次重要的检阅；对中学的作文教学而言，更是有益的启示。

五、为"浅浅地教语文"喝彩

——肖培东《我就想浅浅地教语文》序

　　培东纂次自己的课堂教学实录，计一十六篇，汇为一集，给它起了个耐人寻味的书名：《我就想浅浅地教语文》。日前，他发来电子书稿，嘱序于我。近几年趁与培东同台讲学的机会，多次聆听他关于语文教学的发言，观摩他的展示课，深感其语文教学理念日臻绵密，课堂教学艺术更趋成熟；但毕竟同台讲学的概率不多，所得印象只是片断而已。现在因为要写序，才有了比较全面地领略他的课堂教学风采的机会。这十六篇教学实录，可谓篇篇有特色，处处可圈点，而所有的精彩凝集起来，又凸显了他独特的教学理念：浅浅地教语文。细细品味，这"浅浅地"三字，意蕴丰富，内涵可一点不"浅"。

　　而且，正是这个"浅"字，把我的思绪拉回到了十四年前的那个"拜师仪式"上——2001年，我应邀到培东的家乡浙江永嘉县讲学，主持此次讲学活动的该县教研室主任徐耘天老师对我说，他们县里有一位青年教师叫肖培东，语文课上得极好，悟性也高，30岁不到已被评为浙江省教坛新秀，是一位很有"发展潜质"的青年语文教师，因此希望我收他为"徒"。其实我心里不太喜欢"拜师学艺"这类略带"江湖气"的玩意儿，但耘天是我的老朋友，何况他也是出于对一位年轻教师的成长的关切，我岂能拒人于门外？于是第二天就有了像模像样的拜师仪式。记得就在拜师仪式现场，我题了一幅字赠给培东，既用以自勉，也作为对这位"徒弟"的赠言。题字的内容是我自己的一句诗："碧波深处有珍奇。"我为什么会从书名中"浅浅地"三字回忆起十四年前那个拜师仪式？就是因为这句诗——更确切地说，是因为这句诗中的"深"字与书名中那个"浅"字的强烈对比引起了我丰富的联想和想象。由"浅"而及于"深"，又因"深"而归于"浅"，正是这"深"和"浅"相互转化之间存在着某种启人智慧的哲理吧。

　　于是我又想起了这句诗的由来。

　　某年夏天，我与几位朋友到北戴河避暑，他们都爱游泳，几乎天天下海追波逐浪。我是旱鸭子，每逢他们下海，只能一个人在浅滩上踯躅，同时也想拾些贝壳带回去留作纪念，可一连拾了两个半天，只拾到了一些毫不起眼的灰褐色的小贝壳。于是我一边抱怨自己"手气"不佳，一边想象着曾在电视里看到过的七彩缤纷的迷人的海底世界，不禁心驰神往，不假思索四句诗便脱口而出：

> 偶来拾贝海之湄，
>
> 剔石披沙所获稀。
>
> 寄语辛勤寻宝者：
>
> 碧波深处有珍奇。

是啊，不潜向"碧波深处"，只在浅滩上"剔石披沙"，无论怎样"辛勤"，都是找不到"珍奇"的。这首诗有明显的自勉之意。在拜师仪式上把它写赠给培东，也是为了勉励他：学无止境，教无止境，只有潜向"碧波深处"，才能求得语文教学的真谛。

值得欣慰的是，培东果真不负我写赠这句诗的初衷，拜师仪式以后仅仅过了五年（2006 年），他就被评为特级教师，那年他才 34 岁，是浙江省最年轻的特级教师；又过了三年（2009 年）被晋升为教授级高级教师，大概又是浙江省中学教师中最年轻的"正高"了吧。

但我看重的倒不是他头顶上这些熠熠生辉的光环，而是他的教学实绩，因为浪得虚名甚至欺世盗名的"专家""教授"现在已经多得泛滥成灾了。我关心的是：培东的"特级""正高"究竟有多少含金量？

现在，《我就想浅浅地教语文》一书的十六个教例摆在我的面前，给出了令人满意的答卷。

如果让我用最简单明了的语言对这十六堂课做出总的评价，我只有一句话：这是名副其实的语文课。

"这是名副其实的语文课"，在语文课愈来愈不像语文课的当下，这句本来不能算评价的"评价"，已经变成了对语文课的"高度赞扬"。有人说，当前的不少语文课像思想品德课，像人文教育课，像青少年修养课，像政治课，像班会课，像活动课，像生命哲学课，像音乐欣赏课，像图像展示课……什么都像，就是不像语文课。培东的可贵之处，就在于始终坚守着语文教学这块"一亩三分地"。他上的每一堂语文课，都是不掺杂质的真正的语文课。在形形色色的新思潮、新理论纷纷涌入，"乱花渐欲迷人眼"的时下语文教坛，这种坚守尤其需要勇气和对语文教学的深切理解。

语文课程是一门什么课程？中小学设置语文课程究竟是干什么的？——人们在纷纷引入各种新思潮、新理论的时候，似乎忘记了关于语文课程的这些根本问题。正如一位黎巴嫩诗人说的："我们已经走得太远，以致忘记了当初为何出发。"在这一点上，培东的头脑始终是清醒的，教学的取向始终是明确的。他所有的教学活动，都清晰地指向一个目标：提高学生正确理解和运用祖国语言文字的能力。因此，他的教学中每一个重要的教学环节，几乎都围绕语言教育展开，并巧妙地把思想、情感、情趣的熏陶感染有机地统一在一个生动活泼的语言教育过程之中，真正体现了所谓的"工具性和人文性的统一"（这句中加个"所谓的"，因为我并不赞同对语文课程特性的这种表述）。这样的例子，在本书的十六个案例中到处都有，甚至可以用"俯拾即是"来形容。

读了这十六个案例，我的一个最突出的印象是培东对朗读的异乎寻常的重视。语文界早有不少有识之士大声疾呼：把琅琅书声还给语文课！培东做到了，而且做得如此成功，如此出色。在他的课上，朗读不仅仅是教学过程中的一个"环节"，更不是一种可有可无的点缀。如果把他的每一堂课比喻为一幢幢精心设计的建筑物的话，那么朗读就是这些建筑物赖以支撑起来的骨架。他的大多数课都是在师生的琅琅读书声中层层推进，最后进入文本深处的。比如，在《山羊兹拉特》一课中，仅仅表示羊的叫声的一个"咩"字，学生在教师的引导下就读出了不同的声调和语气，生动地表达了人与羊之间那种互相信赖的动人的情景。我当时就在教学现场，听到孩子们动情地读出几个不同声调的"咩"的时候，在为孩子们深情的朗读感动的同时，不禁在心里为培东的教学构思暗暗叫好。

尤其应该指出的是，这样的朗读训练在本书中不是一个孤例、特例。它们内容尽管各不相同，但主导理念是一致的。这些生动的教例，似乎仅仅指向一个浅层的教法问题，其实是关系到语文教学的一个根本问题：中小学究竟为什么要开设语文课？

培东用他的成功的教例回答我们：为了培养学生正确理解和运用祖国语言文字的能力。

怎样培养学生正确理解和运用祖国语言文字的能力？

培东又用他的成功的教例回答我们：只有一个办法，就是老老实实地把学生引领到读、写、听、说的实践中去。

　　培东的成功的教例同时又告诉我们：在读、写、听、说四项实践中，"读"是基础，因为学生只有在"读"的过程中才能更好地积累语料，形成语感，悟得语言规律，发展语言能力，同时又接受文本语言所蕴含的思想、情感、情趣、情操、价值观的熏陶感染。"读"是语文教学基础的基础，核心的核心。读之功能，可谓大矣！所以叶圣陶先生说："语文教师能引导学生俾善于读书，则其功至伟。"以"其功至伟"四字评价教师引导学生读书之功，可谓振聋发聩！

　　读，包括朗读和默读，二者各有不同的作用。而朗读对培养语感、体会文本的思想情感尤为重要，却长期被我们所忽视。现在的语文课上已很少听到琅琅书声，即使有，也不过是走走过场、应应景而已。培东的语文教学之所以可贵，就在于把朗读放到了它应有的位置上，使其功能得到了酣畅淋漓的发挥。

　　培东解读文本由于始终紧紧抓住语言这个"基本元素"，披文入情，沿波讨源，因此他的教学总能给人以举重若轻、水到渠成之感。比如，他教《皇帝的新装》一课，既没有一般教师通常采用的作者和时代背景的介绍，也没有对故事情节的梳理，更没有课本剧表演之类的热闹场面，而是从引导学生品读文中"夸张"的语言入手，进而思考"是谁导演这一场闹剧"，引发对成人世界复杂内心的探究，最后通过对结尾语言的改写、比较，既联系现实，又进一步挖掘了《皇帝的新装》的深层意蕴。整个教学过程，如行云流水，教师教得潇洒，学生"读"得轻松，但对文本的人性内蕴的挖掘入木三分。

　　在语文教学被各种貌似"深刻"的"理论"折腾得面目全非的当下，培东的教学看起来似乎是显得"浅"了，但正是这种"浅"，却深入到了语文教学的真髓、真谛、本源。正如我们说"绚烂至极而归于平淡"，这时的"平淡"已不是一般意义上的平淡，而是绚烂之至以后向平淡的回归，是绚烂的高级形态。

　　我为培东"浅浅地教语文"喝彩！

六、学习语言：语文教学本体的回归

——评洪镇涛老师的语文教学本体改革

　　在当代语文教坛的名师中，洪镇涛老师是一位永远不安于现状的探索者和改革家。他的语文教学改革早在 1978 年就已起步，1991 年，在总结十多年改革成果的基础上，形成了语文教学本体改革的理论框架，亮出了"学习语言"的鲜明旗帜。同时，他还主编了从小学到中学的语文本体改革实验课本，并在不少省市建立了实验基地。有理论，有实践，有配套的教材，有实验基地和实验教师像他这样全方位地推进语文教学改革，在国内的语文教学改革名家中大概是独一无二的。

洪老师的语文教学本体改革究竟为语文教学带来了什么？

（一）对当前困扰着语文教师的诸多问题做出了明确的回答

在中小学各门学科中，语文历来是受到责难最多的一门学科。

语文教学质量不高的症结在哪里？出路又在哪里？语文课究竟应该怎样上？……这些问题长久地困扰着每一个有责任心的语文教师。

有人说，语文教学无法走出困境的原因，是缺乏理论研究。这话有一定的道理，但语文教学理论是一种应用理论，我们只需要那种真正从实践中来，经过概括提炼上升为普遍规律，又用以指导实践的脚踏实地的理论研究。我们所缺乏的，仅仅是这样的理论研究。那种从概念出发的纯思辨的理论研究，那种仅以卖弄几个"洋概念"为高的所谓"理论研究"，我们事实上并不缺乏。中国应该有像苏霍姆林斯基和赞可夫那样的教育理论家和实践家。他们有深厚的理论素养，但他们的一切结论、一切理念，都来自他们亲身的实践、实验、观察和思考。

我认为，洪镇涛老师就是这样一位语文教学改革的理论家和实践家。我不是说他已经达到了苏霍姆林斯基和赞可夫那样的高度，而是指他所选择的理论和实践相结合的研究之路和这两位大师是一致的。洪老师长期实践在语文教学第一线，他首先是一位脚踏实地的教育实践家，但他同时又是一位不断在实践中进行着理性思考和理论概括的探索者和研究者。他所提出的语文教学本体改革的理念以及在实践的基础上建构的"学习语言"的教学体系，不仅明确地回答了当前困扰着语文教师的诸多问题，而且其潜在的理论价值正在随着人们对语文教学认识的深化而逐渐显示出来。

语文教学质量不高的症结究竟在哪里？洪老师的回答是：因为语文教学存在着一个长期性、全局性的失误，那就是"以学生研究语言取代了学生学习语言"。也就是说，语文教学长期以来被当作一门知识性和纯理性的学科来教，过多的知识传授和理性分析，削弱了学生对祖国语言文字的学习和感悟。

语文教学的出路在哪里呢？洪老师的回答明确而肯定：回归到语文教学的本体——学习语言上来。也就是要把"培养和提高学生正确理解和运用祖国语言文字的能力"作为语文教学的根本任务。洪老师指出，语文教学应该少一点知识的灌输，少一点理性的分析，把教学的重点移到指导并帮助学生"感受、领悟、积累、运用"语言上来；尤其要重视朗读和背诵，因为朗读和背诵有助于语料的积累和语感的习得，是学习规范、优美的书面语言的必由之路。认定了"学习语言"这个大目标，事情就变得这样明白而简单了。

有人也许会说：把语文教学的根本任务定位在"学习语言"上，是不是把语文课程的内容和要求简单化了？

这是对"学习语言"的一种误解。

语文教学究竟是干什么的？如果我们把视野扩大到世界母语教育的范围，就不难发现，任何国家或民族都十分重视对下一代的母语教育，而这一母语教育的任务理所当然地都由国语（语文）课承担。例如，《日本中学学习指导纲要》关于语文学科目标的定位：

> 培养正确地理解和恰当地使用国语的能力。使学生在提高交流能力的同时，养成思考能力和想象能力，以及丰富的语言感受能力。加深对国语的认识，培养尊重国语的态度。

此外，法国、英国、俄罗斯等国家的课程标准或教学大纲关于语文课程目标的定位也都有类似的表述。我国教育部 2001 年制定的《全日制义务教育语文课程标准（实验稿）》（以下简称《课程标准（实验稿）》）更明确指出：

> 九年义务教育阶段的语文课程，必须……使学生获得基本的语文素养。语文课程应培育学生热爱祖国语文的思想感情，指导学生正确地理解和运用祖国语文，丰富语言的积累，培养语感，发展思维，使他们具有适应实际需要的识字写字能力、阅读能力、写作能力、口语交际能力。

所有这些表述，尽管用语不同，但实质上都把语文课程的内容和目标定位于学习母语（祖国语文），这和洪老师"学习语言"的理念其实是一回事。

当然，语文课程具有目标多元的特点，有知识目标、能力目标、德育目标、情感目标、审美目标等，但抓住了"学习语言"这个根本目标，就可以使多元目标在语文教学过程中达到和谐的统一。这是因为：首先，母语（本族语）是民族文化和民族精神的载体，学生学习母语的过程，不仅是掌握本民族语言的过程，而且是他们接受民族文化和民族精神的洗礼和熏陶的过程。正如德国哲学家、语言学家洪堡特所说的："民族的语言即民族的精神，民族的精神即民族的语言，二者的同一程度超过了人们的任何想象。"可见，把语文课程的根本任务定位在学习语言（母语），正是包含了语文课程应有的丰富内涵。其次，在语文课上，学生面对的语言不是没有任何意义的抽象的符号，而是承载着丰富的人文信息的"言语成品"——一篇篇文质兼美的范文。学生通过阅读范文，学习规范、优美的语言，迄今为止仍然是学习母语的一条最简捷、最有效的途径。各国语文教材几乎无一例外地都采用"文选"的形态，绝不是偶然的。有的国家把语文教材分编为语言教材和文学教材（如美国的有些教材），即使是"语言"教材，也大多提供完整的小文章、文学作品的片段、贴近学生生活的社论、儿童剧等作为语言运用的范例给学生阅读。学生在语文课上阅读这些范文，学习、揣摩、品味、吸收它们的语言的时候，就不可能不同时受到这些语言所蕴含的丰富的人文信息、人文精神的积极影响和熏陶。苏联教育家达尼洛夫说："本族语是对学生进行普通教育的基础。本族语本身包含着使学生得到全面发展的最大可能性。"洪老师和参加实验的教师们的教学实践也有力地证明：在教师正确指导下的语言教学（或曰"言语教学"）不但不会削弱语文课程的人文因素，而且还会使两者相辅相成，相得益彰。相反，人文教育如果脱离了具体的语境，脱离了对语言的学习和品味，必然有架空之虞，结果是语言和人文两败俱伤。

（二）走出了一条语文教学民族化之路

人们常常在讨论语文教学"姓什么"的问题，我认为中国的语文教学首先应该姓"中"。

改革开放以来，随着国门打开，我国的教育也走出了封闭状态，开始把视线投向西方的一些发达国家，语文教学也不例外。很多外国教育家、心理学家的名字和他们的理论，频频地出现在我们的语文教学论著中，不少地区还大规模地推行过布鲁姆的"掌握学习""目标教学"……应该说，这一切对拓宽我们的眼界，打开我们的思路，更新我们的思维方式，都是有益的，必要的。"他山之石，可以攻玉"，况且科学本是没有国界的，但国外任何先进的教育理论，对我们最多只能是一种借鉴，绝不能代替我们自己的实践和思考。尤其是语文教学，我们教的是本民族的母语，而中国又是一个有着丰富的语文教学遗产和资源的大国，如果中国的语文教学法也非得从国外"进口"不可，那无异是对我国民族文化的嘲弄！

洪老师的教学改革之所以格外引起我的关注和兴趣，就因为他的全部理论和实践都是深深扎根在本土文化和中国语文教学的丰厚土壤之中的。洪老师用现代人的科学的眼光，从我国深厚的文化和悠久的语文教学传统中，筛选出其中的精华成分，并经过自己的实践和探索，加以发展。这就使他的语文教学理论既符合科学的原理，又打上了鲜明的民族印记，明显区别于那种仅以自己的教学去印证"洋理论"的所谓"教学改革"。

这里说的"传统语文教学"是一个大概念，指的是唐宋以来直至 20 世纪上半叶的中国语文教学（过去虽然没有"语文教学"这个名称，但有语文教学的事实）。我国的传统语文教学发生、发展于漫长的封建社会，当然不可能不挟带着大量的封建主义"泥沙"，但同时它又处处闪耀着我国历代教育家的思想和智慧的光芒，其中的精华部分是符合科学原理，必须认真研究和继承的。洪老师的可贵之处，就在于他在建构新的语文教学体系的过程中能够始终保持着"传承"和"创新"之间的"生态平衡"。

我国传统语文教学最值得重视的一条经验，就是从教儿童识字开始，整个教学过程都非常符合汉语言文字的特点。汉语言文字，与其他语种的语言文字相比，有着明显的特殊性。汉语文教学只有从汉语言文字的特殊性出发，才能获得预期的效果。而我国的传统语文教学在其漫长的发展过程中，就较好地解决了这个问题。我们可以从以下三方面来看。

第一，汉字是一种表意文字，每个字都有固定的形、音、义，都要一个一个地记；而常用汉字至少有 3500 个，因此"识字"始终是语文教学启蒙阶段的一项耗时费力的奠基工作。我国传统语文教学成功地解决了儿童识字的问题。根据汉语单音节词占绝对优势的特点，我们的祖先编写了句式整齐的"韵语式"识字课本（蒙书），其中流传最广的"三、百、千"，共收常用字近 2000 个。这些书念起来朗朗上口，容易记忆。儿童把他们读熟、背出，既识了字，又或多或少地积累了一些文史常识，便于进一步学习其他读物。

第二，传统语文教学十分重视学习的早期积累，不问理解多少，先"吞下去"再说，日后再慢慢"反刍"消化；且蒙书大多为韵语式，除《三字经》《百家姓》《千字文》外，还有《千家诗》《今古贤文》《蒙求》《幼学琼林》《龙文鞭影》等，大多是易于上口、便于记诵的读物。儿童在正式学习"四书五经"这些经典以前，已经积累了相当数量的语言材料和文史常识、人物典故等，当时他也许并不理解，但长大后一旦在新的语境中重新接触，往往会豁然开朗。明末清初著名学者陆世仪说得很有道理：

> 凡人有记性、悟性。自十五以前，物欲未染，知识未开，则多记性，少悟性；自十五以后，知识渐开，物欲渐染，则多悟性，少记性。故人凡有所当读书，皆当自十五以前使之熟读。

这些话完全符合人的记忆力和理解力随年龄增长而变化的实际，在这一点上，我国传统的蒙学其实是很符合心理学原理的。

第三，汉语不是一种形态语系，它不像英语或俄语那样必须依靠严格的形态变化显示句子的语法关系。汉语是一种"人治"语言，不是"法治"语言，遣词造句主要依靠词语的语境意义和语感。中国人写文章，即使不懂语法，全凭语感照样可以写得文从字顺，不犯语法错误。中国传统教育特别重视熟读和背诵，这正是培养书面语语感，大量积累语言材料，提高读写能力和语文素养的必要途径。

洪老师的语文教学本体改革在基本理念和实践模式上，正是有选择地传承并发展了我国传统语文教学这些极其宝贵的经验。

首先，在儿童早期教育阶段就设置了与儿童实际语言能力相适应的学习起点。从洪老师主编的《开明小学语文实验课本》（以下简称《实验课本》）看，小学一年级在学习了 20 课时的拼音，初步掌握了"读"的"拐棍"以后，就开始正式进入"学习语言"的阶段。关于"学习语言"，洪老师有一个极精辟的见解，即所谓"三主一副"。"三主"即学习语言的三条主线。第一条主线是学习"精粹语言"，也就是学习蕴含着传统文化精粹的古汉语精品的语言，以奠定学生坚实的语言、文化功底；学习精粹语言的要求主要由《实验课本》中的《诵读》课本具体落实。第二条主线是学习"目标语言"，也就是学习用规范、优美的现代汉语写成的当代作品的语言，以帮助学生树立语言表达的目标和范式；学习目标语言的要求主要由《实验课本》中的《阅读》课本具体落实。第三条主线是学习"伙伴语言"，也就是学习相当于或略高于学习者语言发展水平，在伙伴交际时使用的语言，目的在于训练学生的语言操作能力；学习伙伴语言的要求则主要由《实验课本》中的《说话和写话》课本落实。"一条副线"就是学习必要的语文知识：小学阶段主要学习写字和书法，初中阶段学习语言基础知识，高中阶段学习中国古代文化及文学常识。这"三主一副"的构想保证了学生从识字启蒙开始接触的就是民族语言的精粹。我尤其欣赏其中的《诵读》课本，以小学第一册为例，所选都是唐宋诗人的五言、七言绝句，明白如话，语言精练，意境优美，韵律和谐，让小学生在识字训练之初，就熟读这些语言的精品，不仅较快地增加了识字量，而且又是一种重要的文化积累和审美熏陶。这和传统语文教学重视早期积累的经验是一致的。

其次，在教学理念和教学模式上，洪老师主张淡化语言知识的传授和对课文的烦琐分析，强调语文教学的根本任务是"学习语言"而不是"研究语言"；重视对课文的整体感知和对文章语言的涵泳品味；主张让学生在琅琅书声中积累语言材料和习得语感。尤其在小学阶段，教师更要把背诵和积累放在首要位置上，先让学生把尽可能多的语言精品"吞下去"，虽然学生在吞下时也许并不完全理解或理解不深，但为他们今后语言和思维能力的发展奠定了坚实的基石。

教育部制定的《课程标准（实验稿）》在"正确把握语文教育的特点"一节中明确指出："语文课程还应考虑汉语言文字的特点对识字、写字、阅读、写作、口语交际和学生思维发展等方面的影响，在教学中尤其要重视培养良好的语感和整体把握的能力。"语文课程"不宜刻意追求语文知识的系统和完整""应该让学生更多地直接接触语文材料"。以这些要求来衡量，洪老师的本体改革的理念和教学模式，不仅是对我国语文教学优秀传统的继承和发扬，也完全符合《课程标准（实验稿）》的要求。

（三）语文教学本体改革的现代审视

首先，"学习语言"在信息时代仍然有着无可替代的意义。无论信息传输的手段将来变得如何先进，语言文字始终是信息的最重要的载体。近十年来由于信息技术的快速发展，大大改变了传统的阅读模式，信息高速公路、网上浏览、e-book 等新技术层出不穷，令人目不暇接。但对每一个接受信息的个体来说，吸取、处理信息的基础仍然是基于语言文字的文本的阅读。而且，传输手段愈先进，对阅读能力的要求也愈高。因此，瞄准了"学习语言"这个目标，实实在在地提高学生对语言文字的理解、感受能力，语文教学的现代化就有了一个切实的"抓手"。

其次，语文教学本体改革特别重视文化熏陶，而文化熏陶正是现代语文教育体现人文关怀的基本途径。所谓人文关怀，在教育过程中首先表现为对人的发展，对人的心灵的关怀。教育手段越是高科技化，人文关怀越是显得迫切而重要。一些心理学家、传播学专家指出过一种值得深思的现象："许多宗教团体经常在网上招募成员，原因是从事技术工作的人员通常更容易受骗和相信别人。"从我国的鑫诺卫星受某邪教攻击的事实看，信奉异端邪说的痴迷者中肯定有一些"掌握了进入数字化时代金钥匙"的电脑专家。这起"数字化的犯罪"正好说明了今天文明的尴尬。因此，学校教育怎样塑造学生健全的人格、美好的心灵，已成为高科技时代教育的首要任务。而语文课对学生人格和心灵的影响，在中小学各门学科中又具有不可取代的作用。

从洪老师主编的实验课本的选文看，选文十分注意文章的文化品位。例如，《诵读》课本所选都是古代诗文的精品，《阅读》课本所选则是现当代诗文的精品。这些诗文生动丰富的语言本身就蕴含着深厚的人文内涵；教学中又强调通过声情并茂的诵读和背诵引导学生品味语言，让学生在品味语言的同时，受到这些精美的语言所蕴含的思想感情、审美趣味、价值判断、人文精神的熏陶感染，这对学生人格和心灵的积极影响，不是教师的空洞说教所能相比的。国际21世纪教育委员会向联合国教科文组织提交的一份重要报告中说："许多国家重视功利而不重视文化的教育，艺术和诗歌应该在学校里重新占有重要的地位。"这份重要的教育文献中还说："……记忆力的训练是避免完全受媒体传播的即时信息影响的一种必要的方法。如果以为我们今天已经拥有巨大的信息贮存和传播能力，记忆力就不再有用了，那将是很危险的。……所有专家都认为，应该从幼年开始就训练记忆力，在学校中取消一些被看作使人厌倦的传统训练是不恰当的。"（本段中的引文分别见教育科学出版社1997年出版的《教育——财富蕴藏其中》第78页、86页）这些关于现代教育内容和方法的精辟见解，无疑是对洪老师语文教学本体改革的最有力的支持。

最后，语文教学本体改革充分体现了学生主体的现代教育理念。如今一般教师都开始重视学生的自学，但洪老师的倡导自学乃由语文本体改革的要求所决定，是其理论发展的必然归宿。它不同于一般的重视自学，因为"洪氏体系"把"学习语言"提到了语文教学的根本任务这样的高度，而语言能力的形成和发展，尤其是语感的习得，首先必须依靠语言主体（学生）自己的体会和感悟，"没有人能真正传授一种语言，只能提供条件让语言在学习者的头脑中自然地发展起来"（洪堡特）。洪老师提出要把"讲堂"变为"学堂"，把"教本"变为"读本"，这完全是洪氏语言，也是洪氏逻辑必然推出的结论。

（四）基本评价

语文教学本体改革根植于中国文化的丰厚土壤，从汉语言文字的特殊性出发，吸收并发展了中国传统教育的精华，其教学观念与教学模式具有鲜明的民族特色和中国气派。

语文教学本体改革以学习语言为核心，强调语言学习的主体——学生对语言的感受、领悟，注重发挥语言自身的熏陶感染作用，比较完美地体现了语文课程"工具性和人文性统一"的特点。

语文教学本体改革重视教学过程的人文关怀，注意强化学生在教学过程中的主体地位，它所蕴含的教育思想是鲜活的、发展的、现代的。

基于以上认识，我认为，语文教学本体改革的方向，其主要方面代表了语文教学改革的方向。至少，它为语文教学提供了一个符合汉语言文字特点，较好体现了《课程标准（实验稿）》理念的改革方案。

七、语文教学需要这样的"叛徒"

——《黄玉峰语文教学讲演录》读后

与玉峰相识记不得在哪一年了，他说他第一次听我的课时，他还在松江，那么，已经是三十多年前的事了。而我对他印象较深的是他赠给我的一本《读书做人》。这是他为他任教的班级创办的"班刊"，很厚的一大本，印刷很正规。这虽然也是十多年前的事了，但他在发刊词中写下的那句豪语——"我们决心做当今语文教学的'叛徒'"，当时给予我的强烈震撼，至今仍清晰记得。后来，大概是1999年吧，《中国青年报》冰点新闻以整版篇幅介绍玉峰的语文教学，标题中就径直称他为"语文教学的'叛徒'"。在通常语境中，"叛徒"是贬义词，专指有变节行为的人，这里加了引号，是贬词褒用，含有特立独行、不随流俗、敢于反抗等正面意义。现在玉峰以这部书的电子稿见示，并嘱赘小序，拜读以后，觉得很有必要就"叛徒"的问题再做些申说。

说玉峰是"语文教学的叛徒"，我十分赞同，又十分不赞同。

此话怎讲？

先说十分赞同。

著名电视节目主持人杨澜采访玉峰时，问他："这几十年来你最得意的事情是什么？"他回答："我最得意的是：①我这一辈子能做个教师；②我这一辈子没有被评到过先进。"以评不到先进为最得意之事，其叛逆的个性于此可见一斑。

在应试教育愈演愈烈的当下，绝大多数教师教学中已离不开"一课一练"之类的教辅书和形形色色的模拟试卷，教学完全变成了单调、乏味、折磨人的应试操练；可玉峰的班级除了参加统一的期中考试和期末考试外，平时没有任何测试，他的学生也从来不做模拟试卷。当无数的中小学生被驱赶进茫茫"题海"载沉载浮、苦苦挣扎的时候，他的学生在读他推荐的四书五经、唐诗宋词、古今中外的经典名著。假期来临，一般的学生忙于请家教，进补习班，他的学生不请家教，不进补习班，却在他的带领下踏上了"学古人风度，察今人民情"的"文化学旅"。他们访沈园，谒天一阁，瞻仰三味书屋、王国维故居，循着古圣先贤的文字和足迹，追寻着、吮吸着中华文化的玉液琼浆。当一般学生忙于操练应试作文的时候，他的学生在班刊《读书做人》上发表了《试论李商隐诗风形成的原因及其影响》《周作人人文主义思想讨论》《狂与逸——李白人格浅谈》《从〈复活〉看批判现实主义》这样的"学术论文"，以及大量的散文、随笔、诗词……

对待语文课本里的文章，玉峰并非一律奉若经典，顶礼膜拜。有些课文，如为了政治需要而选入的文章，他只让学生自己读懂即可，基本不教，即使对"中国文化革命主将"鲁迅的某些文章也概不例外。他在课本之外为学生补充了中外古今的大量文章，字数超过100万；每周还有一节课居然是让学生自己到图书馆去任意浏览；正课之外，又安排固定的时间指导学生练习书法，学习国画和篆刻——这些在一般教师看来"不务正业"的举措，玉峰却干得郑重其事、全力以赴……

总之，他处处与当前的语文教学对着干，处处别出心裁，处处反其道而行之，这样"胆大妄为"的教师不是"语文教学的叛徒"是什么！

再说十分不赞同。

我拜读了玉峰的这本文集后，脑子里首先蹦出的一个问题是：究竟是玉峰叛变了语文教学，还是当前的语文教学生了病？

答案显然是后者。

当前的语文教学不但生了病，而且病得不轻，离健康的、真正的语文教学愈来愈远了。

因此，准确地说，应该是当前的语文教学叛变、背离了真正的语文教学。而玉峰，这位所谓的"叛徒"，恰恰是坚守语文教学"正道"的"忠臣"。他的尤其可贵之处在于：身处"举世滔滔皆应试"的狂潮中，竟能岿然不动，悲壮地守卫着他统领下的这一方语文教学的小小阵地。他所有看似"叛逆"的行为，其着眼点都在于促进"人"的成长和发展，而这正是当下被人们渐渐忘记的语文教学的根本宗旨，也是教育的根本宗旨。

玉峰说："教育是什么？教育就是要让人变得更好，让世界变得更好！"

他追问："我们的教育却给人带来痛苦，我们的教育是不是出了问题？"

正是他，敏锐地洞察到了语文教学乃至整个教育"出了问题"，因此他在语文教学上所有看似"离经叛道"的举措，就是为了使教育和语文教学回归本原，从而实现"让人变得更好"的根本宗旨。他出过一本专著，书名叫作《教学生活得像个人》，这个书名就是他对自己的教育理念和语文教学追求的生动、凝练的概括。

于是，我们看到了一种匪夷所思的现象：当应试式的语文教学渐渐成了一种"常态"的时候，玉峰的"回归"和"守正"反倒成了"反常"，语文教学的"忠臣"和守卫者反倒成了"叛徒"！这种现象，何以解释？正好可以引用黎巴嫩诗人纪伯伦的一句诗：我们已经走得太远，以致忘记了当初为何出发。

拜读了玉峰的这本文集后，脑子里蹦出的另一个问题是：在举世滔滔的应试狂潮中，玉峰敢于坚守自己的教育信念，这种超乎常人的勇气是从哪里来的？

有个成语叫作"艺高人胆大"，如果把它改为"学高人胆大"，正好可以用来回答我的问题。

玉峰毫无疑问是位"学者型教师"，这只要看一下他历年出版的著作便可约略窥见其广泛的研究兴趣。下面是他著作的要目：

古典诗词与诗人研究：《说李白》《说杜甫》《说苏东坡》《古代诗歌三百首鉴赏》《东方情商》《诗情画意》《六朝山水诗选》；

"历代书信名篇的智慧"丛书：《绵里藏针》《隐显在我》《动之以情》；

谈诗说画系列：《洞察世事》《坐游山水》《细味人生》《抱负胸襟》《笑看风云》；

教育文集：《教学生活得像个人》《人是怎么不见的》《新语文写作》；

高考作文系列：《高考美文》《高考稳文》《高考奇文》《重评高考满分作文》《怎样写好高考作文》；

散文集：《黄生养雀记》……

此外，还编写书法教材十二册。

玉峰做学问不但涉猎广，而且钻研深，其独立思考的精神尤其令我由衷钦佩。比如，他对李白、对杜甫、对鲁迅的某些论断，能够不为成说所囿，不被他们炫目的光环所吓倒，大胆提出自己独立的见解，而且持之有故，言之成理，其读书之细心，眼光之犀利，令人不得不五体投地。

正是学术研究上充盈的"底气"，造就了玉峰语文教学上敢于特立独行的勇气。为什么他能够挣脱应试教育的镣铐，大胆地引领他的学生？因为他自己就是这样一步步走过来的。他往学生面前一站，他的气质、风度、谈吐、举止就是学生近在眼前的榜样。他的学生语文素养快速提高的事实，也证明了他当"语文教学的叛徒"当得对，当得好，当得有理！

我想，如果我们的教育界再多一些玉峰这样的"叛徒"，那么中国的教育就又多了一分希望。

但愿这不仅仅是一个"如果"。

谨为序。

八、老师，你抓住幸福了吗？

——读李镇西《幸福比优秀更重要》

什么是幸福？这可能是每个人都关心过、思考过的问题，因为谁都希望拥有幸福的人生。遗憾的是，在人心日趋世俗化、功利化，在以财富多寡和地位高低作为衡量人生成败的唯一指标的今天，真正认为自己活得幸福的人少之又少。幸福业已成为当代社会的"高度稀缺物资"。

在这样的世道人心下，教师职业的尊严也随之崩解，加以教师的工资收入与高薪酬的职业相比，明显处于低水平，教师的幸福感也因此降到了冰点以下。如果用"幸福感指数"对世界各国教师做一次排名的话，中国教师的"幸福感指数"大概只能排在倒数第几位。网上常常可以读到一些教师"创作"的自我贬损的歪诗、顺口溜，诸如"（教师）起得比鸡早，睡得比狗晚，干得比驴累，吃得比猪差"，等等。教师简直成了集人间苦难于一身的受难者，挣扎在社会最底层的可怜虫。这些夸大其词的"创作"虽然带有自我调侃的成分，但确实也折射出教师的幸福感已经下降到了何等程度。

我想，如果我国的教师长期在这样憋屈甚至屈辱的心态下从事教育工作，且不说对我国教育事业的危害，即便对教师个人而言，一辈子不得不天天面对一份自己厌倦、厌恶，没有丝毫尊严和乐趣的工作，这辈子不也活得太亏、太苦了吗？我相信，每一位教师都不希望自己这样痛苦地工作着，生活着。

问题是：教师的职业（且不说它是一项庄严的事业）果真与幸福无缘吗？

李镇西老师近期出版的《幸福比优秀更重要》（以下简称《幸福》）给教师指出了一条通向幸福人生的阳光大道。作者用他的教育实践和心路历程向我们证实，这条阳光大道就在我们每个人的脚下，任何一位教师，只要愿意迈开腿，谁都可以经由它抵达幸福的彼岸。

《幸福》是一本十分"好读"的书，它没有理论的艰涩，但有启迪智慧的哲理；没有教科书的枯燥，却蕴含教育的真谛。

《幸福》之所以"好读"，主要在于它以叙事为主的行文风格，娓娓道来，给读者以朴素、亲切的阅读体验。李镇西老师善于用自己切身的体会、真实的思索过程，用一个个生动的教育故事，令人信服地告诉你，不要把幸福看得遥不可及，有时候只需调整一下思维的方式，稍稍转换一下视角，就可以发现原来幸福竟是这样的近在咫尺，触手可及。

想当年，镇西在初为人师时，也不过是个寂寂无闻的"后生小子"，跟现今众多"90后"青年教师毫无差别，当时谁能想到这个"后生小子"经过三十多年的磨砺捶打，竟成了如今誉满教坛的教育专家、当代名师？于是，人们按照常理推断，肯定地认为镇西在起步之初就"胸怀大志"，经过三十年苦斗不息，孜孜矻矻，才修成了今天的"正果"。

可是李镇西老师告诉你：事情完全不是这样！

他坦承："从本质上说，我是一个胸无大志的人。……参加工作第一天起，就没想过要'改造中国教育'。那时候，教书对我来说，不过就是职业而已，挣工资吃饭罢了。"习惯于常规思维的人怎么也不可能把当年这个"胸无大志"的青年教师和如今的教育专家李镇西画上等号。莫非李镇西的成才完全出于偶然的机缘？还是有贵人相助？如果这样想，那又大谬不然了。

李镇西老师成才的"奥秘"就在于他从来没有把"成才"作为自己的"奋斗目标"。这样说似乎有些"玄"，但事实是，正是这位不想成才的年轻人却轻轻松松地成了才。古语有云："深山有宝，唯无心求宝者得之。"无心求宝的李镇西"出乎意料"地得到了"宝"，而那些汲汲于途的求宝者却反而失之交臂，个中消息，耐人寻味。

细读《幸福》，我不能不深深感动于流淌在字里行间的那一股感人肺腑的师生之爱，这正是李镇西老师无心求宝而意外得宝的根本原因。

李镇西老师爱孩子，爱学生，纯粹是出于"人"的本能、本性。他说："我这个人有一个天性，就是喜欢孩子。看到天真活泼的孩子就打心眼里开心。现在也是这样，走在街上看到年轻的妈妈推着天真无邪的婴儿，我总要呆呆地盯着孩子看很久，甚至忍不住想伸手去摸摸孩子的脸蛋。"这种天性，其实大多数人都有，天真活泼的孩子谁人不爱？除非这个人天生没有人性。李镇西老师不同于常人之处在于，他把这份对孩子的爱成功地迁移到了日常的、烦琐的教育、教学工作上，变成了一股强大的工作动力、一种高超的育人智慧，不像我们大多数教师那样，教师做得久了，感情渐渐被磨得麻木起来，迟钝起来，甚至油滑起来，乃至完全丧失了刚踏上讲台时那份可贵的初心。

当然，单说爱孩子还并不确切，因为对孩子的爱有两种截然不同的境界：一种是只爱那些活泼可爱、乖巧听话、品学兼优的"好孩子"，这种爱人人都能做到，因此是一种"常人之爱"；另一种是爱所有的孩子，尤其爱那些调皮捣蛋、不爱学习，甚至品德有缺陷的孩子，并且把这种爱转化为教育的动力和智慧，一视同仁地施以爱心的教育。这第二种爱不是每个人都能做到的，也不是每位教师都能做到的，因为这是一种有别于"常人之爱"的"教师之大爱"。遗憾的是，我们大多数教师虽然身为教师，却仍然停留在"常人之爱"；而一个班级中优秀的学生毕竟只是少数，于是他们成天抱怨着"学生难管，家长难缠"，把自己的心情弄得越来越坏，哪里还有心思去研究教育、教学的规律和艺术，当然更不可能把爱转化为教育的动力和智慧。

两种不同的爱必然导致两种相反的"循环"：那些整天抱怨学生、厌恶日常教育工作的教师，必定把自己的职责当作沉重的精神负担，而越是如此，便越是干得乏味、厌烦、倦怠，形成恶性循环；而对学生满怀爱心的教师，必定也得到学生"爱的回报"，于是，本来日常的、烦琐的，甚至乏味的教育工作，由于有了爱的滋养，也变得妙趣横生，充满着创造的快乐，进而形成良性循环。我们从李镇西老师这本书的字里行间读到的，正是在这种良性循环的激励下所产生的浓浓的幸福感。

请看下面这个感人的场面：

> 那年，我请北京的著名小学语文特级教师王文丽老师来我校附属小学讲课。刚走进校园，一群孩子看见我，便飞奔着向我跑过来，一边跑一边叫："李老师，李老师……"跑近后，也没有什么事，就往我怀里钻，在我身上蹭，嘻嘻哈哈，叽叽喳喳。当时王老师说："李老师，孩子这么喜欢你啊！你看，一见了你就直往你怀里扑啊！"

为什么孩子们会如此"没大没小"地表达他们对李老师的爱？因为他们知道李老师也同样深深地爱着他们啊！作为一名教师，长期生活、工作在如此充满"爱"的氛围中，怎么可能不快乐，不幸福呢？"谁爱儿童的叽叽喳喳声，谁就愿意从事教育工作；而谁爱儿童的叽叽喳喳声已经爱得入迷，谁就能获得自己职业的幸福。"一位外国教育家的话为李镇西老师的幸福感做了最好的注脚。

因此，当有人用"奋斗"二字概括李镇西老师的一生的时候，他否认了，拒绝了。他说自己从来没有"奋斗"过，只是在"享受"教育而已。有人也许会觉得这"享受"二字有些过甚其词，甚至故作姿态，但如果我们自己也切身体验过"爱的教育"必然给予教师的幸福感，就不难理解这"享受"二字的丰富内涵了。

"享受教育"，是教育的一种境界，也是教师幸福的真正的源泉。

我相信，当我们也像李镇西老师那样把"教师之大爱"注入日常的、烦琐的教育工作中的时候，我们对学生的感情、对教育的观感必然会发生根本的变化，到那时再来读李镇西老师的这本著作，必然会有更多的启示、更深的理解、更亲切的体会。

最后，还想就"幸福比优秀更重要"这句话说一点想法。

幸福属内心感受，优秀属外在评价，二者本非同一范畴，但有时候往往奇妙地统一在一个人的身上，李镇西老师便是其例。读了《幸福》，我们首先发现李镇西老师把幸福的起点定得很低，他爱孩子，而教师的工作最能接近孩子，他为此而感到满足，感到快乐，感到幸福，于是全身心投入，乃至如醉如痴。"热爱是最好的老师，它远远超过责任感"，由于热爱，教育的智慧必随之而生成，工作业绩也水到渠成地臻于优秀，于是优秀的工作业绩又进一步激发其幸福感……如此互为因果，不断自我激励，其幸福感和优秀的程度也必定在螺旋上升的态势中达到新的高度。

为什么"胸无大志"的李镇西居然成了教育专家、当代名师？

为什么李镇西成才、成名的过程显得那么轻轻松松、顺理成章？

为什么不少教师视为"负担"的日常教育工作到李镇西那里却成了"享受"？

为什么幸福比优秀更重要？

为什么幸福的教师往往越来越优秀，优秀的教师往往越来越幸福？……

所有这些问题都不难从《幸福》中找到答案。

歌德说得好："你要学会抓住幸福，因为幸福就在你身边。"

因此，每一位读完《幸福》的教师都不妨问一问自己：我像李镇西老师那样抓住幸福了吗？

诗缘篇

留得平生诗作证
灵台一片净无尘

——《读陈毅诗集》

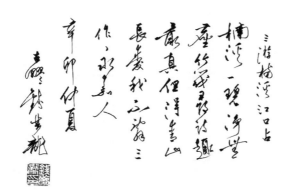

一、我的"诗生活"

真有些不可思议，我这个从小缺少灵气，读书多次留级的人（我在小学读书时留过三次级），居然会爱上高雅的古典诗词，并且由读诗、写诗而开始我的语文人生。为什么只有"初中文化"的我（我初中毕业即辍学）会成为一名还算过得去的中学语文教师？为什么我在坎坷曲折的人生之路上始终没有放弃我的精神追求？归根究底，都跟我的"诗生活"有关。可以肯定地说，如果没有诗，我绝对不会是现在这样的我。

古典诗词是一种高雅文化，但我爱上古典诗词的"途径"却一点也不"高雅"。

我父母都爱"听书"，父亲一度还开过书场，因此从我记事起每晚必定跟随父母去"书场"听书（这大概也是我经常不做功课，造成多次留级的原因）。起先不过是因为胆小，不敢一个人待在家里，不得不随同前往，何况在书场里还有零食可吃。

可到后来，竟也听上了瘾，宁可把功课撂下，也不能不去了。就这样，我成了书场里年纪最小的"老听客"。尤喜听"小书"，即评弹，那是一种由"说书先生"弹着弦子、琵琶有表有唱的民间艺术。我爱听唱，觉得评弹的唱腔有一种令我感到特别亲切的韵味，尤其是一些编得好的唱词，很有点书卷气，如果再加上说书先生唱得好，听起来十分过瘾。记得有一阵书场请到了一位叫钱雁秋的先生说《西厢记》，不少唱词直接来自原著，更是书卷气十足。尽管有的听客反映"听不大懂"，我却听得如醉如痴，迷在其中。渐渐地，我还养成了"猜韵脚"的习惯。评弹唱词中凡韵脚的前一个字，唱的时候必定要拖长声调，然后再唱出那个韵脚字，这自然引起了我猜测这个尚未唱出的字的兴趣。猜得久了，渐渐懂得押韵是怎么回事，因此几乎百猜百中，弹无虚发。这可能就是我在初中一年级时就无师自通弄懂诗词平仄，并爱上古典诗词的重要因由。

评弹故事里那些风流才子们吟诗作赋的才华虽然不断刺激着我"仿而效之"的冲动，但真正促使我立即采取行动的，还是由于一次偶然因素的触发：有一次说书先生用读古诗的调子吟唱了一首杜牧的《清明》，美丽如画的诗句，"牧童遥指杏花村"的意境，用悠远摇曳的声调"吟"出来，与听评弹的唱词相比，更有一种无以言说的雅趣。我不禁深深沉醉了，想不到诗竟是这样美，想不到吟诗竟是这样有韵味！第二天决定立即行动。听人说"熟读唐诗三百首，不会吟诗也会吟"，于是就去买了本《唐诗三百首》开始读了起来。后来又买到了一部《辞源》，一部《诗韵全璧》，两部工具书配合着用，居然弄懂了平仄。我弄懂的过程很简单：先从《辞源》查出某字在什么韵部（《辞源》有此功能），然后再到《诗韵全璧》去查这个韵部是什么声调。比如，"诗"字，《辞源》标明属"支"韵，于是又查《诗韵全璧》得知，"支"韵在上平声，这样就知道这个"诗"是平声字。查得多了，渐渐懂得字有平、上、去、入四声（跟普通话的四声不完全相同）。在读诗的时候，"音节点"（如七言句中的第二、四、六字和韵脚）的字如果是平声，就要把声调拖得长一些，而上、去、入为仄声，就要读得短促些，这样就形成了长声、短声两两间隔的节奏，如"仄仄 - 平平——仄仄 - 平——"，句中的"-"表示一般的停顿，"——"表示声调拖长，读起来就很有节奏感。也许是从小听书受到了音韵的熏陶，我很快就学会了按平仄规律来"吟"诗，这就更提高了读诗的兴趣。吟诗比一般的读诗不但更能进入诗境，也更容易记忆，不到一年（当时读初中一年级）就把一本《唐诗三百首》

差不多全部背出来了，连《长恨歌》《琵琶行》这样的长诗，我也都能一背到底，不打"格愣"。

我读诗的目的很明确，就是为了写诗，因此，肚子里有了三百首唐诗打底，就跃跃欲试开始按平仄规律写诗了。整个初中二年级一年是我的"创作高峰年"，而我的发表欲又特别强烈，于是独自创办了一份壁报，正好从《庄子》上读到了"日月出矣，而爝火不息，其于光也，不亦难乎"这个句子，就替壁报取名为《爝火》，当时还很为这个名字得意呢。我自己买稿笺，自己誊写，自己画报头，自己装饰美化，发表自己的"作品"。这几乎占去了除上课以外的所有时间，我却忙得不亦乐乎，有时候连上课都在琢磨我的诗句。壁报办了两期以后，引起了高中部两位同样爱写诗的同学的兴趣，于是《爝火》又成了三个人"诗词唱和"的园地。那两位，其中一位较瘦，一位爱喝酒，因此分别取了"瘦诗人"和"糊涂诗人"的笔名。我读过鲁迅的《鸭的喜剧》，知道俄国有位盲诗人爱罗先珂，于是按照"梦龙"二字的谐音，自称"盲聋诗人"。三位"诗人"，在《爝火》上此唱彼和，乐此不疲。我是"主编"，更加忙碌，弄得把正当的学业全都抛诸脑后了。诗倒是渐渐写得像模像样了，但却付出了留级的代价。初二的这次留级，再加上小学阶段的三次留级，我这一生虽然在校求学的时间不长，却创造了总共留级四次的"辉煌"纪录！

现在我的"诗稿"中还保留着刚读初二时写的半首"七律"（前半首不慎丢失），平仄居然一点不差，自己也觉得很诧异。下面就是这首题为《暮春野步》的后半首：

溪流曲折鱼初上，园籬纵横笋渐稀。
徙倚移时天欲暮，东风料峭怯单衣。

这四句不仅平仄无误，而且前两句是七律的颈联，居然很像个对仗的样子。记得那时还把这首诗给国文老师看过，他起初不相信是我写的，后来我把我的一本"诗稿"给他看了，他大概相信了，就说了很多称赞和鼓励的话。现在我还记得其中一句，大意是，这首诗最后一句中的"怯"字用得很老练，会写诗的人都不大用得好这个字，现在出自一个初学者之手，很不容易。

我本来在嘉定的一所中学读书，这次留级后便转学到上海市区的一所中学，仍读初二。转学后终于稍稍接受了一点留级的教训，除仍保留写诗和办壁报的兴趣外，也比较注意其他功课的学习了。正巧有一位同样爱好写作的同窗，两人"合伙"，一起编辑《爝火》，因此也减轻了我的负担。

在这所中学里我遇到了一位更加欣赏我的国文老师张聿声先生，他一直很关心我的壁报，时常给我一些鼓励。记得初二时学校组织学生去杭州旅游，我回来后写了一篇《西湖泛舟记》，经张先生推荐，收录进《战后中学生模范作文选》，可见张先生对我的厚爱。还有一次作文，我写了一篇《记嘉定二黄先生祠》，并附七律一首，张先生竟在国文课上给了我从未有过的热情赞扬，尤其对这首诗，每一句都加了密圈，颈联两句还加了双密圈，并总批曰："有唐人风"。这使我大受鼓舞。

"二黄先生"指嘉定著名学者黄淳耀、黄渊耀兄弟。清兵攻嘉定时他们率民众抵抗，城陷后在嘉定西林庵双双自经于槐树上，口喷鲜血，溅于断壁，久不褪色。今上海大学嘉定校区内有"陶庵留碧"遗迹（"陶庵"是黄淳耀字）。二黄先生祠在嘉定东门，我于40年代去时已荒废。我的这首被张先生评为"有唐人风"的七律是这样的：

访二黄先生祠

嚮城何处访先贤？人指荒祠丛树边。
纪事有碑苔啮字，招魂无地草连阡。
血凝断壁千秋恨，槐锁空庭万古烟。
日暮寒蝉声似咽，临风一听一泫然！

从这首诗看，我在初二时（如果不留级，应该是初三）已经初步掌握了古典诗写作的基本知识和技法，词汇量也有了明显增加。

现在回顾这一段学诗的经历，发现其意义已经远远超出诗词写作的范围，乃至影响了我的整个人生。诗词写作毕竟只是一种个人的业余兴趣，写好写坏都无关宏旨，而人生目标的定位就不仅是个人兴趣问题了。可以这样说，我是以读诗、写诗为起点而逐渐扩展到爱文学、爱读书、爱写作，并且养成了自学的意识和能力，最后才能仅凭"初中毕业"的学历而胜任中学（初中和高中）的教学任务，而且形成了着眼于引导学生自主学习的"语文导读法"的整体构想。如果没有诗的启蒙和引领，我不可能成为教师，即使侥幸"混入"教师队伍，也不可能成为现在这样的语文教师。

这是从大的方面说，即使从小的方面说，学诗对我的语文教学也很有帮助。例如，律诗讲究对仗，"天对地，雨对风，大陆对长空"，属对时既要注意平仄、词性，还要注意词语的组合方式、所属门类，等等。它还涉及词汇、语法、修辞、逻辑等许多知识，如"大陆"与"长空"，声调是"仄仄"对"平平"，结构都是"形＋名"；"大陆"属"地理门"，"长空"属"天文门"，正好相对；"大"和"长"又都是表示体积和长度的形容词，这样构成对仗，就显得十分工整，谓之"工对"。如果以"大陆"与"高楼"相对，虽然都是"形＋名"结构，平仄也相对，但两者不属相同或相对的门类，只能算"宽对"了。又如，"桃红"对"柳绿"较工，"花红"则宜对"叶绿"，这里有个概念是否同级的问题。这些细微的差别，揣摩得多了，对语言的感觉就会敏锐起来，理解能力和表达能力也就随之提高。尽管我在担任语文教师之前并没有学过语法、语用、逻辑等知识，但一旦接触，就很容易入门。再说，办壁报时培养的一点读写能力，尤其是自读能力，不但使我在指导学生读写时并不感到困难，而且帮助我从自己的自学经历中找到了培养学生自学能力的途径。这也许就是我为什么仅有初中毕业学历而能很快胜任中学语文教学的"奥秘"所在。

诗词写作对个人的精神生活的影响也是超乎人们想象的。我自1957年开始头戴"棘冠"，名隶"另册"，被赶下讲台达十三年（包括十年"文化大革命"）之久，但在坎坎坷坷、磕磕绊绊的人生之路上，诗始终是我的一位沉默而忠实的旅伴。在饱受屈辱的日子里，我用诗诉说寂寞和痛苦，用诗抚平我心灵的创伤。当我被"发配"农村"监督劳动"，或被挂上侮辱人格的"黑牌"上街"扫地"的时候，我默诵着自己的诗句："心头自有春无限，扑面何妨料峭风""摧折曾闻花有毒，沉沦且喜璧无瑕"的诗句，就平添了一股"处涸辙而犹欢"的力量。在平时，我爱"吟"诗，课余之暇，或吟唐诗，或吟自己的诗作，不管眼前有多少烦恼，心中有多少郁闷，也会在高吟低唱中进入一种"物我两忘"的清净境界。

有诗的生活，往往也能增添许多情趣和乐趣，让日常、平淡的日子也"诗化"和浪漫起来。记得有一年我和上海师大的何以聪教授同游云南大理的蝴蝶泉，一起去的还有两位分别在云南和四川两所师范大学任职的副教授。蝴蝶泉是当地白族青年男女寻偶定情之处，据说每年初夏，大量蝴蝶聚集于此，从泉边的合欢树伸出的枝桠上首尾相衔垂挂而下，达于水面，堪称奇观。可惜我们去得较晚，只偶或可见一二蝴蝶在草丛中飞舞而已。两位同行的副教授，一位男士，一位女士，均已人到中年而皆不幸丧偶。两人年龄相当，事业上也志同道合，彼此都已属意对方，但尚未挑明。我和何教授也都心知肚明，却又不便明说。于是，我趁游兴方浓，诌成了"七绝"一首，并特意说明是赠送给他们二位的：

> 泉声处处惹相思，
> 莫恨寻春去较迟。
> 贪看一双蝴蝶舞，
> 合欢树下立多时。

何教授是解人，立即立动配合，笑问："贪看什么蝴蝶呀？"我说："一双人间难得的大蝴蝶呢！"大家都已会意，不觉相视大笑。在回城的路上，两人已形影相随，俨然伉俪，还说，日后结婚，要请我这位"诗媒"去喝喜酒……

"却顾所来径，苍苍横翠微。"回顾此生，虽然被诗"塑造"成了一个穷书生、教书匠，但至今不悔。

二、生命留痕——两负轩吟稿

述怀

——代序

青毡绛帐旧生涯，廿载畸零梦也耶？[①]
摧折曾闻花有毒，沉沦且喜璧无瑕。
春蚕不死丝难尽，楚客能吟气易加。
近拟新滋兰九畹，芳馨遥以报京华。

----

① 余自 1957 年以言获罪，至 1979 年平反，二十二年浑如一梦。

三友吟（十五岁作）

（小序余与高中部学生戴经世、唐宗滋结为诗友，戴体瘦，自号"瘦诗人"，唐嗜酒，自号"糊涂诗人"，余则颇心仪俄国盲诗人爱罗先珂，遂取"梦龙"之谐音，自号"盲聋诗人"，爰赋《三友吟》以分赠之）

赠瘦诗人

苦吟日日损腰围，偶得佳篇眉欲飞。
自古诗人皆憔悴，满城裘马斗轻肥。

赠糊涂诗人

猖狂岂效泣穷途，几斗浇胸便大呼。
有此浮生有此酒，诗人那得不糊涂！

盲聋诗人自赠

堪笑诗人盲且聋，不分南北与西东。
胸中一盏心灯在，目自清明耳自聪。

登杭州南高峰北高峰（十六岁作）

不见摩天岭，双峰自足奇。
未穷最高处，已觉众山低。
俗境随尘远，飞鸿与眼齐。
还须凌绝顶，莫待夕阳西。

杭郊野步（十六岁作）

踏遍苏堤又白堤，携筇独访武陵溪。
穿林不管枝敲额，觅径何妨露湿衣。
柳色新成迷野店，湖光初敛上渔矶。

依依夕照红于火，犹送村童牧犊归。

冷泉亭题壁（十六岁作）

登倦青山唱倦歌，危亭暂寄欲如何？
料知地底泉应热，一入红尘冷意多。

访嘉定二黄先生祠（十六岁作）

嫏城何处访先贤？人指荒祠丛树边。
纪事有碑苔啮字，招魂无地草连阡。
血凝断壁千秋恨，槐锁空庭万古烟。①
日暮寒蝉声似咽，临风一听一泫然！

辍学后渡吴淞江口占（十七岁作）

岸峭云低帆影深，吴淞口外水烟沉。
凉亭野渡通南北，废垒斜阳自古今。
世路难逢青眼客，风尘易损少年心。
凭舷此意无人会，日暮荒江响断砧。

忆母（十七岁作）

永别经年尚自疑，乍惊坟上草萋萋。
密缝针线今犹在，不忍开箱检旧衣！

以下为 1949 年后作。

---

① 二黄指嘉定抗清英雄黄淳耀、黄渊耀兄弟。清兵破城入嘉定时，二先生自经于西林庵之槐树上，鲜血喷于断壁，久久不褪。今存"陶庵留碧"遗迹。

步韵和王元通老师《六十述怀》

一谪人间六十春，知公犹是壮年人。
泽施化雨菁莪美，老遇明时岁月珍。
楼外风光堪寓目，诗中天地好安身。
兴来一曲阳春雪，我辈赓歌步后尘。

猗园泛舟

船头切水快如刀，击桨平湖语笑豪。
自喜少年心尚在，争先划过赤栏桥。

题《富春晓泊图》

苇花如雪蓼花红，漠漠烟波澹澹风。
最爱渔家三四艇，殷勤愿泊画图中。

雪中吟

漫天风雪扑江村，炉火微红酒未温。
知我高吟无快语，梨花十万壮诗魂！

农家

场上秋收罢，农家乐事连：
才开庆功会，又办卖粮船；
少女新装试，儿童笑语喧。
老农有深意，挥泪说当年。

春兴四首

家住江南烟雨图，平畴新绿嫩晴初。
呼儿尽把前窗启，好放春风入我庐。

乍醒东君意兴长，飞红点翠写春光。
料应难画千丝柳，先试新梢几缕黄。

满眼新苗浥雨浓，闲吟喜过小桥东。
心头自有春无限，扑面何妨料峭风！

春雨如油沃大田，吆牛声近闹前川。
扶筇野老殷勤告：光景今年胜去年。

登楼

东风吹绿遍晴川，此日登临气浩然。
筋力犹堪凌绝顶，心情未必近中年。
身边得失鸡虫小，眼际风云天地宽。
莫道江南平似掌，人生别有险峰巅。

清平乐二首
送长女耐儿赴黑龙江戍边

其一

整装待晓，祗觉叮咛少。
闻道那边风景好，须把来书寄早。
雏鹰毛羽初丰，戍边卫国心红。
何事最堪慰我？看儿搏击长空。

其二

歌呼骤急，一霎心潮激。

声渐不闻人渐寂，犹听风吹汽笛。

谁云地阔天长，红旗直指边疆。

还我青春年少，偕儿万里驱狼。

沁园春
雪夜怀耐儿

小雪增寒，多少思量，伴我无眠。

念征人何去？天遥地迥；

雄关如许，虎伏狼潜。

曾是滔滔、黑龙江水，铁骑纵横腊冻坚。

须警觉，防敌军夜渡，骤起烽烟。

城中桃李堪怜，想雪岭红梅分外妍。

任联翩遐思、纷来枕畔；

春风词笔、挥洒灯前。

报国丹心、爱儿深意，霞蔚云蒸共一笺。

停笔处，看朝阳喷薄，暖送天边。

望江南
记梦，并题耐儿摄于黑龙江近照

东风劲，吹梦到天涯。

江水轻翻千朵雪，山花艳吐百重霞。

花里有人家。

归来处，晓色透窗纱。

醒眼看春春更好，画中人胜梦中花。

旭日想年华。

扫雪

阻人雪愈深，奋帚胸尤热。
万众一条心，须臾大路出。

"文化大革命"后，与元通、慰萱、梅休诸先生小聚于谷宜先生寓，纵论时事，百感交集

拂拂东风满小楼，吴天冷雨一时收。
浮云蔽日谈犹痛，沧海横流忆尚忧。
喜极何妨诗出袖，兴高莫放酒空瓯。
园林次第花堆锦，更拟骞芳接俊游。

猗园赏花四首

微雨轻阴三月时，众芳吐艳尚参差。
小园连日东风急，催放繁英一万枝。

娇黄嫩紫一丛丛，曲径寻来兴自浓。
老去情怀殊未改，看花依旧爱深红。

春风吹雨浥轻尘。姹紫嫣红照眼新。
但得年年花似火，不辞长作育苗人。

槛外新葩众口夸，几疑吹落满天霞。
灌园老汉拈髯笑：白了须眉红了花！

蝶恋花
无题

记得那年秋水阻，蜜意柔情、脉脉凭谁诉？
若许人生携手去，相期踏遍天涯路。
蓦地红云辞碧树，树又飘零、总被秋风误。
镜里朱颜无计驻，为伊心上留春住。

柬谷宜、慰萱先生
约游古猗园

两地春风吹鬓丝，一简来去慰相思。
素笺旧写骚人赋，彩笔新题幼妇辞。
客有可心二三子，花长照眼万千枝。
猗园风物君知否？红雨青山待好诗。

步韵和慰萱先生古猗园纪游

晴日乍迎嘉客至，南风恰送故人回。
凭君携去青山色，赚得新诗报我来。

开过蔷薇榴火燃，芳菲次第竞新妍。
诗翁也共春难老，彩笔风流似少年。

最忆林间漫步行，娇莺唤友一声声。
不知清兴添多少，但觉先生杖履轻。

几杯薄酒兴偏赊，小酌随心似到家。
莫道堆盘无色相，可怜青豆映红虾。

窗外垂杨千万条，窗前茗碗话今朝。
不愁点鬓些微雪，坐对春风吹欲消。

投诗旋喜报章回，见说樽醪待我开。
访戴岂宜期有定，兴高便要叩门来。

读王元通先生《葆春集》

雪岭难凋千岁松，人间不老一诗翁。
乱离文字存编外，旖旎风光入卷中。
沃壤培成花自艳，丹心裁出句全红。
毫端我亦春温在，窃喜赓歌调略同。

答梅休先生七古《山水放吟》见赠

梅休先生陶谢才，读书万卷老蒿莱。
缄口或疑藏肺腑，挥毫始觉有风雷。
我读君诗快何如？如倾醇醪三百杯；
亦如临眺双眸豁，湫隘之怀顷刻开。
激浪拍天断岸裂，奇峰拔地腐朽摧。
或看雪岭松涛涌，或听长峡猿啼哀。
如椽之笔任捭阖，尺素之笺何廓恢！
我恨无缘穷岩壑，抚胸苦欠气崔嵬；
年年跼蹐篷牖下，虫吟唧唧岂快哉。
安得须臾游六合，星河奔涌眼前来。
霞为峰峦云为谷，扪参历井暂徘徊。
俯视泰嵩与丘垤，茫茫一气同尘埃。
天风飕飕掠耳过，十万云程倏已回。
回来飞翰挟雷电，掷笔诗成付老梅！

为慰萱兄新居补壁作

十年赁宅龙潭畔，一旦移家黑水边。①
斗室差堪容笑傲，空墙恰好补诗篇。
门通小市能沽酒，地近仙乡且听天。②
达者安身随处可，投笺不为贺乔迁。

咏史

日月经天戾复中，昆仑出世过耶功？

① 新居北有小河，实为臭水浜，故名黑水河。
② 仙乡，戏指新居附近之嘉定殡葬场。

基开华夏千秋业，泽化黎元一代风。
鹰有低飞宁是雀，金无足赤断非铜。
民心若有崇堂在，何必巍峨对故宫？

读书偶得

傍水穿林一径赊，闲行初不为寻花。
溯流忽到无人处，满眼新红灿若霞。

翟彦章同志病中养花自娱，嘱余作诗以纪之

瓶插盆栽兴自浓，养疴聊作灌园翁。
绿英对客堪怜瘦，丹橘经霜渐透红。
冷暖关心兼蓓蕾，是非过眼小鸡虫。
江城腊尽春分近，且待南来花信风。

北戴河海滨拾贝

偶来拾贝海之湄，剔石披沙所得稀。
寄语辛勤寻宝者：碧波深处有珍奇。

登长城游孟姜女祠

长城城上望天低，功罪千秋论未齐。
烈烈祖龙遗业在，伤心不独杞良妻。

读《剑南诗草》

书生无力正乾坤，岁岁征袍空酒痕。
想见剑门驴背上，不须微雨也销魂。

读《陈毅诗词选》五首

征尘万里拂吟鞭，叱咤风云五十年。
诗里须眉依约在，不须弹泪对遗编。

有此襟怀有此诗，将军无畏本无私。
咏君南国烽烟句，掩卷长思创业时。

琢句雕章未足夸，人间别是有诗家。
试看满纸云霞蔚，热血浇开笔底花。

清风明月认前因，谣诼蛾眉安足论。
留得平生诗作证：灵台一片净无尘。

常恨忠魂遗恨多，生时不见定风波。
九州今日称觞庆，天上人间共一歌！

移居桃园新村感怀

两锡嘉名两负之，移家恰喜晚晴时。①
镜中白发三千丈，眼底红英十万枝。
身世何妨开口笑，文章切莫闭门思。
吟边容我疏狂在，只许桃花照酒卮。

浣溪沙

（与国正、章熊、黄初、代娜诸友人
重游西子湖，回首前尘，忽忽十年矣）

飞梦年年绕碧峰，六桥犹记旧游踪。
相逢一笑鬓如蓬。
归燕影沾红杏雨，流莺歌趁绿杨风。
留春且住小词中。

---

① 两锡嘉名：指 1957 年获"右冠"、1980 年获"特级"称号。

乍退并序

（刘征先生退休后有句云无冕始称王，
予有同感焉。爰拾其句，足成四韵）

乍退惊回首，人生短亦长。
多冠曾累我，无冕始称王。
偶涉刘伶醉，非关阮籍狂。
书城坐拥处，不羡富家郎。

结缡四十年感怀

丝萝自绾同心结，风雨人生共一舟。
百计持家卿太累，无端加冕我堪忧。
灯前缱绻情难老，镜里萧疏鬓易秋。
四十流年浑似梦，今宵倍惜月当楼。

赴京参加《刘征文集》首
发式，席上呈国正先生

煮字艰辛不自知，先生犹是少年时。
风云笔底舒长卷，肝胆生平付小诗。
论教情钟实而活，订交谊在友兼师。①
华堂今日开筵庆，醉注春江入酒卮。

老去

少小耽吟总太痴，中年落拓半缘诗。②
茅檐滴雨无眠夜，村酒沾唇未醉时。
梦里蓝桥非旧约，句中红豆是相思。
情怀老去知何似？不系扁舟任所之。

---

① 先生论语文教学一贯倡导"实""活"二字，有语文教学论集《实和活》行世。
② 1957 年余以诗画获罪，发配农村劳动改造。

双燕

衔泥双燕影匆匆，小小巢儿渐竣工。
从此倦飞有归宿，管他门外雨兼风！

蝶与花

翩翩一蝶绕花飞，花自多情蝶自迷。
蝶恋花耶花恋蝶？蝶花相恋两依依。

诉衷情怀远

相忘相见两无由，长是挂心头。
思君恰似春水，无语祇东流。

云幂幂，树悠悠，独登楼。
登楼纵有、东风如剪，难剪离愁。

先国兄招南园诸君子雅集于
巴城，余不克往，答以小诗

雅集巴城秋兴长，持螯联句口脂香。
谁能借我双飞翼，也共诸君醉一场。

赠沪上诸吟友

吟侣从来不厌多，联珠敲玉兴如何？
拈毫蘸得春江水，试和诸君白雪歌。

诸君健笔写高怀，脱手新词意自佳。
我亦身闲闲不住，诗材满眼待安排。

雕龙吐凤我无才，摘句寻章岂快哉？
放眼长空歌一曲，天风浩浩入诗来。

年年老眼阅春光，佳句何由到锦囊？
我自无腔吹短笛，花间不管有周郎。

三十一届教师节抒怀

混迹①黉宫六十秋，菁莪培育复何求？
门墙已列摩云树，襟抱犹期孺子牛。
苜蓿盘飧甘淡泊，书生意气自风流。
晚来更艺桃千本，要看红花映白头。

---

①　混迹：我学历不合格而进入中学教师队伍，故曰"混迹"。